法藏知津

九編

杜潔祥 主編

第42冊

《四分律刪繁補闕行事鈔》集釋
（第八冊）

王建光 著

花木蘭文化事業有限公司

國家圖書館出版品預行編目資料

《四分律刪繁補闕行事鈔》集釋（第八冊）／王建光 著 -- 初
版 -- 新北市：花木蘭文化事業有限公司，2023〔民112〕
目 4+306 面；19×26 公分
（法藏知津九編 第 42 冊）
ISBN 978-626-344-513-0（精裝）
1.CST：四分律 2.CST：律宗 3.CST：注釋
011.08   112010540

ISBN-978-626-344-513-0

法藏知津九編
第四二冊   ISBN：978-626-344-513-0

《四分律刪繁補闕行事鈔》集釋（第八冊）

編　　者　王建光
主　　編　杜潔祥
副總編輯　楊嘉樂
編輯主任　許郁翎
編　　輯　張雅淋、潘玟靜　美術編輯　陳逸婷
出　　版　花木蘭文化事業有限公司
發行人　高小娟
聯絡地址　235 新北市中和區中安街七二號十三樓
　　　　　電話：02-2923-1455／傳真：02-2923-1452
網　　址　http://www.huamulan.tw 信箱 service@huamulans.com
印　　刷　普羅文化出版廣告事業
初　　版　2023 年 9 月
定　　價　九編 52 冊（精裝）新台幣 120,000 元

《四分律刪繁補闕行事鈔》集釋
（第八冊）

王建光　著

目次

卷中之三

唐京兆崇義寺沙門釋道宣撰述

隨戒釋相篇第十四（三）

九十中〔一〕。

【校釋】

〔一〕九十中　資持卷中三上：「九十、三十，同一提篇。但因財事有無，故使類分前後。欲使結犯易明、懺法無濫故也。」（三〇五頁上）鈔批卷一八：「就此段中，略依戒疏，聊以三門分別：一、遮性不同，二、僧尼差別，三、諸部異相。初，言遮性者，有三十戒，性與理違，悔犯事淨，集業未遣，要傾我倒，苦報方止。餘六十戒，但有事違，不無譏醜，故違教網，故聖同禁。言三十性者，頌曰：故兩髮㲲異，嫌強事用譏，諫駈恣覆疑，畜飲發說隨，拒毀同欲不，屏聽打搏無。二、僧尼差別者，就僧九十中，有六十九戒僧尼同犯。故尼律中，單列戒本，辨相同僧。有二十一戒，尼則不同，有三種異：初，有無不同，（七五九頁下）有三戒，謂：『輒教誡尼』、『說法至暮』、『譏呵教師』。尼非師位，故所以無。二、輕重不問，有十三戒，偈言：作衣持屏坐，三期受讚食，勸足美牙角，過量覆三衣。多於大僧數故，便重；尼希故輕。然衣有五，『與尼衣』、『與尼作衣』及三種『過量』。三、有五戒，犯同緣異，謂：『背請足食』，犯同而開緣不同；『與外道食』，犯雖是同，與緣不同，減年一戒，受緣不同；『過量浴衣』，生犯緣同，用緣不同。三、諸部不同者，十誦有九十一墮，無此『不受諫戒』，別立『不敬說法人戒』『說戒時輕僧浪語戒』，似觸惱而彼自有隨問答戒。五分有九十一墮，無此『不受諫戒』；『用虫水』『飲虫水』合為一戒；別立『入尼寺輒說法戒』、二『輕三師戒』、三『迴僧物

－1689－

與別人戒』。僧祇有九十二墮,無此『不受諫』、『恐怖』二戒,別立『為尼說法』、『迴僧物』、『與別人不捨淨作三衣』、『輕眾僧』四戒。又離『餘語』,別立『觸惱戒』。解脫律有九十墮,無此『餘語』『與屏坐』『共羯磨後悔』三戒,別立『在尼寺輒說法戒』『迴僧物』『與別人不敬戒』三也。依光統律師,分此『九十』以為九段:初,從『妄語』至『壞鬼神村』來,有十一戒,明守口、攝意、身莫犯惡、善調三業行;二、從『異語』下,(七六○頁上)盡(【案】『盡』疑『至』。)『覆屋過量』來,有九戒,明善將人心隨護眾意,不相嬈行;三、從『輒教尼』至『與女同行』來,有十戒,明遠避嫌疑、離染清淨行;四、從『施一食處』下,至『四月請』來,有十七戒,明內資節量、少欲知足行;五、從『觀軍陣』下,至『三染衣色』來,有十三戒,明繫意住緣,離逸修道無著行;六、從『故斷畜生命』下,至『與賊同行』來,有七戒,明常行遠離、修慈愍物行;七、從『說欲不障道』下,至『不攝耳聽』(【案】『不攝耳聽』即『恐舉先言戒七十三』。)來,有六戒,明深心信解、敬順教法行;八、從『同法後悔』至『無根殘謗』來,有七戒,明同住安樂詳和、無二相遵奉行;九、從『突入王宮』下,訖此篇來,有十戒,明衣服外儀節量、謹攝無違越行。」(七六○頁下)

小妄語戒〔一〕一

此戒人多喜犯者,良由妄業熏積,識種尤多,故隨塵境,動便虛構〔二〕。不思反流之始,但願畢世之終〔三〕。以此安生為要,當死定非排業〔四〕。良可悲夫!加以犯無定境,起必依心,但使違內想心,不論外緣虛實,一切皆墮〔五〕。

六緣:一、是人,不簡道俗;二、作人想〔六〕;三、違想說〔七〕;四、知違想說〔八〕;五、言了;六、聞解。

多論:妄語、兩舌、惡口,相歷作四句〔九〕。一、是妄語,非兩舌、惡口。傳他此語向彼說,以不實,故是妄語。不以分離心,故非兩舌;奘語說,故非惡口。餘句類上,有無可知〔一○〕。成論云:餘口三業,或合或離〔一一〕;綺語一種,必不相離〔一二〕。善生經〔一三〕:有人於十業道,一時作二、三、四乃至八事〔一四〕;不得作十,以貪、瞋不得一時〔一五〕故。其餘八事,六處遣使〔一六〕;自為二事〔一七〕:一淫他妻,二謂無業道。

四分、五分:因法師比丘常好論義,以是為非,以非為是〔一八〕。

餘人問故，答云：「我實知非，恥墮負處。」僧中妄語，罪重百羅漢前〔一九〕。多云：不妄語法者。若說法、義論、傳語，一切是非，莫自稱為是〔二〇〕。常令推寄有本〔二一〕，則無過也。不爾，斧在口中〔二二〕。

　　律云：見、聞、觸、知，違想說〔二三〕，乃至所見異〔二四〕、所忍異〔二五〕、所想異〔二六〕，皆是妄語。又有三時〔二七〕：前、後知是妄語，吉羅；正口言妄者，墮。若僧說戒時三問〔二八〕，憶念罪而不說，吉羅。善生〔二九〕：若有疑心、無疑心〔三〇〕，若見、聞、覺、知〔三一〕，若問、不問〔三二〕，異本音〔三三〕者，是名妄語。若言「不大見聞」，亦犯〔三四〕。若破相說〔三五〕、無覆藏說〔三六〕，非犯。若異音說，前人不解〔三七〕；若顛倒語〔三八〕；若發大聲不了語；若有所說，前人不解——並犯。僧祇〔三九〕：屠兒等逐畜生〔四〇〕走，問言「見不」，不得妄語，不得示處，應令「看指甲〔四一〕」等。應方便引接，令畜生遠去〔四二〕。十誦〔四三〕：若語高姓人云是下姓人者，犯墮。若語兩眼人云「汝一眼」，得妄語，提；又輕惱比丘，故提。若語一眼人云「汝是瞎眼人」，得輕惱他，墮。

　　四分不犯中。但稱想說故，不犯。文如註戒本中〔四四〕。

【校釋】

〔一〕小妄語戒　資持卷中三上：「（佛在釋翅壞國，象力比丘與外道論議，不如，便反前語，至僧中問，復反前語。因制。）戒名中。注戒標云『故妄語戒』。疏釋云：言非稱實為『妄』，彰在於口為『語』，非心不犯名『故』。今云『小』者，對『大』為言，但離初篇，所列聖法已外，一切皆歸此攝。大局小通，尋之可解。」（三〇五頁上）鈔批卷一八：「既有九段不同，今則是初，訖『壞生戒』來，有十一戒，正明守口、攝意，身莫犯惡，善調三業行。言故妄語者，言不稱實名『妄』，彰之在口曰『語』，無心不犯曰『故』。戒疏問曰：『故誑則重，戲即犯輕，何故藏物二俱犯墮？』答：『妄語非惱重，約情故則結墮，戲便結吉罪。論藏惱境深，望藏雖有輕重，望失情惱一，是故俱結墮。』立云：或稱小妄者，對前大妄，故言小也。案十誦五種妄語，謂夷、殘、蘭、提、吉也。虛稱得望（原注：『望』疑『聖』。）是『夷妄語』，（七六〇頁下）四重謗他是『殘妄語』。上來夷、殘『兩妄』，方便未至究竟，名『蘭妄語』；將僧殘謗他，名『提妄語』。除此四種妄語，餘妄語犯吉羅，故曰也。」（七六一頁上）【案】文分為二：初「此戒人」下；次「六緣」下。四分卷一一，六三四頁上開始。

〔二〕**良由妄業熏積，識種尤多，故隨塵境，動便虛搆**　資持卷中三上：「敘意中。初，敘數犯以興歎。……初中，上句牒示。『喜』字，去呼，好也。『良』下，釋所以。六識搆造為能熏，藏識含受即所熏。識中之種，故名識種。上二句明惑重。『故』下二句，明起業。塵境，即下引見聞等。虛搆，事無稽實，即是妄語。」（三〇五頁上）簡正卷一一：「謂凡在制戒在（【案】『在』疑剩。）篇者，皆從恚（原注：『恚』疑『憙』。下同。）犯居，故此徵云恚犯為先。因由何事，故牒起云：引戒人多恚犯者。『良由』已下，正明所以也。謂無始時來，習妄語業，熏成種子，積在藏識之中，故云妄業薰積也。此妄種子服伏藏識不少，故云尤左多。故隨塵境者，謂此依種而起現行，故云隨塵。染等境動，則虛妄搆架，而造惡業也。」（七一六頁上）鈔批卷一八：「立明：曠劫已來，習此妄業，熏成種子，積在識中，故曰妄業熏積也。言識種尤多者，立謂：將此無始妄心之種子，積集於第八識中也。賓云：然論識義，真諦三藏說有九識，前六可知，第七名『阿陀那識』，唐三藏譯『阿陀那』者，是『執持識』，即第八識之異名，不同真諦也。第八『阿梨耶識』，唐三藏名『阿賴耶識』，翻為『藏識』，亦是第八異名也。第九『阿摩羅識』，唐三藏云『阿摩羅』者，此云『無垢識』，與『大圓鏡智』相應，真諦所翻決定藏論有九識品，第九名『阿摩羅識』。真諦譯云：此有二種，一者所緣，即是真如；二名本覺，即能緣智，意識此識通能所緣，合為此識體也。唐三藏釋云：轉第八識得無垢識，無別第九也。廣如唯識、攝大乘等，不能繁敘。（決定藏論，即是瑜伽論中攝決擇分。唐三藏云：真諦妄安九識品也。）第八名『阿賴耶』，亦名『含藏識』，謂含藏善惡種子也，亦名『藏識』、亦名『宅識』。第九□『白淨識』，屬於佛也。今言識種尤多也。故隨塵境動便虛搆者，立謂：隨六塵六大之境，常妄言說，心口運為，恒虛妄搆架，而造業也。」（七六一頁下）【案】敘意分二，初，「良由」下；次，「加以犯」下。

〔三〕**不思反流之始，但願畢世之終**　資持卷中三上：「『不』下二句，明迷苦。上句謂不念生死，下句明悠悠度世。」（三〇五頁上）鈔批卷一八：「謂無本源之始，始自真如，但由妄起，乖真不知返本。今若斷妄修真，越出三界，逆返生死之流，會得真如之本始，故曰也。如須陀洹人，名逆生死流。言但願畢世之終者，謂處世已來，恒事□（原注：□疑『妄』。）語，未思改革，願畢其生，故言畢世也。」（七六一頁下）

〔四〕**以此安生為要，當死定非排業**　資持卷中三上：「『以』下三句，傷歎。上句，

蹋上虛度。下句，示後苦報。安生，猶言居世也。然沙門居世，修道為急，縱妄守愚，自以為要，臨終神昧，任業牽生，故云當死等。當，將也。排，遣也。對治智勝，業則可排。對治有二：一者，事行抑制，則能伏（三〇五頁上）業；二者，理觀明照，則能滅業。以人之將死，善惡相現，惡強善弱，神隨業往，況無少善，豈能排之？」（三〇五頁上）簡正卷一一：「以此虛搆妄業，安於一生，要當至死方住，故云為要當死。若如是者，不能排蕩藏識之中妄業種子，出家順生死業，信此可令人悲，故云（七一六頁上）良可悲矣。嗟歎意也。（上依搜玄，約句釋竟。）或依法寶科鈔句云：以此安生為要（是上句也），當死定非排業（是一句）。意道：用此妄語之業，以安生之身，為其要妙，當至死時定，不能排蕩此業。（此解亦是一途。）」（七一六頁下）鈔批卷一八：「以，由用也，謂用此妄語之業，安鎮其一生也。亦可以此妄語為安身，故曰也。為要當死者，立謂：抱此妄業，契至於死，死時始休，故曰也。定非排業者，立謂：既常習妄語，何能排生死苦業也？言良者，善也、信也。」（七六一頁下）【案】簡正、搜玄、鈔批本句斷為「以此安生，為要當死，定非排業，良可悲夫」四句，今依資持、法寶，斷為三句。

〔五〕加以犯無定境，起必依心，但使違內想心，不論外緣虛實，一切皆墮　資持卷中三上：「『加以』下，二、明心境以勸修。……次勸修中即明教急。上二句標定，下二句配釋。『但使』等者，釋上次句。『不論』等者，釋上初句。律云：若不見、不聞、不觸、不知，是中見想、聞想、觸想、知想，彼便言我不見、不聞、不觸、不知，知而妄語者，波逸提。若論妄語，境虛成犯，於義易知。今此境實，違想亦犯。教唯約心，制急可見。虛實俱犯，故言一切。」（三〇五頁中）鈔批卷一八：「加以犯無定境者，謂境則無定於是非也。但約心想，違想是犯，順想無罪。然境不當虛實，但起心自有虛實耳。心若虛者，即是犯。但使違內想心不論外緣者，立謂：不論前境違順，但使心違是犯。然境心違順，此義極難，至下略出。且如境順心違者，如曾見張人之境，中途迷想，心生謂言未見。後被人問見張人不，答言見者，即犯是也。」（七六一頁下）簡正卷一一：「『加以』等者，前來妄業薰修，動便成妄，故意為之。今重由約境之虛實，但違想心便結，故云加以也。犯無定境者，境通有無之無定也。但使違內想心者，如實不見張人，想心謂是見張人，後有問者，答云不見，便是違內想心。何論外緣虛實，謂不見是實，想心是虛，見則反之。餘例知也。」（七一六頁下）

〔六〕**作人想**　鈔批卷一八：「首問曰：『想與知有別不？』答：『有同有異。了境之心名知，當境穴（【案】『穴』疑『不』。下同。）徹名想，俱能了境故同。言異者，知唯了境，想通迷悟，了境穴徹名想，迷境穴徹亦名為想。』」（七六二頁上）【案】犯文分二：初「六緣」下；二、「多論」下。

〔七〕**違想說**　資持卷中三上：「是妄業。」（三〇五頁中）

〔八〕**知違想說**　資持卷中三上：「即故為。」（三〇五頁中）

〔九〕**妄語、兩舌、惡口，相歷作四句**　鈔科卷中三：「初明離合。」（七〇頁中）鈔批卷一八：「相歷作四句者，立云：一、是妄語，非兩舌、惡口；二、是兩舌，非妄語、惡口；三、是惡口，非妄語、兩舌。四、俱是也。」（七六二頁上）簡正卷一一：「初一，如鈔（云云）。第二，是兩舌，非妄語、惡口：傳他此語向彼說，作分離心故是兩舌；如實說故非妄語，柔軟說故非惡口。第三句，是惡說，非妄語、兩舌：傳他此語向彼說，庶橫說故是惡口；如實故非妄語，不作分離說故非兩舌。第四句，俱得三罪也。濟（原注：『濟』疑『綺』。下同。）語者，非時語，無義語，皆戲調心，名濟語也。餘曰三業，或合或離，濟語一種，不得相離也。」（七一六頁下）資持卷中三上：「多論四句：初句具列，餘句例作。應云：二、是妄語，是兩舌、非惡口；（傳他此語向彼說，以不實故是妄語；作分離心故是兩舌，軟語說故非惡口。）三、是妄語，非兩舌、是惡口；（不實麤言，不作分離心是。）四、是妄語，是兩舌、是惡口。（此上可知。）初句單配，唯局此戒；中二雙犯，則涉兩戒；第四俱犯，則通三戒。」（三〇五頁中）【案】「多論」下分二：初「多論」下，次，「四分」下。

〔一〇〕**有無可知**　資持卷中三上：「妄語四句，齋（【案】『齋』疑『齊』。）有兩舌、惡口。初句都無，中二各一，第四方具。彼論作句在『兩舌戒』，以兩舌為頭，餘二指略。今鈔準彼，就妄語列之，則知三戒，皆具四句。但以本戒為頭，歷之可解。」（三〇五頁中）

〔一一〕**餘口三業，或合或離**　鈔批卷一八：「謂妄語、兩舌、惡口，除綺語，可知也。或合或離者，一謂或但妄語、無惡口是離；或時有妄語、有惡口，即是合也。」（七六二頁上）資持卷中三上：「成論中，口有四業。上文但明三種離合，故引釋之。」（三〇五頁中）

〔一二〕**綺語一種，必不相離**　鈔批卷一八：「立謂：上三業中，皆含綺語也。妄中亦有綺語（原注：插入『語』字。）、兩舌、惡口，例有綺語也。案成論中廣明綺語竟，即云：餘口三業皆離，綺語不得相離。」（七六二頁上）資持卷中三

上：「綺語者，古德釋云：如世錦綺交錯成文，或云綺側語，言乖道理，故名綺側，亦名無義語。問：『若不相離，如妄語時，應結二罪？』答：『言不離者，非謂同犯。但餘三語，邪曲非義，即同綺攝，是則綺語，名通相別。若論別犯，戒疏云：戲掉壞心，過非乖越，通皆小罪。若僧作法，方得提罪。如後口綺是也。』」（三〇五頁中）簡正卷一一：「此三心通有濟（原注：『濟』疑『綺』。下同。）語，故云不相離也。只如妄語，說不稱時。（七一六頁下）若妄語者，必是無義。或時妄語，為調戲心。凡是妄語，與兩舌、惡口，皆合濟語一種也。」（七一七頁上）

〔一三〕善生經　資持卷中三上：「善生中，此即化教十業離合。」（三〇五頁中）鈔批卷一八：「立謂：今引此文，來證上文四句，或離合意也。」（七六二頁上）【案】優婆塞戒經卷六，一〇六七頁下。

〔一四〕有人於十業道，一時作二、三、四乃至八事　資持卷中三上：「初明自作，教人同時成業。極至於八。」（三〇五頁中）鈔批卷一八：「景云：舉前後心，一時成也。言『乃至八事』者，謂單將毒心，作前身三、口四之事是也。以貪時無瞋、無癡，癡時無、瞋等故，但得八事耳。以貪、瞋相違故，不得同起。以順境起貪，違境起瞋，相不俱故，故云不作十也。於此八事中，若約自作，故得有八。若論令他，唯得為六，以婬、癡業，必是自為，由適暢在己，不可令他為我婬也。撥無因果，（七六二頁上）無出自心，餘殺、盜、妄，能所同犯。」（七六二頁下）簡正卷一一：「一時作二者，妄語即有濟（【案】『濟』疑『綺』。）語，三者兩舌，四者更加惡罵。十業之中，越其意二，故云乃至八事。」（七一七頁上）

〔一五〕不得作十，以貪、瞋不得一時　資持卷中三上：「不得十者，以三心業，起不同時。下約邪見、癡心顯相。（三〇五頁中）且云貪、瞋不得一時。若舉貪業，則無瞋、癡。瞋亦例爾。」（三〇五頁中）簡正卷一一：「何不至十？以意地中，貪等三心不一時，故貪、瞋二心相違，不同時也。若據自作二事，教他為六一時戒，故得有八。若但令他，唯得為六，即口四過，并煞、盜身二也。婬要假於，自身一支，并為無業道，屬癡成八。於一時中，八業成就也。」（七一七頁上）

〔一六〕其餘八事，六處遣使　資持卷中三上：「『其』下，示相。七支之外，兼一心業，故得成八。又三心業，必無教他。身口七支，六可遣使。」（三〇五頁下）

〔一七〕自為二事　資持卷中三上：「婬必自造。所以文中，二事必約自為。若據毘尼，

教淫犯蘭。此約根本，故非所論。言他毒（【案】『毒』疑『妻』。）者，化教十善，禁邪許正。無業道者，謂撥無邪見，即是癡業。但癡通難顯，故舉別相耳。」（三〇五頁下）

〔一八〕因法師比丘常好論義，以是為非，以非為是　鈔科卷中三：「初，引緣伸誡。」（七〇頁中～下）資持卷中三上：「初科。前引二律。法師比丘者，四分象力、五分沙蘭。戒疏云：因論善法，便行詭妄，以為因起。況餘雜事，而得成信？」（三〇五頁下）鈔批卷一八：「案五分云，舍衛城有法師比丘名沙蘭，（四分名象力也。），聰明才辯，一切四眾、外道、沙門、波羅門，無能及者，遂以非為是、以是為非、知言不知、不知言知，恒以切辯，勝人之口。時諸比丘莫不歎伏。問言：『汝論義時，意謂為見（【案】『見』疑『是』。）、為知非耶？』答言：『我實知非，取墮負處，故妄語耳。』語（【案】『語』疑『諸』。）比丘舉過白佛，佛即制戒。僧中，妄語罪重。百羅漢前者，羅漢局聖，復數限於百，僧中通凡聖，數則無邊，故可知也。又羅漢聖人，雖對作妄語，義難信受，凡僧受詭，生信不疑，故重也。案智論中，佛說妄語有十罪：一、口氣臭；二、善神遠之，非人得便；三者，雖有實語，人不信受；四者，智人謀議，常不參豫；五者，常被誹謗，醜惡之聲，同流天下；六者，人所不敬，雖有教勅，人不承用；七者，常多憂愁；八者，種誹謗業因緣；九者，身壞命終當墮地獄；十者，若出為人，常被誹謗。」（七六二頁下）【案】五分卷六，三十七頁。

〔一九〕僧中妄語，罪重百羅漢前　簡正卷一一：「玄云是五分文。彼因慈地謗沓婆故。佛語慈地：若於堅信比丘前妄語，罪重於煞無數眾生；於一堅法比丘所妄語，獲罪過百堅信。如是展轉，於僧前妄語，（七一七頁上）罪重於百羅漢前也。謂四人，謂前詭罪重也。何以故？凡僧受詭，生信故重，聖人識非，不信故輕也。前言堅信，謂是內凡已去，得四不壞信故。堅法者，謂得無漏法苦忍。初心已去，此法堅固，難可破壞，故名堅法。」（七一七頁下）資持卷中三上：「『僧中』下，五分說慈地謗沓婆。佛語云：若於堅信比丘前妄語，重殺傷無量眾生，（內凡已去名堅信。）於一堅法比丘前妄語，罪過堅信百倍；（初果已去名堅法。）於僧前妄語，罪過百羅漢。（四人已上凡聖僧也。）通引此文者，以世講師，或臨眾說法，或有所言論，率多虛詭，故持誡之。百羅漢者，且舉多聖，以況少凡。罪猶過之，勉勵深矣。言罪重者，此約業道，非制罪也。」（三〇五頁下）

〔二〇〕若說法、義論、傳語，一切是非，莫自稱為是　資持卷中三上：「多論。彼云：

若說法、義論，若傳人語，則顯所說、所論從他傳者。自稱，論作自攝，謂攝取他說，以為己是。」（三〇五頁下）【案】多論卷六，五四〇頁上。

〔二一〕**常令推寄有本** 資持卷中三上：「寄，附也。有本者，或覽他文，或從口授，必推所得，以示於人。古今學者，孰逃此過，聖教明約，豈不內盾（【案】『盾』疑『省』。）？」（三〇五頁下）簡正卷一一：「謂若有所能，推屬於師，或推聖教，則無過失。縱有，乃屬前人也。」（七一七頁下）鈔批卷一八：「立語：且如高坐說法，莫言我自作此說，云是我語，須推本師，便有典據。縱有過失，乃屬前人。」（七六二頁下）

〔二二〕**不爾，斧在口中** 資持卷中三上：「『不』下，文出智論。彼偈云：夫士之生，斧在口中，所以斬身，由其惡言。（此偈喻顯下偈對合。）應訶而讚，應讚而訶，口集諸惡，終不見樂。（上三句，合『斧』在口中；下一句，合斬身。此喻非理，言論妄業，即成先自損故。）」（三〇五頁下）鈔批卷一八：「案多論云，佛言：夫人生世間，斧在口中。（七六二頁下）佛自說本緣，過去遠劫，有佛出世，號阿梨羅。彼佛法中，有兄弟二人出家。兄坐禪故，得羅漢果。弟學問通三藏，闡揚佛法。時四輩崇奉二人，但兄以聖道力故，利養偏勝。時有檀越，施兄一端氎，不施其弟。凡飲食衣服，四事皆偏不同。弟生嫉妬，加誹謗。時有檀越遣一女子，至弟比丘所，其弟比丘語女言：『汝與我謗彼比丘。』女初不肯，云：『彼聖人如何加謗？』此弟比丘以種種方便，誘惑其心，云：『我當索取彼氎，持以與汝，以證其罪，但言與我行婬。』即就兄索得氎（原注：本文無『就兄得氎』四字。）與之。女即還歸家。家人問：『何以經久？』即言：『彼比丘留我戲杵（【案】『杵』疑『許』。多論為『弄』。），是故經久。』復言：『與我此氎。』於時世人，咸生疑惑。其兄羅漢，見此二人作大罪惡，即避異方便（原注：本文無『便』字。）。佛言：『弟比丘者，我身是也。女人者，孫陀利是。以我前世謗聖人故，今得漏盡，還被誹謗。』」（七六三頁上）

〔二三〕**見、聞、觸、知，違想說** 資持卷中三上：「四分為三：初列根、塵。見、聞、知是根，觸即是塵。觸中含三。律云：觸者，鼻識、舌識、身識也。是則根塵互舉，六種備矣。言違想者，即見言不見，乃至知言不知。律中，更列不見言見，乃至不知言知，（三〇五頁下）合成八境。（別開，則有十二。）」（三〇六頁上）簡正卷一一：「薩婆多云：若境由眼識，所識名『所見』，謂是色也。具五緣：一、清淨眼，二、色境，三、假空，四、須明，五、作發識意。若境由

耳識，所識名為『所聞』，謂是聲。具四緣能聞，於前五中，但除『明緣』也。若境由鼻、舌、身，三識所證，名『所覺』，謂取香、味、觸。具三緣：一、三根不壞，二、有觸塵到根，三、作發識意。若境由意識所證，名為『所知』，謂意知一切法，謂法境是。但具二緣：一、意根，二、發識意。……（七一七頁下）謂此四是違順之本故，八句皆犯，謂：不聞觸知，言見聞觸（成四）；或見聞觸知，卻云不見聞觸知（成八）。初，約不外聞觸知，誑他，有二十四句。先約不見，有六句：一、本實不見，無想心，誑他言見；（此『心境俱違』句。）二、實不見，有想心曾見，今誑他言不見；（此『境順心違』句。）三、實不見，內心生疑，誑他言實見無疑；（此『心境俱違』句。）四、實不見，內心曾生疑，誑他云不見無疑；（此『境順心違』句。）五、實不見，無橫疑，誑他云我疑見；（此『心境俱違』句。）六、實不見，無橫疑，誑他云我疑不見。（此『境順心違』句）。餘不聞、不觸、不知，例此各六，（成廿四句。）次，就實見聞觸知，亦二十四句。（番上可解。）」（七一八頁上）鈔批卷一八：「此四中，境語有八，並犯。言境語者，且如實見、聞、觸、知，此四是境，誑他言不見、不聞、不觸、不知，是語也。又，實不見、聞、觸、知是境，誑他言見、聞、觸、知是語，故曰境語。就見、聞、觸、知中，約對五塵而論者：見、聞，對也（【案】『也』疑剩。）聲、色。觸者，即香、味；觸三也，（七六三頁上）謂鼻、舌、身，俱名觸也。三根唯了別近境，同名為觸。問：『舌、身觸境，事容可示，鼻聞香時，何曾觸境？』答：『要假息風，引其香氣，到其鼻根。若鼻塞時，息風不能行，不能引香，故亦不聞，明知鼻根是其觸也。若眼、耳，唯了遠境；若物來觸眼，眼則不能見。故論具五緣能見，謂因眼、因也（【案】『也』疑『色』。）、因空、因明、因識，名為見。耳亦如是，唯聞外聲，耳中之聲，則不聞也。故心論頌云『二境不近受』等也。長行釋云：二界不近受者，眼識、耳識，不近境界，如逼眼色，不見故。耳亦如此，逼則不聞。意識者，遠、近境悉受。餘一向近受者，鼻、舌、身識，要近境界，依緣無間故。述曰：依謂識所依根也，緣謂識所緣境也。根境無隔，方能受也。論云：如耳聞鳴，還自聞者，此是耳病，聞外之聲也。論云：聞具四緣，因耳、因聲、因空、因識，能聞也。餘香、味、觸三種，但具三緣能了知：一者，隨三根不壞；二、有觸塵對身根，如香塵對鼻根，味塵對舌根等；三、發識意即是因，識既具三緣，不假因空、明、知觸等三，唯了近境也。言知者，即第六意識，以緣於法塵之境，此屬知也。若依律文，見、聞、觸、知，有有想，謂

反此四，（七六三頁下）更得四也，謂見言不見，不見言見，餘例可解。對此
作『六心』義，首疏云：舉八境誑他成犯。就中有二：初，就不見、聞、觸、
知四境，誑他成犯，有二十四句。第二，就見、聞、觸、知，誑他成犯，亦有
二十四句。律文中，言不見、不聞、不觸、不知者，依而起妄法，應就不見境
誑他。有六句：一、實不見誑道見，此『心境俱違』。第二，實不見，誑言不
見，引『境順心違』。第三，實不見，內生疑心：我為見、為不見？及至誑他
言見無疑，此『心境俱違』。第四，實不見，疑心同前，及至誑他言不見無疑，
引『境順心違』。第五，實不見，無擬，及至誑他，言我疑見，此『心境俱違』。
第六，實不見無疑，同前及至誑他，言我疑不見，此『境順心違』。此約一不
見上，作得六句，至犯提下，聞、觸、知三境，各得六句，可知，故有二十四
句。今律文好略。辨舉不見、不聞、不觸、不知四境上，以歷於『六心』，故
更有四六，二十四句可知。礪云：上『六心』中，初、三、五，心境俱違；二、
四、六，心違境順。」（七六四頁上）【案】雜心卷一，八七八頁下。

〔二四〕乃至所見異　資持卷中三上：「文略後四，故云『乃至』。所見異者，行心中見
諸惡像，言見好相，故云異也。」（三〇六頁上）簡正卷一一：「律文更有六
句。所見異者，戒疏云：定行心中見惡像，言好像。及被人問，答他異本所見，
故云所見異也。」（七一八頁上）鈔批卷一八：「所見異者，心疏云：入定行心
中，見諸惡像，言見妙相也。及被人問，答他異本所見，故曰也。礪云：行心
之中，見於虎狼，言見佛像，答他異本所見也。」（七六四頁上）

〔二五〕所忍異　資持卷中三上：「忍苦言樂也。或同作羯磨，不忍言忍也。」（三〇六
頁上）簡正卷一一：「細違安苦，名之為忍。語他樂，更同作羯磨，不忍言忍。」
（七一八頁上）鈔批卷一八：「心疏云：納違安苦，名之為忍，語他樂受也。
首疏云：領納違境，安心苦受，名之曰忍。答他壬（原注：『壬』疑『云』。）
樂受是也。律中，有所樂異者，財物緣求，名之為欲；答異於本，云樂正法也；
觸冷言熱，忍苦言樂是也。」（七六四頁下）

〔二六〕所想異　資持卷中三上：「怨想言親。律更有三，今引續之：所欲異者，欲求
財色，言樂正法；所觸異者，得冷云熱也；所心異者，緣此說彼也。（並依疏
解。）問：『上皆違想，何以分之？』答：『疏自判云：前是於六塵中行妄之相，
所見異等，即行心思度，違反而說，約意地也。」（三〇六頁上）鈔批卷一八：
「所想異者，心疏云：怨想言親是也；亦可實作見想，答言不見，違於想心故
曰也。」（七六四頁下）

〔二七〕**又有三時** 資持卷中三上：「『又』下，次明三時，律列四句。初云，本作是念：『我當妄語；』（初時。）妄語時，自知是妄語；（正作時。）妄語已，知是妄語。（後時。）第二，前、中二時知，（同上。）後時不憶。第三，本不作是念，前時無心，中、後時知。第四，前、後無心，正作時知。律據中時有心，四並提罪；鈔約義斷，前後得吉。（以律中本作是念，正妄語時，不憶得吉。故初中不憶，後憶亦吉。）四句中，具缺不定。文中且據具者言之。問：『前心吉者，與遠方便何異？』答：『同異不定，或復前起，不關方便。若準戒疏，則名前後方便。然方便言通，義須揀辨，不可濫也。』」（三〇六頁上）簡正卷一一：「前、後、根本，三也。唯有八句，四提、三吉、一句無罪。律云作時知是，妄語之時知是，妄語竟亦知。具三時知，得提；二、初中知，後不知；三、中後知，初不知；四、正妄語時知，初後不知。此四句皆提。次，三句吉者，一、初後知，中間不知；（七一八頁上）二、初知，中後不知；三、初中不知，後即知。此三吉。第八，一句，三時無心不犯。」（七一八頁下）鈔批卷一八：「謂前、後二方便，及正作時，故曰三也。若前後不憶，正作時憶，知是妄者，提；正作不憶，但有前方便及後心隨喜，皆吉。對此應有八句：一、前有心，中後無心，（一吉；）二、中有心，前後無心，（一提；）三、後有心，前、中無心，（一吉；）四、前、中有心，後無心，（一提一吉；）五、中、後有心，前無心，（一提、一吉；）六、前、後有心，中無心，（二吉；）七、三時有心，（一提、二吉；）八、三時無心，不犯。」（七六四頁下）

〔二八〕**若僧說戒時三問** 資持卷中三上：「『若僧』下，三、明默妄。有犯不悔，在眾表淨，但不口言，故罪降等。」（三〇六頁上）簡正卷一一：「嘿妄邊，結吉也。」（七一八頁下）

〔二九〕**善生** 資持卷中三上：「善生中，有二。初出妄語之相，有三毀（【案】『毀』疑『段』。），並以『若』字分之。」（三〇六頁上）

〔三〇〕**若有疑心、無疑心** 簡正卷一一：「如見前人行過，實疑謂是張為是王？有問言已誰，便定答云是王等。」（七一八頁下）資持卷中三上：「如律云：於見、聞、觸、知中生疑，便言：無疑我見聞等，於不見聞，生疑亦爾。又，於見聞中無疑，便言有疑云我見聞等，或言不見聞等，皆墮。」（三〇六頁上）鈔批卷一八：「立謂：且如前人實不清淨人，問言謂『此人清淨不』，然心實疑為淨不淨，即誑他言『彼人實淨不疑』，即犯。故曰若有疑心也。言無疑心者，謂實不疑前事為有為無，人問疑不。答言『疑』，即是犯也。」（七六四頁下）

〔三一〕**若見、聞、覺、知** 資持卷中三上：「見聞等，即是根塵，大同前律。覺即是觸，由觸而覺故。」（三〇六頁上）

〔三二〕**若問、不問** 簡正卷一一：「不論前人來問不來問，但誑他即犯。」（七一八頁下）資持卷中三上：「即指所誑。下釋中，並約前人是也。」（三〇六頁上）鈔批卷一八：「謂不論前人來問不來問，但使誑他即犯。」（七六四頁下）

〔三三〕**異本音** 簡正卷一一：「音，聲也。異本所說聲如本，是漢兒子誑胡音，或作新羅等語。意欲或他令前人不解，皆成妄語也。」（七一八頁下）資持卷中三上：「轉其言相，意令不解。」（三〇六頁上）鈔批卷一八：「謂不論前人來問不來問，但使誑他即犯。」（七六四頁下）

〔三四〕**若言「不大見聞」，亦犯** 簡正卷一一：「今時云不多見、不多聞。」（七一八頁下）資持卷中三上：「『若言』下，次釋犯不犯相。先釋見聞。『不大』等者，本實曾見而云『彷彿』也。」（三〇六頁上）鈔批卷一八：「實不見聞，誑他故。言古（【案】『古』疑『若』。）不大見聞，故犯也。立謂：實不見不聞，便誑他言，我不了了，分明見聞，故言『不大』也。案善生經云：若言不大，見聞覺知，亦是妄語，不名具足。問：『見者，識耶、根耶（原注：插入『耶』字）？』答：『二宗不同。若成實宗，但識能見，眼其名也。多論宗云根見非識見，即雜心頌云：若眼隨生見，耳界隨生聞；又頌曰：自分眼見色，非彼眼識見，非慧非和合，不見彰（原注：『彰』字原本不明。）色故。（述曰：）『自分眼』者，謂發識、眼識現在根，名為『自分』。眼與眼識，同作自事，名為『自分』也。新經論中，名『同分眼』也，非彼眼識、見等者。經部立義，識見非眼故。復有餘部，眼識相應，慧能見色；復有經部，一師別解，眼與眼識和合，名見。今薩婆多並皆破云：不見部外色故，謂心心所，取境之時，無有障隔。若識等見、想見部外，故知識見不應正理。」（七六五頁上）

〔三五〕**若破相說** 簡正卷一一：「如人執有我人，今破云並無。」（七一八頁下）鈔批卷一八：「如行至西房，見某比丘，修治房舍，後至本房人。問見某甲不，答他見與不見，但言彼比丘『大能作生活』，是名破相，說則不犯。景云：破相說者，如實說也。有人云：破其執見之心，云色性本無，何所見也。濟云：凡夫執相，計色有常。今破此相，則言色是空。然比丘眼實未見空，但約教而作此破，亦無犯也。」（七六五頁上）資持卷中三上：「破相即破執著、我見，而言無見等。（三〇六頁上）如經論中，破根境之例。」（三〇六頁中）

〔三六〕**無覆藏說** 鈔批卷一八：「覆藏說者，謂稱實而說也。」（七六五頁下）資持卷

中三上：「無覆藏者，如行懺法，發露悔過。云不見、不聞、不覺、不知等，此雖相同妄語，而非誑他，故無犯也。」（三〇六頁中）

〔三七〕**若異音說，前人不解**　簡正卷一一：「異音者，前人不解也。」（七一八頁下）鈔批卷一八：「立謂：他胡、漢等音，意欲令他不解。而語中不妄，亦實犯也。首云：異本所說者，是名異本音也。慈云：異本語音，或令聲大小，不令前人解者，名異本音也。」（七六五頁下）

〔三八〕**若顛倒語**　資持卷中三上：「『若顛倒』下，別列三相。顛倒謂前後倒亂，如世反語。大聲不了，言雖不倒，混然莫辨。所說不解者，謂胡、漢異音，楚、夏別語，隱竊語等，但令使彼不解，皆此所收。問：『列緣據解異音，不解而云犯者？』答：『雖非正解，不妨聞於不正之言。又，緣中，言解止取聞知，故十誦『兩舌戒』云：解已更說，波逸提。多論釋云：解應言聞，此可例證。』」（三〇六頁中）簡正卷一一：「顛倒者，此土先能後所，今先所後能，即犯。如問『聞聲不』，答他『欲不聲聞』。又發大聲答他，又作不了語。『若有』下，結上文也。」（七一八頁下）【案】本句別列異音三相，即三個「若」字引之。

〔三九〕**僧祇**　資持卷中三上：「僧祇中，虛則妄語，實則教殺，兩皆不得。」（三〇六頁中）【案】僧祇卷一四，三四〇頁下。

〔四〇〕**生**　【案】底本為「云」，據大正藏本、僧祇律改。

〔四一〕**看指甲**　資持卷中三上：「彼正作『指押』。予注（【案】『予注』或作『子注』。）云胡音，與『不見』同。古記云：非謂答云不見，但方便引接，令彼看不見，故注云方便等。然彼正作應云明是答詞。若準注意，義又非便，以在胡正為妄語，在漢復是異音，二皆不可。指歸云，『指甲』乃是腳跡，令彼自看獸跡，則免上過。」（三〇六頁中）簡正卷一一：「大德云：謂是畜生蹄跡之甲，非謂令他自看手指甲也。彼問比丘：『見畜去處不？』若實見，答云『不見』，又成妄語。若答『見』，又是示處。今但令他自看指甲，俱免二失。（上正釋竟。）或有引僧祇律注解云：『指甲』是胡音，此云『不見』。雖出祇文，免違鈔。今鈔自注釋云：方便引接，令畜遠去，作是法也。必知已遠，縱逐不得。然後方可語彼，從此路去。（七一八頁下）若直爾，便語夫（【案】『夫』疑『失』。）處，即是示處。違於鈔文。」（七一九頁上）鈔批卷一八：「立謂：應語云『檀越自看』。『若一閣非庶欲、兩閣是庶欲，今若欲作方便者？』答：『坐見庶過來，而起答云：我起來未見也。』濟云：西國人用指甲作鏡，屠兒若問見不，比丘即自映（原注：『映』字未詳，疑『看』。）指甲見人面，乃語言不見豬等，

不犯。乃是方便意也。撿祇文云：若屠家畜生走，問比丘見不，比丘不得妄語，復不得示處，應言『看指甲』。下文，即經云『看指甲』者，胡音與『不見』同。」（七六五頁下）【案】僧祇卷一四，三四〇頁下。

〔四二〕應方便引接，令畜生遠去　資持卷中三上：「又斥。僧祇注文，是後人妄加，未詳孰是，疑故並存。」（三〇六頁中）

〔四三〕十誦　資持卷中三上：「十誦三種語他。初，是虛誑，正犯此戒。次，兼妄惱，則犯二戒。後，即稱實，止犯後戒。即下六十三『疑惱戒』也。」（三〇六頁中）

〔四四〕文如註戒本中　資持卷中三上：「彼云：不見言不見，乃至知言知等。今云稱想，在言雖略，無不攝矣」（三〇六頁中）

罵戒〔一〕二

智論〔二〕：一人生國中，皆共作因緣，謂內法與外法為因緣〔三〕。如惡口業故〔四〕，地生荊棘；諂曲心故，地則高下不平；慳貪多故，水旱不調，地生砂礫。不作上諸惡者，地則平正。如彌勒佛時，人行十善，地多珍寶〔五〕。律云，佛言：凡有所說，當說善語，不應惡語，便自熱惱〔六〕；乃至畜生，聞毀慚愧〔七〕，況於人也。

六緣：一、是比丘。十誦、五分：毀下四眾，皆吉羅〔八〕。二、自出毀訾。伽論：傳他語，為他罵，皆吉〔九〕。三、知是毀訾。四、作折辱彼意。五、言了。六、聞知。

十誦：六諍本〔一〇〕者，瞋恨、惡性、貪嫉、諂曲、無慚愧、邪見。

四分：惡法種類毀訾者六品〔一一〕，言：卑姓家生〔一二〕，業行亦卑〔一三〕，伎術〔一四〕工巧亦卑。若言「汝是犯過人〔一五〕」，依實亦犯〔一六〕。「汝多結使人〔一七〕」，若盲，若禿、瞎人〔一八〕。有三行罵法〔一九〕：初，面罵者，言「汝是除糞家生」等；二、喻罵〔二〇〕者，「汝似除糞種」等；三、自比罵〔二一〕者，「我非除糞種」，乃至「我非販賣、殺牛羊、跛躄人〔二二〕」等，皆墮。二者，善法罵〔二三〕，亦有三種：面罵者，「汝是阿練若」，乃至「坐禪人」〔二四〕。餘二罵例知。了了說者，皆吉。

僧祇云〔二五〕：若以上惡法，毀餘比丘及父母，言「汝父母是」者，得提；「汝和尚、闍梨是〔二六〕」，偷蘭；「汝同友是」，越毘尼。餘有中、下惡法〔二七〕，行罵父母、和尚、同友等，並遞減一等〔二八〕。面、比罵外〔二九〕，更加「是中有如是人」，亦犯。謂小姓比丘與大姓者共住，云「此中

有小姓比丘」。

又云：地有金藏，好令人鬥諍〔三〇〕。律中，迦葉舉造房僧過〔三一〕，即日出城宿。佛訶，但舉非人等餘類〔三二〕，不舉迦葉，以護人心故。

不犯〔三三〕中。

相利故說〔三四〕，為法故說，為律故說，為教授故說〔三五〕，為親友故說；上皆內無嫌恨，慈濟故示惡語。或戲笑，但犯吉羅〔三六〕。或因語次失口〔三七〕，或獨處說，或誤說，皆不犯。

十誦〔三八〕：有比丘說他罪，諸比丘知是人身業不淨，能於四重、飲酒、殺草、非時食、妄語作者，應語「莫瞋、諍相言」也。

【校釋】

〔一〕罵戒　資持卷中三上：「（佛在舍衛。六群毀罵斷事人。因制。）戒名有云『惡口』，然據律中，亦通善法。今云罵者，但是辱他，通收善惡。」（三〇六頁中）【案】本戒鈔科稱為「行罵戒」。文分為二：初，「智論」下；二、「六緣」下。四分卷一一，六三四頁下開始。

〔二〕智論　簡正卷一一：「按智論云：菩薩淨身口意三業，為後淨國土因；自身齊淨，亦淨他人。何以故？但一人生國中，皆共作因緣，內法與外法作因緣。若善，若不差（原注：『差』疑『善』。下同。），多惡口業故，地生荊棘。餘如鈔文。准論意，由內有差惡心因故，即內法感外世界有土淨穢也。如唯識論，共業所感，外器不同。四句料簡：一、共中共，謂一切並用阿賴耶識，共變引器世間，共受用故。二、共中不共，謂人與畜生等，以共變故，名共受用，不因復是不共。如魚水為舍宅，諸天見水瑠璃寶；地獄、餓鬼，見水變成猛火，人見清冷水，是不共也。三、不共中共，男女身根，種子各變，是名不共；與摩觸細滑受用，則為共也。四、不共中不共，如人五根各種，故名不共；於五根中利鈍明暗，各各不同，又是不共。今文中云『共作因緣』者，四句之中，當初句也。」（七一九頁上）【案】智論卷九二，七〇八頁下。

〔三〕一人生國中，皆共作因緣，謂內法與外法為因緣　資持卷中三上：「『謂』下，是論自釋。內法是業，即善不善。外法是報，即所依器界。報由業感，故云『與』也。」（三〇六頁下）鈔批卷一八：「謂內心善惡，名為內法。外感世界，故有淨穢，名外法也。但是一切眾生，有情之類，皆名內法。一切非情、山河大海，皆名外法。以眾生心，有善惡之因故。招外依報，依有好醜曰緣。如山河世界，是眾生所依之境，故曰也。」（七六五頁下）

〔四〕**如惡口業故** 資持卷中三上：「『如惡』下，先示三惡因緣，以配三報。且據口意，略不明身。因果相對，尋文可了。」（三〇六頁下）

〔五〕**如彌勒佛時，人行十善，地多珍寶** 資持卷中三上：「舉彌勒為證。彼佛當來人壽八萬歲時出世。引此文者，意彰惡口過重，感報不淨，令自勉也。」（三〇六頁下）

〔六〕**凡有所說，當說善語，不應惡語，便自熱惱** 資持卷中三上：「本律中。彼云：善語者，善，（樂因果故；）惡語者，自熱惱，（苦因果故。）」（三〇六頁下）

〔七〕**乃至畜生，聞毀慚愧** 鈔批卷一八：「律中，將牛竟駕，毀云折角是也。准多論云：畜生古時皆能語者，以劫初先有人天，未有三惡，並從天人中來，（七六五頁下）宿習故語。今多從三惡趣來，所以不語。」（七六六頁上）資持卷中三上：「『乃』下，舉況。束彼廣文，故云乃至。彼具云：剎尸羅國婆羅門有牛，與一長者牛鬥力，共駕百車，賭金千兩。婆羅門於眾前作毀呰（音『紫』。）云：『一角可牽。』時牛慚愧，不肯出力，遂即輸金。乃至牛語婆羅門言：『汝於眾前，毀呰故爾。』又令主倍賭二千兩，當於眾前，讚言『端正好角』。主依牛語，乃得勝彼。（多論云：劫初未有三惡道，眾生盡從人天中墮，以宿習近，是以能語。具如疏引。）」（三〇六頁下）

〔八〕**毀下四眾，皆吉羅** 鈔批卷一八：「然此戒是僧尼犯同緣異，僧局同類。尼毀僧，尼俱提。僧毀尼，吉。」（七六六頁上）【案】「六緣」下，犯文分二：初，「六緣」下；次，「十誦」下。「十誦」下，分三。十誦卷五三，三九一頁中。

〔九〕**傳他語、為他罵，皆吉** 資持卷中三上：「伽論證須自語。傳為並輕，故言皆吉。」（三〇六頁下）【案】伽論卷二，五七五頁中。

〔一〇〕**六諍本** 簡正卷一一：「或因嗔恨（原注：『悵』疑『恨』。），毀呰於他。乃至邪見，而毀前境也。」（七一九頁下）資持卷中三上：「不出三毒，上二是嗔，次一即貪，下三並癡。一切諍起，不越此六，故云本也。能治此六，則無諍矣。」（三〇六頁下）【案】「十誦」下分三：初，「十誦六」下；次，「僧祇云若」下；三、「又云：地」下。

〔一一〕**惡法種類，毀呰者六品** 簡正卷一一：「惡法簡善法也。種種（原注：『種』字疑剩。），謂種姓不同。類者，於上種中，各有其類也。毀呰者，正行罵也。六品者，前三約外，就姓業伎術為言；後三內報，就身心犯過以說也。」（七一九頁下）鈔批卷一八：「六品者，謂：一、姓，二、業，三、伎術，四、犯

過人，五、多結使，六、禿瞎。」（七六六頁上）資持卷中三上：「罵相中。本律分二，初明惡法，又二。先出語相。種類者，六品是種。隨一品下，多相為類。」（三〇六頁下）【案】四分下分二：一者明惡法，又分二：毀訾六品和三行罵法；二者善法，又分三種。「六品」見四分卷一一，六三五頁。

〔一二〕卑姓家生　簡正卷一一：「旃陀羅種，除糞種、皮師皮師（【案】次『皮師』疑剩。）種等。姓者，謂湊拘尸、婆羅墮等。」（七一九頁下）資持卷中三上：「即旃陀羅，除糞種、竹師種、車師種等。」（三〇六頁下）【案】「六品」之一。

〔一三〕業行亦卑　簡正卷一一：「販賣猪羊、作賊、知獄人等。」（七一九頁下）資持卷中三上：「即屠獵、漁捕、作賊、守城等。」（三〇六頁下）【案】「六品」之二。

〔一四〕伎術　簡正卷一一：「鍛金、作木、作瓦、作簸師等。」（七一九頁下）【案】「六品」之三。

〔一五〕汝是犯過人　簡正卷一一：「從波羅夷，乃至惡說等。」（七一九頁下）資持卷中三上：「作七聚罪也。」（三〇六頁下）【案】明「六品」之四。

〔一六〕依實亦犯　資持卷中三上：「若據餘五，依實亦同，恐謂實犯，呵毀無過，故特注之。問：『不實成謗，為犯何戒？』答：『前謗戒中，引僧祇云：對所謗人前罵謗，語語僧殘，不言罵罪。今此注云（三〇六頁下），依實亦犯。反知虛亦成罵。今準前文，謗妄離合。若元誣謗，意兼毀辱，理應合結。若單為謗，如上僧祇。若專為罵，但犯此戒。又七聚中，謗分三犯，罵局一提。如是知之。』」（三〇七頁上）

〔一七〕汝多結使人　簡正卷一一：「謂嗔、恚等煩惱也。」（七一九頁下）資持卷中三上：「從瞋恚乃至五百結。（依律引之，未詳配數。）」（三〇七頁上）【案】「六品」之五。

〔一八〕若盲，若禿、瞎人　簡正卷一一：「盲瞎者，及禿、跛、躄、聾、瘂等也。」（七一九頁下）資持卷中三上：「『若盲』下，且列三病。律中更列跛、聾、啞及餘眾患等。疏云：前三明其外相，就姓業為言；後三明其內報，約身心為語。」（三〇七頁上）【案】「六品」之六。

〔一九〕有三行罵法　資持卷中三上：「『有三』下，正行罵業。即用上六，分為三位。」（三〇七頁上）簡正卷一一：「將此六相，分為三品罵故。」（七二〇頁上）鈔批卷一八：「面罵、喻罵、比罵也。汝是阿練若、坐禪人，皆吉。心疏問云：『善法是好，罵者是惡，如何結罪？』答：『以罵者心欲相屠割，後見小失，

使張廣大。汝是諫若,如何猶著?離著無學,尚攝瓶衣,故以微緣,潛相扇作也。過情非重,故結亦輕。』」

〔二〇〕喻罵　簡正卷一一:「比類而說也。」(七二〇頁上)

〔二一〕自比罵　簡正卷一一:「我非是某人等。」(七二〇頁上)

〔二二〕我非販賣、殺牛羊、跛躄人　資持卷中三上:「文中皆略舉卑姓。第三更兼行業病患,餘以『等』字攝之。『乃至』二字,但略卑姓中多種,非越次也。」(三〇七頁上)

〔二三〕善法罵　簡正卷一一:「亦有三者,謂同惡法分三也。」(七二〇頁上)

〔二四〕「汝是阿練若」,乃至「坐禪人」　簡正卷一一:「律文初引阿蘭若乞食、補納、坐禪。今云『乃至』,越中間也。但是善法罵,皆吉。餘二罵,皆喻、比二也。例之可解。問:『善法是好,罵者是惡罵,如何結犯?』戒疏云:『以罵者心欲相屠割,微見小失,便張廣大。汝是疎居,如何猶著?無學尚搆瓶衣,故以微緣,潛相扇作,情過非重,故結輕也。』(已上疏文。)」(七二〇頁上)資持卷中三上:「三皆例上。且出面罵,文略乞食、衲衣,故云『乃至』。並謂假其善事,意在毀辱,但望前惡語,情過輕微,故罪分差降耳。」(三〇七頁上)

〔二五〕僧祇云　簡正卷一一:「准彼律,毀呰有七:一、種姓,二、業,三、相貌,四、病,五、罪,六、罵,七、結使。前三,人各有上、中、下三品。下四,唯下品,無中、上。今云上惡法者,卻將第三下品惡甚者轉為上惡法也。下種姓者,云汝是旃陀羅種等,汝是湊拘尸、婆羅墮姓也。下業者,屠、獵師等。下相貌者,瞎眼、虫頭等。持此下三法,毀餘比丘及父母者,父母得提。以親生色身,對比丘毀之,受辱同於己,故結提也;和上闍梨,能生法身,由如父母,但為種姓業相於己不同,降之一階。但約業罪,同師道支,種性更(七二〇頁上)疏,故但吉也。」(七二〇頁下)【案】僧祇卷一二,三二五頁中。

〔二六〕汝和尚、闍梨是　鈔批卷一八:「暠云:此是輕蘭,輕於提」(七六六頁上)

〔二七〕餘有中、下惡法　簡正卷一一:「中為中容(【案】『容』疑『業』。),即首陀等,是中種性;賣花、紛生、店肆等是中業;太白、太黑、太青等,是中相貌。若以此罵父母業,和上闍梨重吉,同友輕吉。下惡者,汝是剎利、婆羅門種,是上種姓;汝是蹤(原注:『蹤』字未詳,或『鍛』字歟?)金師業等上業;汝有三十二相等,是上相貌。以此罵父母重吉,和尚等次吉,同友最輕吉。謂中品無提,下品無蘭,故云遞減一等也。」(七二〇頁下)

〔二八〕並遞減一等　鈔批卷一八：「准祇文意，應言餘有中、上惡法罵者，可撿僧祇，抄如別。」（七六六頁上）資持卷中三上：「引僧祇，上法者，彼云：汝是栴陀羅，剃髮師、瓦師、織師、皮師種姓，此中罵己唯重，罵他三階，親疏別故。中罵者，彼云：汝是中間種姓（吏、兵姓，伎兒姓）。下者，彼云：汝是剎帝利、婆羅門種姓，作是語欲，使彼慚者犯。（準彼律，前是下罵，此為上罵。蓋約種姓尊卑，今鈔回互，乃就惡語深淺。或恐『上下』二字，前後寫誤。）中罵己及父母皆蘭，和尚同友並吉，下罵一切皆吉，故云並遞減一等。」（三○七頁上）

〔二九〕面、比罵外　資持卷中三上：「彼律不論面比，應是躡前四分為言，離前諸相，別加一種。」（三○七頁上）

〔三○〕地有金藏，好令人鬥諍　鈔科卷中三：「『又』下，明息諍。」（七○頁下）鈔批卷一八：「案祇律云：過去世時，波羅柰城有一長者子有奴，名阿摩由，為性兇惡。時長者子與諸婆羅門子遊戲園林，諸從人輩皆在園門外。時阿摩由在園門外，打諸侍從人。時諸從人，被其人打者，各告其主，諸婆羅門子盡出呵之。時阿摩由不受其語。答諸婆羅門子言：『不隨汝語，我大家子，來呵我者，當受其語。』遂打不止，即來告阿摩由主，阿摩由主，先得天眼，（七六六頁上）觀是鬥處，下有金銀伏藏，其地凶故，使其鬥耳。即往呵之，其奴即止。亦有經中，明地中有伏尸，則名伏藏，人居此地，多喜鬥諍。濟同此解。」（七六六頁下）

〔三一〕迦葉舉造房僧過　資持卷中三上：「次引本律，即『房戒』緣起。世尊聽造私房，曠野城中，諸比丘乞求煩多。諸居士遙見走避，復有一比丘斫伐（三○七頁上）神樹，神往白告佛。及迦葉入城乞食，人皆逃避。迦葉審問，悵默不樂。後因佛入城，迦葉來至佛所，白已即出城去。恐諸比丘生瞋恚故，世尊集僧制戒，但云樹神來告。又引從龍乞珠，從鳥乞翅之緣，故云『但舉』等。竟不言迦葉舉過。引此令效聖蹤，遠防相毀。」（三○七頁中）

〔三二〕餘類　簡正卷一一：「餘類者，玄云：即如龍鳥、乞珠、翅翼之例。以下況且（原注：『且』疑『上』）也。今云：不知引解有何意。」（七二一頁上）

〔三三〕不犯　鈔科卷中三：「初，示諸開；二、『十』下，明勸諫。」（七○頁中）資持卷中三上：「不犯有九。前五皆據師友匠成，語雖麤惡，內無瞋怒，故在開位。如注顯之。疏云：片涉譏嫌，即是正墮。然瞋心難狀，非智莫曉，彌須審悉，不可自欺。……餘四，即約掉散遺失。」（三○七頁中）

〔三四〕相利故說　資持卷中三上：「言相利，即泛爾同學。異下『親友』。」（三〇七頁中）

〔三五〕為教授故說　資持卷中三上：「云教授，謂直示時事，異上『說法』『說律』也。」（三〇七頁中）

〔三六〕但犯吉羅　資持卷中三上：「以乖儀故。」（三〇七頁中）

〔三七〕或因語次失口　資持卷中三上：「失口謂心知語失，異下『忘誤』。」（三〇七頁中）

〔三八〕十誦　資持卷中三上：「十誦中，說他罪者，自既毀破，義無益他。舉必成諍故，令勤止也」（三〇七頁中）鈔批卷一八：「案十誦自恣法中云：僧自恣時，有比丘說他比丘罪，若見、若聞、若疑，諸比丘知是說他罪人身業不淨，能婬、盜、妄、壞艸、非時食、飲酒等者，不應信是比丘語治他罪。僧應語言：『長老莫嗔、莫鬭、莫諍、莫相言也。』下文約舉罪人口業不淨。身口業俱不淨作之，亦如是說。（云云。）景云：此謂知能說比丘自有過也。縱所說比丘實有其過，以能說之人體非清淨，僧須語能說之人言『勿嗔諍相言『也。」（七六六頁下）【案】十誦卷二三，一六九頁中。

兩舌戒〔一〕三

具六緣：一、是比丘〔二〕，二、說鄙惡事〔三〕，三、傳於彼此，四、分離意，五、言了，六、聞知。

律云：兩舌者，彼此鬭亂，令他破也。僧祇：以惡法〔四〕告言「某甲說汝是〔五〕」。無有上、中、下法〔六〕，欲令他離向已。若彼離、不離，皆墮〔七〕。多論：說已更說，墮〔八〕。若不傳彼此語，但兩邊說，令離散者，一切吉〔九〕。

律不犯者。破惡知識、惡伴黨，和尚、同師、親友〔一〇〕，於僧塔廟〔一一〕，作無義利〔一二〕。破如是，一切無犯〔一三〕。

【校釋】

〔一〕兩舌戒　資持卷中三上：「（佛在舍衛。六群傳他彼此語，今眾鬭諍，不能除滅。故制。）名中，『兩』即所說之境，『舌』乃成言之具。疏云：此本翻譯，頗是質陋，以雖兩舌，不作分意，不犯此戒。現翻為『離間語』，其為得矣！令（【案】『令』疑『今』。）經論中，云『離間』者，皆唐譯耳。」（三〇七頁中）簡正卷一一：「戒疏云：二邊傳言破，云兩舌。此是所（七二一頁上）防。（若准唐三藏，翻為『離間語戒』。今云『兩舌』，頗為質陋也。）」（七二一頁

下）【案】四分卷一一，六三六頁上開始。

〔二〕說鄙惡事　簡正卷一一：「即除糞種、置（原注：『置』疑『盲』。）、聾之類等是。」（七二一頁下）

〔三〕是比丘　資持卷中三上：「律列十眾，道俗各五。俗五眾者，二眾已外，加王、臣、外道。戒疏云：當類犯提，餘九皆吉。」（三〇七頁中）

〔四〕惡法　資持卷中三上：「引僧祇示犯。云惡法者，即同罵戒。彼有七事，上三事有下、中、上。初，種姓有三，（下謂旃陀羅等，中即兵、吏等，上即剎帝利等；）二、業行三者，〔下即屠兒等，中即賣香肆，上人上（【案】『上』疑剩。）即金銀肆上人（【案】『上人』疑剩。）等；〕三、相貌三者，（下即瞎、鋸齒，中謂太白、太黑，上謂三十二相。）後四則無三品，皆名為下。四、病者，（疥、癩、顛、狂等；）五、罪者，（夷至吉羅；）六、罵者，（作世間淫穢、醜惡語，四分無此；）七、結使者，（愚、癡、暗、鈍等。）」（三〇七頁中）【案】僧祇卷一二，三二六頁中。

〔五〕某甲說汝是　資持卷中三上：「即指上七種傳告彼人也。」（三〇七頁中）簡正卷一一：「某甲說汝是者，謂是旃陀羅，除糞種、獄子、皮師、賣粉人等也。無有上中下法者，祇中七種罵法，上三則有上、中、下，只至於犯罪，亦有昇降。今斯兩舌，傳他之罵，不論上、中、下法，但作分離向己之心，不問前人離不離，俱一品提，更無蘭、吉之降也。（有人破鈔句。）」（七二一頁下）

〔六〕無有上、中、下法　資持卷中三上：「若前三種，有下、中、上，一切皆墮。後四無有下、中、上，亦一切墮。今引後四結文（三〇七頁中），通收七種，無論品類，欲離皆犯，故云『無有』等。」（三〇七頁下）鈔批卷一八：「案祇文有七種罵法。就此七中，則有上、中、下三品罵法，得罪階降。今若兩舌，則是傳他之罵。但作分離之心，誰問（【案】『誰問』疑『雖同』。）罵之上下，但傳三品之罵，作分離心俱提，不同『罵』（【案】『罵』即指上文『罵戒』。）中，自分階降。今鈔家略述彼文之意，故讀者皆迷，可撿祇、抄如別。」（七六七頁上）

〔七〕若彼離、不離，皆墮　資持卷中三上：「離取起心，不論前境。」（三〇七頁下）

〔八〕說已更說，墮　鈔批卷一八：「和上云：傳他語來，重重向前人說，重重得提。」（七六七頁上）資持卷中三上：「後引多論彰異。上句明重結，如一說未離，

再三說故。下明緣闕。此戒所犯，必兼二處。今但自搆，故入輕中。」（三〇七頁下）【案】多論卷六，五四〇頁下。

〔九〕若不傳彼此語，但兩邊說，令離散者，一切吉　資持卷中三上：「準此，若但傳言，不欲離散，理亦非重。一切吉者，彼論但云突吉羅，而前列多相，並是輕罪，故加一切，統而收之。彼云：說汝是多食、戲笑、欺誑、多詐等，傳向比丘者，聞則吉羅，不聞亦吉。」（三〇七頁下）

〔一〇〕和尚、同師、親友　資持卷中三上：「破共謀惡事。」（三〇七頁下）

〔一一〕廟　【案】底本為廣，據大正藏本、貞享本及義改。

〔一二〕作無義利　資持卷中三上：「謂欲共議侵壞僧塔。律云：數數語方便，欲作是也。」（三〇七頁下）

〔一三〕破如是，一切無犯　資持卷中三上：「『破』下，總結。律文更列壞僧、助壞僧、非法、非律羯磨等。」（三〇七頁下）

共女人宿戒〔一〕四

五緣成：一、是人女〔二〕，二、室相成，三、共同宿，四、知同宿，五、隨轉，墮。

律中：女者，人女，有智〔三〕，命根未斷。室有四種：一、四周障，上有覆〔四〕；即同在一堂內。中有隔者，準論不合〔五〕。二、前敞無壁〔六〕；即長行房，簷下兩頭有障〔七〕。三、雖覆而不徧〔八〕；即周匝同一院門，上通覆，開中央〔九〕。四、雖覆徧而有開處〔一〇〕。謂通覆障，上少開明孔。此等四室，比丘與女人同宿〔一一〕，或女人後至，或比丘後至，或二人俱至〔一二〕，若亞臥〔一三〕，隨脇轉側，一一波逸提〔一四〕。若與畜生〔一五〕，準僧祇：大母畜生，亦犯墮〔一六〕。若人黃門，二根人宿，一切吉羅〔一七〕。比丘晝日臥，女人立者，吉〔一八〕。女人若坐，犯屏墮。

十誦〔一九〕：乃至羅漢不與女人同宿。如熟飲食〔二〇〕，人之所欲，女人欲男亦爾。此律以羅漢為緣起〔二一〕，尚被淫惱，餘凡何須拒抗！

多論、善見〔二二〕：若都集堂同障內，設使堂中有諸小房，房雖各別，以堂同故，猶是一房。若多房共一戶，亦犯墮。即并部平頭，率多同戶房〔二三〕。覆者乃至衣縵作屋，壁〔二四〕者乃至高一肘半，共宿皆犯。若大屋相接〔二五〕，乃至一由旬，同一戶出入，皆犯。所對境者，乃至「同行」等戒〔二六〕，皆謂女人能受淫者。餘石女、小女等，但犯吉。十誦：若在室中，通夜坐者，不犯。必應多人共處，有明不睡者〔二七〕。僧

祇：一房別戶，有隔，無犯〔二八〕。若佛生日〔二九〕、轉法輪日，乃至大會，通夜說法，若露地風雨寒雪，當入屋內正身坐。若老病不能坐者，當施障隔，不得用疏物。高齊肩腋，下至地，不得容貓子過。若道行，入村宿，當別房、別隔。若無屋者，乃至如前作。皆謂以衣服被，從房堂內壁，直當門中央隔出，至舍前簷，令與兩頭相當，是為二室〔三〇〕。不但簾牀也。若無隔者，女人可信，應語女言〔三一〕：「汝先眠，我坐。」比丘欲眠，語令起：「我欲眠，汝莫眠。汝若眠者，汝無福德〔三二〕。」準如諸部，男子自伴〔三三〕。多論：與十女人宿，十墮〔三四〕；隨一一起更臥，隨一一轉，各各得十墮。若白衣舍，與女人並房，不閉戶，吉羅〔三五〕。五分：同覆異隔〔三六〕，若大會說法，若母、姊妹、近親患，有〔三七〕有知男子自伴不臥者，不犯。

　　律不犯中。

　　若先不知室內有女宿〔三八〕。若屋有覆無障，或盡覆半障，或盡覆少障，或盡障不覆，或盡障半覆，或盡障少覆，或半覆半障，或少覆少障，或不覆不障〔三九〕，露地，不犯。若此室中，若行，若坐，不犯〔四〇〕。若病臥，被縛，命、梵等難，並不犯〔四一〕。

【校釋】

〔一〕共女人宿戒　資持卷中三上：「（佛在舍衛。阿那律行，寄婬女舍宿，彼裸身來嬈。故制。）」（三〇七頁下）【案】本戒鈔科稱為「與女人宿戒」。四分卷一一，六三七頁上開始。

〔二〕是人女　資持卷中三上：「第一，簡下畜，女得吉。又，須可淫，簡下黃、形、石、小，皆吉。」（三〇七頁下）鈔批卷一八：「亮云：准五分，乃至初生、未乾，亦犯。僧祇第十云：三趣同犯。若牛、驢等，擎頭時未得罪；委頭眠，提。雌狗舒頭無罪；屈頭眠，提。鵝、雞等屈頭、著翅下，提。象正立時，無罪；倚時，提。（畜生既爾，非人准知。）亦祇云：若多比丘在房內眠，母人抱女兒入一切眠，比丘皆提。若維那知事人，應語言：『汝正豎兒抱入。』准此，四分小女應不犯。故下釋相中，人女者，『有智』、『命根不斷』故也。十誦：他舍有女宿，孔容貓子入，犯也。」（七六七頁上）

〔三〕人女、有智　簡正卷一一：「即簡非人及畜女無犯者。有知則簡小女，未有所解。命根不斷，即簡死女也。」（七二一頁下）資持卷中三上：「初科有三。初示女相。有智謂解知好惡，以簡幼稚。命根未斷，即簡死壞。」（三〇七頁下）

【案】「律中」下，文分為三：初「律中」下；二、「十誦乃」下；三、「多論與」下。「律中」引文，資持科文為三：初，「律中」下，簡釋；次，「室有四種」下，明室相；三者，「此等四室」下，明犯相。

〔四〕**四周障，上有覆**　鈔批卷一八：「景云：此舉大堂內一切障。雖中間別隔，以障同覆故，亦是犯也。」（七六七頁上）

〔五〕**中有隔者，準論不合**　資持卷中三上：「上句示相，下二句釋疑。準論即下引多、見。同一室中，有諸小房，亦犯是也。」（三〇七頁下）鈔批卷一八：「准多論并見論也，下文自出。謂一大堂內，（七六七頁上）四周有障，中間更別施小房。雖有隔別故犯，由同一大堂，四相周故。」（七六七頁下）【案】多論卷八，五五八頁上。

〔六〕**前敞無壁**　簡正卷一一：「准似今明廳屋下，亦犯。」（七二一頁下）鈔批卷一八：「立謂：即多分有障，三面有壁也。」（七六七頁下）

〔七〕**即長行房，簷下兩頭有障**　資持卷中三上：「『長行房』謂相連接者，簷下兩頭，即三邊有障，顯前敞也。」（三〇七頁下）鈔批卷一八：「景云：此室唯舉三面有壁，縱有別門，以在三障，故是犯。不同前室，唯舉堂內分障也，即是一切覆多障也。今若長行房簷前兩頭無障，或一頭有障，亦不犯。以非多障故，室相不成。准此，俗人廳下皆犯。」（七六七頁下）

〔八〕**雖覆而不徧**　鈔批卷一八：「立謂：周匝障，兩頭覆，中央不覆也。」（七六七頁下）

〔九〕**即周匝同一院門，上通覆，開中央**　資持卷中三上：「即四圍有屋，中開庭心，異下少開，纔漏光耳。」（三〇七頁下）

〔一〇〕**雖覆徧而有開處**　簡正卷一一：「上開天井取明是也。前室多開，此室但有明孔為異也。」（七二一頁下）鈔批卷一八：「景云：前室上多開此室，但有明孔為異耳。謂此地多見之，其室四邊無窗，但開頂，取明是也。」（七六七頁下）

〔一一〕**此等四室，比丘與女人同宿**　資持卷中三上：「『此』下，三、辨犯相。又二：前明正犯，初二句通標。」（三〇七頁下）【案】「此等四室」下分二，此為一，明正犯；「若與畜生」下，為二，明輕犯。

〔一二〕**或女人後至，或比丘後至，或二人俱至**　資持卷中三上：「『或』下，列相。上三句，明至室俱互。」（三〇七頁下）

〔一三〕**亞臥**　簡正卷一一：「邪倚也，但不正身臥。或倚東西壁繩床等，皆名亞臥。

故戒疏云：或側有所憑倚，即名為宿。」（七二一頁下）資持卷中三上：「若亞臥一句，示業分齊。言亞臥者，謂身斜倚，但令著處，即同臥相，律作『敧臥』（『去寄』切，不正也。）」（三〇七頁下）鈔批卷一八：「和上云：倚東、倚西，或倚壁、或倚繩床而臥，但是不正身而臥，皆名亞也。故韻集云『偋者，倚也』，即其義耳。」（七六七頁下）

〔一四〕**隨脇轉側，一一波逸提**　資持卷中三上：「『隨』下，結犯。隨轉犯者，業深教急故。」（三〇七頁下）【案】「一一波逸提」即是「此等四室」下几事所結。

〔一五〕**若與畜生**　資持卷中三上：「『若與』下，次，明輕罪有三。初，明異趣。」（三〇七頁下）

〔一六〕**大母畜生，亦犯墮**　資持卷中三上：「好畜染同人類。」（三〇七頁下）

〔一七〕**若人黃門、二根人宿，一切吉羅**　資持卷中三上：「『若人』下，明異報。（三〇七頁下）並由前境非勝，故罪輕降。」（三〇八頁上）

〔一八〕**比丘晝日臥，女人立者，吉**　資持卷中三上：「『比丘』下，明異儀。準疏同宿：一、須僧女俱臥，二、須局在夜分。若互坐臥，及晝日俱臥，並犯屏坐。今此，僧臥女立，故但犯吉，坐則犯提。如注所顯，即指後戒。」（三〇八頁上）鈔批卷一八：「景云：雖白日臥，非同宿攝，但是屏坐攝。縱二俱坐臥，但犯屏墮。」（七六七頁下）

〔一九〕**十誦**　鈔科卷中三：「『十』下，引聖誡凡。」（七一頁中）資持卷中三上：「十誦初示制急，羅漢聖人，雖無故犯，欲顯過重，極誡凡夫，故同一制。」（三〇八頁上）簡正卷一一：「彼云：佛告般律（原注：『般』一作『那』。），汝雖羅漢，不應與女同宿。如熟飲食人之所貪，女人欲男，亦復如是。」（七二二頁上）【案】十誦卷一六，一一三頁中。

〔二〇〕**如熟飲食**　資持卷中三上：「『如』下，喻顯女情，意令遠離。」（三〇八頁上）

〔二一〕**此律以羅漢為緣起**　資持卷中三上：「『此律』即那律緣起。『餘』下，正責。拒抗，謂特違聖制。」（三〇八頁上）簡正卷一一：「此律羅漢，亦那律也。比丘被適非（原注：『非』疑『升』。）空，女方悔過。無學尚被陵染，何況凡夫？不得強云不畏，拒抗佛之所制也。」（七二二頁上）鈔批卷一八：「案十誦云：阿那律寄宿，為婬女惱，已後還佛所，具陳斯事，事同四分律文。佛以是事，集諸比丘言：『阿那律雖得羅漢離欲，不應與女人共宿。如熟飲食，人之所欲，女人欲男，亦復如是。』（七六七頁下）因制戒。」（七六八頁上）

〔二二〕**多論、善見**　資持卷中三上：「多、見二論。初，明室相有二，即都堂及共戶

也。」（三〇八頁上）簡正卷一一：「前來鈔文注云『准論不合』，正是此文也。」
（七二二頁上）【案】參見「即同在一堂內，中有隔者，準論不合」句釋文。
多論卷八，五五八頁上。善見卷一五，七八〇頁上。

〔二三〕并部平頭，率多同戶房　資持卷中三上：「部即是州。舊云：彼間作屋，上不
起棟，平以土覆，中間開溝洩水，或十間、五間不隔，同一門也。」（三〇八
頁上）簡正卷一一：「并部等者，即大原（【案】『大』疑『太』。）諸洲，多作
斯屋，上不起棟，平作盡以土覆，中間開請（原注：『請』疑『構』。）泄水。
極長十間、五間，中不隔塞，共同一戶。」（七二二頁上）鈔批卷一八：「謂并、
汾之州，多作斯屋，上不起棟，半（原注：『半』疑『平』。）作，盡與（原注：
『與』疑『以』）土覆，中間開溝泄水。極長十間、五間，中不隔塞，共同一
戶。濟云：并州此屋，或盡一宅，通作一屋，對中央開其一孔，取明通行一戶
也。又云：多房共一戶者，義亦同也。如道中店舍，共行一戶。然此舍中，有
眾多倚客房。客房雖別，共遊出入，皆行一戶。然此房中，有女反未具者，比
丘雖在別房，亦犯也。故善見云：乃至以衣縵作屋，亦犯。若多房共一戶，亦
犯，除別有戶。又云：若四周各向裏開戶，共一大戶，出入亦犯。（即店舍是。）
若別有戶者，不犯。又云：若屋相連接，大乃至一由旬，共同一戶，亦犯。」
（七六八頁上）

〔二四〕壁　資持卷中三上：「壁即是障，並舉極小。已上可知。」（三〇八頁上）

〔二五〕若大屋相接　資持卷中三上：「『若』下，示室量。文出極廣。已下可準。」（三
〇八頁上）

〔二六〕所對境者，乃至『同行』等戒　資持卷中三上：「『所對』下，次，簡女境。行
坐乘船，皆同此辨，故云『乃至』。」（三〇八頁上）鈔批卷一八：「謂下文『共
女期同道行戒』中，皆明能受婬者也。」（七六八頁上）

〔二七〕必應多人共處，有明不睡者　資持卷中三上：「『必』下，義決。即準下五分有
伴之文。有明，謂秉燭也。」（三〇八頁上）簡正卷一一：「有明者，雖有多人，
不可闇坐。若有燈明，復不睡不犯。若臥不睡，亦犯。」（七二二頁上）

〔二八〕一房別戶，有隔，無犯　資持卷中三上：「僧祇三開。初，開別戶，即同別
室。」（三〇八頁上）【案】本節資持文為三：初者，「一房別戶，有隔無犯」；二
者，「若佛生日」下；三者，「若無隔」下。【案】僧祇卷一九，三八二頁上。

〔二九〕若佛生日　資持卷中三上：「『若佛』下，次，開遇緣。施障隔斷，事同異處。」
（三〇八頁上）

〔三〇〕令與兩頭相當，是為二室　資持卷中三上：「注示施障，須成兩室，各不相通，方免斯過。一頭著內壁，一頭出門簷，故云『相當』。當，猶抵也。末句遮濫。」（三〇八頁上）簡正卷一一：「諸記中並不消釋。大德曰：此謂防人污情故來，恐有以籬幕等圍遶於床，謂言不犯，故注簡之。」（七二二頁上）

〔三一〕若無隔者，女人可信，應語女言　資持卷中三上：「『若無』下，三、明互相臥起。方便離過。」（三〇八頁上）

〔三二〕汝無福德　鈔批卷一八：「謂同汝同眠，使我獲罪，損汝福德也。」（七六八頁上）資持卷中三上：「無福者，令僧犯戒故。」（三〇八頁上）

〔三三〕準如諸部，男子自伴　簡正卷一一：「引五分，有知男子自伴不睡也。」（七二二頁上）資持卷中三上：「以互坐臥，合犯屏坐，故準五分，有伴通之。」（三〇八頁上）

〔三四〕與十女人宿，十墮　資持卷中三上：「多論，初明多犯，趣舉十墮，餘則例知。」（三〇八頁上）

〔三五〕若白衣舍，與女人並房，不閉戶，吉羅　資持卷中三上：「『若』下，次明深防。雖非同室，亦制小罪。」（三〇八頁上）

〔三六〕同覆異隔　資持卷中三上：「五分：異隔必是都堂、同戶之處。準此有伴，亦不許臥。」（三〇八頁上）【案】五分卷八，五九頁下。

〔三七〕有　【案】底本為「者」，據五分及弘一校注改。

〔三八〕若先不知室內有女宿　資持卷中三上：「初，迷忘不犯。」（三〇八頁上）【案】不犯三種，資持簡列是為「迷忘不犯」、「非室不犯」和「難緣不犯」。

〔三九〕不覆不障　資持卷中三上：「『若』下，非室不犯。三位九別：初三句覆遍障缺，次三句障周覆欽，後三覆障俱缺。」（三〇八頁上）簡正卷一一：「有覆無障，都有九句，室相不成，事同露地，故開不犯。」（七二二頁上）鈔批卷一八：「此有九句，由室相不成，故開不犯。如前足數篇中，引此九句證。在斯室秉法，申手內免別眾過，得成足數。以室相不成，事同露處也。」（七六八頁上）

〔四〇〕若此室中，若行，若坐，不犯　資持卷中三上：「言此室者，總前九種。開行坐者，據成室相，有伴方開。此諸非室，無伴亦許。準約同臥，亦應犯輕。」（三〇八頁上）

〔四一〕若病臥，被縛，命、梵等難，並不犯　資持卷中三上：「『若病』下，難緣不犯。」（三〇八頁上）

共未受具人宿過限戒〔一〕五

五緣成：

一、未受具人男女〔二〕。餘義如別〔三〕。伽論云：已二夜共沙彌宿，第三夜共女人宿，得二提。二三四緣，同前戒〔四〕。五、過三夜〔五〕。犯。

律云〔六〕：共宿至三夜，明相未出，應起避去。準此，不去，吉羅〔七〕。至第四宿，若自去，若使彼去。善見：至第三明相未出，不避者，亦不犯。謂不犯提〔八〕。第四宿初夜，隨脇著，結墮。

十誦：若通夜坐〔九〕；若病，得與沙彌過限宿，病人臥者，開——餘不病比丘，不應臥。母論：至第三宿無去處者，比丘不應臥〔一○〕，結加跌坐，至明相現。至第四宿，又無去處，明相欲現時遣去，若自去。準此，必須第四宿離之。若初夜即坐者，不成開〔一一〕。五分：與同宿不犯者，常坐不臥〔一二〕，若互坐臥。非謂護明相，皆四夜通夜不臥，開〔一三〕。

僧祇〔一四〕：至第四宿，因大會、道行等緣，如前戒張障幔。不者，過三夜犯〔一五〕；犯竟，若未懺悔，復共宿者，轉長罪，無二夜開〔一六〕。悔過已，當別房宿，更得二夜〔一七〕。

多論有四句〔一八〕：或人一室異〔一九〕，或室一人異〔二○〕，或人室俱一〔二一〕、俱異〔二二〕，皆墮。

律中：與畜生男過限宿，吉。

開緣同上〔二三〕。

【校釋】

〔一〕共未受具人宿過限戒　資持卷中三上：「（佛在曠野城。六群與俗人共處宿，形露，因制。後於拘睒彌開二三宿，重結此戒。）」（三○八頁中）【案】本戒鈔科稱為「共未具宿戒」。四分卷一一，六三八頁上開始。

〔二〕未受具人男女　鈔批卷一八：「引中冥破。昔解云：但言男子，不須著女，若與女宿，一宵即犯。（七六八頁上）日屬前戒，何開三夜？有人引非時飲酒以難。古師謂非時飲酒，得非時食罪及飲酒罪。故知第三夜，與女宿，亦合二罪。答云：『酒本開時飲，何須對非時辨犯？時與非時俱不開，但須約飲以結犯。女宿本無二夜開，豈約過三以結犯？聖不開宿，是宿皆犯，本無前開，不得約過。以明犯聖不開酒，是酒皆犯。本無時中開，不得約非時以明犯也。』（古師意爾。）此與男宿，故限三夜，今鈔不同。若與女宿，犯相如前。若更

過限，雙結二罪。故此下文云：已與二夜，共沙彌宿，至第三夜共女宿，得二提。首疏云，古人立緣云：一、是未受具人男，二、甄女卻所共女宿。無過三夜者，解云：佛制不聽，與女同宿，轉側結罪，本不開宿，何有三夜之愆？又引伽云：若與女人相續過三夜，但有同室罪，無過三夜罪。此謬引文也。伽論第二云：若曾前與男二夜宿（原注：插入『宿』字）竟，第三夜與女人同宿，隨臥轉轉側，犯二提。今解順上論文。與女同宿，雖制不聽，亦有過三夜罪。若與女人共宿，不結過三夜罪者，我過量不處分即是犯，不應有妨難罪。又，殘宿即是過，不應更有非時等罪。若言緣異，故結多罪者，（七六八頁下）我亦女人，未受具，亦是緣異，何為不結二罪？」（七六九頁上）

〔三〕**餘義如別**　資持卷中三上：「疏云：昔云男犯非女犯，以制隨宿，義無三夜。今此不引，直取論證。」（三〇八頁中）簡正卷一一：「古人列緣中，但云未受具人男，簡去女子。所以爾者，古云：佛制不得與女同宿，一夜尚乃不開，登（【案】『登』疑『豈』。）得有過三夜之失？（七二二頁上）故伽論云：與女續至三夜，但有同宿罪，無過三夜罪。此文非鈔所宗，不更具錄，故指如別也。今師云，然以通男女，故戒疏云：昔云男犯非女犯，以制隨宿，義無三夜開，今解二俱犯。故伽論云：曾前與男二夜宿，第三夜宿，隨臥轉側，二波逸提。准此，今師約相續犯故。是以列緣中云男女也。古今各引論文，取釋意別，更有餘義非急。」（七二二頁下）鈔批卷一八：「立謂：若廣料簡男女之相，如戒本疏也。又首疏及諸家，多引諸部明文。故僧祇云：有清信人為佛作廁，佛雖不須，順世故受。羅雲露眠時，夜風雨，到世尊廁坑廁板臥。夜有黑虵，亦畏風雨，欲入廁中。佛常觀眾生，見虵欲入，畏惱羅雲，即放光明。自到廁上，以金色細滑手扶起，拂拭身上塵土已，將入自房，指身床前言：『汝此中住。』如來已與弟子制戒，是故順行此戒。是故，世尊跏趺坐至地了（【案】『了』疑『上』。）。十誦：諸比丘駈羅云廁中宿，佛恐虵螫來至廁中，以手摩羅云頭為說偈云：『汝不為貧窮，亦不失富貴，但為求道故，出家應忍苦。』說是偈已，佛即捉臂，將至自房中，到地了已。『諸比丘，是沙彌可憐愍、無父母。若不慈愍，何緣得活！若值惡獸，得大苦惱，親里必嗔言：沙門釋子，能畜沙彌，而不能守護。』呵已制戒。五分，佛呵諸比丘言：『汝愚痴人，云何野狐駈逐師子兒？』四分呵言：『汝痴人無慈，不護我意。』十誦，佛種種呵責已，『從今已去，為二事利故，聽與未具人二夜共宿：一者為沙彌，二者為白衣來，入至房故。』（七六九頁上）善見十五云：所以入佛廁宿者，

以淨潔故，多人以香華供養，是故入中。」（七六九頁下）【案】十誦卷一五，
一〇五頁下。

〔四〕二三四緣，同前戒　簡正卷一一：「二、室相成，三、同宿，四、知同宿也。」
（七二二頁下）

〔五〕過三夜　簡正卷一一：「第三夜明相未出前，是過二夜；明相纔出，三夜，是
過犯即（【案】『犯即』疑『即犯』）也。」（七二二頁下）

〔六〕律云　資持卷中三上：「戒本廣解，宿限不同，不可和會，此引廣解，故至四
夜。疏云：約戒本犯，至三宿者，墮。剋相為言，入第三夜臥，即是犯。故十
誦戒本，過二夜提，致使解者有緩急。（準疏定奪，應從戒本。）下引諸文，
見、母二論及僧祇則同廣解，十誦、伽論頗符戒本。」（三〇八頁中）【案】「律
云」下釋第三緣，分五。

〔七〕準此，不去，吉羅　簡正卷一一：「若明相未出，不避，得方便吉。即知明相
出時，得過二至三果提之罪。若明未出前避去，無吉；明出，犯提。縱繞第
三，明未出避去，至第四宿，必定不開，故令自去，或使彼去。見論又云：明
相未出不避者，亦不犯，謂不犯，非無也。」（七二二頁下）鈔批卷一八：「立
謂：應是去時不去，約失法故，且結吉羅。望過二夜，至明相出，自結根本提
罪。今為明相前，應去不去，結不應罪。又解，約懃墮兩人，若恒懷謹攝，偶
爾不去，得吉。若惰慢者，本無去心，結提，與下善見同也。亦約懃人，忽爾
不去者也。准戒本疏云：三夜明相未出，應起避去。」（七六九頁下）

〔八〕不犯提　鈔批卷一八：「立謂：今准見論文，證前當部云『明相前不去，雖不
犯提，則知犯吉』。又證前懃人，不去但吉。」（七六九頁下）

〔九〕若通夜坐　鈔科卷中三：「『十』下，示離過。」（七一頁下）資持卷中三上：
「十誦兩開。通夜坐者，同下五分。」（三〇八頁中）

〔一〇〕至第三宿無去處者，比丘不應臥　資持卷中三上：「母論兩宿，由無去處，開
坐免過。」（三〇八頁上）【案】母論卷四，八二四頁上。

〔一一〕若初夜即坐者，不成開　簡正卷一一：「搜玄：謂第四夜、初夜即坐者，亦
不得，故云不成開。謂第三夜已，開其坐（原注：『坐』一作『唯』。），不犯。
開不重開，故不成，要須遣去自去等。」（七二二頁下）鈔批卷一八：「景云：
此舉四夜同宿，常護明相也。立云：先二夜共宿竟，第三夜緣無去處，至明相
出時應坐，不得臥也。至第四夜，要須出去，不得唯護明相也。下文引五分
云：皆謂通夜不臥開者，是從初一夜至第四夜，恒坐不臥至曉，故得四夜耳。

此戒上義，要第四夜離之。若不離，隨脇著結犯。」（七六九頁下）資持卷中三上：「初夜即第四夜初。此戒初夜，本合犯提。論家開坐，故不即犯。及至將明，還制互去。若一向開，何須令去？」（三〇八頁中）

〔一二〕與同宿不犯者，常坐不臥　簡正卷一一：「引五分，長坐不犯。明知前二夜臥，（七二二頁下）至第四夜不成開。（已是記文。）准此語，第四夜不臥，為初夜也。大德不許此解。既從第四初夜便坐，到明脇不著席，未審何時是結犯時節，故不正也。今依法寶云：從第一夜至第四夜便坐，至明即不犯，故云初夜，即坐不成開。大德又曰：准此不成開，謂不成與未受具人，同宿開犯之理，以不臥故也。下引五分，長坐及互坐臥，本分不犯。證成上義也。」（七二三頁上）【案】五分卷六，四〇頁中。

〔一三〕非謂護明相，皆四夜通夜不臥，開　簡正卷一一：「此顯一夜，通夜不臥，亦不名一宿也。」（七二三頁上）鈔批卷一八：「立謂：此應上文也。明四夜之中，從初夜至明相出，恒坐不臥。若直護明相，則不開也。必須第四夜離之。」（七六九頁下）資持卷中三上：「準下注中，必須四夜通坐方開，此兩節注，似斥古非。有謂等四夜，坐開無犯，故雖不明指，語意可見。」（三〇八頁中）

〔一四〕僧祇　鈔科卷中二：「『僧』下，遇緣進否。」（七一頁下）資持卷中三上：「僧祇初明緣開。」（三〇八頁中）【案】僧祇卷一七，三六六頁上。

〔一五〕不者，過三夜犯　資持卷中三上：「『不』下，示犯。過三夜者，即第四夜初。」（三〇八頁中）

〔一六〕若未懺悔，復共宿者，轉長罪，無二夜開　資持卷中三上：「『犯竟』下，明未懺疊犯。轉長罪謂展轉增犯，夜犯別結，故不開二夜。據開三夜，但第三夜，將入犯位，不為開故。」（三〇八頁中）簡正卷一一：「若未懺，雖經多日，更共宿，脇脇著提。隨轉側提，重重得罪，故云轉長罪也。無二夜開者，釋上義也。謂此比丘與沙彌宿，犯未懺悔。雖隔多日。由罪未除，無無罪隔，合夜脇著，罪則重重。何有更開二夜，共未受具人宿耶，別房宿。」（七二三頁上）鈔批卷一八：「立謂：明其既犯竟，應懺罪。若不懺罪，若不懺，更共宿、更增罪也。深云：已犯罪竟，仍未懺罪。雖經多日，別房宿竟。若更共宿者，轉長罪也，當第一夜即犯。故曰無二夜開。」（七七〇頁上）

〔一七〕悔過已，當別房宿，更得二夜　簡正卷一一：「謂悔其過，不得當日同宿。當別房一宿了，乃可更得二夜。」（七二三頁上）鈔批卷一八：「景云：雖悔其

過，不得即日同宿，隨臥皆墮。要悔罪已，須異處宿，隔一夜已，更得同宿。如初開緣三（原注：『三』疑『二』。）夜也。」（七七〇頁上）

〔一八〕多論有四句　鈔科卷中三：「『多』下，人室差別。」（七一頁上）簡正卷一一：「謂此戒但約未受具者為言，不簡人之與宿同異，四句雖殊，過三並犯。」（七二三頁上）資持卷中三上：「多論四句，故知結犯不問入室同異，但取過夜耳。」（三〇八頁中）【案】多論卷八，五五五頁中。

〔一九〕人一室異　鈔批卷一八：「如共張沙彌二夜在此宿，至第三夜，共往餘室宿也。」（七七〇頁上）

〔二〇〕室一人異　鈔批卷一八：「如共張沙彌得二夜宿竟，第三夜共王沙彌宿也。」（七七〇頁上）

〔二一〕人室俱一　鈔批卷一八：「如共沙彌同室，三夜不移也。」（七七〇頁上）

〔二二〕俱異　鈔批卷一八：「如共王沙彌二夜在此宿，第三夜共李沙彌，在彼宿也。」（七七〇頁上）

〔二三〕開緣同上　資持卷中三上：「不犯指前，但過三為異。」（三〇八頁中）簡正卷一一：「同上不知，及非室相，命梵等緣，一切不犯。」（七二三頁上）鈔批卷一八：「謂如前其『女人同宿戒』中開通文也。九種室相，不成不犯，乃至命梵、等難緣開也。礪云：若避明相，過三未犯，第四夜犯。祇若三夜，犯竟未懺，無二夜開，隨宿宿結。」（七七〇頁上）

與未具人同誦戒〔一〕六

五緣：一、是佛說法，二、字、句、味〔二〕，三、未受具人，四、齊聲同誦〔三〕，五、說言了，即犯。

律中：法者，佛所說，聲聞所說，仙人、諸天所說〔四〕。若口授〔五〕，若書授〔六〕，說了了，犯墮。若師不教言〔七〕「我說竟，汝可說」者，師吉羅。

僧祇：若聲聞弟子、餘人等說〔八〕，為佛印可〔九〕者，犯墮。決四分不了文〔一〇〕。善見：一切三藏，佛說者，羅漢結集者，同誦得墮。若自撰集文字，乃至俗書，非佛說故〔一一〕，不犯。十誦：隨一品、一章、一段〔一二〕，各得墮。此律但云「同誦」，不簡文句多少〔一三〕。

多論：若二人俱經利，並誦無犯〔一四〕。若比丘無處受法〔一五〕，乃至得從沙彌尼受，但求持戒德重人，作證明伴。亦得從白衣受法，但不得稱闍梨。如是例知，但消息令不失威儀〔一六〕。

律不犯者。

云：「我說竟，汝說」；一人誦竟，一人書〔一七〕；若二人同業同誦〔一八〕；若錯說彼此。一切不犯。

【校釋】

〔一〕與未具人同誦戒　資持卷中三上：「（佛在曠野城。六群與俗誦經，聲高，亂坐禪者，因制。）所以制此戒者，多論四意：初，為異外道；二、師資位別；三、分別言章；四、依實義不在音聲。具斯四益，所以一制。」（三〇八頁中）鈔批卷一八：「祇云：婆羅門慊言：『而此中嗶嗶，似如童子在學堂中學誦聲，亦復不知何者是師、誰是弟子？』彼人見已，不生信心。所以佛制，不許同誦。」（七七〇頁上）【案】本戒鈔科稱為「未具同誦戒」。四分卷一一，六三八頁下開始。

〔二〕字、句、味　資持卷中三上：「三種不同，隨一成犯。注戒云：句義，句味字義。釋云：句義者，同誦不前不後也。（疏云：同誦偈也。此通長行，文盡見義，故云句義。）句味者，眼無常等。（一句之下，理味自足。）字義者，同誦『阿』字也。（誦咒之類。）用此三種，配緣中三字，小有差倒。」（三〇八頁中）簡正卷一一：「字、句、味者，出教體也。『字』謂名字，『句』謂章句，『味』即是文。新云『名句文』，舊云『字句味』。梵云『那（上聲）摩庚』，此云『名』。名者，想也。想有二義：一、取像名想，即心所中大地法；二、契約名想，謂諸賢聖，共相契約、立色等名，如云『深廣無涯名海』等。今以契約之想，用釋於名，舊呼為『字』。句者，章句，梵云『縛迦』，此云『章』。梵語『鉢陀』，義飜為『句』。俗書中，章多句少。內教中，章即是句。但約詮義究竟邊名句，如言諸行是名、無常是句也。『文』者，梵云『便膳那』，言『文』是能顯義，近顯名句，遠顯於義。且近顯名句者，唯識論云：『名』詮自性，『句』詮差別。『文』即是『字』，為二所依，謂『名』、『句』二法，依於文字。文字是依聲建立，故對法論引織錦喻，先依文交錯，織成龍鳳，後合為錦窠，然依絲文而起。（法合可委。）遠顯於義者，如西天風俗，呼扇、鹽、醋，皆云『便膳那』，亦是能顯義。扇能顯風，鹽、醋能顯食中味，是以古來譯為『味』者，飜之謬也。謂若於此名句等同誦，表教體不圓。鈔奪前言，故犯也。」（七二三頁下）鈔批卷一八：「立謂：一字為名，四時為句，句下之旨曰味。首疏云：能詮之教，有所表彰曰句。句下所詮之旨，以之為義。此字句味，用聲為體，非約紙素文字也。此乃是教之像貌也。以去聖時

遠，不覩真佛。言教，乃將世俗紙素傳佛之聲教，非是教體也。教體是何？謂約佛所說教。佛語，語性即聲為體，此聲用有『名句文』。此名句等，體是假有，不離聲故。准新譯經論，應言『名句文』，而言『名句味』者，古譯謬也。如下述『名句文』者，是聲上運用，能詮旨趣，藉此『名句文』也。二宗計異：薩婆多宗，計『名句文』別有自性，不用聲為體性；成實宗，計此『名句文』無別自性，但是言辭屈曲，有所表彰，無別體性，還用聲為體，此約攝假從實也。謂聲是實，名句等是假。謂名句等無自性，故曰假也。薩婆多假實別論，故執『名句文』別有自性，用為教體也。故薩婆多破成實云：語不異能詮，人天共了。（云云。）賓云：梵言『便膳那』，此云『文』也。古翻為『味』者，其義失也。西國呼『文』、呼『扇』、呼『鹽』、呼男女根，並名『便膳那』。謂文為依，能顯名句，扇能顯風，鹽能顯味。男女二根，顯其報別，由名相濫，逐譯為『味』。（七七〇頁下）此是鹽義，非關文也。譯既有失，解者亦非，故礪云『資神之益，名曰句味』，今詳全非義理也。經論中意，詮法自性，目之為『名』；顯義周員，目之為『句』。如言諸行，目有為體也。復言無常，即顯諸行定非常住。既簡於常，顯差別義，義既周足，即名為『句』。故（【案】『故』下疑脫『唯』字。）識論第二中云：『名』詮自性，『句』詮差別。『文』即是『字』，為二所依。（『名』、『句』二法，依文也。）濟云：『字』者，非紙上字，此是盡耳，非是字體，要從口出聲曰『字』，字即文也。或有一字成名，如言水、言火是也；二有二字成名，言『大覺』是也；亦有三字、四字、五字為名，此皆不定，但召得物體，即曰『名』也。言『句』者，亦多少不定，如言『諸行無常』，則四字為句。若五言偈、七言偈，即五字為句，亦有九字為句，極多用十八字為句。故薩婆多宗，總約此名句文為教體，結（原注：『結』疑『經』。）部判此名句等是聲假用，不離我聲故。將聲為教體，攝假從實故也。南山：母（【案】『母』疑『句』。）言聲教者是也。礪引祇云：今時維那打靜云『一切誦』，堂中有沙彌與比丘同聲，令誦一偈，是犯提罪。若准此義，今禮佛時，與未具者同聲唱『南無』其佛，悉是犯也。故祇十三云：若僧中唱說偈時，不得同說一偈，（七七一頁上）得同時各各別說餘偈。」（七七一頁下）【案】字、句、味之辨，也可參見法寶撰俱舍論疏卷五，五五一～五五二頁。

〔三〕齊聲同誦　資持卷中三上：「謂授法時，抄前合誦也。」（三〇八頁中）

〔四〕法者，佛所說，聲聞所說，仙人、諸天所說　資持卷中三上：「釋初緣中。初

科。前簡所誦，二聖二凡，則通四人。智論更加『化人』。」（三〇八頁下）

〔五〕口授　資持卷中三上：「『若口』下，示犯相。初，結同誦犯，口授即同誦。」
（三〇八頁下）簡正卷一一：「謂無經本，口中授與，同聲而誦，故犯也。」
（七二三頁下）鈔批卷一八：「謂比丘口說未了，前人即隨言讀誦，此名口授
也。」（七七一頁下）

〔六〕書授　資持卷中三上：「謂已誦他書。」（三〇八頁下）簡正卷一一：「一釋云：
執本授也。玄不許此解，雖執本，亦（七二三頁下）須口言，還成口受。今准
下不犯中，一人誦竟，一人書不犯，今誦未竟便書，恐句義不圓，故是犯也。
大德破云：前云口受，但據暗中，不執經本，今云口授，據有經文所執，道理
自明，何勞疑惑。今決取初解為勝也。」（七二四頁上）鈔批卷一八：「謂比丘
口誦，沙彌隨誦，後即書亦犯。沙彌口誦，比丘手書，亦爾。賓云：謂直爾書
授文故，言了了不了等也。」（七七一頁下）

〔七〕若師不教言　資持卷中三上：「『若師』下，結不教犯。凡欲授法，必先誡之。
縱不同聲，不教亦犯。」（三〇八頁下）

〔八〕若聲聞弟子、餘人等說　鈔科卷中三：「『僧』下，引諸文決通。」（七一頁下）
資持卷中三上：「初，決所誦之法。僧祇餘人，即天仙。」（三〇八頁下）【案】
僧祇卷一三，三三六頁下。

〔九〕為佛印可　資持卷中三上：「還同佛說。本宗但通四人，故注以示之。」（三〇
八頁下）

〔一〇〕決四分不了文　簡正卷一一：「謂四句但云聲聞、天仙等說，不言為佛印可成
經者，同誦有罪。今引祇文決也。」（七二四頁上）鈔批卷一八：「慈云：四分
直言聲聞、天仙所說，不云為佛印可，此言渾也。故祇云：要為佛印可者名
經。雖聲聞、天仙等說，非佛印可，不名經也。」（七七一頁下）

〔一一〕若自撰集文字，乃至俗書，非佛說故　資持卷中三上：「『若』下，簡餘人說。」
（三〇八頁下）

〔一二〕隨一品、一章、一段　資持卷中三上：「『十誦』下，次，決結犯分齊。品及章
段，名異義同。隨經所立，故具列之。一部多品，隨得多罪。」（三〇八頁下）
【案】十誦卷九，七一頁中。

〔一三〕此律但云「同誦」，不簡文句多少　資持卷中三上：「『此』下，點律通漫。」
（三〇八頁下）簡正卷一一：「亦是不了。上引十誦，隨其章段，故得墮，方
為決了。」（七二四頁上）【案】「此律」指十誦。

〔一四〕若二人俱經利，並誦無犯　資持卷中三上：「初，開俱利非始授故。」（三〇八頁下）簡正卷一一：「相並而誦，名句文全，教體不闕，則非犯相。」（七二四頁上）【案】「多論」下，釋第四緣。多論卷六，五四一頁下。

〔一五〕若比丘無處受法　資持卷中三上：「『若』下，次，開從下受法，則通同誦。」（三〇八頁下）

〔一六〕如是例知，但消息令不失威儀　簡正卷一一：「謂但自消息（原注：『息』鈔作『自令』。）莫失僧儀，即得也。」（七二四頁上）資持卷中三上：「以學有先後，故開從受。位有尊卑，必無師奉，故令消息，不可乖儀。」（三〇八頁下）

〔一七〕一人誦竟，一人書　資持卷中三上：「初，即口授、書授，二並如法。」（三〇八頁下）

〔一八〕同業同誦　資持卷中三上：「同業者，謂同受學。疏云：非師資位，故曲開耳。」（三〇八頁下）

　　向非具人說麤罪戒〔一〕七

　　多論：寧破塔壞像，不說他麤罪，則破法身〔二〕。不問前比丘有罪、無罪，皆墮。

　　七緣：一、是比丘及尼，二、犯初二篇罪〔三〕，三、知犯，四、無僧法開〔四〕，五、向未受具說，六、言詞了，七、前人聞知。

　　五分：尼向白衣說僧汎爾小小罪過，皆墮〔五〕。

　　僧祇：若人問言「某甲比丘犯淫、飲酒者」〔六〕，答云「彼自當知」。若已作法，人問者〔七〕，倒問彼言「何處聞」，答云「某處聞」。比丘云「亦某處聞」。因俗女來寺〔八〕，六群示之「此人犯僧殘」。俗女說偈云〔九〕：「出家已經久，宜應修梵行。童子戲不止，云何受人施。」十誦云：有訶云〔一〇〕：「佛法中乃有是癡人？」應答云：「我家廣大，種種皆有。」

　　律云：若說上二篇〔一一〕，犯墮。下諸篇，及自說己罪〔一二〕，若說下三眾罪，一切吉羅。又有五事〔一三〕：若說名字〔一四〕，若種姓〔一五〕，若衣服〔一六〕，若房舍〔一七〕，若相貌〔一八〕，皆墮。

　　不犯者。

　　若不知〔一九〕，若麤惡不麤惡想〔二〇〕，若白衣先已聞麤罪〔二一〕者，一切開。

【校釋】

〔一〕**向非具人說麤罪戒** 資持卷中三上：「（佛在羅閱城。有行別住比丘，在下行坐。六群以所犯事向白衣說，餘比丘皆慚。故制。）」（三〇八頁下）【案】本戒鈔科稱為「說麤罪戒」。四分卷一一，六三九頁上開始。

〔二〕**寧破塔壞像，不說他麤罪，則破法身** 鈔批卷一八：「明犯麤罪者，不療猶有信心，得修餘行，忽聞人說我之罪，遂即雷同造惡，頓休餘業，故不許說。然破塔犯蘭，望提稍重，約業天乖，破塔但毀形像，說麤則壞法身。言則破法身者，由說他罪，自壞惱他，妨癈正修，令應得不得，故壞法身也。」（七七一頁下）資持卷中三上：「破法身者，亦同大集『若打破戒，罪同出萬億佛身血』。疏云：豈非形服異世、為聖道標？若加輕毀，則三寶通壞，故雖破戒，乃是法身之器，制罪雖輕，業道尤重。」（三〇八頁下）【案】多論卷六，五四二頁上。

〔三〕**犯初二篇罪** 鈔批卷一八：「礪云：下三說之過微，初二同麤，有壞眾之義，過重故提。出血破僧，此二偷蘭，名雖是輕，其業深重。說亦壞眾，同前犯墮。『若爾，何以辨相？』『但彰約二，不列二蘭，含輕重。若列名者，濫餘偷蘭。為此但言除僧羯磨已顯，不得羯磨，說出佛身血，明同是犯。不同十誦也。（七七一頁下）此謂見他破僧出血犯蘭已還，不得向非具人說。如調達等所作。要羯磨法，差人說之，方得向說，直爾輒說，亦同犯提。』問：『說初二篇罪，同得提，謗他初二，便有輕重？』答：『謗據治罸，損有淺深，故有階降。說他麤罪，即無治罸，就壞眾處，齊同結提罪。』首疏問：『謗人惡說，還得惡說，謗人犯重，還應犯重？』答：『謗人犯重，下更有罪，名復階降，故犯僧殘。謗人惡說，是極下之罪，下更無罪名，故得同罪。』」（七七二頁上）

〔四〕**無僧法開** 鈔批卷一八：「立謂：若犯麤罪，白二，差人往報俗人，知是比丘犯麤罪，使世俗識邪達正，不濫染清倫。如調達破僧，佛令眾僧白二，差舍利弗往告白衣言：『調達所作非法、非毗尼、非佛所教，非佛法僧事也。』」（七七二頁上）

〔五〕**尼向白衣說僧汎爾小小罪過，皆墮** 鈔科卷中三：「初，尼眾不同。」（七一頁下）資持卷中三上：「尼說太（【案】『太』疑『大』。）僧，違八敬法。不問輕重，與僧不同，故引示之。」（三〇八頁下）【案】五分卷一三，九三頁中。

〔六〕**若人問言，某甲比丘犯婬飲酒者** 鈔科卷中三：「『僧』下，答對離過。」（七

一頁下）資持卷中三上：「僧祇三節。初是無法不答。」（三〇八頁下）【案】
僧祇卷一四，三三八頁上。

〔七〕若已作法，人問者　資持卷中三上：「『若已』下，明有法開答。」（三〇八頁
下）簡正卷一一：「謂已作羯磨法，差人說也。問：『作法正（七二四頁上）法
應說，何故倒問？』答：『夫得說者，須是被差之人，有法在身即得。今非被
差，不合擅說，故須倒問，故云亦某處聞也。』」（七二四頁下）鈔批卷一八：
「景云：此非法人，仍是餘比丘，故還及問之也。若即說者，犯此戒。立謂：
有比丘犯麤罪已，眾僧白四，擯出竟，俗人具知。若有問，比丘不得即答，應
卻問檀越何處聞，彼若云『我於某處聞』，比丘方答言『我亦某處聞』。」（七
七二頁上）

〔八〕因俗女來寺　資持卷中三上：「『因』下，引緣誡約。」（三〇八頁下）簡正卷
一一：「謂女是犯殘，比丘知識，因問其故。難陀語云：『汝阿闍梨，小兒時
戲，猶故未除。』女云：『我阿闍梨尚爾！』遂入房掩戶，而說此偈（等鈔）。」
（七二四頁下）

〔九〕俗女說偈云　鈔批卷一八：「案僧祇云：舍衛城中居士、諸眾多知識，比丘食
中，有一長老比丘，是居士，知識犯殘，行摩那埵，在下行坐。（七七二頁上）
檀越憂婆夷見已，問云：『那在此坐？』時有難陀比丘語言：『汝阿闍梨，小兒
時戲，猶故未除。』憂婆夷聞，心不歡喜，作是念：『阿闍梨故當爾耶？在此
下坐。』即捉飯筐飲食，擲地而去，便入房裏，掩戶一□，而說偈言：『出家
已經久，修習於梵行，童子戲不止，云何受信施？』」（七七二頁下）資持卷中
三上：「女人偈詞。上半明所應作不作，（三〇八頁下）下半示不應作反作。」
（三〇九頁上）

〔一〇〕有訶云　鈔批卷一八：「有人云此是女呵也。女言：『佛法中有如是痴人等
也！』」（七七二頁下）

〔一一〕若說上二篇　鈔科卷中三：「『律』下，輕重等相。」（七一頁下）簡正卷一一：
「上二篇者，謂麤故犯提；下篇故不能破壞，故吉。」（七二四頁下）資持卷
中三上：「律文前明說犯。疏云：所以不列偷蘭名者，猶含輕重。（重者犯提，
輕則犯吉。）若列蘭名，謂輕亦提。避濫不出也。」（三〇九頁上）扶桑記引
行宗釋「避濫不出」：「說上品蘭，同上犯提，中下但吉。若依多論，蘭同下
聚。」（二二八頁上）

〔一二〕自說己罪　簡正卷一一：「以希少也。」（七二四頁下）

〔一三〕又有五事　資持卷中三上：「『又』下，次明指人。」（三〇九頁上）

〔一四〕說名字　簡正卷一一：「謂於眾中說某比丘犯某罪。」（七二四頁下）鈔批卷一八：「謂字某甲、名某甲等。」（七七二頁下）

〔一五〕種姓　簡正卷一一：「李比丘等。」（七二四頁下）鈔批卷一八：「立謂：如眾中有大姓比丘犯罪，餘並小姓，語言大姓犯某罪，或云張家比丘、王家比丘等也。」（七七二頁下）

〔一六〕衣服　簡正卷一一：「著乾陀色衣比丘犯也。」（七二四頁下）鈔批卷一八：「謂著布衣，或乾陀褐色衣等。」（七七二頁下）

〔一七〕房舍　簡正卷一一：「從東第一房等。」（七二四頁下）鈔批卷一八：「亦言南來第一、二房等。」（七七二頁下）資持卷中三上：「即示所說之人服篩住處。」（三〇九頁上）

〔一八〕相貌　簡正卷一一：「眼白、面黑，比丘犯也。」（七二四頁下）鈔批卷一八：「身容大小長短也。」（七七二頁下）

〔一九〕不知　資持卷中三上：「反第三緣，謂迷教也。」（三〇九頁上）簡正卷一一：「玄約不學數人說，今恐是了教之徒，據說時心迷，不知有犯也。」（七二四頁下）

〔二〇〕若麤惡不麤惡想　簡正卷一一：「亦據心迷。雖說前人所犯之事，我心且不麤惡之想，故不犯也。」（七二四頁下）鈔批卷一八：「不癈前人實作罪，然我心作善想。四（【案】『四』疑『惡』。）說不作罪想。而俗人尋言，自解者不犯。」（七七二頁下）資持卷中三上：「不麤想者，謂迷心也。迷重為輕，說亦犯吉。迷有為無，則無有犯。」（三〇九頁上）

〔二一〕若白衣先已聞麤罪　資持卷中三上：「非由我說，故律中更列若眾差說。」（三〇九頁上）

實得道向未具者說戒〔一〕八

問：「凡夫無聖，不可得犯；聖人奉戒，一制不犯。用制何為〔二〕？」

答：「制聖為遮凡〔三〕。若後向說，即知是凡。為護大妄〔四〕，不令有犯，豈非是要〔五〕也？」

【校釋】

〔一〕實得道向未具者說戒　資持卷中三上：「（佛在毘舍離。以前大妄語緣，集僧呵責已，便制。）名云實得道者，此據初果已上，是戒所制。多論，二義故制：一、大人法者，功德覆藏。諸惡發露，今稱德匿過，是小人法。二、自顯

聖德，賢愚各異。若有聞者，偏心專敬，失本平等、淨善之心，末世事稀，故不備解。」（三〇九頁上）鈔批卷一八：「此戒具五緣：一、實得道，除增上慢虛，故不犯；二、自言已證；三、向未具人說；四、言詞了了；五、前人聞知結。亮問：『大妄語戒說已，得及身現相，皆犯大重。今此戒中，實得聖道，口說即提，賓頭盧現其神通，何為但吉？』答：『口說有濫涉故，得波逸提；現通無濫涉故，（七七二頁下）結賓頭吉。又助一解。現通開為利，如有時生信，故有神通輪，為益全無罪，無益故得。賓頭取鉢，即同無益，故聖結吉；口說對俗，本未開故，說得提罪。立云：制意但為凡，若聖不說得果，恐凡言我是聖。若後見說，即知非聖，以護大妄語戒也。」（七七三頁上）【案】本戒鈔科稱為「實得道戒」。四分卷一一，六三九頁下開始。

〔二〕用制何為　資持卷中三上：「問答之意，恐疑此戒，被物無功，故敘本制，知非徒爾。」（三〇九頁上）簡正卷一一：「制聖遮凡，聖實得道，向俗人說，犯提，即是制聖。聖人奉制，然雖無犯，今由有戒者，為遮於凡。若後見（七二四頁下）說，便知非聖。以聖人奉戒，終無犯故為護。」（七二五頁上）

〔三〕制聖為遮凡　資持卷中三上：「聖既無犯，說即知凡。若不制者，世人無識，謂為實證。」（三〇九頁上）簡正卷一一：「制聖遮凡，聖實得道，向俗人說犯提，即是制聖。聖人奉制，然雖無犯。今由有戒者，為遮於凡。若後見說，（七二五頁上）便知非聖。以聖人奉戒，終無犯故為護。」

〔四〕大妄　簡正卷一一：「凡夫若言得聖，即犯大妄。今制聖遮凡，聖既不說，說即是凡。故令凡人亦不犯故。」（七二五頁上）

〔五〕豈非是要　資持卷中三上：「故雖制聖，還成制凡，故為要也。注戒云：並如初篇。若言業報（自言：業報得通。），若戲錯，並不犯。」（三〇九頁上）

與女人說法過限戒〔一〕九

六緣成：一、是人女；二、知；三、不請；四、無有智俗男；五、言章了；六、過五六語。便犯。

若不請者，聽齊五六語；若請說，若問義，隨多少〔二〕。

五分：由五六語得解故，便制戒〔三〕。四分：五語者，色、受、想、行、識無我也；六語者：眼、耳、鼻、舌、身、意無常也〔四〕。不得更增一句。故僧祇中，說六句已〔五〕，云「使汝速盡苦」，得墮。

律云〔六〕：有智男子〔七〕者，解知麤惡、不麤惡事〔八〕。多論：有智男子，解人情語，可作證明〔九〕。若中、邊不同者，不聽。必是俗人，

出家不得，以事同故〔一○〕。正使僧集，若多女無俗男者，不得說之。女，謂能受淫者。若為尼說，得〔一一〕。僧祇〔一二〕：若盲，若聾，亦名無人；一盲一聾，此二當一人。若眠，亦名無人。若母、姊、妹等，亦犯。若減七歲，若過，不解好惡義味，亦名無智男子。餘如大疏〔一三〕。

　　中含云〔一四〕：凡有人請問法義者，答云：「欲問便問。我聞已，當思。」

　　律中，若說不了，吉羅〔一五〕。

　　不犯者。

　　若五六語〔一六〕。有智男子前，過說〔一七〕。若無有智男前請〔一八〕，應答，廣說授五戒及法〔一九〕、授八關齋〔二○〕及說八齋法、八聖道〔二一〕、十不善法〔二二〕。女人問義不解，廣說〔二三〕。若錯者〔二四〕。一切不犯。

【校釋】

〔一〕**與女人說法過限戒**　資持卷中三上：「（佛在舍衛。迦留陀夷在姑前與兒婦耳語說法。因制。後開五、六語及有智男也。）過限，謂五、六語已外也。」（三○九頁上）簡正卷一一：「戒本緣起中云：姑前與兒婦耳語說法者，大德引爾雅釋親中云：夫之母曰姑，在則言君姑，沒則曰先姑。夫之父曰舅，在則言君舅也。有人錯解，今破明之。」（七二五頁上）【案】本戒鈔科稱為「與女說法戒」。四分卷一一，六四○頁上開始。

〔二〕**若請說，若問義，隨多少**　鈔科卷中三：「初，釋第三。」（七一頁下）資持卷中三上：「請問不制者，以虛心求請，義非強說，故不限多少。」（三○九頁上）【案】本句下隨釋四緣，見鈔科所明。

〔三〕**由五六語得解故，便制戒**　鈔科卷中三：「『五』下，釋第六。」（七一頁下）資持卷中三上：「先引五分，以顯開限。彼律有女風病，比丘不為說法，因死故開。」（三○九頁上）簡正卷一一：「解彼云：有婦女應（【案】『應』疑『病』。）風發，比丘不為說法，日日風發。因此白佛。佛問比丘：『幾語得解？』比丘言：『五六語得解。』佛深歎之，因即制也。又僧祇：毗舍佉母病，聞阿難說五、六語，便得差也。」（七二五頁上）【案】五分卷六，三八頁下。

〔四〕**五語者，色、受、想、行、識無我也；六語者：眼、耳、鼻、舌、身、意無常也**　資持卷中三上：「次引四分，出語相。『無我』『無常』字，並貫上五、六。如云『色無我』乃至『識無我』，『眼無常』乃至『意無常』，詳律後緣（【案】扶桑記：『實得道戒緣也，前色無常等曰誦戒緣故。』二二八頁下）。且舉陰

入，（三〇九頁上）或說餘法，用此為限。後引僧祇，以明過限。所以爾者，良以目對女人，鮮能自攝，欲情內動，強授妄勞，故雖聖法，不許多及。凡情皆爾，世事昭然。」（三〇九頁中）鈔批卷一八：「五語者，謂說五陰無常也。六語者，謂說六根無常也。亮云：五六語者，此是五數法門、六數法門，謂不請開齋此也。請時為說，不論多少。多論云：五語者，五種語，色法無常，（七七三頁上）受、想、行、識無常。六語可知。見論十五云：一句經文、五句義疏，合成六句，不犯。景云：若分別五陰六根，子細說之，解釋其義亦得。但不得出五、六之外，別明餘義也。首疏云：五分律若為女人說五、六語竟，語言：『姊妹，法正齊此。』從坐起云『有緣更來為說』，無犯。若說五、六語竟，更為後女說，如是相因，為無量女人說，無犯。若自誦經，女人來聽，即問要義。為解，雖過，無犯。」（七七三頁下）【案】「五六語」者，不是普通意義上的說五六句「話」之義，而是指「五陰」和「六入」。

〔五〕說六句已　簡正卷一一：「既說五陰、六入竟，更語言：汝（原注：『汝』下一有『速』字。）斷諸漏，盡諸苦得提，以過限也。」（七二五頁上）鈔批卷一八：「立謂：既說五陰、六入竟，更語言『願汝（原注：『汝』下一有『速』字。）速斷諸結，盡諸苦除』者，亦墮，由過限故。」（七七四頁上）【案】僧祇卷一三，三三六頁。

〔六〕律云　鈔科卷中三：「『律『下，釋第四（三）。」（七一頁下）

〔七〕有智男子　鈔批卷一八：「亮云：縱不請時，若有男子，亦得過也。問：『戒本但言除有智男子，何不言除請？』答：『昔解云：若言除請，恐濫有智男子，謂言請時仍須男子。欲明隨有一緣，即是開限，故不重述除請也。今詳不然，如別眾食，亦有多開緣，戒本盡判，何不恐濫？故知此不除請，文中略也。立謂：此戒不開親里。』」（七七三頁上）

〔八〕解知糶惡、不糶惡事　資持卷中三上：「律取解知者，則簡小兒、癡狂等。」（三〇九頁中）

〔九〕有智男子，解人情語，可作證明　資持卷中三上：「多論初簡男子。又二。初，須相解。……『女』下，次，簡女人。」（三〇九頁中）【案】多論引文中，男子分二：一智者，二俗者。多論卷六，五四一頁中。

〔一〇〕必是俗人，出家不得，以事同故　資持卷中三上：「『必』下，二、須俗男。」（三〇九頁中）簡正卷一一：「謂出家人過五六犯，其事同犯，不得為證，要須得俗人，兼解好惡言義之者。」（七二五頁上）鈔批卷一八：「立明：雖著俗

服，既出家已，情同比丘，不成證明，故須別俗人也。（曇同。）今譯：此解
非理，以破句故。故多論云：有智男子，若方類不同者，一切不聽，男子必是
白衣。一切出家人亦不得，以事同故。祇律十三云：若七歲、若過七歲。雖過
七歲不解語義，亦名無智。又云：眾多女人，欲聽法，各各得為說六句。應語
第一女言『我為汝說六句』。說已，復語第二女言『為汝說六句』，如是眾多，
無罪。比丘出已，諸女送出與別，若咒願言『使汝盡苦際』，得提；若言『使
汝無病安樂』，無罪。復詣餘家，（七七三頁下）先女從來。比丘見已，語言
『可聽』，得提。雖見不共語，直為語女說法，先女雖聞無罪。多論即言先女
邊得罪。若不知先女在中者，不犯。又云：若轉經者，亦事事提。（述曰：）
為女轉經，令女諦聽，即同說法也。」（七七四頁上）

〔一一〕**女謂能受淫者，若為尼說，得**　資持卷中三上：「『女』下，次，簡女人。且分
　　道、俗、小、石等女，亦應非犯。」（三〇九頁中）

〔一二〕**僧祇**　資持卷中三上：「僧祇簡伴，有四，並以『若』字分之：初，病；二、
　　眠；三、親；四、愚。下文指廣。戒疏問云：『有請及男，俱不說犯，何故唯
　　除男耶？（此難戒本。）』答：『言除男子，不勞更除請。若著請者，疑謂有男
　　須請得說故。』」（三〇九頁中）【案】僧祇卷一三，三三六頁上。

〔一三〕**餘如大疏**　簡正卷一一：「首疏云：如祇說五、六語竟，送出門禮別。若言『安
　　樂住』，無犯。若言『使汝速盡苦，原（【案】『原』疑『願』。）證菩提果』，
　　若無淨人門面路路引不斷，或在（七二五頁上）門上，人遙見聞等，不犯。反
　　上即犯。」（七二五頁上）

〔一四〕**中含云**　鈔科卷中三：「『中』下，重釋前三。」（七二頁下）簡正卷一一：「搜
　　玄云：凡有人請問者，兼約男女也。」（七二五頁上）資持卷中三上：「重釋
　　中。引經明示受請儀式，意令依稟。」（三〇九頁中）【案】參見中含卷五八，
　　七八八頁。

〔一五〕**若說不了，吉羅**　鈔科卷中三：「『律』下，釋第五。」（七二頁下）簡正卷一
　　一：「若是女請，當思律中，過五六語不犯。若不請問，自為說，過五、六語
　　即犯。不了吉羅者，五、六語未了，便止得吉，是方便罪了，即犯提。（已上
　　正釋。）更有解云：鈔文從『中含云』乃至『當思』，此是經文，『律中』已下，
　　是四分律文也。（此是妄釋，注自分明。）」（七二五頁上）資持卷中三上：「釋
　　第五。不了輕者，義不具故。」（三〇九頁中）鈔批卷一八：「若說不了吉罪
　　者，謂說過限，語未了即止，吉；了即提。」（七七四頁上）【案】此處斷句，

資持和鈔科等與簡正不同。資持和鈔科以「律中」以下釋第五緣。簡正則斷成「當思律中……」。而且，從簡正釋文中所言「更有解云」以及「此是妄釋，注自分明」之文，可知在其之前的其他疏家的著作中，也有如此之斷句。此處依資持和鈔科之義。中含中，多處有此「欲問便問我。問已，當思」之語。

〔一六〕若五六語　資持卷中三上：「初，是順教。」（三〇九頁中）【案】「不犯」分四。

〔一七〕有智男子前，過說　資持卷中三上：「『有』下，伴證。」（三〇九頁中）

〔一八〕若無有智男前請　資持卷中三上：「『若無』下，他請。」（三〇九頁中）

〔一九〕授五戒及法　簡正卷一一：「五戒法者，謂說相也。」（七二五頁下）鈔批卷一八：「戒疏云：受五戒者，謂三歸體也。為說相也。（原注：「為」本文作「五戒法謂」四字）」（七七四頁上）資持卷中三上：「五戒即三歸體及法，謂五戒相，八齋亦同」（三〇九頁中）

〔二〇〕八關齋　簡正卷一一：「八戒也，閉掩根門也。及說齋法者，亦說相也。」（七二五頁下）鈔批卷一八：「八關齋法者，亦同上解。疏云：八關齋者，八戒也。閉掩根門，如世關之拒防。或言八支齋者，齋是不食為本，將餘八事，以支持其齋，故曰也。」（七七四頁上）

〔二一〕八聖道　簡正卷一一：「八聖道者，語、業、命、見、思、勤、念、定也。」（七二五頁下）

〔二二〕十不善法　簡正卷一一：「十不善者，謂身三、口四、意三也。」（七二五頁下）

〔二三〕女人問義不解，廣說　簡正卷一一：「或女人於適來，所說未會，若問更與廣說，一切不犯。」（七二五頁下）

〔二四〕若錯者　資持卷中三上：「『若錯』下，非意。」（三〇九頁中）

掘地戒〔一〕十

多論〔二〕，不掘地、壞生，三益：一、不惱害眾生〔三〕故；二、止誹謗〔四〕故；三、為大護佛法〔五〕故。若佛不制此二戒者，國王、大臣役使比丘。由佛制故，王臣息心，不復役使。得令靜緣修道，發智斷惑，是名大護。

五緣犯：一、是生地，二、作生地想，三、自掘、使人，四、使人時不作知淨法〔六〕，五、傷，則犯墮。

戒緣，為修治佛講堂，為世尊所訶制〔七〕。今人多因修福造罪，謂妄傲倖〔八〕，可悲哉。

律中：地者，若已掘地〔九〕，經四月、被雨漬〔一○〕，還如本〔一一〕。若用鉏、钁、耒，或椎打、刀刺、指捏、扴傷〔一二〕、地上然火，但使地作地想〔一三〕，一切皆墮。若不教言〔一四〕「知是看是」，吉羅。

十誦：若頹牆土、石底〔一五〕、蟻封、土聚，若掘，吉羅。若掘泥〔一六〕處，乃至沒膝，吉羅；除為僧、塔、寺，畫地作模〔一七〕。若赭土、堹土、生石、黑砂、鹽地等，一切不犯〔一八〕。蜀本多論〔一九〕云「生地」「不生地」。生地者，謂四月及八月〔二○〕，是雨時，地相連著，潤勢相淹，能生草木，名「生地」；餘無雨時，日炙乾燥，風吹土起，義名「不生地」〔二一〕。若觸此上乾地，吉羅；下侵濕地，犯墮〔二二〕。牆根齊濕處乾土，不犯，異於地故；雖被築治，若濕相淹，發起，犯墮〔二三〕。屋上、牆上生草，觸傷草，犯墮；傷土，吉羅〔二四〕。僧祇：若轉石、搭地〔二五〕、掃地、曳木、驅牛馬等，欲使地平意，傷如蚊腳，一切犯墮。土塊一人不勝〔二六〕，破者，犯提；減一人重者，得。打杙房壁，損成功，越〔二七〕——先有孔，無犯。若外被雨地〔二八〕，傷如蚊腳，提；畫地作字，亦提；畫土末際，無犯〔二九〕。若撤故屋〔三○〕，使淨人為之；若壞壁，使淨人卻泥後，自得摘〔三一〕；若已曾被雨，使淨人摘兩三行，後自摘〔三二〕；至基，還使淨人摘。井、池、瀆、汪水，新雨後，使淨人抒〔三三〕；若令攪濁，若牛馬先涉後，得自抒，以雨水能生地〔三四〕故。大小便時，水手摩地，犯墮〔三五〕。若缾〔三六〕、器物，木、甎、瓦等，在露地經雨已，不得自取；取，犯墮。若純沙，無罪；半沙者，越。若死土，被雨已，使淨人取，盡雨霑澌際，然後自取。四分〔三七〕：若野火燒寺，聽逆除中間草〔三八〕；若作坑塹斷，若以土滅，若逆燒除之〔三九〕。善見：若地被燒，亦名非地〔四○〕。若地有沙，以水淘之；四分沙、一分土，無犯。若石上厚四寸燥土，得取。若野火來近寺，為護住處故，比丘得剗草掘土，以斷火〔四一〕。若把火燒手擲地不犯。五分：若野火來，當打犍稚唱令。餘如諸部〔四二〕。

多論：使僧尼掘地，作知淨語，提〔四三〕。若教下三眾、淨人，不作知淨語，吉〔四四〕。若三眾不為三寶利益緣〔四五〕，自壞土木者，吉羅。

五分：蘭若無淨人，聽比丘以水澆地，剉草布蹋，使成泥，取用〔四六〕。僧祇：覆處地得自掘〔四七〕。四分文中不了〔四八〕。

律不犯者。

　　若語言「知是看是」。若曳材、竹、木〔四九〕，若籬倒扶正，若反甎石〔五〇〕，若取牛屎，若取崩岸土，若鼠壞等，若來往經行，若掃地，若杖築地——若一切不作故掘意，不犯。

【校釋】

〔一〕掘地戒　資持卷中三上：「（佛在曠野城。六群為佛修講堂，自掘地，招譏。因制。）」（三〇九頁中）【案】四分卷一一，六四一頁上開始。

〔二〕多論　資持卷中三上：「制意大同後戒，故此雙明。」（三〇九頁中）【案】「掘地戒」文分二，初「多論不」下；次「五緣犯」下。次又分二：犯與不犯。犯文分三：初「五緣犯」下；次「戒緣為」下；三、「律中」下。多論卷六，五四三頁中。

〔三〕不惱害眾生　鈔批卷一八：「謂地中多虫故也。」（七七四頁上）資持卷中三上：「此戒則傷害螻蟻，壞生則毀損蠕飛。」（三〇九頁中）

〔四〕止誹謗　鈔批卷一八：「有二意：一、以外人計草木為命，傷則謂言殺生，失慈悲之道也。又，招謗：『云何不靜坐、居宴、懃行道業？損艸掘地，斯務何帛？』」（七七四頁上）資持卷中三上：「如戒緣中居士譏言：無有正法，斷他命根。（彼計生地生草，皆有命故。）」（三〇九頁中）

〔五〕為大護佛法　鈔批卷一八：「即文中云：以遮王臣策役也。」（七七四頁上）資持卷中三上：「故知比丘為體，高超物表，人天所尊。或遭驅役，但由自感，請觀己行，勿咎於他。」（三〇九頁中）

〔六〕使人時不作知淨法　資持卷中三上：「若作淨語，則開使人。」（三〇九頁中）

〔七〕戒緣，為修治佛講堂，為世尊所訶制　鈔科卷中三：「『戒』下，引緣示誡。」（七二頁上）資持卷中三上：「欲明佛是勝緣，復非為己，而被呵制，以況餘事，深非所宜。」（三〇九頁中）

〔八〕傲佷　簡正卷一一：「謂掘地招罪，妄營為福，故傷之也。」（七二五頁下）鈔批卷一八：「非分遇福，名為僥倖。明今僧尼，因福造罪，謂為佛僧掘地，應無有過，謂應獲福。此是妄謂而得罪也。」（七七四頁上）資持卷中三上：「破戒獲罪，妄謂得福，是為傲佷矣。（此注合是大字。）」（三〇九頁中）【案】資持言「合是大字」，意即本句當是鈔之正文。底本無「修」，據敦煌甲本加。

〔九〕地者，若已掘地　簡正卷一一：「簡未掘地也，即天然之地故。今就已掘地中，復有二種：若經四月，隨觸便犯，此不論雨也；二、被雨漬者，謂乍掘遇雨，

即與本（七二五頁下）同。故祇云：井、池、漬水，瓶器著地死土，被雨漬，使淨人知，自取犯墮。」（七二六頁上）資持卷中三上：「初文為三：初，示地相。律云：若未掘即是生地，易知故略，但明已掘。文中二相：初，約四月，謂經時故；二、約被雨，由滋潤故。由此二緣，還成生地，故不可掘。四月不論被雨，被雨不待四月。（有以四月被雨為一事，此未見律文。）」（三〇九頁中）【案】「律中」下分二：初，「律中」下；次，「十誦」下。次又分三：「十誦」下，「多論」下，「五分」下。本節四分引文科為三節：初示地相，二明掘傷，三者明犯。

〔一〇〕經四月，被雨漬　鈔批卷一八：「礨云：此舉夏四月中，隨一雨下，若掘皆犯。以夏中多雨，能令地勢生也。」（七七四頁上）

〔一一〕還如本　簡正卷一一：「謂四月約時被雨、約緣地有生相，故云如本。」（七二六頁上）

〔一二〕若用鉏、钁、耒，或椎打、刀刺、指搯、抁傷　資持卷中三上：「『若用』下，明掘傷。钁即（三〇九頁中）鍬類。耒謂手耕之具。抁，『古點』反，謂以手物揩動作。」（三〇九頁下）鈔批卷一八：「撿律中，無此『銖』字，（七七四頁上）但有『金』邊作『𨭷』（『竹甬』反）。說文云：𨭷，斫也。應師云：字體作『𨭷』，今作鎩，非正體也。抁，『公八』反，說文云：刮也。」（七七四頁下）【案】「椎」，底本為「推」，據大正藏本、四分及弘一校注改。

〔一三〕地想　資持卷中三上：「結過由心。」（三〇九頁下）

〔一四〕若不教言　簡正卷一一：「失法得吉。若被隨語而掘，得提。」（七二六頁上）鈔批卷一八：「謂得失法之吉，據根本，又得提也。」（七七四頁下）資持卷中三上：「『若不』下，明使人不教，先犯此罪。」（三〇九頁下）

〔一五〕若頹牆土、石底　資持卷中三上：「十誦初明似地，發生力薄，故並犯輕。頹，崩也。石底即石所壓地。」（三〇九頁下）【案】十誦卷一六，一一七頁下。

〔一六〕泥　資持卷中三上：「『泥』字，去呼，謂泥塗處，恐深至地，故制。」（三〇九頁下）

〔一七〕除為僧、塔、寺，畫地作摸　資持卷中三上：「『除』下，明緣開。作摸，謂規地作相，此開生地。若準前注，未可從寬。」（三〇九頁下）簡正卷一一：「僧伽藍模樣，塔亦爾。向泥上作摸，開無吉也。」（七二六頁上）【案】「十誦」一節，文分為二：初，「十誦」下；二、「四分」下。

〔一八〕若赭土、墇土、生石、黑砂、鹽地等，一切不犯　資持卷中三上：「『若』下，

明非地不犯。赭即赤土，（不生物者。）堊即白土。生石，天生石地。」（三〇
九頁下）

〔一九〕**蜀本多論**　資持卷中三上：「簡關中本，文多闕漏，止有八卷。首師從蜀僧求
得第九，即今藏中見傳（【案】『傳』，音『船』。）者是。」（三〇九頁下）簡
正卷一一：「准大周經，目中先有八卷，失譯。釋九、十盡至六十八戒，後即
闕也。首師（原注：『首』下一有『律』字。）疑文不盡，常廣求訪。後值蜀
僧字寶雲到京。首疏主借問云：『不委蜀中多論有幾卷？』彼云：『有九卷。
其第九卷，從壞生戒釋，直至末文。』首律師懇求，令歸御後，抄取附來。後
經一夏，方附到。因茲號為蜀國多論。首律師自制序，具敘因由。（云云。）
論中約天然生地，辨生非生。」（七二六頁上）鈔批卷一八：「景云：先關中
翻多論但有八卷，解九十不盡。後有蜀本多論，乃有九卷，即云爾也。立謂：
其多論在蜀地翻，故曰也。賓云：先京中本唯有八卷，釋戒本九十不盡。首師
情愛此論，常廣求訪餘殘之文，不知為是譯者不了、為是失落。後時遇一蜀
僧，言說之次，云：『余蜀地則有九卷，釋戒本盡，待某還日，當即附來與闍
梨。』其僧還後經於三年，而□（原注：□疑『不』。）附來，更作書索，方
乃附來。首即寫其數十本，付諸藏中，令得流通，因此各（【案】『各』疑
『名』。）為蜀本多論。古經藏內，多闕此卷。今時新藏，則者九卷也。」（七
七四頁下）

〔二〇〕**四月及八月**　簡正卷一一：「謂此兩月是雨時，縱使不雨，地下潤勢相掩，令
地面潤，並名生地。除此二時，是無雨時日炙，地面乾燥，風吹土起，名為非
生。」（七二六頁上）鈔批卷一八：「景云：此舉多雨處，則春四月、夏四月之
雨。若少雨處，但夏四月有。此舉多少之處。然實隨雨下，即不得毀，莫問春
夏冬也。」（七七四頁下）

〔二一〕**餘無雨時，日炙乾燥，風吹土起，義名「不生地」**　資持卷中三上：「『餘』下，
釋不生地。初示名。地無不生，從緣彰號，故云義名。」（三〇九頁下）

〔二二〕**若觸此上乾地，吉羅；下侵濕地，犯墮**　資持卷中三上：「『若』下，顯相有
三。初，明觸地。乾土吉者，與濕連故，不連無犯。」（三〇九頁下）

〔二三〕**牆根齊濕處乾土，不犯，異於地故；雖被築治，若濕相淹，發起，犯墮**　資持
卷中三上：「次明牆土，『濕』字誤，論作『齊築』處，即指牆體，故云異於地
也。『雖』字上，論有『地』字，謂牆根邊地，濕淹犯墮，不濕應吉。發起即
掘動。三、明牆屋上土，傷草是後戒。」（三〇九頁下）鈔批卷一八：「此據北

地多作土墻，下有與地連垣濕，上則乾也。若壞濕處，得提。乾處無犯。」（七七四頁下）

〔二四〕屋上、牆上生草，觸傷草，犯墮；傷土，吉羅　資持卷中三上：「明牆屋上土，傷草是後戒。下文或明草木皆相因而引，非此中意。」（三〇九頁下）

〔二五〕轉石、搭地　簡正卷一一：「謂有心令地乎（【案】『乎』疑『平』。），故犯土塊。」（七二六頁上）資持卷中三上：「初，作務毀傷。轉石謂翻轉也。搭地謂以物按搭，令平。」（三〇九頁下）【案】此下僧祇有十句。

〔二六〕土塊一人不勝　資持卷中三上：「二明上（【案】『上』疑『土』。）塊大小。」（三〇九頁下）簡正卷一一：「謂一人擔不起，即下任運與地潤相連，生（【案】『生』疑『水』。）分多故。破者犯提。」（七二六頁上）

〔二七〕打杙房壁，損成功，越　資持卷中三上：「三明損壁。『打』合作『釘』。損成功者，示犯義也。」（三〇九頁下）鈔批卷一八：「謂如房中壁，是功力所成，不得損壞。若壞打杙，得於吉也。」（七七四頁下）

〔二八〕若外被雨地　資持卷中三上：「『若外』下，四明重生地。」（三〇九頁下）

〔二九〕畫土末際，無犯　鈔批卷一八：「立謂：如天久晴，日曝，若壞不犯。」（七七五頁上）資持卷中三上：「謂地極盡際，雨不沾處。」（三〇九頁下）

〔三〇〕若撤故屋　資持卷中三上：「『若撤』下，五明摘壞。此謂地上疊累為壁。如今土牆，初約有泥，令人除已，自得摘。」（三〇九頁下）扶桑記：「祇本文云：若泥覆朽，故房舍，欲撤時，不得自撤。」（二二九頁上）簡正卷一一：「撤者，（『直列』反，發也。）」（七二六頁上）

〔三一〕若壞壁，使淨人卻泥後，自得摘　鈔批卷一八：「景云：此據露地壁也。」（七七五頁上）資持卷中三上：「『若』下，次明無泥被雨，令除潤際，自摘中間。」（三〇九頁下）

〔三二〕若已曾被雨，使淨人摘兩三行，後自摘　簡正卷一一：「摘，（涉草反，手取也。）（七二六頁上）兩三行（『戶郎』反。）者，謂就地疊土墼為壁故。雨（原注：『雨』上一有『除』字。）三行墼也。」（七二六頁下）資持卷中三上：「『行』字，『戶綱』反。（或去呼，北地俗語。）」（三〇九頁下）

〔三三〕井、池、瀆、汪水，新雨後，使淨人抒　資持卷中三上：「『井』下，六明治水。瀆即是溝。汪水，謂雨暫停處。抒，『常呂』反，洩水也。」（三〇九頁下）鈔批卷一八：「景云：此舉露處井等，經雨初取，應犯提罪，以雨能生地故。然律無文，但得小罪。言『抒』者，（『徐侶』反。），說文云：酌取物

也。」（七七五頁上）

〔三四〕**以雨水能生地**　簡正卷一一：「祇云：若新雨後，比丘不得自抒井，應使淨人。若淨人小，先令撓，後自抑之。」（七二六頁下）

〔三五〕**大小便時，水手摩地，犯墮**　資持卷中三上：「『大』下，七明扴傷，謂在生地。」（三〇九頁下）鈔批卷一八：「景云：此悉舉露地為言。雖此屋下，外雨漂及其地潤濕，能生草木。若摩此地，亦得墮罪。」（七七五頁上）

〔三六〕**若瓶**　資持卷中三上：「『若瓶』下，八明動物。」（三〇九頁下）

〔三七〕**四分**　鈔科卷中三：「『四』下，示諸緣開。」（七二頁中）簡正卷一一：「當宗為護，住處俱得也。」（七二六頁下）

〔三八〕**若野火燒寺，聽逆除中間草**　資持卷中三上：「四分火難，（三〇九頁下）上開壞生。」（三一〇頁上）

〔三九〕**若作坑塹斷，若以土滅，若逆燒除之**　資持卷中三上：「『若』下，開掘地。土滅者，以土撲也。逆燒，『燒』字去呼，謂迎前野火也。除即去土，不使旁延。」（三一〇頁上）

〔四〇〕**若地被燒，亦名非地**　資持卷中三上：「善見前明非地，文列三相。砂地土少，無犯。僧祇半砂，吉。義準砂少，即同生地。」（三一〇頁上）鈔批卷一八：「立謂：其地先有沙，後雨水衝之，則和土也。」（七七五頁上）【案】善見卷一五，七八〇頁中。

〔四一〕**若野火來近寺，為護住處故，比丘得刈草掘土，以斷火**　鈔批卷一八：「謂此是遮戒，有緣得開。故十門云『遮戒一往制止，有益便開』，即其義也。」（七七五頁上）

〔四二〕**餘如諸部**　資持卷中三上：「下指諸部，同開掘壞，重故不引。」（三一〇頁上）簡正卷一一：「即三千威儀云：若火來、水、風、王、賊等，召沙彌等，有打鐘方法。前約有人，若蘭若無人，如五分注。」（七二六頁下）

〔四三〕**使僧尼掘地，作知淨語，提**　鈔科卷中三：「『多』下，釋第四。」（七二頁中）資持卷中三上：「釋第四緣。論文前明僧犯。僧尼作淨語者，法不對人，作不成故。」（三一〇頁上）【案】多論卷六，五四三頁下。

〔四四〕**若教下三眾、淨人，不作知淨語，吉**　資持卷中三上：「下明三眾。無緣犯者，有緣開故。」（三一〇頁上）資持卷中三上：「有人無法違佛制，吉；掘即犯提。」（三一〇頁上）

〔四五〕**若三眾不為三寶利益緣**　鈔批卷一八：「然三眾發戒，與大僧齊。今但有三寶

利益等緣，故開不犯。其律中結吉者，據無緣時而作也。」（七七五頁上）

〔四六〕蘭若無淨人，聽比丘以水澆地、剉草布蹋，使成泥，取用　鈔科卷中三：「『五』下，釋第三。」（七二頁中）資持卷中三上：「五分緣開有淨人則犯，剉草、斬乾草，以和泥也。」（三一〇頁上）【案】五分卷二七，一八〇頁中。

〔四七〕覆處地得自掘　鈔批卷一八：「景云：此舉覆處，明內為言。若是明外際，簷下則犯，以非覆處攝故。而明內得自掘者，以覆土不能生草種故也。」（七七五頁上）【案】僧祇卷一九，三八五頁上。

〔四八〕四分文中不了　資持卷中三上：「以律不犯中，除屋內土不犯，但云除土，不言得掘，是文不了。（下『不犯中』不引。）疏引古解云：屋內死浮土也。今師云，準如僧祇：露處死土、屋中自掘藏物者，得。（是知：露處約死、覆處不論死活。）」（三一〇頁上）簡正卷一一：「以文中列屈（【案】『屈』疑『掘』。次同。）內土，即自解云：此死浮土也。若使除屈內土，即得掘內地。僧祇（原注：『僧』上一有『准如』二字。）：露處死土，屈中、自掘中藏物者，得。即是決四分文也。」（七二六頁下）鈔批卷一八：「立謂：四分但言生處不得壞，死處得壞，則不明覆露處，致令古師所執不同。或云土壞是死地，縱在屋下，若連地，（七七五頁上）皆是生。此言濫也。由當律不了，今故引祇，證覆地即名死土。景云：古師以將崩岸土來難，以律開通文中，取崩岸土不犯。但得取土，不得損地，我亦覆處，唯得取土，不得損地，此引非例。以覆露雨殊，祇文極顯。」（七七五頁下）

〔四九〕若曳材、竹、木　資持卷中三上：「『若』下，明作務九相。疏云：四分反軷曳材，不犯。僧祇：犯者，俱有心也。（前云：曳木驅牛、馬等。）然律開，文緩而義急，故一切通開，不故掘也。（疏文。）是則，僧祇無心亦開，四分故意亦犯。（凡與上文相違，並宜此斷。）」（三一〇頁上）【案】資持釋文中「作務九相」，即「若曳材」下等九個「若」字所引。

〔五〇〕若籬倒扶正，若反甎石　鈔批卷一八：「景云：以無損地故。此土悉是覆處。（疑云：既是覆處，何用言無心故？始不犯也。）」（七七五頁下）

壞生種戒〔一〕十一

具緣如上〔二〕。

四分云〔三〕：壞鬼神村者，波逸提。鬼者，非人是〔四〕。村者，一切草木是〔五〕。言草木為非人所依，故具引諸部通解，恐無知者濫用〔六〕。十誦云：村者，蚊蟲〔七〕、蛺蝶〔八〕、蟻子，諸蟲以之為舍也。僧祇戒本〔九〕：壞

種子、破鬼神村者，墮。如此會通，相同明鏡〔一〇〕。

　　律中，五種村〔一一〕謂根種、枝種、節種、覆羅種、此言雜種〔一二〕。子子種〔一三〕等。若斫、截，墮；炒、釘杙、火燒，一切並提〔一四〕。若斷多分生草木，墮；半乾半生，吉羅〔一五〕。

　　僧祇云：根種、莖種，以刀中破淨〔一六〕。節種者，以刀破，又摘卻芽目〔一七〕淨。心種者，蘿勒蓼等，揉摻淨〔一八〕。子種者，十七種穀〔一九〕，脫皮淨。火淨，通五種〔二〇〕。五果中：裹核種，如棗、杏之屬也。爪甲淨，去核食；火淨，合食。火淨者，謂生、熟二棗合核〔二一〕。膚裹種〔二二〕者，火淨合食。如葶藶〔二三〕、桑椹、梨、奈〔二四〕之類。若熟時落地〔二五〕，傷如蚊腳者，名創〔二六〕淨，去子食。穀裹種〔二七〕者，火淨。椰子、胡桃、石榴之屬。檜裹種〔二八〕者，香茅、蘇荏之類。未有子揉摻，有子火淨。角〔二九〕裹種者，淨法如檜裹法。大、小豆等。準此，蒿中含子之草，應得火淨〔三〇〕。但令相著，即得淨法爾故〔三一〕。又云〔三二〕：寺主有穀倉未淨，畏年少比丘不知戒相〔三三〕，先令淨人火淨訖，乃至盡來，恒言「舂去」，不犯〔三四〕；餘事類知〔三五〕。若以五生種，擲著池井水中、大小便中、糞埽中，越；死，犯提〔三六〕。若草中行，欲令草死，越；傷如蚊腳，提〔三七〕。石上生衣，衣上生毛，食餅生毛，使淨人知〔三八〕；若日曝知乾，得自剝除。雨後舉木，越；傷草者，墮〔三九〕。淨人先舉，比丘後佐，無罪。四分中，開舉木石者，先不知著草上〔四〇〕也。夏中行，畏失道故，以餘物繫草為記，來還解者，無犯〔四一〕。泥雨滑倒，捉草挽斷，更捉亦斷，皆開〔四二〕。水中浮萍，不得撥開〔四三〕；牛馬行處，得；無者，捉土石仰擲空中〔四四〕，言「至梵天上去」，若後下時打水開，得用。此即沙門淨法。若泥作時，欲飲水者，得葉中飲〔四五〕。無淨人取者，得就樹上葉中飲，不得挽斷。高不及者，搖取乾葉。若已衰黃，斷者，越；華生者，提。水中翻覆浮萍者，越〔四六〕；擲岸上，墮。若入水洗時，水草著身者，以水澆令入水。若斷朝菌，吉羅〔四七〕。善見云：若須華果，攀枝下，使淨人知；亦得抱淨人取〔四八〕。律中：比丘道中行，妨草者，聽以竹壓草，若石木鎮上。準前暫時〔四九〕。

　　五分：凡諸草木，若有所須，語淨人言：「汝知是〔五〇〕。」若不解者，又語言：「汝看是。」若不解，復語：「我須是。」若不解，復語：「與我是。」壞地亦然。皆謂知此比丘身不得折損，口不合斫掘，方乃靜緣心淨〔五一〕。

若生草覆道，開路故〔五二〕，枝折葉落，不故作，不犯。

十誦：一時壞五種子，五波逸提〔五三〕。此律，一業壞多種，隨多少結〔五四〕。乃至前戒〔五五〕，令淨人掘，隨掘隨墮。不同僧祇取前事止，方結。

四分中，若五生種，如柳、榴之類，就地、離地壞，皆犯墮〔五六〕。非五生種，如離地槐檽、榆、柏之屬，已萎者，得〔五七〕；若與地連，得墮〔五八〕；若離地，色未改者，吉羅〔五九〕，名壞相也。

不犯〔六〇〕者。言「看是，知是」；若斷乾枯草木；若於生草木上曳材、曳竹、正籬障；若撥墼石〔六一〕；若取牛屎；若生草覆道，以杖披遮令開；若以瓦石拄之而斷傷草木；若除經行地土〔六二〕；若掃經行地；若以杖築地，而誤撥生草木斷者，無犯。

【校釋】

〔一〕壞生種戒　資持卷中三上：「（佛在曠野城。因前造房，斫伐神樹，非沙門法，呵責而制。）壞，音『怪』，損也。壞即是業，生種即境。禁斷此過名戒。」（三一〇頁上）【案】本戒鈔科稱為「壞生戒」。四分卷一二，六四一頁下開始。

〔二〕具緣如上　資持卷中三上：「指緣同前。但改一、二為生種耳。」（三一〇頁上）簡正卷一一：「一、生草木，二、生草相，三、自壞使人，四、不知淨語，五、傷，便犯。」（七二六頁下）鈔批卷一八：「此戒制意，且緣同前『掘地戒』。礪云：此戒不別有緣起，舉前房戒緣中斫樹以為緣起耳。」（七七五頁下）

〔三〕四分云　鈔科卷中三：「初，正名遮濫。」（七二頁中）【案】「四分云」下明犯相。

〔四〕鬼者，非人是　簡正卷一一：「謂但異於人類，總是非人。」（七二六頁下）

〔五〕村者，一切草木是　簡正卷一一：「諸草木為村，十誦云：蚊、蟻諸虫以之為舍。四分：神依止故，如世聚落，故云村也。」（七二六頁下）

〔六〕故具引諸部通解，恐無知者濫用　資持卷中三上：「『故』下，遮濫。恐有迷名，謂毀神廟，『諸部』即下所引。」（三一〇頁上）簡正卷一一：「破古也。初有古師云：鬼神村者，即今神廟是也。次有古師云：以戒緣，斫神樹，非（原注：『非』上一有『應』字。）廟屈，但約極大樹，是非人所依，（七二六頁下）即名村也。若小小草木，及諸種子之類，壞即不犯。今簡斯濫故，引諸部通解不謬也。初引十誦，既云諸虫為舍，則何簡大小。次（原注：『次』下一有『引』字）僧祇，壞種子、破鬼村，亦何假大樹及與廣窟。」（七二七頁

上）鈔批卷一八：「立謂：古人有云，樹木者，為非人所依。若小草及種子，則非所依，壞有何過？今不同之。古師立此戒名，或云『壞生艸木戒』，以艸木為非人所依，名村也。種子非例。今鈔立名，名『壞生種戒』。」（七七五頁下）

〔七〕蚊蝱　資持卷中三上：「十誦中，蚊，音『盲』，合作『虻』。」（三一○頁上）

〔八〕蛺蝶　鈔批卷一八：「『蛺蝶』等者，上『兼牒』反。賓云：案十誦律通於鬼畜，總名為村。故彼律第十云：鬼村者，謂生草木，眾生依住。眾生者，謂樹神、眾神、河神、舍神、交道神、市神、都道神、蚊、虻、蛄、蟮、蛺、蝶、噉麻虫、蝎虫、蛾子等是。眾生以草木為舍，亦以此處為村。聚落城邑，依之而住也。」（七七五頁下）

〔九〕僧祇戒本　資持卷中三上：「僧祇兩分，即名草木為鬼神村。」（三一○頁上）

〔一○〕如此會通，相同明鏡　簡正卷一一：「引上二律，和會釋通，相狀如鏡，鑒照分曉，不須妄執也。」（七二七頁上）鈔批卷一八：「立謂：諸部各言生草種等，（七五五頁下）並非人所依。引十誦、僧祇明文，事同明鏡。案十誦文云：若比丘斫伐鬼神村、種子村，波夜提也。」（七七六頁上）

〔一一〕五種村　資持卷中三上：「四分初示生種。五種者，古記引首疏云：合五為三：一、根種，分二；不假節生者，名根種，如薑、芋、蘿萄；若假節生者，名覆羅種，如蘆葦、芹、蓼等。）二、枝種，亦二；（不假節生，名枝種，如柳、榴之類；假節生名節種，如藕、蔗等。）三、種子，子復生子，故名子子，（如五穀等。）」（三一○頁上）鈔批卷一八：「立謂：諸部各言生草種等，（七五五頁下）並非人所依。引十誦、僧祇明文，事同明鏡。案十誦文云：若比丘斫伐鬼神村、種子村，波夜提也。律中，五種村等者，礪云：生雖五義，合為三：第一種，根生；二種，枝生；三、種子生。根、莖各分二：初，根中不假節生，作根種之名；二、根中假節生者，作覆羅之稱。枝種亦二：初，枝中不假節生者，作枝種之名；二、假節生者，作節生之目。子種中，當體立一始末，差分離成，故有五分。根種者，用根為種，故曰根種，即如薑、芋、蘭、萄等是也；枝種者，用枝為種，故曰枝種，即如楊柳、石榴、苟杞等；節種者，謂用節為種，故曰也，如蓼、甘蔗等是也。」（七七六頁上）【案】「律中五」下，引四律論釋第一緣。

〔一二〕覆羅種，此言雜種　資持卷中三上：「離四種外，總收一切。（三一○頁上）戒疏則指芹、竹，（芹菜與竹。）僧祇以為勒蔓。」（三一○頁中）鈔批卷一八：

「戒疏云：言覆羅者，根中（原注：本文無『中』字。）假節生，如芹、竹等也。立謂：有根、有莖，如橘、柚等。樹若無根有枝、有根無枝，俱不可生。假根假節而生，故曰雜種。」（七七六頁上）

〔一三〕子子種　鈔批卷一八：「如芥菜子等是也。」（七五六頁上）

〔一四〕若斫、截，墮；炒、釘杙、火燒，一切並提　資持卷中三上：「『若』下，次明損壞。斫截墮，注戒作『墮落』。上明全生者。」（三一〇頁中）鈔批卷一八：「礪問：打杙樹上，隨打多少，一一提罪。『殺生何不隨斫得提，要待命斷耶？』答：『艸木有多生相，故隨壞處，皆障一分生不起。是以隨壞得罪。畜生報者，一假名命，要斷方犯。』」（七七六頁上）【案】「釘」，底本作「針」，據大正藏本、敦煌甲本、敦煌乙本及弘一校注改。

〔一五〕若斷多分生草木，墮；半乾半生，吉羅　資持卷中三上：「『若斷』下，明萎乾者，多分生，謂生分過半也。」（三一〇頁中）

〔一六〕根種、莖種，以刀中破淨　鈔科卷中三：「僧祇（二）：初，引種果作淨法；二、『又』下，引行護開制法。」（七二頁下）資持卷中三上：「初科，先配五種。莖，即枝也。」（三一〇頁中）簡正卷一一：「謂前辨五種，已知。然則淨法未委，故次明也。前五生種，名有淨法。」（七二七頁上）【案】僧祇卷一四，三三九頁～三四〇頁。

〔一七〕芽目　鈔批卷一八：「牙目者，有云：在土曰牙，出土曰目。」（七七六頁上～下）【案】「芽」，底本為「牙」，據僧祇、大正藏本和弘一校注改。

〔一八〕心種者，蘿勒、蓼等，揉搓淨　簡正卷一一：「心種者，要也。如根種中，要根要節，合始成種故，謂此種為心種也。」（七二七頁上）資持卷中三上：「心即覆羅蘿勒。蓼，即蘭香也。揉搓，兩手相錯。」（三一〇頁中）鈔批卷一八：「蘿勤者，本名蘿勒者，趙主石勒，改曰蘭香。」（七七六頁上～下）扶桑記：「揉搓，僧祇音釋云：以手挺也。又，調順也。」（二三〇頁上）

〔一九〕十七種穀　鈔批卷一八：「僧祇云：一、稻，二、赤末稻，三、小麥，四、麵麥，五、小豆，六、胡豆，七、大豆，八、豌豆，九、粟，十、黍，十一、麻子，十二、薑句，十三、闍豉，十四、波薩陀，十五、蕎子，十六、脂那，十七、俱陀婆。頌曰：稻赤小麥麵，小豆胡大豌，粟黍麻薑句，闍豉波薩陀，蕎子及脂那，十七俱陀娑。上十七種，俱脫皮淨也。」（七七六頁下）資持卷中三上：「（諸梵言，並未詳何物。）。」（三一〇頁中）【案】僧祇卷一四，三三九頁。

〔二〇〕**火淨，通五種**　簡正卷一一：「謂五種。若火淨，通得食核。」（七二七頁下）
資持卷中三上：「上四淨法，皆局對故。」（三一〇頁中）

〔二一〕**生、熟二棗合核**　資持卷中三上：「注二棗者，熟謂在樹。熟者，生如青棗，
以火觸故，表裏皆淨，故得合核。」（三一〇頁中）鈔批卷一八：「未乾曰生。
今時乾棗曰熟，皆須大津，得合椀食。暠云：此文中具列五生種，即上：一、
根，二、枝，三、節，四、覆羅，五、子子是也。下則五果，謂：一、核果，
二、膚果，三、殼果，四、檜果，五、角果。在文細尋，方見也。」（七七六
頁下）簡正卷一一：「二棗熟者，謂在樹上熟，今時日成乾棗，亦須火淨。二、
膚菓，三、殼菓，四、檜菓，五、角菓。如文檜者，（『苦會』反也。）」（七二
七頁下）

〔二二〕**膚裏種**　資持卷中三上：「膚謂皮膚，無核有子。」（三一〇頁中）【案】「裏」，
底本為「果」，據僧祇及弘一校注改。

〔二三〕**蓽茇**　資持卷中三上：「蓽茇，味辛而香。」（三一〇頁中）

〔二四〕**奈**　資持卷中三上：「蓽茇，味辛而香。奈似林檎而小。」（三一〇頁中）

〔二五〕**若熟時落地**　扶桑記：「多論有兩種淨：一故作淨，二不故作淨。落傷等是不
故作淨。」（二三〇頁上）

〔二六〕**創**　資持卷中三上：「『創』字平呼。」（三一〇頁中）【案】「傷」，底本為「破」，
據大正藏本、貞享本、敦煌甲本、敦煌乙本、僧祇及弘一校注改。

〔二七〕**殼裏種**　【案】殼，底本為「殼」，據僧祇及弘一校注改。「裏」，底本為「果」，
據僧祇、敦煌甲本、敦煌乙本及弘一校注改。「者」，底本為「有」，據大正藏
本、貞享本、敦煌甲本、敦煌乙本及弘一校注改。扶桑記為「殼」，並言：「現
本作殼，與殼同。今案津刊會本仍作殼。」（二三〇頁上）

〔二八〕**檜裏種**　資持卷中三上：「指歸云：麤糠皮故，謂之檜。此果最小，皮如麤糠。
輕重儀中謂松柏子也。」（三一〇頁中）【案】裏」，底本為「果」，據僧祇、敦
煌甲本、敦煌乙本及弘一校注改。

〔二九〕**角**　資持卷中三上：「角即菱豆也。」（三一〇頁中）【案】此處兩個「裏」字，
底本均為「果」，據僧祇、敦煌甲本、敦煌乙本及弘一校注改。

〔三〇〕**蒿中含子之草，應得火淨**　資持卷中三上：「『蒿』者，此屬子種。恐謂葉隔，
不成火淨，故準檜角，以決之耳。」（三一〇頁中）簡正卷一一：「鈔意義准前
檜菓，既云有子火淨，今蒿草有子，亦須令相看火淨也。」（七二七頁下）

〔三一〕**但令相著，即得淨法爾故**　資持卷中三上：「『但』下，示作淨法。已前五果，

火淨亦通，餘淨各局，在文可尋。」（三一○頁中）鈔批卷一八：「立謂：一切法要令果子相著，不得隔莖幹，淨則不成。如淨甘蔗，要須除殼，合速淨得成。若不除殼，唯所觸者成淨。餘者不成，由中間隔殼。又云：前穭果，既云有子火淨，我今蒿草等上有子，合束相著，亦應成淨，此是義准耳。」（七七六頁下）

〔三二〕又云　資持卷中三上：「行護中。有十一節，隨次點示。」（三一○頁中）鈔科卷中三：「『又』下，引行護開制法。」（七二頁下）

〔三三〕畏年少比丘不知戒相　資持卷中三上：「初，明總淨。『畏年少』者，恐彼不作淨語故。」（三一○頁中）簡正卷一一：「引此火淨穀事為證，前蒿草等含子，但令相著火淨，並得也。」（七二七頁下）【案】此為「行護」十一節之一。

〔三四〕恒言「春去」，不犯　資持卷中三上：「由先已淨，不須淨語。」（三一○頁中）【案】此為「行護」十一節之一。

〔三五〕餘事類知　資持卷中三上：「已前種果，皆可準之，故云餘事類知。」（三一○頁中）

〔三六〕若以五生種，擲著池井水中、大小便中、糞埽中，越；死，犯提　資持卷中三上：「『若以』下，明壞種。越，是方便死。提，即果罪。」（三一○頁中）【案】此為「行護」十一節之二。

〔三七〕若草中行，欲令草死，越；傷如蚊腳，提　資持卷中三上：「『若草』下，明踐草。言欲令者，即是故心。」（三一○頁中）【案】此為「行護」十一節之三。

〔三八〕石上生衣，衣上生毛，食餅生毛，使淨人知　資持卷中三上：「『石』下，明護衣毛。石衣即苔蘚。毛謂蒸潤生者，皆有生性故。」（三一○頁中）鈔批卷一八：「石上生衣者，即見石上生花也。餅上生毛等者，景云：此舉並得吉，由是壞相故。」（七五六頁下）【案】此為「行護」十一節之四。

〔三九〕雨後舉木，越；傷草者，墮　資持卷中三上：「『雨』下明舉物。與下『不犯』相違，故注和會。」（三一○頁中）簡正卷一一：「玄云：前戒引祇，舉木博瓦等經雨。若自取，墮。據壞地性邊結，今據壞生氣分，故越」（七二七頁下）【案】此為「行護」十一節之五。

〔四○〕開舉木石者，先不知著草上　簡正卷一一：「鈔意謂四分開舉石木，今祇舉木犯越二文。所以相違者，即引注文通之。」（七二七頁下）【案】「上」，底本為「土」，據大正藏本及弘一校注改。

〔四一〕夏中行，畏失道故，以餘物繫草為記，來還解者，無犯　資持卷中三上：「『夏』

下，明暫繫。夏有時限，故遍言之。」（三一○頁中）【案】此為「行護」十一
節之六。

〔四二〕泥雨滑倒，捉草挽斷，更捉亦斷，皆開　資持卷中三上：「『泥』下，明緣開。」
（三一○頁中）【案】此為「行護」十一節之七。

〔四三〕水中浮萍，不得撥開　資持卷中三上：「『水』下，明護浮萍。」（三一○頁中）
【案】此為「行護」十一節之八。「萍」，底本為「荓」，據僧祇、大正藏本及
弘一校注改。「撥」，底本為「發」，據僧祇、大正藏本、貞享本、敦煌甲本、
敦煌乙本及弘一校注改。

〔四四〕捉土石仰擲空中　資持卷中三上：「『擲石』至『天』者，何有此理？開必須
法，令無自任，恐生輕疑，故特注之。」（三一○頁中）

〔四五〕若泥作時，欲飲水者，得葉中飲　資持卷中三上：「『若』下，明作務。就葉飲
者，以泥作手污，不執餘器故。」（三一○頁中）【案】此為「行護」十一節之
九。

〔四六〕水中翻覆浮萍者，越　資持卷中三上：「『水』下，明損淨萍。水草即萍等。」
（三一○頁中）鈔批卷一八：「昱云：此舉不離水也。離即得提。」（七五六頁
下）【案】此為「行護」十一節之十。「萍」，底本為「荓」，據僧祇、大正藏本
及弘一校注改。

〔四七〕若斷朝菌，吉羅　資持卷中三上：「『若』下，明非久物。朝菌即地蕈。指歸云：
此生於地，八月有，朝生暮死。準此例，上衣毛損，應得吉。」（三一○頁下）
簡正卷一一：「朝菌者，（『渠殞』反），注爾雅云：木耳也，或云桑莄（『而充』
反。），生相不久，但得吉也。」（七二七頁下）【案】此為「行護」十一節之
十一。

〔四八〕抱淨人取　資持卷中三上：「善見以淨人幼小，故開。」（三一○頁下）【案】
善見卷一五，七八○頁下。

〔四九〕準前暫時　資持卷中三上：「注文指前，即僧祇繫草文。」（三一○頁下）鈔批
卷一八：「深云：上文道行，記處繫草，并此中妨竹。押石鎮者，（七七六頁
下）皆謂暫時故耳，須除也。」（七七七頁上）【案】「時」，底本為「前」，據
大正藏本及鈔批釋文改。

〔五○〕汝知是　鈔科卷中三：「『五』下，釋第四。」（七二頁中）資持卷中三上：「五
分初明淨語，次列四種，解一即止，隨言通得。四皆云『是』，即指前物。」
（三一○頁中）【案】資持釋文中「四皆云是」，即汝知是、汝看是、我須是、

與我是。五分卷六，四二頁上。

〔五一〕**皆謂知比丘身不得折損，口不合斫掘，方乃靜緣心淨** 資持卷中三上：「注顯知淨。知屬前人，淨在比丘。由解此義，故號淨人。『不合』下應加『言』字助之。」（三一○頁下）

〔五二〕**若生草覆道，開路故** 資持卷中三上：「『若』下，明緣開。開路不犯，文言『不』故，異上僧祇。」（三一○頁下）

〔五三〕**一時壞五種子，五波逸提** 鈔科卷中三：「『十』下，明結罪多少。」（七二頁中）資持卷中三上：「罪多少中，初對十誦明當戒。十誦從種，故止五罪，此律約業，故隨多少。」（三一○頁下）【案】十誦卷一○，七五頁下。

〔五四〕**此律一業壞多種，隨多少結** 簡正卷一一：「謂如比丘將一把豆一時煮，隨粒多少，一一結提。十誦文中，通結一罪。若壞五生種，方得五罪也。」（七二七頁下）鈔批卷一八：「立謂：上十誦隨壞一種，得一提，盡壞五種，得五提。四分則不然，隨壞一種，隨數多少結，不同十誦。此律，如比丘將一把豆一時煮，隨數多少，一一提。十誦律文，通得一罪。」（七七七頁上）

〔五五〕**乃至前戒** 資持卷中三上：「『乃』下，次對僧祇辨前戒。」（三一○頁下）簡正卷一一：「因便以論，謂前『掘地』，不作淨語，隨掘多少，一一結提。若僧祇文，取掘住持（原注：『持』一作『時』。），方結一罪。故知壞生掘地，當部甚急，他部並寬，宜須誡世也。」（七二八頁上）

〔五六〕**若五生種，如柳、榴之類，就地、離地壞，皆犯墮** 鈔科卷中三：「『四』下，約離地辨犯。」（七二頁中）資持卷中三上：「引律前明五生，通約就地，柳榴枝種，枝可植故，離地亦犯。榴即石榴。」（三一○頁中）鈔批卷一八：「謂如前柳、榴等，柳是楊柳，榴是石榴。此二生種，雖以離地猶生故，就地、離地俱提。」（七七七頁上）簡正卷一一：「柳榴之類就地離地壞，皆墮者，就地即在樹上也，離地即非在樹也。既已離地，不合犯提。但為此樹神亦得活，有生長義，故犯墮也。」（七二八頁上）

〔五七〕**非五生種，如離地槐檖、榆、柏之屬，已萎者，得** 簡正卷一一：「准爾雅中，有三種葉：小而青曰槐葉，大而黑曰檖，夜合盡開曰宮檖。此等樹者，若已離地，其色又萎，壞之不犯，謂無生長義也。」（七二八頁上）資持卷中三上：「後明非五生，但除枝種餘離地者，文列三判，尋之可見。槐、檖同類。葉細而青者，名槐；大而黑者，曰檖。與地連者，猶屬生故。」（三一○頁下）

〔五八〕**若與地連，得墮** 簡正卷一一：「若與地連，即是未離，有生相故墮。」（七二

八頁上）鈔批卷一八：「『若』下，槐檫之屬。但就地壞犯，離地已去，壞則無

罪。若猶有生相，但可犯吉。此戒有兩重境想，約此而立槐檫者，槐（『戶恢』

反。），爾疋云：槐樹，葉大色黑者，名為檫（音壞）。立云：小曰槐，大曰

檫。」（七七七頁上）

〔五九〕若離地，色未改者，吉羅　簡正卷一一：「若雖離地，色未改者，但有壞相，

吉也。」（七二八頁上）鈔批卷一八：「離地色未改吉者，律中有七色：一、青，

二、黃，三、赤，四、白，五、黑，六、縹（『疋眇』反），七、紫也。釋名云：

縹謂淺青色也，此皆是生相之色。約離地色未改壞，亦得吉。此正是壞生相

也。」（七七七頁上）

〔六〇〕不犯　資持卷中三上：「不犯有十。初，作法開，下九皆以『若』字間讀。」

（三一〇頁下）【案】四分卷一二，六四二頁上。

〔六一〕若撥墼石　資持卷中三上：「墼謂土塊。」（三一〇頁下）

〔六二〕若除經行地土　鈔批卷一八：「景云：此舉地上死土也。」（七七七頁上）資持

卷中三上：「因損苔草故。」（三一〇頁下）

身口綺戒〔一〕十二

四緣：一、自作身口業綺〔二〕，二、數惱不止，三、為僧單白訶止

〔三〕，四、更作，便犯。

四分云：餘語者，云「汝向誰說，為論何事〔四〕」等，一切吉羅。作

白已，語者，墮〔五〕。惱他者，應來不來，應坐不坐等〔六〕，身綺也。餘

如口綺法〔七〕。

成論：語雖是實語〔八〕，以非時〔九〕故，即名綺語。或雖是時，以隨

衰惱〔一〇〕無利益故；雖復利益，以言無本，義理不次〔一一〕。皆名綺語。

即律中〔一二〕「為不恭敬人說法」，皆是。善見：畏成鬥僧，默然者，得

〔一三〕。律云：若上座喚來，不來者，吉〔一四〕。

不犯〔一五〕者。

重聽不解，前語有參錯〔一六〕，便言「汝向誰說，為論何事」，乃至

「我不見此罪」。若欲作非法無利羯磨〔一七〕，不與和合，喚來不來，不

犯。若為作非法羯磨，若不欲知，教言「莫來」，便來，不犯。若一坐食

〔一八〕，若不作餘食法食，若病，喚起不起，不犯。若命難、梵難，教「莫

起」便起，不犯。若惡心問，不與說〔一九〕；若作非法事，便語者。若小

語，錯誤〔二〇〕。一切不犯。

【校釋】

〔一〕**身口綺戒** 資持卷中三上：「（佛在拘睒彌。闡陀犯罪。餘比丘問，以餘事答。作白制已，遂惱僧，喚來不來等。又作白制，違白而作。故制。）」（三一○頁下）鈔批卷一八：「依光律師，九段，引（【案】『引』疑『此』。）下即第二段。至『覆屋過量』來（【案】『來』疑『末』。），有九戒，明善將人心，隨護眾意，不相嬈行。礪云：據律緣起，前後而起，應分二戒，以其身、口二業雖殊，違制處同，故合為一戒。」（七七七頁上）【案】四分卷一二，六四二頁上開始。

〔二〕**自作身口業綺** 簡正卷一一：「口綺者，異語也。身綺者，觸慳也。謂不應理，名之為綺。」（七二八頁上）鈔批卷一八：「口業綺者，作異語之名。（七七七頁上）身業綺者，作觸惱之稱。」（七七七頁下）資持卷中三上：「身口二業，邪曲惱僧，喻如文綺。此據僧法，故犯提罪。餘非義語，止犯吉羅。戒本云：妄作餘語、惱他。（刪定戒作『異語惱僧』。）『餘語』即口綺，『惱他』即身綺，即二戒同制也。」（三一○頁下）

〔三〕**為僧單白訶止** 鈔批卷一八：「雖身、口二綺，若僧未作單白，但得吉羅。得法後犯，故結提罪。身來僧中，應坐不坐，應立不立，身業惱僧，須與觸惱羯磨。若來僧中，口業惱僧，由不時集僧。問『何處來』，答『過去來』。僧問『何處去』，答『未來處去』。或僧與語時，反問僧言『為向誰說』、『為論何事』，此曰『口綺』，亦曰『餘語』。僧即與餘語羯磨。故僧祇十四云：若人問言『從何處來』，答言『過去中來』。『何處去』，答言『未來中去』。『何處眠』，『八木上眠』。（床有四木，并四時為八也。）『何處食』，答言『五指食』。如是不正答者，越毘尼。（此約未作，目代餘語，故言也）。」（七七七頁下）

〔四〕**汝向誰說，為論何事** 鈔科卷中三：「初，示本律結犯。」（七二頁下）資持卷中三上：「本律先明口綺。諸比丘問言：『汝自知犯罪不？』即作餘語，如文所引。而云『等』者，律文續云：為論何理？為語我為誰是誰犯罪？罪由何生？我不見罪，云何言我有罪？」（三一○頁下）簡正卷一一：「緣起因闡陀犯罪。諸比丘問『汝自知犯不』，彼云『將事報言汝向誰說』等。」（七二八頁上）

〔五〕**作白已，語者，墮** 鈔批卷一八：「謂得單曰（原注：『曰』疑『白』。）已，更作餘語，即犯此戒。」（七七七頁下）

〔六〕**惱他者，應來不來，應坐不坐等** 資持卷中三上：「『惱』下，明身綺。由制不得餘語，後便觸惱眾僧等者。律接云：喚來不來，不喚來便來；應起不起，不應起便起；應語不語，不應語便語。（此語屬身綺，與上不同。）不指如前，

即結罪相。」（三一〇頁下）

〔七〕餘如口綺法　簡正卷一一：「亦是未白前依，得吉；白竟，提也。」（七二八頁
　　　上）鈔批卷一八：「慈云：如前口綺，未白前吉。白已犯者，墮是也。」（七七
　　　七頁下）

〔八〕語雖是實語　鈔科卷中三：「『成』下，引諸文雜相。」（七二頁下）資持卷中
　　　三上：「諸文中，成論實語次第三相，俱有過故。」（三一一頁上）

〔九〕非時　資持卷中三上：「語不合宜，即名不義。」（三一一頁上）

〔一〇〕衷惱　資持卷中三上：「令他不樂。」（三一一頁上）

〔一一〕以言無本，義理不次　鈔批卷一八：「謂出言無補，不依佛教也。」（七七七頁
　　　下）資持卷中三上：「無本謂師心也。」（三一一頁上）

〔一二〕即律中　資持卷中三上：「『即』下，指律『眾學』說法等戒，並非宜故。」（三
　　　一一頁上）

〔一三〕畏成鬥僧，默然者，得　資持卷中三上：「『善見』下，此開應語不語。」（三
　　　一一頁上）【案】善見一五，七八一頁上。

〔一四〕若上座喚來，不來者，吉　資持卷中三上：「『律』下，此約別人以論。」（三
　　　一一頁上）

〔一五〕不犯　簡正卷一一：「文有三意：初，開口綺；二、『若欲作』下，開身綺；三、
　　　『惡心』下，雜約心事辨非。」（七二八頁上）【案】不犯中，簡正分三，資持
　　　列五。

〔一六〕重聽不解，前語有參錯　資持卷中三上：「初門（【案】『門』疑『開』。）口綺。
　　　重聽謂已疾不聞。參錯謂他言不了。」（三一一頁上）

〔一七〕若欲作非法無利羯磨　資持卷中三上：「『若欲』下，次開身綺。初約非法羯
　　　磨，明來不來。」（三一一頁上）

〔一八〕若一坐食　資持卷中三上：「『若一』下，次約頭陀病難，明起不起。」（三一
　　　一頁上）

〔一九〕若惡心問不與說　資持卷中三上：「『若惡』下，約非問非法，明語不語。如上
　　　三位，一一相違，事同非犯，以緣別故。」（三一一頁上）

〔二〇〕若小語，錯誤　資持卷中三上：「『若小』下，失口非意，如常所開。」（三一
　　　一頁上）

嫌罵僧知事戒〔一〕十三

六緣〔二〕：一、是羯磨所差〔三〕，二、知是，三、如法經營，四、說

嫌罵法，五、言詞了，六、前人知聞。

五分：若單白、白二差人，惱者，墮〔四〕。僧差不羯磨，及餘人，作此誣說，口口吉羅〔五〕。四分緣起，白二差之〔六〕。僧祇〔七〕：罵正拜人、倩人、倩人更倩人，三人俱墮〔八〕。因說大魚有百頭〔九〕，頭頭各異。由先為三藏，好惡罵人故。

四分〔一○〕：若嫌者，面見不聞處，言「有愛、恚、癡」〔一一〕。罵者，反上，皆墮〔一二〕。若不受上座言，嫌罵，吉羅〔一三〕。

不犯〔一四〕者。實有其事〔一五〕，恐後悔恨，語令如法發露，便言「有愛、恚」等；若戲錯說。一切不犯。

【校釋】

〔一〕嫌罵僧知事戒　資持卷中三上：「（佛在羅閱城。慈地比丘嫌罵沓婆，故制。與『僧殘二謗』同時。）名中，云僧簡私請故。疏云：嫌、罵兩戒，同惱知事不殊，故合制也。」（三一一頁上）【案】本戒鈔科稱為「嫌罵知事戒」。四分卷一二，六四三頁上開始。

〔二〕六緣　資持卷中三上：「一、三、六屬知事，餘三屬能犯。」（三一一頁上）

〔三〕是羯磨所差　鈔批卷一八：「簡餘前人口差。」（七七七頁下）

〔四〕若單白、白二差人，惱者，墮　鈔科卷中三：「初，釋第一緣（二）。初，僧私兩差。」（七三頁中～七二頁下）資持卷中三上：「五分通單白，四分唯白二。」（三一一頁上）【案】五分卷六，四二頁中。

〔五〕僧差不羯磨，及餘人，作此誣說，口口吉羅　鈔批卷一八：「非羯磨者，罵但得吉。立謂：此律白二差人也。五分隨用單白、白二兩法差也。」（七七七頁下）簡正卷一一：「餘人者，一、二、三人差，曰餘人也。」（七二八頁下）資持卷中三上：「餘人，即佐助者。誣謂欺枉。」（三一一頁上）【案】「差」，音「釵」。下幾處同。

〔六〕四分緣起，白二差之　資持卷中三上：「四分緣起。即沓婆羅漢厭無學身，求堅固法。佛令營僧事，羯磨請之。」（三一一頁上）

〔七〕僧祇　鈔科卷中三：「『僧』下，正情俱犯。」（七三頁下）

〔八〕罵正拜人、倩人、倩人更倩人，三人俱墮　資持卷中三上：「初示犯。正拜，即僧法差者。彼律通召差人為拜人，不獨知事。業疏引云：一切拜人羯磨，並四人法是也。展轉倩人，同犯者，由彼自倩，即同正人。五分餘人應非自倩，或是部別之異。」（三一一頁上）簡正卷一一：「正拜人者，是羯磨所差也。此

蓋飜譯人取意，故言『拜』。如今時策某人為宰相，便云『拜相』也。倩者，正拜人自倩、倩人更倩、展轉三人，罵俱犯提也。」（七二八頁下）鈔批卷一八：「正拜人者，立謂：喚被差者曰正拜人。此人有緣，更請別人，權知僧事。所倩人，復緣事更倩一人。若隨罵此三人，皆提。景云：被僧白二差者，（七七七頁下）名正拜人，如俗官受職之類致拜也。賓云：祇文諾『差』為『拜』也，盖是譯家取意，故言拜人，乃至差五德，亦言拜。五法成就者，作自恣人。今詳。此謂拜冊也，如今國家冊太子、冊王、附馬，皆名拜冊也。非謂差五德及知事時，要合五德拜也。案祇文云：若拜人、拜囑人、拜囑囑人。下即解云：拜人者，查婆是也。拜囑人者，查婆倩餘人料理僧事是也。拜囑囑人者，所倩人復轉倩人料理僧事是也。嫌憤（原注：『憤』疑『責』。）此三人者，皆得提罪。」（七七八頁上）

〔九〕因說大魚有百頭　資持卷中三上：「引此緣者，深誡後學。而世講師，身臨法座，多相毀齜，請思來報，彌須畏慎。」（三一一頁上）簡正卷一一：「祇云：佛在跋祇園，人間遊行，與諸比丘眾至一故河邊。見捕魚人提大網，沈石浮瓠，順水而上。岸邊各二百五十人，叫喚牽網向岸。爾時，眾魚皆墮網中。有大魚，有百頭，百頭各異，象、馬、牛、羊之類。佛見已，喚之便應。又問：『汝母今在何處？』答：『在闍（音清）關中為虫。』諸比丘問佛，佛言：『此大魚是迦葉佛時，三藏比丘好惡口故，受難類頭報。其母受他供給，不消利養，皆是施物作廁中虫。』佛說是因緣，時二百五十人，皆止網業，出家學道，成阿羅漢。故知，口業須大填（【案】『填』疑『慎』。）之。」（七二八頁下）

〔一〇〕四分　鈔科卷中三：「『四』下，釋第四緣。」（七三頁中）

〔一一〕面見不聞處，言「有愛、恚、癡」　資持卷中三上：「注文傳誤，合作大書。」（三一一頁上）【案】資持言「大書」，即意本句當為正文，不是注文。「面」，底本為「而」，據大正藏本、貞享本、敦煌甲本、敦煌乙本改。

〔一二〕反上，皆墮　資持卷中三上：「反上者，聞聲不見面，如隔障處。疏云：此與『罵戒』有四別：一、前是泛僧，此僧知事；二、前戒不問虛實，此說實不犯；（三一一頁中）三、罵詞不同，（前列多種毀呰，此戒但言愛、恚；）四、前非知事，見聞互離輕。此敬護重，互離犯提。」（三一一頁下）

〔一三〕若不受上座言，嫌罵，吉羅　資持卷中三上：「『若』下，相因而制。」（三一一頁中）鈔批卷一八：「言嫌罵者，礪云：見而不聞處，說有愛恚等曰嫌；聞

聲不見處曰罵。」（七七八頁下）扶桑記：「現本云：『若上座教汝嫌罵，若受教嫌罵，突吉羅。』準之，今文剩一『不』字，恐是多寫。」（二三一頁上）

〔一四〕不犯　資持卷中三上：「明同友相利，故無有過。」（三一一頁中）

〔一五〕實有其事　鈔批卷一八：「謂實有愛、恚、痴等也。」（七七八頁下）

露敷僧物戒〔一〕十四

六緣〔二〕：一、四方僧牀敷〔三〕；二、知是；三、露處；四、自敷，使人；五、去時不自舉，不教人舉；六、出門。便犯。

五分〔四〕：見僧臥具在露地，以不自敷、不使人敷故，而不舉，亦墮〔五〕。到尼寺敷尼僧臥具，不舉亦提〔六〕。白衣入寺，應借僧臥具受用。又，俗人家會，借僧臥具〔七〕，食訖，比丘不舉，亦墮。若知事暴僧臥具，在邊若禪若眠，吉〔八〕。

僧祇：若僧牀上安像，比丘禮拜，手觸不舉者，墮〔九〕。若多人禮拜，悉皆手觸，屬最後者，犯墮〔一〇〕。若春月〔一一〕敷牀後，付囑人知，捨去，無犯。若行路中，挽亂草坐已，去時聚已當去〔一二〕。

多論：露地敷已，不囑人，遊行諸房，吉〔一三〕。

四分〔一四〕：彼以僧物付僧知事，言『我今付授汝，汝守護看』。若都無人者，當舉著屏處。若無屏處，必知無壞，當持麤者覆好者上。若即時還，便應〔一五〕；隨雨中、疾，及時還〔一六〕，應往；彼次第作如是方便，應去〔一七〕。若不作，初出門，墮〔一八〕。若方便還悔〔一九〕，一切吉。若二人同牀，下座應收，不者墮、吉，上座單提〔二〇〕。若俱不收，二俱墮〔二一〕。餘空牀、踞牀、几等不收，及臥具表裏，一切吉羅〔二二〕。若露敷僧物，而入房思惟，吉羅〔二三〕。

不犯〔二四〕者。若取僧物露敷，去時語舊住人、摩摩帝、經營人令知。如上方便者，一切不犯。

【校釋】

〔一〕露敷僧物戒　資持卷中三上：「（佛在舍衛。長者請僧，十七群取僧坐具，露敷往食不收，風塵虫鳥壞污。因制。）多論：三義故制：一、須掌護，使資身行道，得安樂故；二、同心愛惜，長彼信敬故；三、令受用福，反資施主善根成就故。」（三一一頁中）【案】四分卷一二，六四三頁下開始。

〔二〕六緣　資持卷中三上：「僧物有三，如『迴僧物戒』。今取已捨，與僧犯墮。餘二結輕。」（三一一頁中）

〔三〕四方僧牀敷　資持卷中三上：「床即繩床、木床。敷謂臥具、坐褥。」（三一一頁中）

〔四〕五分　鈔科卷中三：「『五』下，釋第五。」（七三頁中）

〔五〕見僧臥具在露地，以不自敷，不使人敷故，而不舉，亦墮　資持卷中三上：「五分初明犯墮，並以事異而犯同故，三皆言亦。初見不舉，雖非自敷，不惜護故。」（三一一頁中）鈔批卷一八：「見僧臥具在露地，雖非自敷、教敷，若見不舉，即提。」（七七八頁下）

〔六〕到尼寺敷尼僧臥具，不舉亦提　資持卷中三上：「尼寺犯者，皆僧物故。」（三一一頁中）

〔七〕俗人家會，借僧臥具　資持卷中三上：「借俗犯者，恐損失故。」（三一一頁中）

〔八〕若知事暴僧臥具，在邊若禪若眠，吉　簡正卷一一：「僧臥具不得。禪眠恐雨來不覺，得吉也。」（七二八頁下）資持卷中三上：「『若』下，明犯輕。二緣俱非心過，但情慢故吉。」（三一一頁中）

〔九〕若僧牀上安像，比丘禮拜手觸，不舉者，墮　資持卷中三上：「初明安像必約露處，手觸即同受用故犯。」（三一一頁中）簡正卷一一：「既曾經手觸，即共自（七二八頁下）敷不別。」（七二九頁上）鈔批卷一八：「景云：此舉在露地，見像不舉故犯。立謂：敷僧臥具在床，床安佛像，比丘於上拜佛已。手觸竟，須舉取臥具。有眾多人，屬最後者犯。」（七七八頁下）

〔一〇〕若多人禮拜，悉皆手觸，屬最後者，犯墮　資持卷中三上：「『若』下，明囑他，不舉亦開。」（三一一頁中）

〔一一〕春月　簡正卷一一：「即四月有雨月也。」（七二九頁上）資持卷中三上：「文標春月，不慮損故。餘時，義應不許。」（三一一頁中）

〔一二〕若行路中，挽亂草坐已，去時聚已當去　資持卷中三上：「『若行』下，明別制。此非僧物，但是乖儀，有違應吉。」（三一一頁中）簡正卷一一：「舉小況大也。通表有慚之人。」（七二九頁上）

〔一三〕露地敷已，不囑人遊行諸房，吉　資持卷中三上：「多論遊房吉者，非捨去故。」（三一一頁中）簡正卷一一：「亦恐暴雨不覺，故與吉也。」（七二九頁上）【案】多論卷六，五四四頁中。

〔一四〕四分　資持卷中三上：「四分有四。初，明捨去方便，次第四種，並以『若』字分之。初，囑知事，二、舉屏處，三、好蓋覆，四、作意還。」（三一一頁中）

〔一五〕若即時還，便應　簡正卷一一：「問：『列緣中，出門即犯，今此聽往者何？』

答：『前出門結，據未返為言，今據暫行，開茲方便也。』」（七二九頁上）資持卷中三上：「上句明即還。『應』下，脫『去』字。律云『便應去』。又，疑『便』字寫倒，今將連下讀之。」（三一一頁中）【案】「便應」，底本為「應便」，據敦煌甲本、敦煌乙本及四分和資持文義改。

〔一六〕隨雨中、疾，及時還　鈔批卷一八：「謂計去後還前無雨也。」（七七八頁下）資持卷中三上：「言雨中者，律云：若疾雨疾還，不壞坐具者，應往。若中雨中行，及得還者，應往。若少雨少行，及得還者，應往。（皆謂去時，作如是意。）今但云隨雨及時，通收義足。」（三一一頁中）【案】「中」即中雨。

〔一七〕彼次第作如是方便，應去　資持卷中三上：「『彼』下，總結。初，明順法。」（三一一頁中）

〔一八〕若不作，初出門，墮　資持卷中三上：「『若不』下，明違犯。正罪方便，如文所列。」（三一一頁中）

〔一九〕若方便還悔　簡正卷一一：「律云：一足在內，一足在外，欲去又應（原注：『應』一作『未』）去，還悔者，一切吉。」（七二九頁上）

〔二〇〕若二人同牀，下座應收，不者墮、吉，上座單提　鈔批卷一八：「景云：謂下座應收，不收，得失法罪，故吉也。律中云：以非威儀故，得吉。立謂：上座與下座同床，起時，上座令下座收，下座不收，違上座教，得吉。自不收，又得提。若上座見不收，下座不收，即合自收。既不自收，但得單墮，故曰上座單提。」（七七八頁下）資持卷中三上：「『若二』下，次，明同犯。律云：下座意謂上座當收，而上座竟不收，故犯二罪，不收故提。復以非威儀故，吉。（輒使上座故，犯二罪。）又，上座意謂，下座當收（三一一頁中）而不收，上座犯提。」（三一一頁下）

〔二一〕若俱不收，二俱墮　簡正卷一一：「律云：若二人共繩床並坐，下座應收，下座便作此意，准擬上座收，上座不收，下座得提。復有非威儀，吉。上座意中，謂言下座收而不收，上座提。若二人不前不後俱不收，二俱提。空床九衣，表裏損壞易脩，故但吉。入房思惟文才，恐雨不覺，亦與吉也。」（七二九頁上）鈔批卷一八：「景云：前舉同坐，下座故得提、吉。後舉別坐，各不自收，故俱提也。故律中，若二人不前不後，俱不收，二俱提。」（七七八頁下）資持卷中三上：「俱不收者，律云：二人不前不後也。（謂同臘者。）」（三一一頁下）扶桑記引行宗記：「後俱不收者，謂不前不後，同時捨去，非相擬待，故各一罪。兩記不同，各舉一義耳。」（二三一頁下）

〔二二〕餘空牀、踞牀、几等不收，及臥具表裏，一切吉羅　資持卷中三上：「『餘』下，
　　三、明餘物。空床，非所用臥者。表裏，即內外。謂摘開各處，非全物也。」
　　（三一一頁下）鈔批卷一八：「景云：覆衣被氈褥之衣也。（七七八頁下）此戒
　　局臥具等。若薦廗等敷，在露地，但得輕罪。」（七七九頁上）扶桑記：「會正
　　曰：踞牀，即今小牀也，可以垂足而踞者。」（二三一頁下）

〔二三〕若露敷僧物，而入房思惟，吉羅　資持卷中三上：「『若』下，四、明別務。思
　　惟即禪定。」（三一一頁下）

〔二四〕不犯　資持卷中三上：「但明囑付二人。律文更列力勢所持、命梵二難。不作，
　　次第而去，不犯。」（三一一頁下）

　　覆處敷僧物戒〔一〕十五

　　五緣：一、是僧物；二者，屏處；三、自、使人敷；四、不自舉，
不教人舉；五、或出界，或過三宿〔二〕。犯。

　　律中〔三〕：彼應語舊住比丘言「與我牢舉」。若無人，不畏失，當移
牀離壁，高楷牀腳，持枕褥臥具置裏，以餘氀者重覆。若恐敗壞，當取
臥具置衣架上，豎牀而去。若不作如是，出界外，犯墮。

　　若即還不久，聽二宿界外〔四〕，第三宿明相未出，若自至房中，若
遣使語知事人；不者，明相出，犯墮。

【校釋】

〔一〕覆處敷僧物戒　資持卷中三上：「（佛在舍衛。客比丘在邊房宿，不語便去，臥
　　具壞爛。故制。）僧物制意同前。」（三一一頁下）鈔批卷一八：「制意同前。
　　所以離屏、露異者，一、得罪時異：露則出門，屏則出界，決意位還，如上出
　　界。若暫非永，過夜犯。二、開緣不同，覆則兩有緩急。律云：若即云（【案】
　　『云』疑『去』。）即還；若暴風疾雨，疾得還。若中雨，中行；若少雨，徐
　　行，皆開不犯也。屏則開兩夜。」（七七九頁上）扶桑記：「行宗云：『緩即囑
　　付等，急即雨中還。』與今釋文同異可見。」（二三一頁下）【案】本戒鈔科稱
　　為「屏敷僧物戒」。四分卷一二，六四四頁中開始。

〔二〕或出界，或過三宿　簡正卷一一：「若作永去心出門，便犯。若作暫去，意過
　　三宿，如犯付囑等，緣一同前戒。」（七二九頁上）鈔批卷一八：「立謂：此中
　　有兩意：若無心去，不擬還，出門便犯。若擬晚還，緣礙不得即還者，亦開其
　　二夜，至第三日不還，明相出結犯。」（七七九頁上）資持卷中三上：「第五，
　　犯相有二，如後釋中。疏云：所以分二戒者，一屏露異，二得罪。異露則出

門，屏則出界。又決去出界，暫往三宿，三開緣，異露則兩相緩急。（緩則如上方便，急謂勢力、命梵等緣，不作次第。）屏則開於二夜，（屏是房室，故有斯開。）」（三一一頁下）

〔三〕律中　資持卷中三上：「初，明出界犯，前示方便。」（三一一頁下）

〔四〕若即還不久，聽二宿界外　資持卷中三上：「『若即』下，次，明三宿犯。初，示方便。」（三一一頁下）

強敷戒〔一〕十六

五緣：一、他先借得，安止已定；二、知他先住；三、作惱意；四、強敷中間；五、隨坐臥。犯。

律云〔二〕：中間者，若頭邊、腳邊、兩脇邊〔三〕。臥具者，草敷、葉敷，下至地敷、臥氈。若知他先得而彊宿者，墮〔四〕。十誦〔五〕：若為惱他故，開戶、閉戶，然火、滅火，若唄、呪願、讀經、說法，隨他不樂事作，一一墮。

律中不犯〔六〕者。先不知；若語已住，先與開間〔七〕；若間寬，不相妨；若親舊教〔八〕言「但敷，我自語主」；若倒地；若病，轉側墮上〔九〕；命、梵等難〔一〇〕。一切不犯。

【校釋】

〔一〕強敷戒　資持卷中三上：「（佛在舍衛。六群、十七群同道行，至無住處，十七群求得住處，六群知，強於中間敷臥具宿。故制。）」（三一一頁下）【案】四分卷一二，六四五頁上開始。

〔二〕律云　簡正卷一一：「謂隨作前事，合他不樂，即結也。」（七二九頁上）資持卷中三上：「釋中，律文分三。」（三一一頁下）

〔三〕中間者，若頭邊、腳邊、兩脇邊　資持卷中三上：「初，釋中間。約身四邊者，明其迫窄不相容也。以間寬不妨，開無犯故。」（三一一頁下）

〔四〕若知他先得，而彊宿者，墮　資持卷中三上：「『若』下，三、約心明犯，開不知故。」（三一一頁下）

〔五〕十誦　資持卷中三上：「十誦於中敷已，又作多事惱他，意令避去，故隨事結。且列八種，不出聲色，隨他之語，總收一切。」（三一一頁下）【案】十誦卷一一，七九頁上。

〔六〕不犯　資持卷中三上：「初句，不知。次五，並以『若』字分之。下明難緣，共成七也。」（三一一頁下）

〔七〕若語已住，先與開間　鈔批卷一八：「明其彼人語言，此有人住竟，若聞即止犯。又，若有人，先開其問，分後來敷，亦得不犯。古人云：情有愛憎，致處有寬狹。如言臥長江、枕阡陌，不須來此處迳；情同則云臥斗底、枕禪（原注：『禪』疑『彈』。）丸，儞但來此處寬。今此戒緣，正約情乖故，強敷致惱。」（七七九頁上）資持卷中三上：「語已住者，彼許容也。」（三一一頁下）

〔八〕若親舊教　資持卷中三上：「彼自召也。」（三一一頁下）

〔九〕若病，轉側墮上　資持卷中三上：「倒地轉側，皆非意也。」（三一一頁下）

〔一〇〕命、梵等難　資持卷中三上：「『命梵』等者，文略力勢所持及繫閉也。」（三一一頁下）

牽他出僧房戒〔一〕十七。

四緣：一、是僧春冬房——以夏房入己，牽出犯吉〔二〕；二、先安止定；三、作惱亂意；四、牽出。犯。

律中〔三〕：若自作、教人牽，隨所牽多少，隨出房〔四〕，一切墮。若牽多人出一戶，多墮；一人出多戶，多墮〔五〕。若持他物，擲著戶外，閉他戶外，皆吉〔六〕。

僧祇：牽他出時，若抱柱、捉戶、倚壁，一一墮〔七〕；若呵叱〔八〕，隨語一一離，一一墮。若瞋蛇、鼠，驅出，越〔九〕；若云「此無益物」，驅出，無罪。

十誦：若喜齁眠〔一〇〕，應起經行；不能經行，應起屏處，不應惱他。

五分：若降伏弟子而牽出者，不犯〔一一〕。若將不喜人來，欲令自出〔一二〕，出、不出，吉羅。牽下四眾，亦吉。

律不犯者。無恚恨心，隨次出〔一三〕；共宿過限，遣未受具人出〔一四〕；若破戒、見、威儀，為他舉及擯、應擯〔一五〕；因此故有命、梵難驅出〔一六〕。一切不犯。

前戒是俗處，不簡淨穢，此是僧處〔一七〕，故簡穢也。

【校釋】

〔一〕牽他出僧房戒　資持卷中三上：「（佛在舍衛。六群、十七群在道行，至小住處，十七群先入寺，掃洒令淨。六群知故，驅起牽出。因制。）」（三一一頁下）【案】本戒鈔科稱為「牽出房戒」。四分卷一二，六四五頁下開始。

〔二〕是僧春冬房，以夏房入己，牽出犯吉　資持卷中三上：「初，簡三時。春、冬分房，有上座來，下座應避。非定屬己，牽出數故。夏房不爾，稀故結輕。」

（三一一頁下）簡正卷一一：「春分者，<u>西國</u>三時分房，若春、冬分房，己雖受得分，後見上座來，應避與上座，故知不屬己。若牽他出，即犯墮。夏房不爾，一分竟。後上座來，不應避，屬己己（【案】『己』疑『已』。）定，牽去出，犯吉也。」（七二九頁下）<u>鈔批</u>卷一八：「是春冬房。以夏房入已，牽出犯吉者。<u>寶</u>云：春、冬非是分得。既有通義，牽出過重，故提。是夏中分得屬己，牽彼出時，情過是輕，但犯小罪。（七七九頁上）<u>立</u>明：律中，分夏房已，設上座來，佛言應移，明知屬己，已定何人，縱牽無有離義，以所惱處輕，故得小吉。若春冬分房已，上座來，律今（【案】『今』疑『令』。）相讓，須移，明知不屬己也。牽則有出離之義，所惱處深。□□（原注：□□疑『故得』）提罪。又解，夏房所屬既定，奪者心弱故吉；冬房屬不定，奪者心強故提。<u>景</u>云：然三時房，雖復俱分，春、冬分已後，見上座，應轉避之。夏房不爾，一分已竟，後有人來，不應避也。故春冬牽出，犯提罪也。」（七七九頁下）

〔三〕**律中** 鈔科卷中三：「『律』下，釋第四。」（七三頁下）資持卷中三上：「四分為二：初，通示多少。」（三一一頁下）【案】四分為二：初，「若自」下，通示；二、『若牽』下，別釋。

〔四〕**隨所牽多少，隨出房** 資持卷中三上：「隨所牽者，此約人也。（三一一頁下）隨出房者，即約處也。」（三一二頁上）

〔五〕**若牽多人出一戶，多墮；一人出多戶，多墮** 資持卷中三上：「『若牽』下，別釋多少，並約出戶，明犯分齊。文引兩句，互明多犯。準律，初、後出二俱句。文云：若牽多人出多房，多墮；一人出一房，一墮。則四句備矣。上約牽出犯重。」（三一二頁上）

〔六〕**若持他物擲著戶外、閉他戶外，皆吉** 資持卷中三上：「『若持』下，明不牽犯輕。律云：若持他物出，（好將出也。）若擲著戶外，（謂棄、擲也。此是兩相，不可違讀。）閉戶外者，因彼出外，不令入故。」（三一二頁上）

〔七〕**牽他出時，若抱柱、捉戶、倚壁，一一墮** 資持卷中三上：「<u>僧祇</u>初明牽人，牽出是身犯。……一一墮者，不同四分，約出戶也。」（三一二頁上）【案】<u>僧祇</u>卷一四，三四三頁中。

〔八〕**呵叱** 資持卷中三上：「呵叱即口犯。」（三一二頁上）

〔九〕**若瞋蛇、鼠，驅出，越** 資持卷中三上：「『若瞋』下，次，明驅畜。」（三一二頁上）

〔一〇〕**若喜鼾眠** 簡正卷一一：「作意惱他，吉。今約無心，但為好鼾，睡恐惱他，

故令起經行，或屏處等。」（七二九頁下）資持卷中三上：「據非驅逐，惱他事同，文制不應，違須小過。」（三一二頁上）

〔一一〕若降伏弟子而牽出者，不犯　資持卷中三上：「五分初開折辱弟子，以慈濟故。」（三一二頁上）

〔一二〕若將不喜人來，欲令自出　資持卷中三上：「『若』下，次，制惱他。不喜人，謂他所怨嫌者。出亦言者，非驅逐也。」（三一二頁上）簡正卷一一：「不憙人來者，或衣垢，或無威儀等。」（七二九頁下）

〔一三〕無恚恨心，隨次出　簡正卷一一：「謂僧房內人多人知一夜出宿。」（七二九頁下）資持卷中三上：「初，開非意。無恚者，後至人。隨次出者，即前住者。謂見上座來，自避去也。」（三一二頁上）

〔一四〕共宿過限，遣未受具人出　資持卷中三上：「『共』下，次，開護戒。」（三一二頁上）

〔一五〕若破戒、見、威儀，為他舉，及擯、應擯　資持卷中三上：「『若』下，三、開簡穢。以此九人非同儔故。四破中，闕正命。」（三一二頁上）

〔一六〕因此故有命、梵難驅出　資持卷中三上：「『因』下，四、開難緣。若不牽出，必致損已，故云『因此』。」（三一二頁上）

〔一七〕前戒是俗處，不簡淨穢，此是僧處　鈔科卷中三：「『前』下，對前辨異。」（七三頁下）資持卷中三上：「強敷不開穢境，故須明之。俗處不簡，寄他舍故，僧處須簡，非同住故。」（三一二頁上）鈔批卷一八：「前戒是聚落，□對俗人，前故不簡。此戒在藍中。若惡戒、惡見，犯重之類，牽出無犯。礪云：前戒是俗處，是他有故，屬先住者，以非僧住處，故不簡淨穢。此戒是僧房，淨者有共住之理，不淨則無共義，故駈出無犯。問：『此牽他戒，為約業結犯，為約境結犯？』答：『約業亦約境故。』十誦中，一時牽十比丘、十提，約境也。或多人共牽一比丘，各各提，或牽一比丘出多房等，多提，此約業也。」（七七九頁下）

　　坐脫腳牀戒〔一〕十八

　　三緣〔二〕：一、是重屋〔三〕，二、脫腳牀〔四〕，三、在上坐臥〔五〕，犯。

【校釋】

　〔一〕坐脫腳牀戒　資持卷中三上：「（佛在舍衛。有比丘在重屋上住，坐脫腳床，腳脫墮比丘身，壞身出血，仰面恚罵。因制。）但標名列緣，而不釋者，末世事

稀。若復委明，不濟時要，前後諸戒，有略皆爾。不知此旨，全迷鈔宗。然恐初學臨文致壅，故略引釋。餘廣如疏。」（三一二頁上）【案】本戒鈔科稱為「脫腳床戒」。四分卷一二，六四六頁上開始。

〔二〕三緣　鈔批卷一八：「鈔文所列，別緣有三。戒疏及礪疏，具四緣成犯：一、是重屋，二、薄覆，三、床腳欲脫，四、坐臥，犯。」（七八〇頁上）

〔三〕是重屋　資持卷中三上：「初緣，重屋平地非犯。（疏有四緣，第二云薄覆，明易陷也。）」（三一二頁上）

〔四〕脫腳床　資持卷中三上：「脫腳，律云：腳入髀。（疏云：明將脫不久也。）」（三一二頁上）

〔五〕在上坐臥　簡正卷一一：「謂若未制戒前，即約床腳脫方制。今據制了，但使是脫腳繩床坐，便犯也。」（七二九頁下）資持卷中三上：「廣解唯臥犯。今從戒本，坐臥齊犯。律中，若獨坐床、一板床、浴床，坐者皆吉。」（三一二頁上）資持卷中三上：「不犯者。若坐旋腳、直腳、曲腳、無腳床，（皆謂不脫。）若床支大，（雖脫有所承故。）若脫腳、安細腰，（謂有釘鈕。）若重屋、板覆、厚覆等，若板床坐，（謂以板藉。）（三一二頁上）若脫腳坐，（除去腳也。）並開」（三一二頁中）

用蟲水戒〔一〕十九

四緣：一、是蟲水，二、知有蟲，三、不作漉法，四、隨所用，犯。

律云〔二〕：若以草、土擲蟲水中；若蟲酪漿〔三〕、清酪漿，若漬麥漿，若醋，有蟲，以澆泥草；若以草土擲中。一切皆墮。教人亦同。五分：隨用蟲，一一墮〔四〕。律中：若以草、土擲水中，隨河池中魚蟲，一一提〔五〕。

大集云〔六〕：畜生身細，猶如微塵十分之一〔七〕，乃至大者，百千萬由延〔八〕。僧祇：蟲細者，三重漉，猶有者，捨去〔九〕。若用水者，日日諦視〔一〇〕，無蟲便用；以蟲生無定，或先無今有故。五分：蟲水者，漉囊所得，肉眼所見〔一一〕。若用水，蟲蟲墮〔一二〕。無漉囊，不得半由句行〔一三〕；若無者，用衣角漉之〔一四〕。

律不犯中。不知有蟲，作無蟲想〔一五〕。若蟲大，以手動水，令蟲去〔一六〕。若漉水灑地，若教人漉者。一切不犯。

【校釋】

〔一〕用蟲水戒　鈔批卷一八：「此戒謂闡陀用水澆尼，諸比丘呵責，答：『我用水，

不用虫。』」（七八〇頁上）資持卷中三上：「（佛在俱睒毘。闡陀起屋虫水和
尼，招譏。故制。）此中大意，過在違慈。疏引光師云：重已（【案】『已』疑
『己』）所輕，（房屋。）輕他所重，（虫命。）深乖慈惻，故須急制。」（三一
二頁中）【案】四分卷一二，六四六頁中開始。

〔二〕**律云**　鈔科卷中三：「初，釋第四。」（七三頁下）

〔三〕**若蟲酪漿**　資持卷中三上：「『若』下，次，明諸漿。律云：除水已，若有虫、
酪、漿等，則知餘物皆制，不獨虫水也。酪分清濁，餘二可解。戒本但明用澆
泥草。今就廣文，互投皆墮。『一切』下，總結罪相。」（三一二頁中）

〔四〕**隨用蟲，一一墮**　資持卷中三上：「下引五分，用水澆物。本律以物擲水，並
計虫魚，多少為量，故云一一墮也。問：『此戒為約用水、為約虫死？』答：
『戒疏云：此不就損命中制，是深防制。若彼命斷，自依畜戒。是知，虫雖不
死，計數成犯。』問：『虫不可知，罪寧有數？』答：『此據漫心，不論知數，
隨用隨擲，冥獲多罪。宿云轉轉，食云咽咽，衣云著著，例皆爾也。』『若爾，
懺悔如何陳相？』答：『罪必可知，隨數牒入。不可知者，但云不憶如後自顯。』」
（三一二頁中）【案】五分卷六，四五頁上。

〔五〕**若以草、土擲水中，隨河池中魚蟲，一一提**　簡正卷一一：「戒疏云：不就損
命中制，但深防與制。若彼命斷，自依畜生，正得一墮也。」（七二九頁下）
鈔批卷一八：「此不獨望所損者，結罪。通望池中多少魚虫，隨百千頭數，得
百千提罪也。」（七八〇頁上）

〔六〕**大集云**　鈔科卷中三：「『大』下，釋第三。」（七三頁下）

〔七〕**畜生身細，猶如微塵十分之一**　資持卷中三上：「初，引經明麤細二類，意顯
細虫，明須漉用。十分之一，明其極細。」（三一二頁中）簡正卷一一：「大德
引俗書云：陸地虫極細，不過焦螟虫，向蚊子眼睫中為窠。水中極細，莫越
醯雞虫。若非天眼，莫之能見也。」（七三〇頁上）

〔八〕**乃至大者，百千萬由延**　簡正卷一一：「經中，目連令弟子觀往業，曾作大魚
骨，似七金山高等。」（七三〇頁上）資持卷中三上：「千萬由延，示其極麤。
如摩竭魚、金翅鳥、蟒蛇之類。」（三一二頁中）

〔九〕**蟲細者，三重漉，猶有者，捨去**　資持卷中三上：「僧祇初護梵行，不可居也。」
（三一二頁中）【案】僧祇卷一五，三四五頁上。

〔一〇〕**若用水者，日日諦視**　簡正卷一一：「諸記中，皆引遠大師流水偈云：諦觀清
水，猶疑有虫，是須淨漉，揚茲道風。自行桂錫，化物隨願，為用雖少，在益

難窮。如人闕此，忍渴而終。」（七三〇頁上）資持卷中三上：「『若』下，明
漉用。或是元無，或曾漉竟。春夏朝中，並應諦視。」（三一二頁中）

〔一一〕蟲水者，漉囊所得，肉眼所見　簡正卷一一：「多論云：時舍利弗以淨天眼，
觀空有虫，如水邊砂，如器中塵，無邊無量。見已，斷食三日。佛勅令食，凡
制有虫水者，齊肉眼所見，漉囊所得不制。天眼見，凡用水法，應取上好。細
疊縱廣，一肘作漉囊，令一比丘持戒多聞，深信罪福，安詳審悉。肉眼清淨
者，令其知水如法，流水置一器中，足一日用，明日更看。若有虫者，應更好
漉，以淨器盛水，向日諦觀。若故有虫，應二重作。若故有虫，不應住此。若
無漉囊，不得半由旬。」（七三〇頁上）資持卷中三上：「五分初示虫水。虫取
可見，即入制限。多論，身子天眼觀空中虫，如水邊砂、器中粟，遂斷食。佛
因制云：『但肉眼所見，漉囊所得。』文與此同，故知大集微塵十分之一，教
所不制也。」（三一二頁中）【案】多論卷八，五二二頁。

〔一二〕若用水，蟲蟲墮　資持卷中三上：「『若』下，次，明用犯。」（三一二頁中）

〔一三〕無漉囊，不得半由旬行　資持卷中三上：「『無』下，三、制持行，違此吉羅。」
（三一二頁中）

〔一四〕若無者，用衣角漉之　簡正卷一一：「若更無者，用衣角漉，以顯所為大故。
（大德曰：上言三重漉者，約三度漉。有云『三重絹作漉囊，即得厚緻』者，
非也）。」（七三〇頁上）

〔一五〕不知有蟲，作無蟲想　簡正卷一一：「無虫想者，據迷，一切無犯。若轉想，
結前心吉，猶有犯故。」（七三〇頁下）資持卷中三上：「初，開迷想。心不當
境。」（三一二頁中）

〔一六〕若蟲大，以手動水，令蟲去　資持卷中三上：「『若』下，次，開手觸。」（三
一二頁中）

覆屋過三節戒〔一〕二十
四緣〔二〕：一、自為己；二、自作，使人覆〔三〕；三、至第三節未竟，
不去見聞處〔四〕；四、至三節竟〔五〕。犯。

【校釋】

〔一〕覆屋過三節戒　資持卷中三上：「（佛在拘睒毘。闡陀起房，重覆不止，屋便摧
破，人嫌。故制。）」（三一二頁中）鈔批卷一八：「隨茅板等，若覆三重，為
三節也，過三即犯。」（七八〇頁上）【案】本戒鈔科稱為「覆屋過戒」。四分
卷一二，六四七頁上開始。

〔二〕**四緣** 簡正卷一一：「多論云：此是三十中大房，用三萬錢作成即崩，施主生慳，比丘為說房之功德。此房未倒之之（【案】次『之』疑剩。）時，佛曾到此，便是無上福田等。復有一新受戒比丘，於此房經一宿，持戒暫時，受用功德，如須彌山，房今雖崩，功德已成就了。」（七三〇頁下）

〔三〕**自作，使人覆** 資持卷中三上：「戒疏無『自作』字，（三一二頁中）以但制看覆故。疏云：『何故看覆，無自覆者？』答：『不看房成，有受用義，自覆招譏，重故不許。或可從緣起說，由使人作，因即制戒。』」（三一二頁下）

〔四〕**至第三節未竟，不去見聞處** 簡正卷一一：「所言三節，即三重覆。但約一重為節，故多論中作房三品，上、中、下也。此三品房，各有覆之齊限。若中房用上法覆，以重故，勝戴不起，隨用草等，一一皆提。下房例爾。今云三節未竟，不去見聞處是犯。若互離得吉，俱離無過，准律文也。」（七三〇頁下）鈔批卷一八：「立謂：既作三節竟，便離見聞，以使俗得譏故也。律中，見聞互離吉者，礪云：三節之相，事在難識，如緣起中，草三重覆。見論：若過三節竟，在邊著隨用草，犯犯提。伽論：『頗有過三覆不犯耶？』答：『有。謂用草覆者是。』五分：塼墼薄疊，作於四壁，極重復聞，重故壁地（音『備』）。若至第四重，若草、若瓦、若板，一一草、瓦、板，皆准提。准此等文，不問一切，似三重為三節也。」（七八〇頁上）資持卷中三上：「若去見聞互離，吉羅，俱離不犯，得房受用。言三節者，若約緣起，則是三重，覆已更覆，故致摧倒。若據律文，即約苫草，以分節段，從橫皆犯。五分：草、瓦、板等，皆可為覆，此多用瓦，應取縱橫三行，即為三節。如疏廣之。」（三一二頁下）

〔五〕**至三節竟** 簡正卷一一：「謂二節未犯，至第三竟時，結墮。如與未受具，同宿不別。至第三宿，明相纔現，即犯。有人云：『過三節至四，方犯。以戒本云，過者，波逸提。今既未過，正齊三節，未合結犯。』此未達文意，幸請思之。」（七三〇頁下）資持卷中三上：「問：『戒本過三方犯，此言竟者？』答：『戒制指授，三節未竟。若去非過，看竟即過。此據看過，非三節過。』不犯者，注戒云：如上指授，遠離見聞，即不犯。」（三一二頁下）

輒教尼戒〔一〕二十一

四緣〔二〕：一、不為僧差〔三〕，二、集於尼眾〔四〕，三、說法教誡，四、言了使，犯。

律中：僧不差，說法、八敬，俱墮；日非，吉羅〔五〕。**僧祇**〔六〕：**前三、在經說戒日，十五日後三日**〔七〕。**後二**〔八〕，**去布薩日二日**〔九〕。**此日去者，**

名為「日非」。

但德須具十〔一〇〕，人行又希。今但為略法，如刪補羯磨〔一一〕。

【校釋】

〔一〕**輒教尼戒**　鈔批卷一八：「依光律師九段，此下訖『與女同行戒』，本有十戒，當第三遠避嫌疑，離染清淨行。」（七八〇頁上）資持卷中三上：「（佛在舍衛。愛道請教授，佛令僧次，六群次往說世論。因制。）名中，不差擅往，故云『輒』也。」（三一二頁下）簡正卷一一：「以對此待消戒本竟，略料簡，結『下四眾』罪相狀，此稍難知，不類諸戒。所（七三〇頁下）以爾者，若僧不差，輒住教誡，結提，即不疑。且如下眾，何得有輒教誡之理，便結他吉？今故明之。尼據僧不差，輒往僧寺求教誡；尼下二眾不白大尼，輒往僧寺禮拜，求請說法等；僧沙彌理合禮大尼，今不白僧，輒往尼寺，禮拜問許（原注：『許』疑『訊』。）等。已上並結吉。故云『下四眾』，吉羅也。表又云：引（【案】『引』疑『此』。下同。）戒理合在教誡『日暮戒』後。諸記中並不見評論，親曾撿多論文來，方知是譯律之家訛濫，失於次第。檄（【案】『檄』疑『檢』。）彼論云：初時，比丘尼盡往僧寺中求教誡，後為人識，乃輪差五人來僧寺中，亦不免譏嫌，遂差盤特比丘往教授。但為盤特根鈍，諸尼總知，至於迎逆，並不殷重。引此丘雖根鈍，已於如來言下證果竟，觀是諸女有輕心，遂現神通，諸尼並皆悔過。（此第一緣。）其次，差至六辟（【案】『辟』疑『群』。次二同。）。六辟至彼，遂說世俗法，并戲調之言，不合根機。（是第二緣。）時愛道尼白佛，佛令白，差一比丘須具十德者，遂差難陀。說法教授竟，嘿然與住，尼又重請說，至日暮，尼出祇洹而歸，城門已閉，諸尼總在城濠中宿。明日守門人見，遂述上緣。因為譏責。（是第三緣。）後六辟見，白二，差難陀，既不差他，乃輒往彼教誡，以此量之。（七三一頁上）故知引戒定合在後。學者要知，莫壒繁廣之。」（七三一頁下）【案】鈔批釋文中「與女同行戒」即後文「與女人期同行戒三十」。四分卷一二，六四七頁中開始。

〔二〕**四緣**　資持卷中三上：「疏列五種，前加佛開說法八敬。餘四同此。」（三一二頁下）

〔三〕**不為僧差**　資持卷中三上：「初，不差者，律制白二僧法差往。」（三一二頁下）【案】「差」，音「釵」。

〔四〕**集於尼眾**　資持卷中三上：「疏云：簡別房別說不犯。」（三一二頁下）

〔五〕**僧不差說法八敬，俱墮；日非，吉羅**　<u>簡正</u>卷一一：「古師云：若僧不差，說八敬，吉；若不差說法，得提。所以然者，八敬生定慧義狹，故輕吉也。說法寬故，邪正難辨，恐壞尼心行，故結重提。若『日非』說，二同犯吉。故<u>戒疏</u>云：昔人解云，日非八敬，同犯吉羅，不差說法，俱犯提罪，即二提二吉。今解不然，說法、八敬，無別輕重。故<u>戒本</u>云：教授者，提；廣說法者，提。故知義一。文云俱墮，據不差，以言所結罪，約曰非說也，曰非吉羅者。四分無文，引僧祇釋。」（七三一頁下）<u>資持</u>卷中三上：「初文，前明教誡。說法八敬者，律云：非教授日說八敬，吉。僧不差與說法，墮。古師執文，謂曰非說敬，二吉；不差說法，二提。今師不爾，日非故吉，不差故提。八敬說法，文中互列，故知受差日非說，二俱吉。不差輒教，二亦俱提。如彼廣之。（八敬名相，如尼篇列。）次，明日非。」（三一二頁下）<u>鈔批</u>卷一八：「八敬者，百罵舉受懺諸無疑，此義至下，<u>尼眾別行中</u>廣明之。」（七八〇頁下）

〔六〕**僧祇**　<u>資持</u>卷中三上：「引僧祇者，律無文故。」（三一二頁下）【案】僧祇卷三〇，四七五頁中。

〔七〕**在經說戒日，十五日、後三日**　<u>資持</u>卷中三上：「後三日即十六、十七、十八。（黑月說戒，即初一、初二、初三。）」（三一二頁下）<u>簡正</u>卷一一：「『前三』，吉者，注文自辨是經說戒。十五日後，即十六、十七、十八是也。」（七三一頁上）

〔八〕**前三、後二**　<u>資持</u>卷中三上：「前三者，彼云『時未至』也。……後二者，彼云『過時』。……二日，即二十九、三十日。（白月即十四、十五。）又云：無間、黑白中間，十日當往。（白月十九至二十八，黑月初四至十三。）」（三一二頁下）<u>簡正</u>卷一一：「後二者，注亦自辨。二十九、三十日，引約黑月說。<u>大德</u>云：謂<u>西天</u>黑月有（【案】『有』疑『者』。），初順鈔文，須先明黑月。『前三』即初一、二、三，『後二』即十四、十五，除卻前三後二，無間、黑白中間，十日恒往，餘日為非也。又祇中；前三，白月中，初一、二、三；黑月，十六、七、八，此名時未至。後二，白月，十四、五；黑月，二十九、三十日。（七三一頁下）祇中名為過時。彼廣列八法，繁而不述。」（七三二頁上）<u>鈔批</u>卷一八：「謂就半月半月中，唯中間十日，是教尼日。如白月十五日。若一日至三日，是名時。未至十四日十五日，是名時已過。中間十日科（去聲），取一日，即免日非之過也。黑月例之。以月初一日至三日，名前三，謂是前度布薩之後也。若十四、十五，名為後二，即是說戒之前，故言去布薩日等也。

問：『何故祇文不聽前三後二日？』答：『此謂去布薩日近，僧多疲勞，故取中間十日為教誡時也。』礪云：『愛道來請，止論比丘，何不請佛？』答：『請佛教授，有二種過：一違八敬，敬中令半月半月問僧；二違本誓受心，若請僧者，翻前兩失。』『若爾，八敬文中，佛已制尼半月往僧，愛道何故今乃求佛者？』答：『尼雖蒙制，僧中未奉勅，故重來請，佛勅僧往教。』又問：『佛何故不自教吉？』答：『有其兮（原注：『兮』疑『三』。）過：一是狹過，不通三列；二是少過，只佛一人；三是短過，不通末代。比丘作者，翻成三益。』」（七八〇頁下）

〔九〕去布薩日二日　資持卷中三上：「去，猶至也。」（三一二頁下）【案】「日」，底本為「月」，據大正藏本、敦煌甲本、敦煌乙本改。

〔一〇〕德須具十　資持卷中三上：「『十德』如說戒篇。」（三一二頁下）鈔批卷一八：「云何為十？一者，戒律具足，善修威儀。礪云：具持二百五十戒，專精不犯，犯已能悔，合（原注：『合』疑『令』。）行光潔，皎然無缺，故曰具足也。二者，多聞，（七八〇頁下）善解經論。母云：若解修多羅、阿含理教，有廣見之長，字曰多聞。三、誦二部戒利，偏熟律文。礪云：善誦二部，行教字句分明，音聲流利，言詞弁了，令人樂聞。四、決斷無疑。礪云：匪直□誦，亦善解其義理、犯相輕重，開曉人心豁然生解。五、善能說法言詞辨了者，然為尼說法，初、中、後語，皆稱法相，純一清白，正見無邪。六、族姓出家，風望可觀者，生處高門，人標望美，故曰也。七、顏貌端政者，威儀肅眾，不生物慊，覩者發敬，皆稟道益。故佛說偈言：穢器盛美食，噉者心不忻，醜人說妙法，聽者心不愜。吾為如是故，相好莊嚴身。八、堪為尼說法勸令歡喜者，善順人情，稱機授□□（原注：□□疑『法』『令』。）生信解。但前第五德者，善能說法，謂稱法而談，無顛倒過，未必稱機，以此為異。九、非（原注：『非』疑『凡』。）為佛法出家，被三法衣，而不犯重法者，以不犯故，堪教授尼，生尼信敬。『若爾，與初德何別？』解言：『若曾行（原注：『行』疑『汙』。）尼三眾，悔已具初，闕無外化，不具第九，犯餘罪未悔，不具於初，故須明第九不犯重法。及餘戒不犯，犯已能悔，望於自得，即是具初；望於利他，亦具第九。自他兩異，故分為二。十、滿二十夏，（七八一頁上）年高德重者。然上雖具九，若夏未滿，年少輕躁，易可退敗，不生人善。要二十夏，持法堅固，多無虧壞，生物善也。頌云：戒律具多聞，誦二部決斷，善能說族姓，顏貌堪為尼，為佛法出家，十滿二十夏。」（七八一頁下）

〔一一〕今但為略法，如刪補羯磨　資持卷中三上：「上明廣法稀行，『今』下指略法如別。」（三一二頁下）簡正卷一一：「如刪補羯磨者。彼云具十德者，頌云：持聞頌決說，姓貝（【案】『貝』疑『兒』，即『貌』。）堪家滿。持謂堅持戒只（【案】『只』疑『品』。）。聞謂多聞。誦謂二部戒律。決謂決斷無疑。說謂能善說法。姓謂高門大姓。貌謂端嚴殊異。堪謂任說法。家謂出家。不犯重戒者，謂滿二十夏已上。然於十、四，堪之與善，不無相濫。疏云：雖能善說，未必稱機故也。」（七三二頁上）

　　與尼說法至日暮戒〔一〕二十二

　　六緣：一、是僧差〔二〕，二、尼眾來集，三、教誡說法〔三〕，四、日暮；五、知想，六、說法不止，犯。

　　律中〔四〕：除教授，若受經、誦經，若問，若以餘事，乃至日暮〔五〕；除尼，若為餘女受經至暮〔六〕。一切吉羅。

　　不犯者。教授尼至日未暮便休〔七〕；除婦女已，為餘人〔八〕；若船濟處說法，尼聽〔九〕；若與賈客共行，夜說法〔一〇〕；至尼寺中〔一一〕；若因人請，值說便聽者〔一二〕。一切不犯。

【校釋】

　　〔一〕與尼說法至日暮戒　資持卷中三上：「（佛在舍衛。難陀僧差往教授已，愛道重請。至暮，尼出祇桓還至舍衛，城門已閉。宿城塹中，俗譏。故制。）疏云：本在僧寺，因過，方制令往尼寺。（三一二頁下）緣中可見。」（三一三頁上）【案】本戒鈔科稱為「說法至暮」。四分卷一三，六四九頁下開始。

　　〔二〕僧差　資持卷中三上：「初緣，以不差者，但犯前戒。」（三一三頁上）鈔批卷一八：「是僧差者，甄去不差，但犯輒教，不待日暮，要是僧差，方有暮罪。」

　　〔三〕教誡說法　簡正卷一一：「教誡說法者，義一也。」（七三二頁上）

　　〔四〕律中　鈔科卷中三：「『律』下，釋第三。」（七四頁下）

　　〔五〕除教授，若受經、誦經，若問，若以餘事，乃至日暮　簡正卷一一：「除教授者，謂除此犯提外。『受經』已下，但吉。」（七三二頁上）資持卷中三上：「釋中，兩節。初約法簡。『若問』即問義。『餘事』，離上諸緣，通收一切，遷延及暮也。疏云：『餘誦受經至暮，譏同，如何輕者？』『以教授有法，集尼易，故重；餘無攝法，故輕。』」（三一二頁上）

　　〔六〕除尼，若為餘女受經至暮　資持卷中三上：「『除尼』下，次，約人簡，亦具上四。略舉受經，文脫『等』字，注戒有之。」（三一三頁上）簡正卷一一：「除

尼者，俗女但吉也。」（七三二頁上）鈔批卷一八：「立謂：上既為尼教誡，日
暮得提。若為受經等事不犯。今言除尼者，謂唯尼不犯。除巳（原注：『巳』
疑『尼』）外，為餘女婦說法受經等吉。」（七八一頁下）

〔七〕**教授尼至日未暮便休**　資持卷中三上：「初，是順教。」（三一三頁上）

〔八〕**除婦女已，為餘人**　資持卷中三上：「『除』下，次對男子。此開吉罪。」（三
一三頁上）簡正卷一一：「餘人者，除婦女犯外，更有俗男，曰餘不犯也。」
（七三二頁上）鈔批卷一八：「立謂：上明為女說法，日暮故吉。今若除者，
是不為說也。」（七八一頁下）

〔九〕**若船濟處說法，尼聽**　資持卷中三上：「三、船濟處。」（三一三頁上）鈔批卷
一八：「賓云：多□□船，經日暮故也。立謂：如船上、路上等為他容（原注：
『容』疑『客』）人說法，尼便聽也。（未詳。）」（七八一頁下）

〔一○〕**若與賈客共行，夜說法**　資持卷中三上：「四、與客行。二並別緣，尼因聽故。」
（三一三頁上）

〔一一〕**至尼寺中**　鈔批卷一八：「立謂：為估客說法，因至尼寺，尼聽至暮者不犯。
宣云：律緣中，初令尼來僧寺說法，因過制令往尼寺。四分無文可尋，諸部余
曾見，老昏忘去也。」（七八一頁下）資持卷中三上：「由本緣起，尼來僧寺，
故有此開。若取後制，應非開也。」（三一三頁上）

〔一二〕**若因人請，值說便聽者**　資持卷中三上：「律云：說戒日來請教授人值說，故
聽是也。」（三一三頁上）

　　譏教尼人戒〔一〕**二十三**

　　六緣〔二〕：一、是僧差，二、情存為法，三、內心嫉忌，四、說為飲
食，五、言了，六、前人聞知。

　　不犯者。其事實爾，為供養故〔三〕，教授、誦經、受經、若問〔四〕，
若戲、若錯〔五〕，一切不犯。

【校釋】

〔一〕**譏教尼人戒**　資持卷中三上：「（佛在舍衛。尼聞教授師來，出迎供給。六群生
嫉，云彼無，但實為食故。因制。）」（三一三頁上）簡正卷一一：「大德云：
尼譏大僧，吉；尼二眾譏，當眾吉；沙彌譏大僧，吉。」（七三二頁上）【案】
本戒鈔科稱為「譏教尼人」。四分卷一三，六五○頁上開始。

〔二〕**六緣**　資持卷中三上：「一、二與六，並屬所譏人。四即譏詞。」（三一三頁
上）

〔三〕**其事實爾，為供養故**　簡正卷一一：「實是為食，故不犯。若問者，以心疑故，乃問脫（【案】『脫』疑『說』。）人：『汝莫是為餘食不？無嫉不？』雖如此問，不犯也。」（七三二頁上）鈔批卷一八：「謂其教尼人，實為供養，故譏之不犯。」（七八一頁下）資持卷中三上：「初至『若問』，並約事實，『為供養』字，貫通下四。」（三一三頁上）【案】資持釋文中「貫通下四」即「教授、誦經、受經、若問」。

〔四〕**教授、誦經、受經、若問**　鈔批卷一八：「立謂：為尼誦經、受經、若問等事也。」（七八一頁下）

〔五〕**若戲、若錯**　資持卷中三上：「戲、錯二種，非意故開。」（三一三頁上）

與非親尼衣戒〔一〕二十四

四緣〔二〕：一、是尼〔三〕，二、非親，三、與衣〔四〕，四、領受，便犯。

律中：除貿易〔五〕，若與塔、佛、僧者〔六〕，一切不犯。

【校釋】

〔一〕**與非親尼衣戒**　資持卷中三上：「（佛在舍衛。乞食比丘，尼數請不受。後得衣與尼，尼輒受。彼嫌責，數向人說。故制。）」（三一三頁上）【案】本戒鈔科稱為「與尼衣戒」。四分卷一三，六五〇頁開始。

〔二〕**四緣**　資持卷中三上：「疏有五種，加第三『作非親想』。」（三一三頁上）扶桑記：「通釋：本律無親里開文，此依多論耳。彼云：若福德舍主是親里，不犯。」（二三四頁下）

〔三〕**是尼**　資持卷中三上：「初緣。多論：尼三眾同犯。（下作衣期行，亦爾。今宗必須大尼，小眾但吉。）疏準『浣衣戒』，下二斷輕。」（三一三頁上）

〔四〕**與衣**　資持卷中三上：「疏云：文中不明尺寸，而於過咎，大小俱提。」（三一三頁上）

〔五〕**除貿易**　鈔批卷一八：「立謂：律許五眾貿易，唯制不得與俗人交貿也。」（七八二頁上）資持卷中三上：「律云：以衣易衣，非衣易針、刀、縷線，下至藥草等。」（三一三頁上）

〔六〕**若與塔、佛、僧者**　資持卷中三上：「下與三寶，所為別故。文略親里，注戒具之。」（三一三頁上）

與非親尼作衣戒〔一〕二十五

具三緣成犯〔二〕：一、是尼，二、非親，三、隨作，犯。

律中：隨刀截多少，隨一縫一針，皆墮〔三〕。若復披著，牽挽，熨治，以手摩捫〔四〕；若捉角頭，挽方正安揲；若緣，索線〔五〕。一切吉羅。

不犯者。與親里尼作〔六〕；若佛塔、僧作〔七〕；若借著者，浣、染治還主等〔八〕。

【校釋】

〔一〕與非親尼作衣戒　資持卷中三上：「（佛在舍衛。迦留陀夷為尼作大衣，裁作婬像，令眾前著，生俗譏笑。故制。）」（三一三頁上）【案】本戒鈔科稱為「與尼衣戒」。四分卷一三，六五一頁上開始。

〔二〕具三緣成犯　資持卷中三上：「戒疏有四，加第三『自送遣作』。」（三一三頁上）

〔三〕隨刀截多少，隨一縫一針，皆墮　鈔科卷中三：「『律』下，釋第三。」（七四頁下）

〔四〕若復披著，牽挽，熨治，以手摩捫　資持卷中三上：「『若復』下，明餘犯。疏云：既作針刀，故隨運結，（明正犯也。）餘熨、摩等，方便但輕。」（三一三頁上）

〔五〕若緣，索線　鈔批卷一八：「立謂：若安緣，若索線，亦吉也。」（七八二頁上）

〔六〕與親里尼作　鈔批卷一八：「立謂：今作『令』字錯也，合是『與』字。若作『今』字，文義俱違。」（七八二頁上）

〔七〕若佛塔、僧作　鈔批卷一八：「立謂：為尼家營佛塔、僧事等也。」（七八二頁上）

〔八〕若借著者，浣染治，還主等　鈔批卷一八：「立謂：僧借尼衣著訖，浣還尼，無犯。雖復迹同與尼衣，然由本是尼物故也。」（七八二頁上）資持卷中三上：「借用治還，本非為作，相同異緣。」（三一三頁上）

獨與尼屏露坐戒〔一〕二十六

四緣：一、是比丘尼〔二〕，二、無第三人〔三〕，三、在屏露二處〔四〕，四、共坐，便犯。

十誦〔五〕：屏處相去一丈，墮；丈五，吉羅；二丈、若過，不犯〔六〕。僧祇〔七〕：共一尼屏坐。或尼請一比丘食，一尼共比丘坐，一尼往來益食。益食去時，隨一一墮。比丘爾時應起，語言「我欲起」〔八〕，莫令彼疑作非法。若尼去者，不犯。

多論：比丘坐住屏覆處者，無慚愧處，可作淫處〔九〕。律中「見聞二屏〔一〇〕」，如「二不定」中說〔一一〕。若盲而不聾、聾而不盲，若立住，一切吉羅〔一二〕。

不犯〔一三〕者。比丘有伴；若有知人，非盲、聾；若行過倒地；若勢力持，命、梵難者。

【校釋】

〔一〕獨與尼屏露坐戒　資持卷中三上：「（佛在舍衛。迦留陀夷興尼各有欲意，在門外坐。居士共譏，故制。）」（三一三頁上）【案】本戒鈔科稱為「與尼坐戒」。四分卷一三，六五一頁下開始。

〔二〕是比丘尼　簡正卷一一：「據光律（【案】『光』疑『十』。）明犯緣也。若據五分、多論，尼三眾同犯。譏染不殊，俗女不犯。」（七三二頁下）資持卷中三上：「初緣。疏中作尼三眾。除俗女，不犯此戒。」（三一三頁上）【案】十誦卷一二，八五頁上；卷四四，三一九頁下。

〔三〕無第三人　簡正卷一一：「此戒第三人，須是白衣。」（七三二頁下）鈔批卷一八：「多論第六：要以白衣男女為第三人，一切出家者，不得為第三人。如前『過五六語』中（【案】見『與女人說法過限戒九』。）引之。若准祇文，尼益食來即不犯，去時方犯者，即是不簡男女差別，皆得以為第三人也。」（七八二頁上）資持卷中三上：「第二，一比丘、一尼（三一三頁上）已外，有人名第三人。不簡道俗男女，有即非犯。」（三一三頁中）

〔四〕在屏露二處　簡正卷一一：「若本緣起中，在露地坐，戒本釋相，俱明屏露。古戒本云：屏露處坐者，波逸提。」（七三二頁下）資持卷中三上：「第三緣。疏云：緣中門外同坐，止是露攝。戒本明屏，故知雙結。（戒本云：在屏覆處坐。）準知，屏露合制。」（三一三頁中）

〔五〕十誦　鈔科卷中三：「釋第四緣。」（七四頁下）扶桑記：「現本列『露坐戒』中，恐是寫誤。」（二三四頁上）【案】十誦卷一二，八五頁中。

〔六〕屏處相去一丈，墮；丈五，吉羅；二丈若過，不犯　資持卷中三上：「十誦：丈尺三階辨相，而不明露處。準下，女坐一尋內，墮；一尋半，吉；二尋已上，無犯。」（三一三頁中）

〔七〕僧祇　資持卷中三上：「僧祇明多罪義。初句標示，『或』下顯相。初約共食，以明犯相，但令使尼來成第三人，去即結犯。隨彼來去，則有多罪。」（三一三頁中）【案】僧祇卷一五，三四八頁上。

〔八〕**比丘爾時應起，語言「我欲起」**　資持卷中三上：「『比丘』下，次，明免過，謂使尼去時，比丘恐犯，故先自起，欲令尼去。」（三一三頁中）簡正卷一一：「我欲起者，比丘共尼坐，恐犯『獨坐』。前尼益食去時，應吉。坐尼言：『佛不聽我與尼同坐，我今欲起者，先作如是方便。』若不先告，直爾便起坐，尼心疑將，謂比丘起作非法，故云『莫令彼疑作非法』也。更有別解，不正。」（七三二頁下）

〔九〕**比丘坐住屏覆處者，無慚愧處，可作淫處**　鈔科卷中三：「『多』下，釋下三緣。」（七四頁下）資持卷中三上：「初引多論，別示屏過。以人不見，放逸無慚，思行婬欲，故以二過，以命其處。」（三一三頁中）【案】多論卷七，五四七頁上。

〔一〇〕**見聞二屏**　資持卷中三上：「引律文通釋三緣。」（三一三頁中）

〔一一〕**如「二不定」中說**　資持卷中三上：「指如前者，煙、塵、闇、黑名『見屏』。常語不聞名『聞屏』。據此以論，未必覆障。」（三一三頁中）

〔一二〕**若盲而不聾、聾而不盲，若立住，一切吉羅**　資持卷中三上：「『若』下，次釋二、四。疏云：盲、聾互有不成，全證故吉。又是坐戒，立故是輕。」（三一三頁中）

〔一三〕**不犯**　資持卷中三上：「不犯有四：初是同侶，二即俗人，此二皆謂有第三人。三謂非意。四即遭難。文闕病緣」（三一三頁中）

與尼期行戒〔一〕二十七

五緣〔二〕：一、是尼，二、言許共行〔三〕，三、無緣〔四〕，四、同一道，五、度界〔五〕，犯。

律不犯者。不共期〔六〕；若大伴行疑、恐怖處〔七〕；若往彼，得安隱〔八〕；命、梵等〔九〕。不犯。十誦：開為尼負衣過險徑〔一〇〕。

【校釋】

〔一〕**與尼期行戒**　資持卷中三上：「（佛在舍衛。六群與六群尼共行。人譏，故制。）」（三一三頁中）【案】本戒鈔科稱為「尼期行戒」。四分卷一三，六五二頁上開始。

〔二〕**五緣**　資持卷中三上：「準疏有六。加第四『不離見聞處』。（離則非犯。）」（三一三頁中）

〔三〕**言許共行**　資持卷中三上：「言共到某村、城、國等。」（三一三頁中）

〔四〕**無緣**　鈔批卷一八：「謂無命難、恐怖等緣也。」（七八二頁上）資持卷中三

上：「謂非伴行、疑怖緣。」（三一三頁中）

〔五〕度界　簡正卷一一：「從一村至一村，隨結提。故祇云：若經一聚落，一提。若無聚落，即一（七三二頁下）呴慮（【案】『呴慮』疑『拘盧』。）舍，犯也。」（七三三頁上）鈔批卷一八：「謂隨度一村一邑，隨結也。案祇律『與尼同舟戒』云：若經一聚落，一提，一拘盧舍一提。同行戒亦爾。」（七八二頁上）資持卷中三上：「村聚隨村分齊。眾多界，一一墮。空處，至十里墮。若減一村，減十里，皆吉。」（三一三頁中）

〔六〕不共期　資持卷中三上：「疏云：除偶相值，或期不許，而不離見聞，皆不犯」（三一三頁中）【案】不犯有四。

〔七〕若大伴行疑、恐怖處　簡正卷一一：「大伴行者，戒疏中，約多比丘、一尼，亦犯，要待多伴方開。據理合是多尼，為大伴。或有約俗伴，男女共行，名大伴亦得。疑、恐怖者，行途多難，故開疑怖。」（七三三頁上）資持卷中三上：「大伴者，律緣，眾多比丘與眾多尼，皆欲從舍衛至毘舍離。以佛制戒，不與同行，尼眾在後為賊所劫。白佛。故開兩眾多人，故云大伴。今一比丘、多尼，亦開。又疏云：行途迴遠，招譏過大，縱多比丘，一尼亦犯。要得多尼，方開。坐處譏輕，有兩比丘即不犯位。（前戒開通僧多尼少，不犯。）」（三一三頁中）

〔八〕若往彼，得安隱　資持卷中三上：「如病等別緣，必須前詣。」（三一三頁下）

〔九〕命、梵等　資持卷中三上：「文略『力勢』『被繫』，故云『等』也。」（三一三頁下）

〔一〇〕開為尼負衣過險徑　資持卷中三上：「引十誦過險，開意同前，但加『負衣』耳」（三一三頁下）【案】十誦卷一一，八三頁上。

與尼同船戒〔一〕二十八

四緣〔二〕：一、是尼，二、共期，三、同乘上下〔三〕，四、入船〔四〕，犯。

律中〔五〕：除直度，船師失濟〔六〕上下水者，不犯。

【校釋】

〔一〕與尼同船戒　資持卷中三上：「（佛在舍衛。六群與六群尼共乘船。人譏，故制。）」（三一三頁下）鈔批卷一八：「此戒隨業、隨境結犯。（七八二頁上）如與十尼同船，十提。此是約境也。業者，隨一一上下，結犯。亮云：一比丘與十尼期行，得十提；十比丘與十尼期行，十比丘各得一提。此約境故也。問：

『一僧與多尼同船，得多提者，亦應一僧與多尼同坐，應得多提？』答：『坐據屏犯，多尼非屏，故與一坐得提，多坐不犯。乘船譏過中，制一多同犯。礪云：與俗女同船，亦是犯限。此略不彰。如律房舍犍度中，時有比丘共女人上船生疑。佛言：『聽直度。』故知上下，明亦同犯。」（七八二頁下）【案】本戒鈔科稱為「尼同船戒」。四分卷一三，六五二頁下開始。

〔二〕**四緣** 資持卷中三上：「準疏有六，但於三中分出四、五。三、同一船，四、順流上下。文開直渡，必約上下，往來方結。又，但取作意，纔入即犯，不待船行。第五，謂非直渡，失濟之緣。第六，雙腳入犯。律中：一腳在船、一腳在地，吉羅。準疏，俗女亦犯。」（三一三頁下）

〔三〕**同乘上下** 簡正卷一一：「今師戒疏將此分為兩緣：一、同乘一船不犯；二、依順流上下意，除直渡也。」（七三三頁上）

〔四〕**入船** 簡正卷一一：「律云：雙足，捉（【案】『促』疑『提』。）；一足在岸，吉。」（七三三頁上）

〔五〕**律中** 鈔科卷中三：「『律』下，明不犯。」（七四頁下）資持卷中三上：「律云：直渡彼岸也。（但開過岸，非謂遠途。）」（三一一頁下）

〔六〕**船師失濟** 資持卷中三上：「本為直渡，上下非意。又云：往彼岸不安隱，（卻返上下。）勢力、繫閉、命、梵等，皆開。」（三一一頁下）鈔批卷一八：「謂風驚浪急，吹船上下，不犯也。」（七八二頁下）

食尼歎食戒〔一〕二十九

四緣：一、尼三眾歎得食，二、知〔二〕，三、受得，四、咽咽，墮。

律云〔三〕：讚歎者，謂阿練若、乞食，乃至持三衣〔四〕，讚多聞、法師、持律、坐禪。食者，從旦至中，所得食食，咽咽墮〔五〕；除飲食，得餘㲲衣、燈油，吉羅〔六〕。

僧祇：除舊檀越〔七〕。乃至下食已，唱等供時，更有餘比丘來〔八〕，尼言「更有比丘」，施主言「善哉」者，不犯；若尼言「此十二頭陀」者，墮；若言「多與好食，平等與〔九〕」，不犯。若言「某甲徒眾多聞精進，當通請一眾〔一○〕」，一切犯墮。若言「某甲眾主精進〔一一〕」，為是比丘故通請二十人，一人名讚歎，餘者不犯。若有歎食，不得捨去，當展轉貿食〔一二〕。若比座垢穢不淨，不喜與貿者，當念「此鉢中食，是某甲比丘許〔一三〕，我當食」者，不犯。若言「某甲尊者可常乞食〔一四〕」者，不犯。

五分：若先不知，臨食時言「好與比丘食」者，不犯〔一五〕。

律中不犯者〔一六〕。若不知〔一七〕，若檀越先有意〔一八〕，若無教化想〔一九〕，若尼自作檀越，若檀越令尼經營，若不故教化而與食〔二〇〕，不犯。

【校釋】

〔一〕**食尼歎食戒** 資持卷中三上：「（佛在舍衛。居士請舍利弗、目連食。偷蘭難陀尼言：『是皆下賤人勸請，調達是龍中龍。』因制。）」（三一三頁下）【案】本戒鈔科稱為「尼歎食戒」。四分卷一三，六五三頁上開始。

〔二〕**知** 資持卷中三上：「疏云：知是非法。」（三一三頁下）

〔三〕**律云** 簡正卷一一：「律明歎境。」（七三三頁上）鈔科卷中三：「『律』下，釋第一。」（七四頁下）

〔四〕**讚歎者，謂阿練若、乞食，乃至持三衣** 資持卷中三上：「本律初明讚歎。上二句即十二頭陀。」（三一三頁下）簡正卷一一：「先舉十二頭陀，從『乞食』至『持三衣』，中間越卻『十頭陀』，故云『乃至』。」（七三三頁上）

〔五〕**食者，從旦至中，所得食食，咽咽墮** 資持卷中三上：「初明時食。疏云：大、小二食，俱犯。」（三一三頁下）

〔六〕**除飲食，得餘贖衣、燈油，吉羅** 資持卷中三上：「『除』下，明餘物。疏云：衣，輕者，財重難捨。燈油物，微故也。」（三一三頁下）簡正卷一一：「所以衣輕者，財重難捨。又希施故。」（七三三頁上）

〔七〕**除舊檀越** 資持卷中三上：「初句。彼因長者見長老比丘辨食供養，尼為料理，往請白時，至行食等，比丘疑不敢食，乃至白佛。佛聽除舊檀越。此明元是舊識，非因彼歎而致請故。」（三一三頁下）鈔批卷一八：「立謂：檀越常供養此比丘食也，不問尼歎不歎，彼常平等施僧故。雖歎得食，不犯罪也。（未詳。）撿祇中，此約尼之舊檀越也。謂舍衛城有一長者，欲供養眾僧，緣無人力。時有一尼，為營供具，長者出供養。直至時，眾僧到其家，見尼為行食處分等。諸比丘即疑：『非尼讚歎食耶？』共出去，如是白佛。佛言：『從今已去，除舊檀越不犯。』」（七八二頁下）簡正卷一一：「即顯非因難德與食，可常乞（去呼）食者，言輕故不犯。」（七三三頁上）【案】僧祇文分為七。此為僧祇七句之一。僧祇卷一五，三五一頁上。

〔八〕**乃至下食已，唱等供時，更有餘比丘來** 資持卷中三上：「二、『乃至』下，彼云：有唱供時歎，始下食時歎，初作食時歎，作食辨已歎，有請時歎。此五並

以『更有至墮』等文該之。今舉二種，故云『乃至』。前云更有比丘非歎不犯，復言此是頭陀，正歎故墮。」（三一三頁下）鈔批卷一八：「案祇文云：謂唱等供時歎，始下食時歎，有初作食時歎，作食辦已歎，（七八二頁下）有請時歎也。鈔中略卻，故云『乃至』。若如上等時中，隨一時有比丘來，尼若歎言『是乞食、練若、糞衣、露坐者』，得食，皆提。若尼直報施主言『更有比丘來』，不稱是十二頭陀者，無犯。若准多論，義則稍別。彼論云：尼語居士婦言：『為請誰耶？』答言：『請某甲。』尼言：『汝為辦粳米飯、蘇豆羹、鷄肉、鷄肉，比丘食者提；乃至教以少薑著食中，比丘食者，吉羅。』（此四分偏贊其德犯。）若尼言：『應某甲比丘。』居士婦言：『我已先請。』尼問：『辦何食？』答言：『麤食。』尼言：『為辨粳米飯乃至鷄肉等，比丘食者吉羅。若不曲讚功德，但□□（原注：□□疑『讚歎』）沙門功德，其福甚大。』如是汎說，食之無罪。」（七八三頁上）【案】此為僧祇七句之二。多論卷七，五四七頁。

〔九〕**多與好食，平等與**　資持卷中三上：「彼云：此不名讚歎。」（三一三頁下）【案】此為僧祇七句之三。

〔一○〕**某甲徒眾多聞精進，當通請一眾**　資持卷中三上：「語通該故。」（三一三頁下）【案】此為僧祇七句之四。

〔一一〕**某甲眾主精進**　資持卷中三上：「以別指故。」（三一三頁下）【案】此為僧祇七句之五。

〔一二〕**若有歎食，不得捨去，當展轉貿食**　鈔批卷一八：「謂更互換易，免犯提也。皆謂正坐食時，即有尼來歎，故作此法，得捨去故也。」（七八三頁上）資持卷中三上：「『若有歎食』下，恐別乞失時，方便開食。初令對貿，次開心念。」（三一三頁下）【案】此為僧祇七句之六。

〔一三〕**是某甲比丘許**　資持卷中三上：「『許』字連上讀，指物多少之詞。」（三一三頁下）

〔一四〕**某甲尊者可常乞食者**　資持卷中三上：「『若言尊者』下，言雖通濫，而非歎美，可猶少也。」（三一四頁上）鈔批卷一八：「謂尼語檀越言，彼某甲比丘常乞食，作此歎者，得食不犯，以乞食之，是僧常行，非是歎德。自疑云：『乞食是頭陀中一數，何故歎頭陀是犯、歎乞食非犯？』故知此解有妨。箋云：准祇文云：謂某甲尊者，可常乞（音『器』）食，謂尼語檀越言：『可常乞與某甲比丘合（原注：『合』疑『食』。）。』如此說者，非犯。以不歎德故，此解極當文。」（七八三頁上）【案】此為僧祇七句之七。

〔一五〕若先不知，臨食時言「好與比丘食者」，不犯　資持卷中三上：「五分中。先讚
　　　　不知，臨食非讚，故皆不犯。」（三一四頁上）【案】五分卷七，四九頁上。

〔一六〕不犯　資持卷中三上：「不犯中。六種。並以『若』字間之。……此中一、三
　　　　屬比丘，二、五屬檀越，四、六屬尼。」（三一四頁上）

〔一七〕若不知　資持卷中三上：「初，是迷心。」（三一四頁上）

〔一八〕若檀越先有意　資持卷中三上：「二、不因彼讚故。」（三一四頁上）

〔一九〕若無教化想　資持卷中三上：「三、即想轉。律云：『教化』作無教化想。（教
　　　　化，即勸讚令請也。）」（三一四頁上）

〔二〇〕若不故教化而與食　資持卷中三上：「第六，文誤。律云：不故教化，而乞食
　　　　與。（謂尼直乞施主，遂與非歡得也。）」（三一四頁上）

　　與女人期同行戒〔一〕三十
　　具犯，同「尼行戒〔二〕」。
　　律緣〔三〕，以無學為教興，尚被打幾死，何況凡夫？
　　故云：若村內一界行者，吉羅〔四〕。
　　不犯者。先不知若不共期，須往安隱〔五〕，命、梵緣者〔六〕。

【校釋】

　　〔一〕與女人期同行戒　資持卷中三上：「（佛在舍衛。婦與姑諍，還毘舍離。阿那律
　　　　　欲往彼國，此女為伴，夫便逐及，那律被打幾命斷。佛因呵制。）」（三一四頁
　　　　　上）【案】本戒鈔科稱為「與女期行戒」。四分卷一三，六五四頁上開始。

　　〔二〕尼行戒　簡正卷一一：「同前與尼期行。五緣犯。」（七三三頁下）

　　〔三〕律緣　鈔科卷中三：「『律』下，引緣顯制。」（七五頁下）資持卷中三上：「指
　　　　　緣同前。但改初緣人女為異。疏有六種，加第五『不離見聞』。又，第三『無
　　　　　緣』，疏云『無伴』。然準律文，不開伴援，疑彼寫誤。今云『無緣』，對下不
　　　　　犯、不共期等。引緣如上。聖人斷欲，尚遭誣毀，具縛凡夫，豈免譏責？」（三
　　　　　一四頁上）

　　〔四〕若村內一界行者，吉羅　簡正卷一一：「未越分齊，故吉。若越，即提；乃至
　　　　　越多村界，多提；空迥處十里，一提。」（七三三頁下）鈔批卷一八：「案十誦
　　　　　文云：期同一道行，從一聚落，提。若無聚落，空地一拘盧舍，提。道者，有
　　　　　二種，水、陸道也。據此，今時同船定犯。」（七八三頁下）資持卷中三上：
　　　　　「『故』下，顯制。律中，越村，結墮。村中，犯吉。是則舉步即制，足彰過
　　　　　深。苦誡來蒙，理須謹奉。」（三一四頁上）

〔五〕先不知若不共期，須往安隱　資持卷中三上：「不犯中。初二句，止是一緣。『不知若』三字寫多。律云：先不共期，須往彼得安隱。疏云：開緣不期及難，故知共期多伴亦犯。不類尼中，以同法故。」（三一四頁上）鈔批卷一八：「謂險難處，要須共往，得安隱者，共期不犯。」（七八三頁下）【案】四分卷一三，六五四頁。

〔六〕命、梵緣者　資持卷中三上：「下明二難。力勢、繫閉，文略不引。」（三一四頁上）

施一食處過受戒〔一〕三十一

五緣：一、施主期限一食〔二〕，二、知是，三、重過受，四、無因緣〔三〕，五、食，便犯。

律中：開病者，離彼村增劇〔四〕也。

不犯者。一宿受食〔五〕，病過受食〔六〕，若諸居士請大德住與食〔七〕，若次第請與食〔八〕，若水陸道斷等〔九〕，不犯。

【校釋】

〔一〕施一食處過受戒　資持卷中三上：「（佛在舍衛。拘薩羅國無住處村，居士作住處，常供一食。六群數受，故制。）」（三一四頁上）鈔批卷一八：「依光律師九段，此下至『過四月請』來，有十七戒，當第四段，明內資節量，少欲知足行。」（七八三頁下）【案】本戒鈔科稱為「食過受戒」。鈔批釋文中「過四月請」，即後文「過受四月藥請戒四十七」。四分卷一三，六五四頁下開始。

〔二〕施主期限一食　資持卷中三上：「初緣，疏作『非親居士』，則簡親也。」（三一四頁上）

〔三〕無因緣　簡正卷一二：「引律解也，無病及請緣也。然病人苦惱，去則增劇，住則有益。施主體之，不生譏故，開之。律中不問正食、不正食，俱結也。」（七三四頁上）資持卷中三上：「第四，即下開病。」（三一四頁上）

〔四〕開病者，離彼村增劇　資持卷中三上：「『律』下，釋第四。」（三一四頁上）

〔五〕一宿受食　資持卷中三上：「初句順制。」（三一四頁上）鈔批卷一八：「謂施主元請一宿，為緣起故，未階犯位，過此則犯。」（七八三頁下）【案】不犯有五。

〔六〕病過受食　鈔批卷一八：「謂病時開，過受無罪。」（七八三頁下）資持卷中三上：「謂因病過受也。」（三一四頁上）

〔七〕若諸居士請大德住與食　資持卷中三上：「『若諸』下，多人共留。」（三一四

頁上）簡正卷一二：「若請（原注：『請』疑『諸』。）居士請大（原注：『大』下疑脫『德』字。）住，我當與食，我等為沙門釋子，故設此宿處食。若不得沙門釋子，亦當與餘人也。此即諸檀越共請住也。」（七三四頁上）鈔批卷一八：「立謂：比丘受一宿食竟，施主更請住。雖過無罪。」（七八三頁下）

〔八〕次第請與食　簡正卷一二：「即是各各請也。律云：若兒女、姊妹及婦，次第請食，無犯。此謂一家多人，為次第請。一家尚開，多家理得。」（七三四頁上）資持卷中三上：「『若次』下，次第各請。律中，若多檀越，若兒女、姊妹，次第請住多日是也。」（三一四頁上）

〔九〕若水陸道斷等　資持卷中三上：「『若水』下，急難為阻，不可往也。文略賊盜、虎狼等。」（三一四頁上）

　　展轉食戒〔一〕三十二

　　十誦云「數數食〔二〕」，五分同之。僧祇云「處處食」。總一明判，云「背請戒〔三〕」。

　　五緣：一、先受五正請，不問道俗、親非親〔四〕；二、食境堪飽足；三、無緣，謂病等〔五〕也；四、更異主受正食；五、隨咽〔六〕。便犯。

　　律中：請有二種，若僧次，若別請〔七〕也。食者，飯、麨、乾飯〔八〕。稠粥亦是。僧祇云：初出釜，畫不成字，是非正食〔九〕。僧祇：若到俗家，言「闍梨，今日我家食」，即名請處〔一〇〕。若作食未熟〔一一〕，欲往他家，應白已去；不白去者，至彼得正食，犯二墮：一、不白請家〔一二〕，二、是背請。大同四分〔一三〕。

　　又，律云：病者，不堪一坐食，令足〔一四〕。施衣時者，十二月中，隨有衣食，請處開背〔一五〕。若一日受眾多請〔一六〕，自受一請，餘者施人，言：「長老，我應往彼，今布施汝」；若不者，背前家，咽咽墮；背後家，咽咽吉。五百問云：若主人嫌代去者，不得〔一七〕。十誦、多論：前家不得隨病食〔一八〕，背至第二、第三家，漸漸食至日中，不得到第四家〔一九〕。

　　律不犯者。病時，施衣時，若捨請，若請與非食，謂粥、餅，不正食〔二〇〕。或不足〔二一〕，是正而少，不足〔二二〕。或無請〔二三〕，或食已更得食等〔二四〕，不犯。

【校釋】

〔一〕展轉食戒　資持卷中三上：「（佛至阿那頻陀國。因諸比丘先受大臣請，復受

婆羅門濃粥，往大臣家不能多食，大臣瞋恨，為佛呵責。後佛還羅閱城，諸比丘先受樂師請，後居士施五正食，食已後赴，先請不能多食遭瞋，故制。）」（三一四頁上）鈔批卷一八：「此戒，僧得提，尼犯吉也。（七八三頁下）……言展轉食者，礪云：受前請已，復受後請，互背彼此，稱為展轉，故曰也。戒疏約背前後家，可為『三對』四句。初對，約正不正，為四句，謂：約五正食、□□（原注：□□疑『五不』）正食也。二對，足不足，為四句，謂：雖是正食，約境少，不得飽足也。三對，淨不淨，為四句，（七八三頁下）謂：若比丘為施主，即約殘宿、惡觸等，名不淨食也；若俗人為施主，則約五種不淨肉及見、聞、疑，為己殺者，名不淨食也。初，正不正者：一、前後俱正，（背前向後提，背後向前吉；）二、前正後不正，（背前向後吉；）三、前不正後是正，（背前向後不犯；礪云吉；）四、前後俱不正。（無犯；礪云吉。）二、足不足四句者：一前後俱足，（背前向後提，背後向前吉）；二、前家足，後家不足，（背前向後吉；）三、前家不足，後家足，（背前向後無犯；礪云吉；）四、前後俱不足，（無犯；礪云吉；）三、淨不淨四句者：一、前後俱淨，（背前向後提，背後向前吉；）二、前家淨，後（原注：插入『後』）家不淨，（背前向後提；）三、前家淨，後家淨，（背前向後，無犯；礪云吉；）四、俱不淨，（犯吉。）此是義立，四句並犯。礪云：前兩對四句，並初一句犯提，下三句俱互，皆吉。第三對四句中，二提二吉，不問道俗、親非親者，七眾俱為施主也。」（七八四頁上）【案】文分為二：初「十誦」下；次「五緣」下釋相。四分卷一三，六五五頁中開始。

〔二〕**數數食** 鈔科卷中三：「『十』下，會異。」（七五頁上）簡正卷一二：「四分名『展轉食』，展前家轉至後家。」（七三四頁上）鈔批卷一八：「文中列名不同者，謂諸部互說，如眼目之異名，今言『背請戒』，以名通攝盡故也。」（七八三頁下）

〔三〕**背請戒** 簡正卷一二：「背請戒。緣中辨施粥，諸記多說不著。今依大德，引僧祇律，都有四人：一、佛初成道時，難陀跋羅二女，施香蜜乳粥；二、在阿那頻國，沙甕長者施稠粥；三、毗舍佉母；四、難陀母。四緣中，上二未有呪願文，第三毗舍佉母施粥時，佛便說偈也。偈云：『持戒清淨人所奉』，此明所施田淨，堪消物供也。『恭敬隨時以粥施』，此明能施心淨。『十利饒益於行者』，此總標數也：色（一）、力（二）、壽（三）、樂（四）、詞清辨（五）、宿食（六）、風除（七）、飢（八）、渴消（九）。更有大（七三三頁下）小便通適（【案】『適』

疑『道』。），略而不說，成十也。上依法寶科此十利。若搜玄，將『色』、『力』
合為一，卻將『詞清辨』分為二，便云『一者詞清，二者辨說』，無理甚矣，
未可依承。或有云，『色力』開為二。依法寶詞，『清辨』分為二。依搜玄，若
爾，并大小便，即有十一利也。違戒疏文，思之。『是名為藥佛所說』，結前行
施，能益於他。若生人天，長受樂，明來報也。『應』者已下，結勸施僧。（七
三四頁上）……總一判為『背請戒』者，謂皆前向後故。大德又釋，今云背
請，准戒疏意，有二義故：一則道俗通知，二則攝義得盡。答云：展轉處處，
隨名則局也。」（七三四頁下）資持卷中三上：「會異中。四律三名，無非重
食，今云背請，乃是相傳，於義易顯，故云明判。疏云：隨俗取解，亦無過
也。」（三一四頁中）【案】僧祇卷二九，四六二頁下。

〔四〕**先受五正請，不問道俗、親非親**　資持卷中三上：「初緣。疏有四句。初，前
後俱正，提；二、前正後非正，吉；三、前不正後正，四、俱不正，並不犯。」
（三一四頁中）

〔五〕**無緣，謂病等**　簡正卷一二：「謂病施衣功德月等。」（七三四頁下）

〔六〕**隨咽**　簡正卷一二：「不待飽也。戒疏，背請有四句：初，前後俱正，提；二、
前正後不正，吉；三、前不正後正，不犯；四、前後俱不正，不犯。」（七三
四頁下）

〔七〕**請有二種，若僧次，若別請**　資持卷中三上：「釋初緣。正請中。初，引二請，
通皆有背。」（三一四頁中）簡正卷一二：「戒疏云：既列二請，俱有背罪。若
受請已，自食（原注：『食』下一有『已食』二字。）或食僧食，彼生惱微，
不犯背罪。先許後違，但犯吉也。」（七三四頁下）鈔批卷一八：「立明：此二
請不得背也。若准律中，開其別請。梵網經、仁王經及請僧福田經，悉皆不許
受別請也。案居士請僧福田經中，佛教月德太子請僧之法，佛說偈言：『供養
於中僧，僧法次第請，心行平等法，即生不動國。別請百羅漢，不如一凡僧。
請者平等法，諸佛法如是。莫學諸外道，別請親知識。（七八四頁上）佛法無
別請，六師有是法，隨親有德請，非真居士施。僧次請眾僧，七佛法知（原
注：『知』疑『如』）是。若有別請眾，是名為聚食。居士莫同此，即生不動
國。」（七八四頁下）

〔八〕**食者，飯、麨、乾飯**　資持卷中三上：「明食體。五正列三，不存廢教。稠即
濃厚，合上成四。」（三一四頁中）

〔九〕**初出釜，畫不成字，是非正食**　資持卷中三上：「引僧祇簡上稠粥。物雖一體，

濃薄分異，取初出釜，不約凝漲。」（三一四頁中）【案】僧祇卷一六，三五四頁上。

〔一〇〕若到俗家，言「闍梨，今日我家食」，即名請處　鈔科卷中三：「『僧』下，明背相。」（七五頁中）資持卷中三上：「僧祇有二，初明前請。」（三一四頁中）簡正卷一二：「『僧祇』等者，彼云有二比丘，各各別受一家長請。第一比丘語第二比丘言：『長老，今日共到我檀越家食。』云其第二比丘應白自檀越，若不白輒往，得二罪。一不白請家，二犯背請。」（七三四頁下）

〔一一〕若作食未熟　資持卷中三上：「『若作』下，次，明結犯。」（三一四頁中）

〔一二〕不白請家　鈔批卷一八：「立謂：下文食前食後，詣他家戒是也。要白同利及施主是也。礪問：『受他請已，中時不去，自食己食，或食噉僧常食，犯背請不？』答：『應起，但犯小罪，不犯背請，以盡非請故，不名受後背前，惱彼小罪故。五分：若食僧食私食，不犯背請。祇云：請菜麨餅果，非家家食。」（七八四頁下）資持卷中三上：「犯後四十二戒。」（三一四頁中）【案】僧祇卷一六，三五四頁上。

〔一三〕大同四分　簡正卷一二：「彼不白請家，得提。四分：不白同請人，得提，故云大同也。其詞曰：『大德一心念，我某甲先受某甲請，今有某緣事，欲入某聚落，至某家。白大德知。』」（七三四頁下）

〔一四〕病者，不堪一坐食，令足　鈔科卷中三：「初，總示諸緣。」（七五頁下）資持卷中三上：「釋第三。初科有三，初，釋病緣。律因病比丘不得隨病食故。」（三一四頁中）簡正卷一二：「戒疏云：所以開病者，病人苦惱，施主體之苦也，不形命難濟。既非情願，不作時限。」（七三四頁下）鈔批卷一八：「礪云：所以開病人，苦惱施主體知。若不開者，形命難濟。既非情欲，不作時限。」（七八四頁下）【案】「又律」下分二：初，「又律」下；次，「十誦」下。初又分三：一、「病者」下，釋病緣；二、「施衣時者」下，釋衣緣；三、「若一日受眾多請」下，明捨請。

〔一五〕施衣時者，十二月中，隨有衣食，請處開背　資持卷中三上：「釋施衣緣。律中，一家單食請，一家衣食請。佛開背前。又，律云：自恣竟，無衣一月，有衣五月。（此通開背，不約兼衣。）又云：若復有餘施食及衣等，此明兼施不限，時與非時，故云十二月也。」（三一四頁中）簡正卷一二：「有二利故：一、為濟比丘，待形施時，（七三四頁下）不取後須，難得恐非理，乞損業煩他；二、謂益施主，衣食兩利，俱得反報。又，多論云：前家食請，後家衣食，聽

背無罪。二、前家食請，後家衣請，取衣向前家，不犯。向前家竟曰不食，違信結吉。三、前後俱食，背前犯提。又有三句：前後不食請，聽背不犯；二、前家食衣，後家單衣，如前第二句說。三、前家衣食，後家單食，皆前犯提。」（七三五頁上）鈔批卷一八：「礪云：開有二義：一、為濟比丘，待形須立，施時不取，後須難得，恐非理紆，損業亂他故也。二、為益施主，衣食兩利，俱得反報。就衣施中，有三句：一、多論云：前家食請，後家衣食請，聽背無罪。二、前家食請，後家衣請，取衣向前家不犯；不向前家，竟日不食，違信結吉。三、前後俱食請，背犯提。又三句：一、前家衣食請，後亦衣食請，聽背無罪，以其後衣，或可多勝；二、前家衣食請，後家單衣請，如前；三、前衣食請，後唯食請，犯提。」（七八四頁下）

〔一六〕若一日受眾多請　資持卷中三上：「『若一日』下，明捨請。初，示捨法。」（三一四頁中）簡正卷一二：「此律要須實捨與人，不令施主有虛設費。若准祇、五二律，即開心念，假設方便，開防背罪。」（七三五頁上）

〔一七〕若主人嫌代去者，不得　簡正卷一二：「若主人慊代，此約別請。若僧不請，即代得也。」（七三五頁上）資持卷中三上：「引五百問決上可否。主嫌不捨，亦應成背，準前六念，開心念捨。」（三一四頁中）【案】五百問，九七七頁中。

〔一八〕前家不得隨病食　鈔科卷中三：「『十』下，別釋病緣。」（七五頁下）資持卷中三上：「次科。彼宗開病限至三家，但開背二。若容更背，恃開無節，教緩機慢，故不得四也。」（三一四頁中）簡正卷一二：「隨其所病宜喫，不得何食，或食冷或食熱，或食兼（原注：『兼』疑『麁』。）惡，非病所宜，聽背前向後，所便處食也。」（七三五頁上）鈔批卷一八：「立謂：病比丘至前家，或食冷、或熱、或麤惡，非病者所宜。背向後家，隨所便家，乃至齊三家，不得背至第四家。」（七八五頁上）【案】十誦卷一二，八九頁上。多論卷七，五四七頁下。

〔一九〕不得到第四家　簡正卷一二：「多、十二文，開病者背，不至第四家。此律但言：開病者，不堪一坐食，乃至既非情欲，不作時限，並不論數多少。今引他宗，不至第四，恐乖節儉之行，兼涉無窮之過。」（七三五頁上）

〔二〇〕粥、餅，不正食　資持卷中三上：「粥謂出釜稀者。餘則枝葉、細末等。」（三一四頁中）【案】不犯有七。

〔二一〕或不足　簡正卷一二：「足者，此時未制足食戒。何畏犯足！」（七三五頁下）

〔二二〕是正而少，不足　資持卷中三上：「少者，犯取境足故。」（三一四頁中）

〔二三〕**無請** 鈔批卷一八：「礪云：謂元無請處，隨食無罪也。立謂：請比丘施衣等也。以元請非為設食，今背無過。」（七八五頁上）資持卷中三上：「無請，豈得有犯？」（三一四頁中）

〔二四〕**或食已更得食等** 鈔批卷一八：「礪云：受前家食已，更受後家食，或容犯足，不犯背請也。或不壞，坐亦得受之。或一家有前後食者，既同主異食，亦無有罪，必不壞儀，不犯足。立謂：如有施主設食，比丘食未了，更有制施主與食，食者無犯，以是益故。又壞威儀已，壞威儀，更須作餘法也。」（七八五頁上）資持卷中三上：「謂前後重食，乃可犯足。而不犯背，必不壞儀，足亦非犯。律又云：一處前後食，謂同主異食，非背可知。文中不出，故云『等』也。」（三一四頁中）

　　別眾食戒〔一〕**三十三**

　　然別眾食，準此律文，但明別請，不論不集〔二〕，故文云：「但請三人食，我等不得別眾〔三〕。」若依緣起，則明乞食〔四〕，故文云：「為攝難調人，自結別眾〔五〕。」若依多論，明界內不集。亦明別請、別乞有不集者，僧次亦有不集〔六〕。

　　今分三相，各明犯緣，引據證別〔七〕。

　　初明僧次〔八〕。

　　七緣〔九〕：一、有施主；二、是僧次請；三、五正食〔一〇〕，在時中；四、食處成眾；五、知界內有善比丘未食，不集；六、無諸緣；七、咽咽〔一一〕。犯。多論：若施主就僧界內二處設食〔一二〕，應布薩處請僧，或送一分食；自處，不須展轉〔一三〕。若聚落界內無僧界〔一四〕，二施主各請四人已上，二處食，應打犍稚互請一人〔一五〕，互送一分食。更有異比丘入，亦更須展轉〔一六〕。或先僧次，後成別請，有客遮，不許入是〔一七〕。若不遮，雖先別請，後成僧次，如上立法〔一八〕。此明僧次。

　　言別乞者。

　　善見四句：一、四人同乞，或別乞各不相知，同一主故，同時受食〔一九〕，犯。多論：若四人各自乞食，共在一處，亦無有過〔二〇〕。以非一家故。

　　若別請人。

　　應令作法〔二一〕，門外唱令，但得一人，即名清淨。若不作法，界內無人者，一切僧猶得遮食不清淨罪〔二二〕。若準此言，未假界內不集；必

若盡集，亦結其過〔二三〕。故文云：別請四人，在僧中次第並坐受食食〔二四〕，不與僧同味，咽咽皆犯。準此以言〔二五〕：僧次一種，唯局不集結罪〔二六〕；乞食、別請，若集、不集，俱結〔二七〕。

今更約緣，隨相總明，令人識知，由過常有〔二八〕。

初，有施主。

四分、多論，不問道俗，皆名施主，即明僧食無別眾罪〔二九〕。故多論云：若取僧食，別自受啖，不與僧同；或遮客僧，或不作相，是盜僧祇〔三○〕，非別眾罪。廣如上卷〔三一〕。

二、別僧、別乞、別請三種〔三二〕。

先明別僧，即是僧次〔三三〕。五分：僧次請者，凡夫、聖人、坐禪、誦經、勸佐眾事〔三四〕，並為解脫出家者，得入僧次；唯除惡戒人〔三五〕。若言「次第上座」者，是僧次攝〔三六〕；又，不知齊幾為上座，佛言：「上無人者，皆名上座。」以法取人，或言「禪師」等，是別請〔三七〕；若言「禪師十人」，便除法師、律師——甄簡異故，不名僧次。十誦、善生中，以羅漢法請人〔三八〕，不稱名字，猶名別請，為佛所呵。如訃請法中。

多論：若施主長請比丘，或作日限，先隨意請人，各使令定〔三九〕。至初集日，先無別請，一切無遮，大善無過〔四○〕；不能無遮，應打揵稚〔四一〕，眾僧集已，先別請者，且住一處。勸化比丘〔四二〕，若施主，應立高處舉聲大唱：「六十臘入」。若多若少，但得一人，即名清淨。乃至唱到一夏及沙彌等〔四三〕，若都無者，亦名清淨〔四四〕。若初日不唱，應日日唱，如初日法。若初日唱訖，若遮不遮，一切無過〔四五〕。若不作此二法，若食時有遮，界內比丘乃至一人，此一切僧得別眾罪〔四六〕。設界內無比丘故，有遮食不清淨〔四七〕。若九十日請，或長請，如初日唱〔四八〕；九十日夏訖，施主設有續供一月半月，即前唱法為清淨，不須更唱〔四九〕。唯僧房臥具，九十日竟，日日唱，不者得罪〔五○〕。若施主就僧界內作食，堂舍不容，次第出，在異處食，亦得〔五一〕。若大界內有二處僧祇〔五二〕，一日中二處俱施食，布薩處無過；不布薩處，不請布薩處一人，不送一分食者，此僧犯墮。若施主別請僧次四人〔五三〕，入僧布薩界內食，或將食入界，別請比丘〔五四〕，應布薩處請僧次一人〔五五〕，若送一分食。若二處、三處亦爾。自處不須展轉取人送食〔五六〕。設請

人送食已，外有異比丘，若遮不與食者，墮〔五七〕。若不爾者，三人已下，各各異處食，得〔五八〕。若作意請僧中一人〔五九〕，忽忘不請，在前作一分食，置上座頭〔六〇〕，送與彼僧。若道界遠〔六一〕者，先取食次第行之〔六二〕。若聚落界內〔六三〕，雖無僧界〔六四〕，設二檀越請四人已上，於二處食〔六五〕，應打楗稚，互請一人，互送一分食。若有異比丘，應入〔六六〕，乃至一人。若不互請送食，皆墮。若遮不與一人食，亦墮〔六七〕。假令一處，欲如法者，應好隱悉知聚落比丘有無〔六八〕，不疑者，得；不爾，應打楗稚。不打者，知有一人不來食，犯墮。疑有，吉羅〔六九〕。若不疑心，若打楗稚，不問有無，一切不犯〔七〇〕。或先僧次請，來有客比丘遮不聽入，即成別眾〔七一〕；或先別請，有客比丘來，比丘教化勿遮，即成僧次〔七二〕。不能不遮，乃至唱一人入等〔七三〕。

善見別乞四句〔七四〕：或四人一時乞〔七五〕，或別別乞，各不相知〔七六〕，而同一主一時往受、食者，犯〔七七〕。二、各各去，一時受，各處食〔七八〕。四分律中不犯墮〔七九〕。三、各去，各受，各食，不犯〔八〇〕。四、或別乞，別去，一時受、食，犯〔八一〕。

義云〔八二〕：僧次請人，至請家已，門外有比丘，不許入界內者，變為別請〔八三〕。設後食時無人，亦犯墮。若門外僧與家內相去六十三步外〔八四〕者，食時，外僧乃名「別請別眾〔八五〕」，不名「僧次別眾」。

四、食處成眾〔八六〕。

善見〔八七〕：要別請四人，俱受，成眾。即座上一比丘覆鉢不食，待餘三食竟〔八八〕，後一人食，不犯。四分：若二人三人，隨意食；四人若過，應分作二部，更互入食〔八九〕。多論：三比丘一狂心，三比丘一滅擯〔九〇〕。三比丘在界內，一在界外。若狂、擯二人〔九一〕，不落僧數，雖四不成。異界不相足數，不成別眾。故須知是好比丘〔九二〕。

多論：或食僧食，若施主食，各取食分〔九三〕。雖四人已上，於別處食，或共一處食，不犯別眾〔九四〕；若四人各自乞食，於一處食，亦無別眾。律結犯者，據一家併乞，四人一時受食〔九五〕。必前後各自受分者，得，由自食己食也〔九六〕。又有四句〔九七〕：一、食主是一，盡集無過〔九八〕。二、食一處二，彼此乃異〔九九〕。以食味同故，不犯。若界內更有餘比丘，二眾俱犯〔一〇〇〕。三、食別處一，如僧盡未食僧食〔一〇一〕，或有施主食，有一施主別請四人在僧中並坐受食，不與僧同，咽咽犯。

若彼四人，先取僧中一口食已，後得益無犯〔一〇二〕。此謂露地，須申手內〔一〇三〕。若在覆處，不必相接〔一〇四〕。四、謂食別處別。彼此二眾，互請一人，互送一分食；不者，二俱犯墮。

五、界內不盡集〔一〇五〕。

五分：若請比丘僧，應比丘、沙彌往；若請二部僧，五眾應往〔一〇六〕。

多云〔一〇七〕：凡別眾食，必於界內。言界者，謂眾僧結界〔一〇八〕、聚落界〔一〇九〕、家界〔一一〇〕、曠野處一拘盧舍界〔一一一〕。此諸界內，不得別食、別布薩〔一一二〕。若僧食竟，有客比丘來，檀越與食，四人已上無罪〔一一三〕；以僧食竟，不合同味，無乖別過。若僧未食〔一一四〕，客來入界，受檀越食，咽咽成犯別。狂癡、滅擯比丘及沙彌，無犯〔一一五〕。上沙彌等三人，非別眾〔一一六〕；若不與僧食，是盜僧祇〔一一七〕。若沙彌是僧次請來，則免四比丘已上別眾罪，俱福田故〔一一八〕。

四分諸律並云：別請、別乞，故犯〔一一九〕。不言「不集」。多論：別請、別乞如律，又加「食處不集」〔一二〇〕。雖僧次來，但使同界不集，又名「別眾」。如上所列〔一二一〕。

善見五種，「足四」不犯〔一二二〕：一、不請足四。施主別請四人，一人不去。主人見少，臨中見一比丘，即喚與食，是名僧次。情無簡別。二、乞食足四。亦以別請，一人不去，臨中乞食比丘至，依次與食。三、沙彌足四。四、鉢盂足四。別請四人，三人身至，一人鉢請。五、病人足四。此謂狂、癡〔一二三〕。並非「別眾」，得食。

律中，不犯開七緣〔一二四〕：

一、病時者，下至腳跟劈〔一二五〕。善見云：砂土入中不能行。

二、作衣時〔一二六〕者。自恣竟，無迦絺那衣一月，有則五月是也。

三、施衣時〔一二七〕者。如前「背請戒」。

道、船二行，為四、五二緣〔一二八〕者。下至半由旬內〔一二九〕，來往上下是。

六、大眾集〔一三〇〕者。食足四人，長一人為患是〔一三一〕；乃至百人，長一人為患〔一三二〕。此謂儉時，東西二家各設食供〔一三三〕。東家成眾，西家一人。由食處成眾，西家一人，本是別患。豐時則有，儉故開之。又，供具限約，不許分送，外乞難得，儉故開成〔一三四〕。今京輦設供，每有不依疏僧，閴闇門首〔一三五〕。請家拒閉，不令輒進。大德英達，安然坐食。知外有僧，不思命召。親

見其事，過深鄙俗〔一三六〕。望諸行者，見聞歘跡〔一三七〕。五分云「門外有客比丘不得入〔一三八〕」者，乃至語「往本寺取食」等。廣如訃請法中〔一三九〕。

七者，沙門施食時〔一四〇〕。謂在此沙門釋子外，諸出家者是〔一四一〕也。

又，準論中，僧次不犯〔一四二〕。五分「衣時」，都合九緣〔一四三〕。增一云〔一四四〕：師子長者別請五百羅漢。佛言：「不如僧次一人，福不可量。」因說「如飲大海，則飲眾流」。師子言：「自今已後，當不別請。」佛言：「我亦不令別施，以無有福。」師子便平等施，亦不言此持戒、犯戒。佛讚：「善哉！平等之施，獲福無量；平等施者，施中第一。」賢愚經：以㲲施佛，佛讓與僧〔一四五〕。義意同此。正使將來法垂滅盡，比丘畜妻挾子，四人已上，名字眾僧〔一四六〕，漫請供養，應當敬視如舍利弗等。

律明開緣。僧次一種，功益自他〔一四七〕。病等諸緣，但能自益。謂別請三人，一人若病若行等緣，來入前數，自身是開益，他犯別眾〔一四八〕也。律中，若無如上諸緣，即起白言〔一四九〕：「我於此別眾食中無因緣，今欲出。」餘人無緣者亦爾。若有別眾食緣欲入者，當白言〔一五〇〕：「我有別眾緣，欲入。」白已，隨次入〔一五一〕。若有緣不白者，吉羅〔一五二〕。

不犯者。如上所開〔一五三〕。

【校釋】

〔一〕**別眾食戒**　資持卷中三上：「（佛在羅閱祇。提婆教人害佛，教闍王殺父，惡名流布，利養斷絕，乃與五人別乞。因制。）釋戒名者，謂能別之人食處成眾，以眾別他，不共同味。若取語，便應云『眾別』。然據所別，非不通眾，但犯由能別，故獨彰名。又，能唯約眾，所通眾別，委如本疏。」（三一四頁中）簡正卷一二：「戒疏云：但以能別之人，食處成眾。以眾別他，不與同味，故眾處得罪。『若爾，所別之處，豈無眾耶？』答：『所別之中，一人亦犯。若犯，約所別名。眾者，則讚他，能別非眾，亦犯。今律據能別之人，故云『別眾』。若據理，合云『眾別食』。」（七三五頁下）鈔批卷一九：「礪釋名云：但以能別之人，食處成眾。以眾別他，不與同味。亦表法食有隔，故眾處得罪。所別之處，豈可非眾！」（私云：所別之處，或一人、二人，乃至百、千人，不論多少，故曰『豈可非眾』。（七八五頁上）今不取所別之眾立，亦但取能別

-1790-

之處成眾，故曰『別眾』耳。）然律據能別之人，故文云『別眾食』者，四人若過也。若從語論，應云『眾別食』。今取本意，故云『別眾』耳。三人已下，無上兩損。兩損者，謂制意有兩也。（云云）。故文云：但得三人也。今鈔文似繁，勤勤故也。今案，<u>戒本疏</u>三節束之，則易見也。初，云若僧次請來，界內不集，故犯。初雖僧次，及至食時，界內有僧，別不同食。此則僧次，還成別請。二、若本別請，食時僧來，既無遮約，此則別請，名僧次也。（此有不犯。）若別請別眾、別乞別眾，不問界內有僧無僧，但使食處成眾，故犯。若鳴槌作相，若唱召一人，則免犯過。曉此三節，至文易遣。<u>立</u>云：制意即<u>調達</u>等別乞是也。文中何列<u>四分</u>與<u>多論</u>宗不同？謂<u>四分</u>別請別乞，但使食處成眾，不問界中有人、無人可別，但別乞等，稱是『別眾』。若僧次請來，稱『非別眾』，但由遮客，變成別請耳。准<u>多論</u>意，直約界內有人不集，無是別眾，無論僧次別請別乞，但界有人，無是別他，界若無人，則不犯。<u>四分</u>據食處成眾，<u>多論</u>約界有人未食。就今一戒，文分三段：前且立宗，次犯緣，後隨緣牒釋。釋中，不具第三、第七緣。」（七八五頁下）【案】以下諸戒制緣見<u>四分</u>卷一四，六五七頁中及以下。犯文分二：初，「然別眾食」下；二、「今更約緣」下。<u>四分</u>卷一四，六五七頁中開始。

〔二〕然別眾食，準此律文，但明別請，不論不集　<u>鈔科</u>卷中三：「初，約相分示。」（七五頁上～中）<u>簡正</u>卷一二：「先引律中別請，次引初緣。謂今師先於律文中搜求有幾種犯境。七處所明，皆約別請，乃兼緣起，別乞只有二種。又，乃文繁難以尋，是以鈔主先永（原注：『永』字疑剩。）求初緣，貴在易知，後方引也。謂律初緣，因<u>調達</u>害佛，後教<u>闍王</u>煞父，惡名流布，利養斷絕。遂則通己五人家乞食，故制戒。制戒之後，諸比丘病，乃至沙門施食，七種別請，皆語請者。云但請三人，我等不得別眾，明知此律只有二也。所以不論不集者，既言但請三人，明知戒內更有多人，但不滿四，食處不成，眾即不犯，都不論集與不集也。」（七三五頁下）<u>鈔批</u>卷一九：「但明別請，不論不集。<u>立</u>論：若別請別乞，不問界有人、無人，集與不集，但食處成四，皆犯。言僧次請來，約界有人，遮不許集，方犯；界若無人，不犯。<u>濟</u>問：『夫言別者，約有所別，若言別乞別請，既不約界有人、無人，從何辨別？』答：『別請別乞，約別聖（原注：『聖』疑『望』。）本界之人，故言別也。』」（七八六頁上）【案】「然別」下分二：初，「然別」下；二、「今分三相」下。<u>四分</u>卷一四，六五七頁中開始。

〔三〕**但請三人食，我等不得別眾**　資持卷中三上：「約相中。初科。本律有二，(三一四頁中)初約廣解，明別請，即開緣文。佛初未開比丘，凡有他請，皆用此言對之。如鈔所引。至後白佛，故有七開。」(三一四頁下) 鈔批卷一九：「謂俗人欲請僧時，知法比丘應須開喻，作如此說。」(七八六頁上)【案】「文」指四分。

〔四〕**若依緣起，則明乞食**　資持卷中三上：「『若依』下，次約緣起，明別乞。」(三一四頁下) 鈔批卷一九：「謂調達領四人，家家別乞，為緣起也。」(七八六頁上)

〔五〕**為攝難調人，自結別眾**　資持卷中三上：「難調人，即召提婆，明佛制戒，為攝彼故。(本宗止有此二。)」(三一四頁下) 簡正卷一二：「難調人，即調達是。」(七三五頁下)【案】「文」指四分律文。

〔六〕**亦明別請、別乞，有不集者，僧次亦有不集**　資持卷中三上：「多論具三，皆論不集。初句總標。『亦』下，別列。上云『亦明』者，亦前律文；下云『亦有』者，亦上二種。」(三一四頁下) 簡正卷一二：「約其多論，若界有人不集，即成別眾，亦名別請別乞。四分之中，體是別眾，不論集與不集。多論於此二中，有其集犯，謂僧並坐，亦名不集犯。若作遮心，界內無人，亦犯。故鈔云『亦有別請別乞不集』。僧次，即約有容來遮，即成不集。別眾無人不遮不犯，故云『亦有不集者』。」(七三六頁上) 鈔批卷一九：「謂界內不集，方是別眾。不問別請、別乞、僧次三色，皆約界內不集是犯。若無人，不犯。」(七八五頁下)

〔七〕**今分三相，各明犯緣，引據證別**　鈔科卷中三：「『今』下，分相差別。」(七五頁中) 簡正卷一二：「云『今』至『別』者，開兩章也。今分三相者，約其當宗他陪(【案】『陪』疑『部』)，分為三相：一、僧次，二、別乞，三、別請也。各明犯緣者，上三各有別眾故，云各明。引證據(【案】『證據』鈔作『據證』。)別者，引其多見；二、論證據；三、前各有集，不集別相也。」(七三六頁上) 鈔批卷一九：「一者，僧次別眾；二、別請別眾；三、別乞別眾。此三之中，各含別眾，故各曰明犯緣。」(七八六頁上) 資持卷中三上：「總標云『各明緣』者，三位各具七緣，如下所列。引據證別者，即下多、見二論，辨三相不同。」(三一四頁下)

〔八〕**初明僧次**　資持卷中三上：「初科且據僧次，餘二例同，但改第二為異。」(三一四頁下) 簡正卷一二：「謂上來三相，各有犯緣，今但列僧。」(七三六頁

上）鈔批卷一九：「此略標宗致，下更一一牒緣解釋，但不牒第三、第七。由文中自含，所以不解。又云：易解所以不釋。就標致中，文有多勢，別請、別乞、僧次三種，通有別眾，今總束之。約『僧次』上，作七緣成犯。列七緣已，從『多論若施主就僧界內』乃至『亦更須展轉』來，（七八六頁上）通明施主將食來作法，自然界中『別施』之進否也。『或先僧次』乃至『別施』已來，亦是通料簡『僧次』之法也。從『言別乞者』乃至『以非一家故』來，通明『別乞』之事。從『若別請人』乃至『不清淨罪』已來，通明『別請』之事。從『若準此言』至『由過常有』來，此義准決會四分、多論兩文，成別不成別之相也。已上諸文，通敘『別眾』之宗致，下則一一牒緣解釋。其七緣成犯。」（七八六頁下）

〔九〕**七緣**　簡正卷一二：「別請、別乞，亦有七緣，例取此七所解，但改別請、別乞之名為異也。」（七三六頁上）

〔一〇〕**五正食**　鈔批卷一九：「第三緣云：要是五正食，方有別眾食。礪問云：『正食有犯，不正不犯者，亦可法別眾中，秉羯磨法，方有別眾。秉對首法應無別眾？』答：『不例。法中無僧，即秉對首等法，豈可無僧？不成眾時，唯食非正食，所以故非類也。』」（七八六頁下）

〔一一〕**咽咽**　鈔批卷一九：「礪問：『此別眾食，何不計所別之境之多少，而言咽咽，從業結者何？』答：『佛本制意，為慈愍白衣，恐惱眾僧，制不聽別。不是專為，損於何別，何須偏約所別？隨境結罪人，又假眾方犯，貪心故食，但隨業得罪。」（七八六頁下）

〔一二〕**若施主就僧界內二處設食**　資持卷中三上：「次科。有二。初，明僧界開法，須布薩處，即知法者所居。以布薩是攝眾之法，請彼一人則表眾集。」（三一四頁下）簡正卷一二：「謂於僧界內，別向二處院中設食，此二處須向布薩處，請一人表請同，或送一分食表味同。其布薩處，不用請送。餘二院，以常住處，本無別眾也。」（七三六頁上）鈔批卷一九：「立謂：張、王二家來寺中，東西兩院，各設供養，二處人各滿四，則別他布薩處僧。其東西二院，須住布薩處請一人。不者，送一分食（七八六頁下）與布薩處。布薩處，不須來兩院請人送食也。」（七八七頁上）【案】「多論」文分為二：初，「若施主」下；次，「若聚落」下。多論卷七，五五〇頁上～中。

〔一三〕**自處，不須展轉**　資持卷中三上：「即彼二處不相請送，與下俗舍不同。」（三一四頁下）簡正卷一二：「二院之中，彼此相望，不用互送、互及請。」（七三

六頁上）鈔批卷一九：「由食僧常食，不畏犯別。又兩院相望，亦不用互請互送，以俱通布薩處故，故曰自處不須展轉也。景云：但布薩處，是眾同之本，各各自處，不須展轉。昔人取文，立義稍急，要具三法，謂打犍槌法通也。送一分食，食通也；互請一人，人通也。今不同之，隨作一事□（原注：□疑『則』。）免別眾。以鳴鐘本為集僧，既鳴，表情通也，何須更請人？或復送食，若互請，即不互送及鳴鐘等。」（七八七頁上）

〔一四〕**若聚落界內無僧界**　資持卷中三上：「『若』下，次，明聚落。初明作法，加打犍槌，僧界人多，不可作相，但有二法。」（三一四頁下）簡正卷一二：「謂自然界中亦有僧次別眾，謂二施主同一自然界中，各設食，即打槌（原注：『槌』上一有『犍』字。），以表不隔，作法同故。若（七三六頁上）不爾，互請一人；又不爾者，互送一分，表味同故。不作此三，即是『別眾』。又於此三，不必具足，隨一便得故。首疏云：於三事中，但作一事，即得更有異。」（七三六頁下）鈔批卷一九：「立明：此自然界中，有二施主設食，各在二處，此中則須更互請人送食也。若互請送食（原注：插入『食』字）竟，更有異比丘來入界。若遮不與食，雖前作三法竟，由心遮後人，前法亦壞，更須展轉送食等也。若後人來時，心若不遮，前既作法竟，後不復須作也。」（七八七頁上）

【案】「若聚落」下分二：初明作法，次明重作。

〔一五〕**一人**　【案】底本為「一一」，據大正藏本、貞享本、敦煌甲本、敦煌乙本及弘一校注改。

〔一六〕**更有異比丘入，亦更須展轉**　資持卷中三上：「『更』下，明重作。以後來者，復成別故。」（三一四頁下）簡正卷一二：「『比丘入』等者，謂入作法、自然二界也。更須如前作，三相中一相也。」（七三六頁下）鈔批卷一九：「琳云：先有二處食，既互請人，送食竟，後更有異眾，四人已上來到界內，自聚一處，受別主食，亦須於前二處，互請送也，非唯有一、二、三人。若一、二、三人，但入前二眾，何須更請送也？景云：更有異比丘入者，入聚落也，不入二施食家也，至二食處，望後來食處，（七八七頁上）應互請送，故曰更展轉也。立云：至後來入者，但是一人，或至多人，直隨入前二眾無過，以前互送等竟也。若遮不與後比丘入，前雖作法即壞，更須展轉。」（七八七頁下）

〔一七〕**或先僧次，後成別請，有客遮，不許入是**　資持卷中三上：「『或』下，明互轉，如後廣之。」（三一四頁下）簡正卷一二：「『或先僧次』等者，謂無是僧次，請來而上二界外。更有清淨比丘入來，未曾食，遮不許集。即此僧次，變作別

請。別請體是別眾。」（七三六頁下）鈔批卷一九：「立謂：先是僧次請，臨時
客來，遮不許入，翻成別請。礪云：此多論文有四句料簡：或前僧次，後若當
處遮約，即成別請；或前後俱是別請，此二句提；或前別請，當處無遮，後成
僧次；或前後俱是僧次，此二句無犯。」（七八七頁下）

〔一八〕若不遮，雖先別請，後成僧次，如上立法　簡正卷一二：「『若不遮』等者，先
雖別請，由無遮約，變成僧次。以僧次體非別眾，今既不遮，無別眾過，即成
僧次也。如上等』者，謂如上二界，互送互請，辨其作相。如是立法，明其僧
次，無界內不集之別眾也。」（七三六頁下）鈔批卷一九：「謂如上不遮客僧，
或鳴鐘，或互請送也。景云：互送等者，此中有三種：一、人同須請一人；二、
若不來遮，送一分食，無是食同。三、若念有限，不肯送，乃可打犍槌，無是
法同。此三次第：先人，次食，後法。今時但打犍槌，皆不犯也。」（七八七
頁下）【案】資持將「如上立法，此明僧次」斷為一句，作為結句。

〔一九〕同一主故，同時受食　簡正卷一二：「先出論意，謂或四人，同時乞，或各各
別乞，各不相知。雖先後而至前家，為受食（原注：『食』下一有『時』字。），
同一主故犯。」（七三六頁下）鈔批卷一九：「立謂：四比丘各自別乞，前比丘
至王家乞得食，餘三比丘別處乞不得，還到王家乞食，各不相知，後同一處食
犯，由是一主食故。」（七八七頁下）【案】見論四句，此引初句。見論卷一六，
七八三頁下。

〔二〇〕若四人各自乞食，共在一處，亦無有過　資持卷中三上：「多論各乞同處，反
明同乞異處成別。」（三一四頁下）簡正卷一二：「約散乞，一處聚食，不犯。
律據一家，併乞共食，便犯」（七三六頁上）【案】多論卷七，五五〇頁下。

〔二一〕應令作法　鈔科卷中三：「初，正明犯相。」（七五頁中～下）簡正卷一二：「應
令作法者，恐此唱，令名為作法，如下自述。」（七三六頁下）資持卷中三上：
「作法即鳴鐘，唱令召夏臘等。」（三一四頁下）【案】「別請」分二：初，「應
令」下；二、「準此」下。

〔二二〕一切僧猶得遮食不清淨罪　資持卷中三上：「遮食罪，準理是吉。」（三一四頁
下）

〔二三〕若準此言，未假界內不集，必若盡集，亦結其過　簡正卷一二：「謂准『界內
無人亦犯』之言也。未假界內不集者，謂若作遮意，未假界內，不集方犯，設
使盡集，亦犯。」（七三六頁下）資持卷中三上：「『若』下，約集明犯。準上
界內『無人』之文，下引文證。同坐異味，亦即集犯。」（三一四頁下）

〔二四〕**在僧中次第並坐受食食** 簡正卷一二：「證前別請。（七三六頁下）雖則同集，還成別眾。如有施主，別請四人，共在堂中食，施主但供四人，不與僧同味，亦犯別也。若欲無過，且喫僧家食，一口後食，施主食但成益，食不成別眾也。下廣證中更明。」（七三七頁上）

〔二五〕**準此以言** 鈔科卷中三：「『準』下，準文通決。」（七五頁下）簡正卷一二：「准僧中『並坐成犯』之言。」（七三七頁上）

〔二六〕**僧次一種，唯局不集，結罪** 資持卷中三上：「總斷三位，不集皆同，集犯有別。僧次若集，則無有過。」（三一四頁下）簡正卷一二：「謂僧次請來，要須界內。有人不集，始犯別眾，必無人不犯。別乞、別請，體是別眾，眾不問界內有人無人、若集不集，但食處成，眾皆犯也。」（七三七頁上）鈔批卷一九：「僧次來要界內，有人不集，則名別眾，（七八七頁下）界若無人不犯。別請、別乞，體是別眾。誰（【案】『誰』疑『雖』。）問界內人之有無，但食成眾，無犯別也。」（七八八頁上）

〔二七〕**乞食、別請，若集、不集，俱結** 資持卷中三上：「餘二集犯者，別請如上，別乞準同。」（三一四頁下）

〔二八〕**今更約緣，隨相總明，令人識知，由過常有** 簡正卷一二：「約緣者，約七種緣也。隨相者，隨三種相也。通而辨之故，曰總明大德。又解據理，僧次別乞別請，每一相中，皆具此七，三七合二十一緣。今鈔慮繁，但向此總科，不更列故，曰總別。問：『約緣隨相，如此總明，意為何事？』鈔釋云：『令人已下，具也。』」（七三七頁上）資持卷中三上：「次重釋中。標云約緣者，即上七緣，文中但釋五種，三、七易解故。『令』下二句，出重廣之意。」（三一四頁下）鈔批卷一九：「生起下文也，謂約上所列七緣，今無隨緣曲解也。」（七八八頁上）【案】「今更」下分釋第一、二、四、五、六緣。

〔二九〕**四分、多論，不問道俗，皆名施主，即明僧食，無別眾罪** 資持卷中三上：「初中。前明揀濫。今世有人一概但云『別眾』，不知僧食，自犯重盜。又有見將『異味』在眾獨噉，便言別眾食者，事雖非理，名教天乖，不可濫也。」（三一四頁下）鈔批卷一九：「礪云：論釋不同，善見一解，要是俗人作施主，有別眾罪，以其在家白衣，儲畜食具，客各別請，（七八八頁上）受必（原注：『受必』疑『愛心』。）供養，恐人多難濟，損惱施主，為是聖制，不聽別眾。是以律云：慈愍白衣故，出家之士，少欲自居，乞食濟己，何有別請作施主之義？明知出家施主不犯。故論言：沙門施食時不犯者，或同法沙門、外道沙

門。若依多論，道俗施主，俱犯別眾。故論云：一比丘出食，三人無食，共一處食，餘三人犯提，食主無犯。以自食己食，無何（原注：『何』疑『他』。）惱損故。（謂四箇比丘共食，一個比丘是食主。）又，此律言沙門施食者，在此沙門釋子外，諸出家者，及從外道出家者是，故知同道沙門亦是犯也。前言慈愍白衣者，且就俗人說耳。無明別眾罪，乃至或遮客僧等者，雖無別眾罪，有來報業道罪也。礪云：昔知事人與客惜食，九十億劫生屎尿中，至（原注：『至』疑『其』。）形似人，多諸手足。案報恩經云：過去世時，有婆羅門為僧造寺，（七八八頁上）時有檀越施蘇油飲食，知事比丘見客僧多眾，惜不與僧。行時，客比丘便問：『何不行之？』知事答言：『汝既是客，何因索此？』客無（原注：『無』疑『僧』。）答言：『此現前僧物，論何（【案】『論何』疑『何論』。）主客？』知事無（原注：『無』疑『大』。）嗔罵言：『汝客比丘，何不噉屎尿。云何從我乃索蘇油？』由此惡言，九十億劫生屎尿中為蟲也。」（七八八頁下）【案】此句下釋第一緣。多論卷七，五四九頁下。

〔三〇〕**是盜僧祇**　資持卷中三上：「『僧祇』翻『眾』，即目常住眾物耳。」（三一四頁下）

〔三一〕**廣如上卷**　鈔批卷一九：「謂如僧網中明也。」（七八八頁下）

〔三二〕**別僧、別乞、別請三種**　簡正卷一二：「云總明，今此即是總意也。」（七三七頁上）鈔批卷一九：「此下解第二緣也。礪疏：具緣中，二者是別請、別乞。若僧次請者，情無簡別，本自無過，是故須明別請別乞。但僧次有二：若言僧次請者，如常可知，若復言請次第上座若干人，亦是僧次所攝，以人不出故。如五分說，上頭無人，無是上座上座（原注：『無』、『上座』三字疑剩。），故知不定。別請亦兩。若據名以請，故宜別請。二以法取人，亦是別請也。」（七八八頁下）【案】此句下釋第二緣。分三：初，總標；二、「先明別僧」下別釋；三、「義云」下，義決。

〔三三〕**先明別僧，即是僧次**　資持卷中三上：「別僧者，即如（三一四頁下）下云『施主別請僧次四人』是也。但不定名，故云『僧次』。」（三一五頁上）簡正卷一二：「云『先明』至『中』者，能別僧體也。此體未論四人，但據自行以說也。即是僧次者，體淨之僧有別，此僧即應（去呼）僧次，顯惡戒非別，不應僧次。」（七三七頁上）【案】「先明」一節分三：初，「先明」下；二、「多論若」下；三、「善見別」下。

〔三四〕**僧次請者，凡夫、聖人、坐禪、誦經、勸佐眾事**　資持卷中三上：「五分為三。

初,簡能受人,文列五種,並堪預數,不可揀擇。」(三一五頁上)

〔三五〕唯除惡戒人 資持卷中三上:「疏云:僧次一種,必以淨戒為先。微犯憲章,不令受利等。(準犯小罪,即為所簡。)」(三一五頁上)鈔批卷一九:「言惡戒者,出家僧尼犯四重八重之戒,故名惡戒也。」(七八八頁下)

〔三六〕若言「次第上座」者,是僧次攝 資持卷中三上:「『若』下,二、示僧次法。又二,初正示。」(三一五頁上)

〔三七〕以法取人,或言「禪師」等,是別請 資持卷中三上:「『以』下,顯非以法取者,雖不定名,簡其所學,即非僧次。此謂雖通而別,非平等故。」(三一五頁上)

〔三八〕十誦、善生中,以羅漢法請人 資持卷中三上:「彼云:有人請佛五百羅漢。佛言不名『請僧福田』。若能於僧中請一似像極惡比丘,猶得無量果報。』與下增一意同。」(三一五頁上)鈔批卷一九:「案善生經中,佛教善生長者行施,以四事供養父母、師長、和上、耆舊持法之人。莫偏信敬有德一人,深信僧中多有功德,平等奉施,得福無量。如我一時告鹿母,雖復請佛及五百羅漢,猶故不得名『請僧福田』。若能僧中施一似像極惡比丘,(七八八頁下)猶得無量福德果。何以故?由此人報(原注:『報』疑『執』。)持如來無上勝幡,亦能演說三種菩提,正見無謬也。」(七八九頁上)【案】十誦卷四八,三四八頁上。優婆塞戒經卷六,一○六五頁上。

〔三九〕若施主長請比丘,或作日限,先隨意請人,各使令定 鈔科卷中三:「『多』下,釋別請。初,請僧就舍。」(七五頁下)資持卷中三上:「初科,初至『不清淨』來,明初請法。二、『若九十日』下,明續供法。初中復二:初,明先請。長請謂不限日也。」(三一五頁上)簡正卷一二:「長請日限,即二請也。『隨(七三七頁上)意請人』,明是別請。」(七三七頁下)鈔批卷一九:「謂一夏中,請於比丘而供養也。」(七八八頁下)【案】「多論」一節分四:初,「若施主」下,明別請;次,「若施主就僧界」下,明就界;三、「若聚落界內」下;明聚落;四、「或先僧次請」下,明互轉。

〔四○〕至初集日,先無別請,一切無遮,大善無過 資持卷中三上:「『至』下,明來集。初明無遮盡集。先無別請者,謂長請之外,一切普設無別召者,則二日已去,縱遮無過。」(三一五頁上)簡正卷一二:「既不別請,一切無遮,凡聖普心,何善大也。」(七三七頁下)

〔四一〕不能無遮,應打揵稚 資持卷中三上:「『不能』下,次,明有遮免過。不能無

遮者，食不足供也。」（三一五頁上）鈔批卷一九：「謂施主心局，請人有限，意遮外客，故曰不能無遮。」（七八九頁上）

〔四二〕**勸化比丘**　資持卷中三上：「勸化比丘即是門師。言六十臘者，趣舉多者為言。」（三一五頁上）鈔批卷一九：「勸化比丘者，言似倒也。謂門制比丘勸化施主也。謂施主施若干比丘，一夏供養，至初集日。」（七八九頁上）簡正卷一二：「謂施為限，不能不遮。門師比丘，勸化施主，令唱作法，勸六十臘，表是上座。一夏及沙彌，表極下座。從上至下，但得一人，此別請及遮，變成僧次。無遮盡施主請期，並無過也。」（七三七頁下）

〔四三〕**乃至唱到一夏及沙彌等**　資持卷中三上：「『乃至』者，五十九下，次第減唱。」（三一五頁上）【案】本句義：唱從六十臘、五十九臘等，直至沙彌，次第減少。

〔四四〕**若都無者，亦名清淨**　資持卷中三上：「虛唱成法，為免後患。」（三一五頁上）

〔四五〕**若遮不遮，一切無過**　鈔批卷一九：「若不遮客僧者，大善。其先受請若干人皆無罪，故曰無過。若初集日，遮僧而未能普及，則門師比丘應教唱，令使一人入等也。」（七八九頁上）

〔四六〕**若不作此二法，若食時有遮，界內比丘乃至一人，此一切僧得別眾罪**　資持卷中三上：「『若不』下，明違教結犯，有無皆罪，文相可知。二法即打槌唱臘。（或可初日，及日日為二。）」（三一五頁上）簡正卷一二：「玄云：初日無遮，是一法；唱六十夏入，是二法。」（七三七頁下）鈔批卷一九：「立云：若不遮大善，是一法。既有遮心，應作唱令，是二法也。又解：初一日唱是一法，不者後八十、九十，日日須唱，是二法也。界內比丘乃至一人者，立謂：別所之人，或多或少，不問僧別也。」

〔四七〕**設界內無比丘故，有遮食不清淨**　簡正卷一二：「謂提罪也。設有續供，即前唱法。」（七三七頁下）

〔四八〕**若九十日請，或長請，如初日唱**　鈔批卷一九：「謂隨施主請日長短，皆得作此法也。案多論第七卷云：若有檀越，或作一月，或九十日長食者，若能一切無遮，大善；若不能無遮，初作食日，應打犍槌，唱言『六十臘者入』。若有六十臘者，（七八九頁上）若多若少，但令一人入，即是清淨；若無六十臘者，次唱『五十臘者入』；若更無，次唱『下至沙彌』，沙彌一人入，亦是清淨。若都無者，亦名清淨。若初日不唱，應日日唱，如初日法。若初日唱者，乃至長

竟,若遮不遮,一切無過。(即日唱竟,後縱遮之,亦無犯也。)若初日不唱,應日日(【案】『日』下疑脫『唱』字。),乃至一人入已,餘遮不遮,亦復無咎。若不作此二種法,若食時有遮,內界乃至有一比丘以遮故,不得食者,此中一切僧得別眾食罪。設界內無比丘,故在遮食,不清淨罪。若作九十日長食,初日如法唱九十竟。若檀越續有一月半月食,即前唱法為清淨,不須更唱,唯僧房臥具。九十日竟,應日日唱。若不日日唱,即不清淨。下文又云:若有檀越作長食,或一月,或九十日,先隨意請人,各使令定至作食初日,一切令集。清晨打犍椎,眾僧集已,勸化主比丘,應立一處,舉聲大唱:『六十臘者入。』先被請眾僧,各住一處;不被請中,有六十臘者應入。若無者,次應唱『五十九臘者入』。次第無者,應唱『沙彌入』。若無沙彌,亦得清淨。(文意盡此,鈔引顛倒,將前安後也。)

〔四九〕**不須更唱** 簡正卷一二:「大德云:此據從初日,相續不斷,以說唱法,即許不失。若中間暫停,十日半月,即須已後更唱前法,已壞也。」(七三七頁下)

〔五〇〕**僧房臥具,九十日竟,日日唱,不者得罪** 簡正卷一二:「謂僧物有限,不許更過理。須唱召來者,共用也。此謂施主於僧寺中,別請別院,而供養者,故有此文。若在俗家,則無此事。」(七三七頁下)鈔批卷一九:「景云:以房舍等佛制九十日,(七八九頁下)一分。今既不分,故須日日唱,不同食前,無(原注:『無』一作『先』)用前法,以是一主食故。立云:不問春冬,但九十日一分房舍,今此是後安居人,夏未滿猶在房中住。然僧遂安居多者已滿,即分此房屬於別人。此後安者,須日日唱云『是某甲比丘房也』。又解夏竟,先令分房由僧家緣事,未得即分,須日日唱云『欲分房』也。不同前食,唯初日唱,後則不唱。濟云:唯僧房臥具,九十日竟,日日唱者,謂夏初分房竟,至夏末,即須更分不得,仍舊依用夏初分法,不同今文,施主請時,初日若唱,後不須也。所以簡異不同,言九十日竟。日日唱者,謂夏竟須分房,忽有緣礙,未得先分,故以日別,須唱欲分。明日又未得分,又唱申至後日,故須日日唱也。」(七九〇頁上)資持卷中三上:「次,續供中。即前法者,以相續不絕故。僧房等須唱者,準似夏初四事皆唱,食味是通,唱法亦續,故不更唱。房舍別屬,期限已滿,故須別唱。」(三一五頁上)

〔五一〕**若施主就僧界內作食,堂舍不容,次第出,在異處食,亦得** 鈔科卷中三:「『若』下,就界作食。」(七五頁下)資持卷中三上:「文有三節,初明食一

處異，味同不犯。」（三一五頁上）簡正卷一二：「謂一大界，一施設食，堂小
坐不足，出外坐者，無犯。處雖有異，以食味同故。」（七三七頁下）鈔批卷
一九：「謂處所迎狹，縱出無過，以食味是同，開不犯也。」（七九○頁上）

【案】「若施主」下文分為三：即本句為一，「若大界內有二處」句為二，「若
施主別請」句為三。

〔五二〕**若大界內有二處僧祇**　資持卷中三上：「『若大界』下，明一界兩院布薩，有無
請送須不。」（三一五頁上）簡正卷一二：「二處僧祇者，玄云：是法同食別
界，雖二處食別，仍同一說戒。以布薩處，是眾同之本，無過不布薩處。別彼
布薩處，即有過生，須請僧次，一人不然，即送一分食。若不爾者，此僧犯別
眾罪。」（七三七頁下）鈔批卷一九：「立謂：法同食別界也。雖二、三處別食，
仍同一處說戒。還如上文。一處僧祇院中，後忽有施主，各於二處僧祇，各設
飲食，至不布薩處。僧祇之眾，應往布薩處，僧祇眾中，請人送食也。」（七
九○頁上）

〔五三〕**若施主別請僧次四人**　資持卷中三上：「『若施主』下，明俗士將食入界請僧之
法。初，明僧次，雖不揀擇而人數有限，故云別請僧次。（或分二請，在文非
便。）」（三一五頁上）簡正卷一二：「前來且約一界二處（七三七頁下）僧祇
以論，今或有施主，外請僧次四人，入僧布薩處；（此謂人從外來，食在當界
也。）」（七三八頁上）鈔批卷一九：「立謂：請四人入僧常食處，別供養，將
僧並坐，不與同味也。」（七九○頁下）

〔五四〕**或將食入界，別請比丘**　資持卷中三上：「『或將』下，明別請。初，示作法。」
（三一五頁上）簡正卷一二：「（此謂食從外來，僧在當界也。）約此二處，正
食之時，界內有僧，不集俱犯。別眾人，適來文中云：別請僧次比丘者，是別
請僧次四人，非謂標名請一人也。故文云：別請、僧次，四人之例。『若爾，
既是四人成眾，何故文中言別請比丘耶？』答：『經論文中多約比丘，以為眾
也。或可為簡尼等四眾，故標比丘。若是一人，即何須作法？人多迷此。』」
（七三八頁上）鈔批卷一九：「立謂：將食入僧界內，在別院內，三處五處，
各別施主，各設四人，至（原注：『至』疑『其』。次同。）諸處僧，往布薩處，
請人送食自處，各不須展轉，以同是通布薩處僧故也。」（七九○頁下）

〔五五〕**應布薩處請僧次一人**　簡正卷一二：「此謂設法離過也。」（七三八頁上）

〔五六〕**自處不須展轉取人送食**　資持卷中三上：「謂二三處不互送也。『取』字合作
『請』。」（三一五頁上）

〔五七〕設請人送食已，外有異比丘，若遮不與食者，墮　資持卷中三上：「『設請』下，明遮後成犯。」（三一五頁中）

〔五八〕若不爾者，三人已下，各各異處食得　資持卷中三上：「『若不爾』下，方便離過。」（三一五頁中）

〔五九〕若作意請僧中一人　資持卷中三上：「『若作』下，迷忘開法。『僧中』，即布薩處。」（三一五頁中）

〔六〇〕置上座頭　資持卷中三上：「表屬彼僧，示欲送往。」（三一五頁中）鈔批卷一九：「此謂路遠，或三由旬為界。若送食者，食時已過，可先留一分食，指心擬送，且置上座頭，表知此食屬彼。已後，僧中食時，可先取擬分食，次第行之，心指此食，作彼所有。今取行者，義同互易。此是方便，開使無罪。」（七九〇頁下）

〔六一〕若道界遠　簡正卷一二：「此約一作法界。三由旬，即道路遙遠故。」（七三八頁上）資持卷中三上：「彼云：相去十拘盧（二十里也。）取食，次行表送彼僧故。」（三一五頁中）

〔六二〕先取食次第行之　簡正卷一二：「以表先食僧食一口後，行此之食義，同添益故耳。」（七三八頁上）

〔六三〕若聚落界內　鈔科卷中三：「『若』下，聚落各請。」（七五頁下）資持卷中三上：「初明二處互送，文大同前。」（三一五頁中）簡正卷一二：「謂可分別、不可分別，集僧分齊說也。」（七三八頁上）鈔批卷一九：「謂一聚之內，二施主設食處，四人已上，須互請人送食也。」（七九〇頁下）

〔六四〕無僧界　簡正卷一二：「無作法界，一向是自然。」（七三八頁上）

〔六五〕於二處食　簡正卷一二：「二檀越舍，並六十三步內也，應打犍搥。已下設法也。可知。應好隱悉知。」（七三八頁上）鈔批卷一九：「謂一聚之內，二施主設食處，四人已上，須互請人送食也。」（七九〇頁下）

〔六六〕若有異比丘，應入　鈔批卷一九：「謂入聚落界內，至前二眾。若遮不與食，前二處法並壞，更須展轉。若不遮後人，前法不失。」（七九〇頁下）

〔六七〕若遮不與一人食，亦墮　鈔批卷一九：「謂下至一人入來遮，不與食亦犯，何況有至多人也。」（七九〇頁下）

〔六八〕假令一處，欲如法者，應好隱悉知聚落比丘有無　資持卷中三上：「『假令』下，次明一處盡集。初，明集法。」（三一五頁中）簡正卷一二：「聚落有無者，應須作是隱悉。若聚落自然界，四相周迊，即等聚落。若自然四相不周，縱廣

六十三步。已上二處，或有比丘，在內是別在，外非別不集，無失或有人，妄解即成惑亂。」（七三八頁上）

〔六九〕疑有，吉羅　鈔批卷一九：「立謂：實無疑有，則吉。若實有疑有，還提。」（七九〇頁下）

〔七〇〕若不疑心，若打楗稚，不問有無，一切不犯　資持卷中三上：「『若不』下，開不犯。問：『上云別請界中無人亦犯，今云不疑有亦無犯，何耶？』答：『彼有遮心，故不同此。』」（三一五頁中）

〔七一〕或先僧次請，來有客比丘遮不聽入，即成別眾　鈔科卷中三：「『或』下，二請互轉。」（七六頁下）資持卷中三上：「互轉中。初轉僧成別。」（三一五頁中）簡正卷一二：「僧次若遮，變成別請，別請不阻，變為僧次。」（七三八頁下）

〔七二〕或先別請，有客比丘來，比丘教化勿遮，即成僧次　資持卷中三上：「『或』下，轉別為僧，並從後斷，俱失本名。（上四段，並多論全文。）」（三一五頁中）

〔七三〕乃至唱一人入等　簡正卷一二：「則上作法，請僧次一人也。斯約兩請，互明轉變也。」（七三八頁下）

〔七四〕善見別乞四句　鈔批卷一九：「此皆約一主為言，但乞時、受時、食時有異，故不犯別也。論約別請、別乞，各有四句，應合兩個四句，今鈔合明也。景云：此四句有三墮，皆約受時，（七九〇頁下）結墮不同。四分食方犯也。第一句云：或四人一時乞，或別別乞者，有云：謂非期伴而同時受食，故是犯，此句乞、受及食三時同。第二句，各各去一時受者，此句乞時不同，但受時同食，故是犯。礪云：此義稍難，謂不許一時受食，各處食犯，何有受食一時，前後而食犯，不約咽時之業也？」（七九一頁上）【案】善見卷一六，七八三頁下。

〔七五〕四人一時乞　簡正卷一二：「謂四比丘一時行乞，共見一檀越。語云：『與我四人飯。』檀越即許。」（七三八頁下）資持卷中三上：「善見四句，即以去乞、受食，四事互論同別，但語有省略，下隨足之。初句同乞別乞，並須兼去，以一向同乞，犯相易知。故此雙標，或同或別。」（三一五頁中）

〔七六〕別別乞，各不相知　簡正卷一二：「謂四比丘前後行，俱就一檀越別乞：『與我一人飯』。如是四人，各不知是一檀越。」（七三八頁下）

〔七七〕而同一主一時往受、食者，犯　資持卷中三上：「『而』下，明受持食處，此二皆同。」（三一五頁中）簡正卷一二：「通釋上二句也。或四人一時乞，檀越既

許四人一時往受食，或別別乞，雖乞時，各不相知，然然（原注：『然』字疑剩。）檀越既許，前後至來雖異，而受食時亦同也。（辨初句竟。）」（七三八頁下）

〔七八〕**各各去，一時受，各處食**　資持卷中三上：「次句，合有各乞，則具三別，唯有受同。」（三一五頁中）簡正卷一二：「謂四比丘共乞，檀越許許（【案】『許』疑剩。）四人，遂各各去檀越家已，一時受食，還歸各食。」（七三八頁下）

〔七九〕**四分律中不犯墮**　資持卷中三上：「辨異者，論據受同異處亦犯，律約共處，不共故開。今須依律故，此句中略犯相也。」（三一五頁中）簡正卷一二：「謂四分約食處，成眾即犯。今既各食非眾故，不犯也。論但據同時，受食即犯，不論食時成眾、不成眾也。」（七三八頁下）鈔批卷一九：「謂四分約食處成眾是犯，見論則約受處成眾是犯，故也。」（七九一頁上）

〔八〇〕**各去，各受，各食，不犯**　簡正卷直二：「謂四人共乞，如四人各去檀越家，各受各食，律、論並不犯。食處不成眾故，約律不犯；又不一時受，准（【案】『准』後疑脫『論』字。）無過。」（七三八頁下）資持卷中三上：「第三合有各乞，隱在去中則四種皆別。」（三一五頁中）鈔批卷一九：「第三句，三時俱不同，故無犯也。」（七九一頁上）

〔八一〕**或別乞，別去，一時受、食，犯**　資持卷中三上：「第四，二別、二同，四種皆備。」（三一五頁中）鈔批卷一九：「第四句，有三時同故犯，謂雖別去，以受時同，食處又同也。以先雖無期，後同一主受食故犯。」（七九一頁上）簡正卷一二：「謂四人前後行，俱就一檀越別乞『與我一人飯』，檀（【案】『檀』後疑脫『越』字。）各許各許（【案】次『各許』疑剩。），前（七三八頁下）許者，前去至檀越家，後許者，後去至檀家。雖前後至，時有殊而一時受食，故犯。已上四句，准論中，三句犯。准第三句，不犯。若依律文，初後二句犯，中間二句不犯。外難：『初句中，別（【案】『別』後疑脫『請』字。）、別乞一時，往受食犯。第四句亦是別（【案】『別』後疑脫『請』字。）、別乞一時，受食犯？』若為取異，初句便在施主家而食。第四句將還別處，四人同食也。』此段鈔文，甚難曉之，上所解判，並依法寶。若依玄，將別請別乞，通為四句，頗至周遮。況此文勢，但引別乞，未論請（【案】『請』前疑脫『別』字。）。既不遵用，不更敘錄，且據正義。」（七三九頁上）

〔八二〕**義云**　資持卷中三上：「義決中。上引多論，變僧為別，不約界內無人，故此決之。」（三一五頁中）【案】此是釋第二緣文的結句。

〔八三〕**僧次請人，至請家已，門外有比丘，不許入界內者，變為別請**　簡正卷一二：「謂本是『僧次』請來體別，眾由遮門外，比丘不許。他入此『僧次』，乃變成別請。此『別請』體是『別眾』也。後食時，不論門外有人無人，俱犯也。寶云：若定名者，此由名僧次別眾」。（七三九頁上）鈔批卷一九：「雖先是『僧次』，以僧具戒見等六和合，今既不許，情見兩乖，遂成別眾請也。乃名『別請別眾』，不名『僧次』。」（七九一頁上）

〔八四〕**若門外僧與家內相去六十三步外**　資持卷中三上：「『若』下，示名。」（三一五頁中）簡正卷一二：「『若門外僧』已下，今師准此『僧次』已，變成『別請』之義。若門外僧，雖在六十三步外，但食時有遮心。若定名者，此乃呼為『別請別眾』也。多論但云：僧次界內，不集成別眾，不論界外六十三步外有僧。是以鈔主約義明之，成其『別請別眾』也。或有解云：此言外者，望家內僧得外名，非謂六十三步外。若在自然，外有何犯耶！」（七三九頁上）

〔八五〕**別請別眾**　鈔批卷一九：「別眾者，謂先雖僧次請來，今遮外客，失僧和之義，乃變為『別請別眾』也。門外客僧，由被遮故，縱出自然六十三步外，亦得『別眾食罪』，由前遮客，壞本僧次，變成別請。別請滿四體是眾，不論界內有人無人皆犯。不同僧次，要界內有人不集始犯也。既『僧次別眾』，界內不集，今此客僧，出六十三步外，故（七九一頁上）不名『僧次別眾』。但由食處眾僧心局，乃名別請別眾也。」（七九一頁下）

〔八六〕**食處成眾**　鈔批卷一九：「礪云：謂須同類好比丘四人已上，一時受食，有異計義，方犯別眾。」（七九一頁下）【案】「四、食處成眾」下，釋第四緣。按其序當為第三。此處「四」不是鈔行文之序，而是前文標緣之序。

〔八七〕**善見**　鈔科卷中三：「初明眾（二）。初，互食非眾。」（七五頁中）【案】「善見」下分二：初，「善見」下；二、「多論三」下。

〔八八〕**餘三食竟**　簡正卷一二：「待三人食竟，後一人食，即表不成眾。多論四句，鈔引三句。更有三比丘在地、一在空也。」（七三九頁下）

〔八九〕**四人若過，應分作二部，更互入食**　資持卷中三上：「善見、四分大同。二部互入者，前後兩眾，不滿四故。」（三一五頁中）

〔九〇〕**三比丘一狂心、三比丘一滅擯**　鈔科卷中三：「『多』下，境乖非眾。」（七五頁中）鈔批卷一九：「以在界外，不足內數，故不犯也。」（七九一頁下）【案】多論卷七，五五一頁中。

〔九一〕**若狂、擯二人**　資持卷中三上：「『若』下，釋所以。狂擯體相非僧，異界緣隔

不足。」（三一五頁中）

〔九二〕**須知是好比丘** 鈔批卷一九：「結上能別之人也。」（七九一頁下）資持卷中三上：「『故』下，結示。但收上二。或可相乖，亦名不好。問：『睡、定等人，成別眾否？』答：『亦應不成。論中更列亂心、病壞心人，比丘尼、二眾沙彌界外定中，皆非犯。今略舉狂心，以攝緣差（睡、定等）。滅擯，可收體穢，（十三難、三舉等。）異界，則攝相乖，（界場、露地、申手外等。）』」（三一五頁中）

〔九三〕**若施主食，各取食分** 鈔科卷中三：「『多『下，辨處（二）。初，約初受後食以明。」（七六頁中～下）資持卷中三上：「初科。引論前明僧施二食，僧食無別，於義可解。若施主食，準下亦須，前後異時。」（三一五頁中）鈔批卷一九：「立謂：食一向無別眾罪。」（七九一頁下）【案】「多論或」下分二：初，「多論」下；二、「又有」下。多論卷七，五五○頁下。

〔九四〕**雖四人已上，於別處食，或共一處食，不犯別眾** 資持卷中三上：「『若四人』下，明別乞。」（三一五頁中）簡正卷一二：「各持己食，共處而飡。若四人各自乞，共處食，亦無犯。『若爾，律文何結犯耶？』鈔引律云：『據一家併乞，四人一時受食，犯。』必如論中，即無失也。」（七三九頁下）鈔批卷一九：「謂非一時受，前後受取。雖與諸比丘同處，由成是己食也。又不更受益，所得屬己也。若一時受，同處食是犯。」（七九一頁下）

〔九五〕**律結犯者，據一家併乞，四人一時受食** 資持卷中三上：「『律』下，會釋不同。以律緣起，調達五人別乞而制故。初，示律結犯。」（三一五頁下）

〔九六〕**必前後各自受分者，得，由自食己食也** 資持卷中三上：「『必』下，決論不犯。兩文互現，義不相違。」（三一五頁下）

〔九七〕**又有四句** 鈔科卷中三：「『又』下，約食對處料簡。」（七六頁下）

〔九八〕**食主是一，盡集無過** 鈔批卷一九：「謂同在一界內，同食一主食，同在一堂中。」（七九一頁下）資持卷中三上：「盡集者，即食處俱一。」（三一五頁下）

〔九九〕**食一處二，彼此乃異** 簡正卷一二：「食一處二，味同無犯。界內有人，遮不與食，二處俱犯。」（七三九頁下）鈔批卷一九：「立謂：堂舍迎（原注：『迎』疑『狹』）故，出在別堂，以味同故不犯。」（七九一頁下）資持卷中三上：「第二句者，如前堂舍不容，出外之類。」（三一五頁下）

〔一○○〕**若界內更有餘比丘，二眾俱犯** 鈔批卷一九：「謂前二眾，以食味同是一主，故不須展轉，請人送食。後既在別僧入界，遮不與食，便是別他後人，即前

二眾。望後來人，前二眾俱犯。」（七九一頁下）

〔一〇一〕**食別處一，如僧盡未食僧食**　資持卷中三上：「第三句。初示犯相。僧盡集者，謂處一也。不同味者，即食別也。」（三一五頁下）鈔批卷一九：「如僧食時，或施主食時，中有四人別食他美食故犯。」（七九一頁下）

〔一〇二〕**若彼四人，先取僧中一口食已，後得益無犯**　鈔批卷一九：「此明當時同眾，後雖得別益，以先同故不犯。」（七九一頁下）資持卷中三上：「『若彼』下，明開法。『得益』謂同益食故。」（三一五頁下）

〔一〇三〕**此謂露地，須申手內**　資持卷中三上：「注約露地，釋上並坐，覆處更遠，亦名處一。」（三一五頁下）鈔批卷一九：「立謂：此注解上第三句『食別處一』。意謂：非直界內不集名『別眾』，（七九一頁下）今同在僧中，食味不同亦犯。言申手內者，意明與僧同處成眾也。必離此外，不名與僧同坐。亦如是數中，要申手內，方名同一眾也。深云：引此言意者，明露地離申手外，不成足數，縱四人在界食，相離申手外，不犯『別眾食罪』。若露處，不論申手。然此戒制惡比丘，恐有破僧事起，今食時既在申手外，眾義不成破僧也。（作此解者，望下第四句有妨。須知。）」（七九二頁上）簡正卷一二：「解上文也。在露地者，須申手內。若在外者，即是食別。」（七三九頁下）

〔一〇四〕**若在覆處，不必相接**　簡正卷一二：「自然成其一處也。」（七三九頁下）

〔一〇五〕**界內不盡集**　鈔批卷一九：「此解第五緣。礪云：若一人不盡集，作有比丘想，提；疑心輕，無想不犯。此別眾食通諸界並犯。界有自然作法，自然分空聚，作法離大小。」（七九二頁上）【案】釋第五緣，文分為三：初「五分」下；二「多云」下；三「四分」下。此釋第五緣，按其鈔釋文之序當為第四。

〔一〇六〕**若請二部僧，五眾應往**　鈔科卷中三：「『五』下，釋相（三）。初，普召往赴通局。」（七六頁中～下）簡正卷一二：「五眾往者，莫非皆是為解脫出家故。」（七三九頁下）資持卷中三上：「五分即約僧次，施心無擇，普召為言，以下三眾同福田故。」（三一五頁下）【案】五分卷二二，一四九頁上。

〔一〇七〕**多云**　鈔科卷中三：「『多』下，諸界辨集分齊。」（七六頁下）

〔一〇八〕**眾僧結界**　簡正卷一二：「作法僧界也。」（七三九頁下）資持卷中三上：「對界中。論文初列四界，不出作法自然。聚落有二，如結界中。」（三一五頁下）

〔一〇九〕**聚落界**　簡正卷一二：「自然可分、不可分也。」（七三九頁下）鈔批卷一九：「據多論中明，聚落處沒家名，沒聚稱，似不異也。又解：多家同一院內曰聚，如二京之城得名聚。一院之內，唯獨一舍曰家。」（七九二頁上）

〔一一〇〕**家界** 資持卷中三上：「家即村舍，亦屬聚界。」（三一五頁下）簡正卷一二：「亦約人家六十三步說也。」（七三九頁下）

〔一一一〕**曠野處一拘盧舍界** 簡正卷一二：「曠野者，五里也。一拘盧舍者，道行六百步也。」（七三九頁下）資持卷中三上：「曠野即蘭若。一拘盧，準論二里。道行水界，文雖不明，義須準說。但有難，蘭若則非所論。」（三一五頁下）鈔批卷一九：「即無難蘭若也。」（七三九頁下）

〔一一二〕**不得別食別布薩** 資持卷中三上：「別布薩者，相因而引，非此中意。」（三一五頁下）

〔一一三〕**若僧食竟，有客比丘來，檀越與食，四人已上無罪** 資持卷中三上：「『若僧』下，辨成犯相。初，明所別。食竟無犯，以前僧必無重食之理，故云『不合』也。」（三一五頁下）

〔一一四〕**若僧未食** 資持卷中三上：「『若僧』下，明未食結犯。」（三一五頁下）

〔一一五〕**狂癡、滅擯比丘及沙彌，無犯** 鈔批卷一九：「別此三人無罪。若不與僧食，即不同也。不與沙彌及狂痴人食，犯盜。不與滅擯比丘食，不犯。由犯重過，擯棄眾外，體非僧故。故上文惡戒及時、有德非時是也。」（七九二頁上）資持卷中三上：「下文簡境，且列三人，如向備引。」（三一五頁下）

〔一一六〕**上沙彌等三人，非別眾** 資持卷中三上：「注文兩節。初，通示三人，不障僧食，恐謂非別不與食故。其中滅擯，財法雖亡，然體猶存，除餘僧施，尚沾食分。」（三一五頁下）簡正卷一二：「准論，狂、殯、沙彌三人，非別。古來有破鈔者，云不與沙彌及殯（【案】『殯』疑『擯』。次同。）人食是盜僧祇，不與殯，元非犯也。以財（七三九頁下）法俱已，故云除惡戒等。玄云：鈔總相而言，此文偏據沙彌請來，免四比丘已上別眾。上之狂、殯，且約添成，非別耳。」（七四〇頁上）鈔批卷一九：「若學悔沙彌，須與僧食，不與犯盜。由慚愧懺悔，體是清淨。」（七九二頁上）

〔一一七〕**若不與僧食，是盜僧祇** 鈔批卷一九：「此不局在僧家常住之食。（七九二頁上）然請家現前之食，亦名僧祇。『僧祇』，梵音，此翻『大眾』，皆謂當時抑其檀越之食，不與彼人，故曰也。」（七九二頁下）

〔一一八〕**若沙彌是僧次請來，則免四比丘已上別眾罪，俱福田故** 資持卷中三上：「『若』下，別示沙彌。以別雖無損，而集則有益，即前唱法乃至沙彌是也。（僧次取淨。狂擯不成。）」（三一五頁下）

〔一一九〕**別請、別乞，故犯** 鈔科卷中三：「『四』下，三位皆通不集。」（七六頁下）

資持卷中三上：「初，示諸部，止有二種。」（三一五頁下）簡正卷一二：「別請、別乞，論並同故。云如律但加不集，僧次請來，同界不集，如前列也。故注云『如上所列』。」（七四〇頁上）鈔批卷一九：「言別狂者，亦約『重狂』及『得法』之狂人也。若常憶常來及半憶念，未得法者，不得別他。」（七九二頁下）【案】本節明三位。「別請別乞」即「別請別眾」和「別乞別眾」兩種。

〔一二〇〕別請、別乞如律，又加「食處不集」 資持卷中三上：「次明多論，復加『僧次』。」（三一五頁下）鈔批卷一九：「立謂：是『僧次』請，亦有『別眾』也。謂多論文，『僧次』請來，約界有人不集，以不集來食處，故曰『食處不集』，亦成『別眾』也。准四分，別請、別乞，體是別眾，不問界內有人無人。若『僧次』，無有別離，界內有人不集不犯。今准多論，雖是『僧次』請來，若界內有人，不集則犯，無人則不犯。然多論還有『別請別眾』、『別乞別眾』，一如四分不異。但更長有僧次，不集之別眾也。」（七九二頁下）

〔一二一〕如上所列 鈔批卷一九：「指此戒『初標』門中明也。」（七九二頁下）資持卷中三上：「前文廣引。問：『戒初已列三位，何以重明？』答：『前文但標所出。此明三位，通有不集，故不同也。』」（三一五頁下）

〔一二二〕善見五種，「足四」不犯 資持卷中三上：「第六緣中。初引善見五足，前二乃是轉別成僧，故免別過。下三並謂眾不滿四，非別可知。」（三一五頁下）【案】本節釋第六緣，分二：初，「善見」下；五種，次，「律中」下。

〔一二三〕此謂狂、癡 資持卷中三上：「恐濫病時，故特簡之。以病但開己狂等，開他故也。」（三一五頁下）鈔批卷一九：「意明狂痴既不足僧數，今將足他三人，各示成犯。下文開緣中，病時者，下至腳跟劈。若將此人足四，但自身是開。足他三人，三人成犯，不類此病也。以彼體是僧用，堪足數故，但自身是開，不能及他。」（七九二頁下）簡正卷一二：「下開緣中，腳跟蹴病體具足，自身雖開，餘三是犯，今則不爾也。問曰：『前文列緣，具七戒犯，今此隨釋之中，何故但解五緣，闕五正食，狂時中及第七，咽咽犯緣耶？』大德云：『咽咽犯者，皆緣所食之物，是五正食，則犯。若非五正，亦亦（【案】次『亦』疑剩。）無咽咽犯故。所以將此兩緣通在前五之中解竟。尋文自曉，不可更重列釋。（思之。不因記家云『鈔文省略』也。）」（七四〇頁上）

〔一二四〕不犯開七緣 鈔批卷一九：「礪云：若寬狹相望，僧次一緣是寬，益自他故。又，福利施主故，餘但開緣，先僧田益，不能潤他。（七九二頁下）故下文

言無緣者白出。以餘有緣，不益我故，故知是狹。（將此義向下文『功益自他』中說亦好。）」（七九三頁上）

〔一二五〕**病時者，下至腳跟劈**　資持卷中三上：「病緣中，且舉至輕，以攝餘重。劈，『普激』反，之（【案】『之』疑『云』。）裂也。（三一五頁下）疏云：身抱患惱。若不開別，無由濟命。」（三一六頁上）

〔一二六〕**作衣時**　鈔批卷一九：「礪云：或有直言衣時，或有言作衣，時中含二意故也。賓云：二意者，初解直辨一月、五月中，要須作衣，方得受利。謂元受德衣，意為作衣。若決不作，或復作意，即失德衣故，下竟失、不竟失等是也。自有一人，直爾受衣，不別標為極至五月，名曰衣時、非作衣時。問：『五月辨異，至義可然，一月云何？』答：『亦約元意，一心元心。我若作衣，先受五利。若不作衣，便止不受。復有一人，不別標為此兩人中，前名作衣時，後名衣時也。』」（七九三頁上）資持卷中三上：「『一月五月者，與後五分衣時何異？』今準疏，釋前云：作衣延久，恐廢正業。釋後云：衣時通給，為補夏勞，故知雖並時中，而前約製造，後通時內，不作皆開。」（三一六頁上）

〔一二七〕**施衣時**　資持卷中三上：「第三，前云十二月中，隨有衣食請處開背。二戒緣同，故略指耳。疏云：施衣不受，後須難得故。」（三一六頁上）簡正卷一二：「通十二月中，隨有衣施處總得。」（七四〇頁上）鈔批卷一九：「立謂：十二月中，隨施衣處，得別眾食，以施時不取，後須難得，故開受者，自得濟形，福利施主故也。」（七九三頁上）

〔一二八〕**道、船二行，為四、五二緣**　簡正卷一二：「道行為四，船行為五。次途中多難，正行則開，暫停亦制。何以得知？故十誦云：昨日來，今日食，提；即日行別食，不犯。船行亦爾。（人多迷此意，知之。）」（七四〇頁上）鈔批卷一九：「十誦欲行行竟，別食俱提。故十誦第十三云：昨日來，今日食提；明日行，今日食提；即日行，別食不犯。船行亦爾。七緣中，道為第四，船當第五，故曰為四、五二緣也。」（七九三頁上）

〔一二九〕**下至半由旬內**　資持卷中三上：「云『下至』者，示極小量。已上皆開，減應須制。疏云：道船途路，多有留難。」（三一六頁上）

〔一三〇〕**大眾集**　簡正卷一二：「戒疏准留陪，尼律中不白大眾知。廣釋文中云：大眾者，謂四人。」（七四〇頁上）鈔批卷一九：「謂准十誦，八人為大眾，開別眾食。七人已下不開，是犯。案十誦，極少乃至八人，四舊比丘、四客比丘共集。以是因緣故，令聚落中諸居士，不能供給諸比丘餘飲食，故開也。

若減八人集時，別眾食，波逸提。若八人，若過八人，集時不犯。四分但言食足四人，長一人為患。戒疏依古師有二解：初，有人言，謂食處四中，長一添成眾故，非謂外人，由是三人，隨意食也。乃至百人，長一人為患者，應云長九十七人為患，但云『長』，名義同，故云一也。如和先等六十頭陀，同名一供養也。此古師意謂先有三人，非犯；由一人足成四，故犯，曰為患也。故賓云：古人食足，四人長一人為患者，先是三人，長第四人，以成犯患也。展轉相望，為患成犯，乃至百人，長九十七。於其長中，義同一人，故曰一人為患也。此解不正。二、有人言，元礪解也。礪疏云：五分諸佛常法，歲二大會，春夏末月，諸方比丘，並來問訊，以眾多故。次請甚疎，乞食難得，比丘念言：『若佛聽我等大會時，受別請眾食者，不致此苦。』（七九三頁下）白佛，佛遂開：『聽大會時受別眾食。』今言大眾集者，解有二義：一、釋大眾者，謂八人已上名為大眾。食無倍供，又是難得，開別無犯。七人已下，名為小眾，食雖難得，容有兼備，故亦不開。是以律文將開大眾集時不犯，及小眾是犯。故言食足四人，長一人為患，以不開故。由此一人，令他得罪，名之為患。〔反解小眾是犯者，謂律言食足四人，長一為患者，此是小眾也。欲明大眾集不犯，且反明小眾集是犯。既言小眾犯，顯大眾時所犯，故言為患。患元（原注：『元』字原本不明。或『無』字歟？）犯也。〕又，多論云：食難得處所別。四人已上，開使不犯，以食無倍供故。若別三人已下犯，以容兼濟故。若食易得，所別之處，莫問多少，悉犯別眾。若依此律，村落既小，食復難得，彼此限局，各不相通。所別之處，不問多少，悉開不犯。高云，論意云：八人為大眾，主客各四，以施主唯供四人食，名之為主。所別之處，亦有四人曰客，食無倍供，開使不犯。若主有四，客唯三人，則容兼濟，謂減主四人之分，與客三人共食也。若不減與（原注：插入『與』字。）者，是犯。七人已下，不名大眾集時，不成開也。又一解云：此是兩家聚落，東家限與四人食，西家限與一人。彼此二家，施心限局，各不相融，餘處乞食，復是難得。若不開者，（七九四頁上）西家一人與東家四人作患，由是患故，開使不犯。此謂舉患，以開為患。（此解同鈔注。）問：『既是開，何故明患、不明無患？』答：『言為患者，將開大眾集時不犯，先反解少眾是犯，故云食足四人，長一人為患；乃至五人、百人，皆以一人為患。則知四人已上無患也。律文好略。唯出於患，無患自彰。』」（七九四頁下）【案】「大眾集者」下分二：初，「食足」下；二、「今京」下。

〔一三一〕**食足四人，長一人為患是** 簡正卷一二：「此緣兩家聚落，東限與四人食，西家限與一人食。彼此二家，施心限局，各不能通融。既是儉時，諸處乞食，復是難得。若不開者，西家一人與東家四人作患，由是患故，開令不患。（『患』字訓『犯』。）」（七四〇頁下）

〔一三二〕**乃至百人，長一人為患** 資持卷中三上：「四人、百人，此謂『能別』，必須滿眾。長一人者，此謂『所別』。未必多人能使彼眾皆犯別過，故云為患。」（三一六頁上）簡正卷一二：「但使食是難得，悉開不犯，是名大眾集時。注文可委。已上且衣（【案】『衣』疑『依』。）戒疏申於此解。更有釋者，慮繁廣在大記。」（七四〇頁下）鈔批卷一九：「立謂：一人為四人之患，乃至一人為百人之患也。如東家四人或百人，供食有限，西家有一人，為東家四人、百人之患。（七九三頁上）今此百人，得別眾食罪，謂長西家一人也。」（七九三頁下）

〔一三三〕**此謂儉時，東西二家，各設食供** 資持卷中三上：「此以本犯，反釋開意。但語意難曉，故須注釋。初，約儉開示相。」（三一六頁上）

〔一三四〕**供具限約，不許分送；外乞難得，儉故開成** 資持卷中三上：「『又』下，釋成開意。言限約者，謂施家物少也。乞難得者，明比丘不可避也。疏云：食少人多，不開送故。」（三一六頁上）鈔批卷一九：「以大眾集時，飲食難得，名之為儉，故開別眾食，豐時不開也。故多論云：客主各四，名為大眾，食不難得，亦不聽別。（云云。）准多論意：八人為大眾時，開不犯者，謂主客各四無（原注：『無』字原本不明。或『元』字歟？）是能別處曰主，所別處曰客。食唯足四，不得更供四客，故曰食無倍供，此時開不犯。若客唯有三人已下，即須抽能別之處四人食分，相共食之，故曰容有兼濟。若別此三人已下，不名大眾集時，是犯也。」（七九四頁下）

〔一三五〕**今京輦設供，每有不依疏僧，闐闉門首** 鈔科卷中三：「『今』下，指事誡勸。」（七六頁下）資持卷中三上：「次科。初，敘過。京輦，即京兆府。（王者都處，謂之輦下。）不依疏僧，非名請者，闐，音『田』。闉，音『噎』，謂隘塞也。」（三一六頁上）

〔一三六〕**親見其事，過深鄙俗** 資持卷中三上：「『親』下，訶誡。遮客獨噉，下流所為。況僧海同和，友自安忍，故云過深。」（三一六頁上）簡正卷一二：「鄙俗者，鄙惡聾俗漢子之人。秦坊酒肆之中，飡噉由自，命客均分飯食。」（七四〇頁下）

〔一三七〕**見聞歛跡**　鈔批卷一九：「迹，謂心也，亦曰行迹也。」（七九四頁下）資持卷中三上：「歛跡，謂掩其惡跡，勿復為之。」（三一六頁上）簡正卷一二：「勸莫行此事也。」（七四〇頁下）

〔一三八〕**門外有客比丘不得入**　鈔批卷一九：「雖令往本寺，彼僧遂語而去。然今家內之僧，猶得別眾食罪。」（七九五頁上）資持卷中三上：「『五分』下，引證。彼云：應語主聽入。若不許者，始令往寺，故云『乃至』。」（三一六頁上）

〔一三九〕**訃請法中**　簡正卷一二：「指下卷『就座命客法』，白施主令入，乃至指示某僧坊中，有僧食等。」（七四〇頁下）

〔一四〇〕**沙門施食時**　簡正卷一二：「謂西土九十六種外道，皆名沙門。今此即准律文，是萍沙王姊（【案】『姊』後疑脫『子』字。），往尼揵處出家學道，欲詣伽藍設食，比丘不敢。遂乃白佛，佛開沙門施食聽受也。（此且開受緣。）又准五分，萍沙王第二（【案】即瓶沙王弟，名迦留。），是外道沙門請眾食，而力不能廣，乃眾人憂愁，白佛。佛開，聽沙門施食時，別眾食。」（七四〇頁下）資持卷中三上：「疏云：將化入道，故開受供。他部緣中。疏問：『律明作衣已是開限，何用衣時？』答：『據本受意有長短也。文云：下至一縫者，極短也。』（短即四分作衣，長謂五分衣時。）」（三一六頁上）【案】四分卷一四，六五八頁中～下。五分卷七，五〇頁下。

〔一四一〕**謂在此沙門釋子外，諸出家者是**　鈔批卷一九：「立明：九十六種外道，皆曰沙門。若施食時，開無別眾之罪。此是外道沙門，非是釋子，故曰外也。」（七九五頁上）

〔一四二〕**僧次不犯**　鈔科卷中三：「『又』下，他部二緣（二）：初，總引二緣；二、『增』下，別證僧次。」（七六頁中）簡正卷一二：「僧次不犯者，體非是別，又乃不遮故。」（七四一頁上）鈔批卷一九：「即是多論也。以僧次無遮，即是開緣。」（七九五頁上）

〔一四三〕**都合九緣**　簡正卷一二：「彼文云通十二月，作下二衣，非謂五月一月也。都合九緣者，四分七，并外宗二也，此乃皆是開緣。」（七四一頁上）鈔批卷一九：「謂四分七緣不犯，如上更取多論僧次請者，隨界內無僧不犯。又，心不遮約，故開也。又取四分（原注：『四』疑『五』。）作衣時也。將此多論、五分兩緣，足四分七緣成九也。問：『四分已有衣時，何須更取五分衣時者？』解云：『四分但約迦提一月、五月作衣時，開別眾會（原注：『會』疑『時』。），餘月雖作衣，不開別眾食也。五分十二月隨作衣時，不（原注：『不』疑『下』。）

至用一縫時，皆開別眾食。」案，五分中，總開八緣：一、病時，二、衣時，三、施衣時，四、作衣時，五、路行時，六、船行時，七、大會時，八、沙門會時也。言衣時者，迦絺那衣時，開五利等也。言施衣者，謂檀越施食時并施衣也。得受此衣，開別眾罪。言作衣時者，謂比丘欲作衣，為乞食故，衣不即成，妨廢行道，便作是念：『若佛聽我作衣時，受別眾食者，衣則速成，不廢行道。』白佛，佛言：『聽作衣時受別眾食。』（七九五頁上）鈔中直言『五分衣時』者，錯也，合引『五分作衣時』耳。至五分衣時，乃當四分自恣竟作衣時也。五分更別有作衣時，通十二月也。鈔意正引此句耳，則須著『作』字，若直言『衣時』，便同四分『作衣時』。既無簡異，何須引之，故知是欠『作』字明矣。礪對此戒緣釋開意者，病人苦惱，若不開者，無以存濟。又，無異計惱僧之義，是以開許。衣時者，作衣久延，恐廢正業，故施衣時，益及道俗故。（施時不取，後須難得，此是益道。又，令施主於僧田行施，獲反報之福，此是益俗故也。）若直言衣時，一月、五月，是受利時故。道行、船行，此二多難。又，復食難求故。（多劫、賊難，如緣起說。）大眾集時者，眾多難濟，故所以開。沙門者，為少益外道故。問：『如外道等無定，如何乃言為益外道，聽別眾食？』答：『四分文不了。如五分中，瓶沙王弟名曰迦留，事一種外道，而年年普請九十六種沙門，作一大會。聞釋子沙門，不受別眾食，而力不能廣及眾僧，以是闕無佛道沙門，愁憂不樂，便作念言：我今云何致沙門釋子？唯當委王，然後可果。便以白王，王以弟意白佛。佛因遂聽：沙門食時，受別請眾食。』（七九六頁上）【案】四分卷四，五九四頁上。

〔一四四〕增一云　資持卷中三上：「前引增一彼云：佛在羅閱城，長者請舍利弗、目連等五百人。佛呵，如鈔。飲大海者，由心通僧寶，無所簡擇。雖得一人，則為供養十方凡聖故。」（三一六頁上）【案】增一卷四五，七九一頁～七九二頁。

〔一四五〕以氎施佛，佛讓與僧　資持卷中三上：「若於十六具足，（增輝云：僧尼各有四果四向。）未足為多。」（三一六頁中）鈔批卷一九：「榮疏云：『摩訶波闍波提』，此云『大愛道』，是佛姨母，乳養如來。佛後出家，波闍戀憶，手自織成金縷之氎，待佛還宮，擬以奉佛。佛後還國，波闍將奉於佛。佛時出口：『恩愛心施，無大功德，莫供養我，當供養僧。即供養三歸。汝隨我語，則供養佛別相也；為解脫故，即供養法，別相法也；眾僧之受用，即供養僧，別相僧也。』案賢愚云，時佛姨母波闍波提，佛出家已，手自紡績，預

作一端金色之氈。積心係想，唯悕見佛，擬用奉上。佛後還宮，持氈奉佛。佛言：『汝持此氈，往奉眾僧。』<u>波闍</u>重白佛言：『自佛出家，心每思念，故手紡織，規心施佛，（七九六頁下）唯願垂愍，為我受之。』佛告之曰：『知母專心，欲奉施我。然恩愛心，福不弘廣。若施眾僧，獲報彌多。我知此事，故以相勸。』佛又言曰：『若有檀越，於十六種具足別請。雖獲福報，亦未為多。何謂十六？比丘、比丘尼，各有八輩，（四果、四向。），不如僧中漫請四人，所得功德，福多於彼。十六分中未及至一。將來末世，法垂欲盡，正使比丘，畜妻挾子，四人已上，名字眾僧，應當敬視。如<u>舍利弗</u>、<u>目連</u>等。時<u>波闍波提</u>心乃開解。先以至衣奉施僧，僧中次行，無欲取者。到<u>彌勒</u>前，尋為受之。<u>彌勒</u>正著金色氈，表裏相稱，威儀庠序。入<u>波羅奈城</u>中乞食，人覩色相，看者無猒。」（七九七頁上）

〔一四六〕**名字眾僧** <u>資持</u>卷中三上：「名字僧，無實德者。問：『前引<u>五分</u>除惡戒者，此何相違？』答：『<u>疏</u>云<u>五分</u>簡人精也，<u>賢愚</u>取人麤也。破戒受施，且取外生物信，令於僧海，自感施福，非謂行缺能消信施。（<u>疏</u>中意也。）私謂：<u>五分</u>除惡戒，<u>佛藏</u>不消杯水，<u>母論</u>腹裂，<u>律</u>中畜寶，對俗呵制，對施興治，能所俱墮。如是等類，並謂極誠內眾，使自策勤。<u>增一</u>、<u>賢愚</u>、<u>十誦</u>、<u>善生</u>，皆據導俗。恐忽慢僧徒，自招枉墜。是知受須戒淨，不淨則自陷無疑；施必普周，不周則所施無福。用斯往判，諒無所違。」（三一六頁中）

〔一四七〕**僧次一種，功益自他** <u>資持</u>卷中三上：「總判中。初明功益，通揀九種。注顯八緣，其相可解。」（三一六頁中）<u>鈔批</u>卷一九：「謂自身不犯，又能令他免『別請別眾』之過，故言功益自他。又，僧次請來，能使施主福多，亦曰益他義也。」（七九七頁上）【案】本節分二：初，「律明」下；次，「律中」下。

〔一四八〕**自身是開益，他犯別眾** <u>簡正</u>卷一二：「此中『益』字訓『傳』也。」（七四一頁上）<u>鈔批</u>卷一九：「謂本有三人，得自恣食，由後一人，是道行病等。作衣之人，足前三人成四，自身有作衣道行之緣，是開無罪，足前成四。由此一人，足前三人，使前三人俱犯。問：『且言病人足四，不成犯限，今此病人，足他那使他犯者？』答：『病緣不同。前列以狂、痴，故名病，（七九七頁上）由體非僧數。今此病者，小小病耳。故下文云：下至腳跟劈故，不同前病也。』言劈者，謂抑破也。今冬月，有人腳折裂者（『披壁』反），諸戒開病，病則不同。此戒下至腳劈，洗浴開病；下至身體臭穢，露燃開病；下至須大便身，背請開病；下至不堪一坐食，過一食開（原注：插入『開』

字。)病。若離彼增動，病名雖同，各隨其相，隨文應知。」（七九七頁下）

〔一四九〕若無如上諸緣，即起白言　資持卷中三上：「次，告白中。初無緣者，疏云：無上九中前六也。有緣之者，且能自益。無緣之人，故須白出。」（三一六頁上）鈔批卷一九：「戒疏云：無緣直出，所以須白者，護施主故也。下文有緣直入而須白者，護白比丘故。有緣入須儀式故，隨次入解釋疑也。若不白入，謂我僧次無緣之徒，隨我入故，故白簡之。無緣白出，疑亦爾。」（七九七頁下）

〔一五〇〕若有別眾食緣欲入者，當白言　簡正卷一二：「鈔文：有緣白入、無緣白入出，所以出入須白者，入謂護家內比丘，出謂護檀越，莫不俱為於人心，況生疑恠也。若不白，違制邊犯吉。更有別解不正。」（七四一頁上）鈔批卷一九：「立謂：拂疑故須白也。若不自云『我有某緣』，恐餘無緣之人見入，亦隨入也。又，彰己不犯此戒，故須白云：『我有某緣，合得別眾食也。』」（七九七頁下）資持卷中三上：「『若』下，有上六緣，制令白入，後三統眾，故但云六。若據大眾，亦是通眾。以非儉時，則分為二部，互白出入。疏云：所以白出者，護施主意故。白入者，護內比丘意故。」（三一六頁中）

〔一五一〕隨次入　資持卷中三上：律云：隨上座次入。疏云：身是有緣，入須儀式。」（三一六頁中）

〔一五二〕若有緣不白者，吉羅　資持卷中三上：「不白吉者，違教故也。問：『無緣白出，不白犯不？』答：『望同違教，理應準結。或可不白而出，無損於眾。入則反之，故制與罪。』」（三一六頁中）

〔一五三〕如上所開　簡正卷一二：「九緣皆開也。」（七四一頁下）

取歸婦賈客食戒〔一〕三十四

五緣：一、是上二緣〔二〕，二、知是，三、無緣〔三〕，四、取過三鉢〔四〕，五、出門，便犯。

【校釋】

〔一〕取歸婦賈客食戒　資持卷中三下：「〔佛在舍衛。婦人將還夫家，辨（【案】『辨』疑『辦』。）食頻施，經時不還，夫別取婦。又，取商客食，分路中數施，為賊所劫。因此二緣，合制一戒。〕」（三一六頁下）鈔批卷一九：「此戒據緣有兩，以取食義同，故合為一戒。僧尼同得墮罪。」（七九七頁下）【案】本戒鈔科稱為「歸婦賈客食」。四分卷一四，六五九頁上開始。

〔二〕上二緣　鈔批卷一九：「歸婦是一，估客是一，故曰二也。」（七九七頁下）

〔三〕**無緣**　簡正卷一二：「病時開也。今無『病緣』。」（七四一頁下）資持卷中三下：「疏云，即戒本中無病過受，則知開有病也。」

〔四〕**取過三鉢**　簡正卷一二：「多論有三品鉢：上鉢，取一不犯，二則犯；中鉢，取二不犯，三即犯；下鉢，取三不犯，四即犯。今云過三鉢者，是下鉢也。若一人取，過三鉢犯。若四人取，過三鉢：前三人不犯，以不過限故；後一人犯，以過故。」（七四一頁下）鈔批卷一九：「立謂：過取長貪，令他匱竭，（七九七頁下）減則不濟飢渴，令彼福薄。故齊三鉢，不損施主，又得充足。礪云：若上鉢，取一無罪，二鉢是犯；中鉢，取二無犯，取三則犯；下鉢，取三不犯，取四方犯。今言過三者，就下鉢為言。若一人取過三鉢，前一人不犯，後一人犯。以前云『已持三鉢』來，汝莫持來，過在後人，故此謂四人，各取一鉢也。望損處，過三即結。不望，食入自己，過三方結。五分、僧祇過受及不分比丘食，俱犯提。此律則不爾。」（七九八頁上）資持卷中三下：「律中不犯：齊兩三鉢；若病、若自送寺中等。」（三一六頁下）

足食戒〔一〕三十五

五緣〔二〕：一、是可足食〔三〕，二、知境足，三、捨威儀，四、無緣〔四〕，五、更食，犯。

律中：若飯、麨、乾飯，是正食，堪飽足，故名「足食」。五緣〔五〕：一、知是飯；由飯等是正足。二、知持來；知為我持來，境多是足。三、知遮；知前境食少，雖食不遮於後。若多堪飽，雖食一口，必遮於後。四、知威儀；知行、住、坐、臥四儀，隨壞一一犯足故。五、知捨威儀。若坐牀而食，前境堪足。忽低頭取與，後分離牀例。足食已，捨威儀，不作餘食法，得而食之，後食若正，若不正，枝、葉、華、果、細末磨、餅、油、蜜等，隨得一粒入口，咽咽墮。僧祇：捨威儀者，八種威儀〔六〕。行、住、坐、臥、長牀、短床、船、乘〔七〕。且如牀上坐已〔八〕，若見師僧塔像在背後者，迴身避坐，曳身不得離牀；若離，名「捨威儀」〔九〕。若正食時〔一〇〕，天雨，於上持蓋；無者，合牀舁著覆處。舁時倒地，及諸緣而離本處，更食犯墮。五分五事：一、有食，二、授與，三、受噉，四、不復受益〔一一〕，今時有人且受正食，少一口已〔一二〕，便言「不作斷心〔一三〕」。便至中前，依式更噉。此非正量〔一四〕，食無飽期，約境定犯〔一五〕。五、身離本處，更得食，墮。國土無粥，晨朝開飲麨漿〔一六〕。

十誦「五種」中，「糒〔一七〕」，謂乾飯也，餘同四分〔一八〕。「五似食」

者：床、粟、麨麥、蕎子、錯麥迦師等〔一九〕。「五種佉陀食〔二〇〕」者：一、根〔二一〕，二、莖，三、葉，四、磨食稻、大小麥等，五、果〔二二〕也。僧祇「五正」同此〔二三〕。五雜正〔二四〕，如四分云：佉闍尼者，枝、葉、華、果、細末磨〔二五〕。僧祇：大小麨麥、米、豆作餅〔二六〕，蘇、油、歡喜丸〔二七〕，一切作餅，除肉〔二八〕。餘者非「別眾」「處處」「滿足食」〔二九〕等。善見云：佉闍尼者，一切果是〔三〇〕也。正食者，米、麥作飯、麨〔三一〕。粥初出釜，畫成字，不得食〔三二〕；若米合藥作粥，亦爾。若少飯和多水，以離威儀，應作餘食法〔三三〕。乃至米雜肉〔三四〕如芥子大，作餘食法。一切草根及樹木子作飯，若以豆作飯，不須作餘食法〔三五〕。若以菜和正、不正，為粥〔三六〕，若說正名，成遮；不說正名，不成遮〔三七〕。

　　義云〔三八〕：此「足」者，謂前境足，非噉飽名足〔三九〕。故律中：時有比丘見上座來〔四〇〕，若受不作餘食法者，告言「我受不作餘食法」，便得食。「尼不敬僧戒〔四一〕」中亦爾。故知，若起，須作餘食法。由前境足故，不得輒起。何況僧祇「八遮」〔四二〕。

　　四分中：病人殘，不須作餘食法〔四三〕。善見、明了：病人殘者，或食不食，皆成殘。僧祇：一人作法，餘人盡得。此律亦爾。

　　律中，僧俗二食，俱得加法〔四四〕。若作餘食法，十五不同。能中有三：一、是比丘；二、先足食〔四五〕，除不正及不足；三、身康和，除病。對法亦三：一、豐時，除儉〔四六〕；二、所對是比丘；三、未足食〔四七〕者。食體亦三：一、時食及清淨，多論：不淨食，不成作〔四八〕；二、新淨食，非病人殘；三、不覆藏食〔四九〕。自作三法〔五〇〕：一、自言現前，應從淨人受已，共未足比丘互跪云：「大德！我足食已，知是看是，作餘食法；」二、授與前人〔五一〕；三、舒手相及處。彼作三法：一、彼受為食；二、口云「我止〔五二〕，汝取食之」；三、度與他。此三「五種」，並約律文〔五三〕。

　　五分，佛言：持食著鉢中，手擎，偏袒右肩，右膝著地〔五四〕，作是言：「長老一心念！我某甲食已足。」餘如上〔五五〕。若都不食，還之〔五六〕。語云「此是我殘，與汝」，亦名殘。尼具有殘食法〔五七〕。僧祇：若持鉢、椀作法，但食鉢中，鉢中成殘，椀中不成〔五八〕。

　　義云〔五九〕：今有人食飯未竟，喚足食者來與食〔六〇〕，云「此是我

殘」者，應成無妨。若強勸，不云殘，犯後戒〔六一〕。

律不犯者。

食作非食想〔六二〕，不受作餘食法〔六三〕，非食不作法〔六四〕，若病不作法〔六五〕，病人殘不作法〔六六〕，若已作餘食法〔六七〕，一切不犯。

【校釋】

〔一〕足食戒　資持卷中三下：「（佛在舍衛。說一食法，乃至諸比丘憔悴，佛聽得食取飽。又因看病人，開餘食法。後有比丘貪食，不知足，得便食之。因制。）」（三一六頁下）鈔批卷一九：「此戒古德建名不同，亦曰『數數食戒』，尼得吉羅也。」（七九八頁上）【案】四分卷一四，六六〇頁上開始。

〔二〕五緣　鈔批卷一九：「今文中，立兩个五緣者，解云：前是鈔家立五緣，引（原注：『引』疑『列』。）成犯之相。」（七九八頁上）【案】「五緣」下釋犯與不犯。犯文分二，初列緣；二、「律中若」下釋，又分二：初，「律中」下通釋；次，「十誦」下別釋。

〔三〕可足食　資持卷中三下：「可足即是正食。」（三一六頁下）

〔四〕無緣　資持卷中三下：「或病，或作餘食法，則無犯故。」（三一六頁下）

〔五〕五緣　簡正卷一二：「此五本非具緣，自是律文。廣釋之中，波離問佛：『有幾處應足食？』佛答云：『有五處約知成足，更食即犯。』鈔與戒疏，並呼為『緣』，知持來緣，乃至第五，知捨威儀緣等。」（七四一頁下）鈔批卷一九：「後五緣者，是律中列解前足食之義。案律文云：一、知是飯、麨、乾飯等；二、知持來；三、知遮；四、知威儀；五、知捨威儀者。此等，律文中名為『五處』。解言：所言『處』者，元上知是飯等五事，是成足之所（原注：『所』字原本不明。），稱之為處。此是律中，波離問佛：『比丘有幾處應足食？』佛言：『有五處應足食。』云何五處，元上所列者是。」（七九八頁上）資持卷中三下：「次列五緣：初，簡食體；二、須曾受；三、明食境多少、成遮不遮，如注所顯；四、約制教；五、據正犯。二緣似同而異。」（三一六頁下）

〔六〕捨威儀者，八種威儀　資持卷中三下：「上四通約四儀，與前無異。下四別就坐相，以明離處。由坐通地，物不犯故。」（三一六頁下）【案】僧祇卷三，二四七頁上。

〔七〕長牀、短床、船、乘　鈔批卷一九：「明先於此中坐食，忽移床身，分離坐處，船頭拄岸，後分離船，名壞威儀也。案祇文（七九八頁上）呼為『長床』『坐床』。下自解云：獨坐小床，名『坐床』也。」（七九八頁下）

〔八〕**且如牀上坐已** 資持卷中三下：「『且』下，舉牀示相。餘船、乘例同。」（三一六頁下）

〔九〕**若離，名「捨威儀」** 資持卷中三下：「初，約動身明犯。」（三一六頁下）

〔一〇〕**若正食時** 資持卷中三下：「『若正』下，次，約抬昇明犯。問：『倒地等緣，既非故作，何得結犯？』答：『此有法開，自可作法，故違而食，不復重開。彼云：在船、上船、築岸、觸木石迴波，身離本處。若在乘、上乘、上阪、下阪，（『阪』謂大坡。不平故有上下。）若翻身，離本處等。」（三一六頁下）

〔一一〕**不復受益** 資持卷中三下：「顯境足也。」（三一六頁下）簡正卷一二：「鉢中之食，既可飽足，更不擬再受益也。」（七四一頁下）鈔批卷一九：「立謂：食境堪飢足，不受。云我未作斷心，更擬後當食也。」（七九八頁下）

〔一二〕**今時有人且受正食，少一口已** 簡正卷一二：「據食欲了，只欠一口，故云已也。」（七四一頁下）資持卷中三下：「初出異計。彼謂，足食飽足方犯，但少一口，即不名足。」（三一六頁下）

〔一三〕**不作斷心** 簡正卷一二：「戒疏云：有人解云：境飽足者，謂我飽食足。我食未飽，雖起重坐，得食無過。」（七四一頁下）

〔一四〕**此非正量** 資持卷中三下：「『此』下，責非法。今準五分，不受益緣，明取境足，誠有據矣。」（三一六頁下）簡正卷一二：「准理門論，量有三種：現量、比量、聖言量，各有似正。今既乖文，則非聖教正言之量。」（七四一頁下）

〔一五〕**食無飽期，約境定犯** 簡正卷一二：「若任（原注：『任』一作『信』。）凡心待（七四一頁下）飽，何時飽足也？斷此四句分別：一、食足境不足，謂不正，雖飽未犯；二、境足食不足，是正食少；三、食境俱足，是正食多食，一口亦犯；四、俱不足，不正食又少。」（七四二頁上）鈔批卷一九：「謂食罷少時飢至，還欲得喫，將何為飽之限齊？以斯緣故，故不許也。」（七九八頁下）

〔一六〕**國土無粥，晨朝開飲麨漿** 簡正卷一二：「謂麨漿以非純正，開飲滿足。」（七四二頁上）資持卷中三下：「『國』下，明別開。以糗（【案】『糗』鈔作『麨』）是正食，隨方所宜故。」（三一六頁下）

〔一七〕**糒** 簡正卷一二：「糒者，（音『備』，說文云：乾餰也。）輔篇云：取乾飯炒之，然後磨，以篩之為末。」（七四二頁上）鈔批卷一九：「糒，（音『備』），說文：乾飯也。立云：十誦家喚四分家乾飯曰糒，是一體也。」（七九八頁下）資持卷中三下：「釋初緣。食體中。十誦有三：初，明『五正』。『糒』，音『備』，此與前異，故特出之。（前引三種，更兼魚、肉為五正。梵語『蒲闍

尼』，此云『正食』。）」（三一七頁上）【案】十誦下，文分為二：初明第一緣，
次明第四緣。第一緣分二：初「十誦」下，次「義云此」下。十誦卷四二，五
蒲闍尼即飯、糗、糒、魚、肉，見三〇七頁中。

〔一八〕**餘同四分**　簡正卷一二：「謂餅、麨、麨、魚、肉也。麨者，大德云：將麥蒸，
蒸了鎧之，以水浸，浸了卻炒，似麥餅也。有人不會，即妄說云：將麥炒了舂
磨，為名之為麨。錯也。」（七四二頁上）鈔批卷一九：「十誦詔（原注：『詔』
疑『召』。）四分乾飯為『糒』，餘四種：飯、麨、魚、肉四，名同四分也。」
（七九八頁下）

〔一九〕**床、粟、麷麥、莠子、錯麥迦師等**　資持卷中三下：「『五似』中，『床』，音
『眉』，即穄子也。麷麥，通名大小諸麥。莠，音『酉』，即稗草子。『錯麥』
是華言，『迦師』即梵語，謂碎麥飯也。〔以錯碎故。有云：麵者，濫下末（【案】
『末』疑『末』。）磨食。〕彼文明五似，或言『錯麥』，則不言『迦師』；或
言『迦師』，則不言『錯麥』。鈔中華、梵並列，意彰一物二名耳。」（三一七
頁上）簡正卷一二：「床者，（『靡皮』反。），謂關西、荊州，呼為『床』。若
北人、冀州等，喚作『穄』。此間亦名為穄，又於粟米許。麷麥者，大麥也。
莠子者，稗子。錯麥迦師者，『錯麥』是此土之言，即小麥。『迦師』是西梵之
語，蓋雙舉也。」（七四二頁上）鈔批卷一九：「床，粟（『靡皮』反），見蒼頡
篇（云云）。有人音（『力外』反）者，是專輒瞽言也。應師云：關西謂之麋，
冀州謂之穄，字體作『麋』（『靡皮』反），託跋改之，去『林』留『禾』，故字
書不載。自宋至陳，曾無識者，致言『力外』反。莠子者，今時苟尾草是也。
錯麥迦師者，立謂：『錯麥』，此方言『迦師』，是梵語，今梵、漢兩舉，故曰
也。北人呼為『鷰麥』，南人呼為『雀麥』是也。又解，舊來相承，喚『錯麥』
為大麥也，『迦師』為小麥。若依南山闍梨，『錯麥』與『迦師』一義耳。如
前解，鈔文相承。錯者，誤也。檢十誦文，乃是『錯麥』（音『少』）。」（七九
八頁下）【案】十誦卷四二，五似食即麋、粟、麷麥、莠子、加師食，見三〇
七頁中。

〔二〇〕**五種佉陀食**　鈔批卷一九：「即草根、莖等者。火取汁也。」（七九八頁下）資
持卷中三下：「『五種『佉陀』，即不正也。四中，稻即正食，麥是似食，但磨
細故，入不正收。（已上十誦，總十五種。）」（三一七頁上）

〔二一〕**根**　簡正卷一二：「一切草根也。」（七四二頁上）

〔二二〕**菓**　簡正卷一二：「是菓子也。」（七四二頁上）

〔二三〕**僧祇「五正」同此** 簡正卷一二:「謂五正,名、體大同四分。祇無乾飯也。」
（七四二頁上）鈔批卷一九:「謂祇中五正食,名、體與四分文同也。」（七
九八頁下）資持卷中三下:「僧祇初明五正。言同此者,即指十誦。彼云:糗
飯、麥飯、魚、肉,彼無乾飯。而言同此者,以麥飯乃當五似故。」（三一七
頁上）

〔二四〕**五雜正** 簡正卷一二:「祇中喚『不正』為『雜』。『正』即如四分枝、葉等,
即非正食處。處食之無犯足,又無別眾說。」（七四二頁上）資持卷中三下:
「五雜正者,（即不正也。）與四分同,故引合之。『佉闍尼』,此云『不正』。
（對上十誦,枝即是莖。此無彼根,彼無此花。）」（三一七頁上）

〔二五〕**細末磨** 鈔批卷一九:「礪云:謂麵等是。故十誦云:磨稻,大麥也。」（七九
九頁上）

〔二六〕**大小麴麥、米、豆作餅** 鈔批卷一九:「即青科或大麥也。」（七九九頁上）資
持卷中三下:「『僧祇』下,三、明餘物。米、麥等,皆謂磨作餅也。」（三一
七頁上）

〔二七〕**歡喜丸** 資持卷中三下:「古記云:西國多用酥油、砂糖為欄,故名丸也。」
（三一七頁上）

〔二八〕**一切作餅,除肉** 資持卷中三下:「『一切』下,牒上諸物,以明不犯。肉是正
食,故特除之。」（三一七頁上）

〔二九〕**「別眾」「處處」「滿足食」** 資持卷中三下:「別眾處處,此前二戒相因,而
列滿足,即此戒也。」（三一七頁上）鈔批卷一九:「謂既非正食,處處食之,
不犯足食。處處雖食,不犯別眾之過也。」（七九九頁上）【案】僧祇卷二九,
四六三頁下。

〔三○〕**佉闍尼者,一切果是** 資持卷中三下:「善見初通示二食,與前少異。初,不
正。唯果應收枝、葉等。」（三一七頁上）【案】善見卷一七,七九五頁。

〔三一〕**正食者,米麥作飯麨** 資持卷中三下:「正食且列三相,麥飯同上十、祇。」
（三一七頁上）

〔三二〕**粥初出釜,畫成字,不得食** 資持卷中三下:「『粥初』下,別釋。初,明正食。
粥藥稠厚,即同米飯。」（三一七頁上）

〔三三〕**若少飯和多水,以離威儀,應作餘食法** 資持卷中三下:「少飯和水,體非稀
粥。」（三一七頁上）鈔批卷一九:「願律師時（原注:『時』疑『將』。）五正
食互相和作句,總得三百二十句（原注:插入『二十句』三字。）,並犯足得

提。謂將『飯』作頭，有十六句，單食『飯』為一句，以餘『麨』等四个食，一一和飯，作得四句。（謂：飯和麨、飯和乾飯、飯和魚肉等，故有四句。）又以餘四，二二來和飯，為六句。（還用飯為主，將麨寸多少物，更來和，知得六句。）三三來和，為三句。又，以餘四併來和飯，得一句。又，以佉闍尼來和飯，得一句，合計得十六句。餘『麨』等四為頭，各得十六，合成八十句。約四威儀中一儀，既有八十句，四八三十二，便成三百二十句。若以菜和正，不正為粥。」（七九九頁上）

〔三四〕**米雜肉** 資持卷中三下：「亦約粥論。以單米稀粥，開噉無過。若雜少肉，即在正收。」（三一七頁上）

〔三五〕**一切草根及樹木子作飯，若以豆作飯，不須作餘食法** 資持卷中三下：「『一切』下，釋非正。初，約一體。」（三一七頁上）

〔三六〕**若以菜和正、不正，為粥** 資持卷中三下：「『若以』下，示相和。」（三一七頁上）

〔三七〕**若說正名，成遮；不說正名，不成遮** 簡正卷一二：「若云米粥，是正即遮。但云葉粥不正，即不遮也。」（七四二頁上）鈔批卷一九：「案見論云：若以菜雜魚肉作羹，若言受菜羹，遮不成遮。若言受肉羹，遮成遮。若正不正雜為粥，若說正名成遮，說不正名不成遮。（文正齊此說。）景云：以呼為飯粥即遮，若稱菜粥，則不遮也。立云：以見此粥稠似飯，先云此粥堪飽足，作此語竟，成遮。若言此粥希薄，不堪飽足，作此說竟，雖食不遮後也。」（七九九頁上）資持卷中三下：「言說正者，如云米粥。不說正者，如云果菜等粥。此亦約稠者言之。」（三一七頁上）【案】善見卷一六，七八四頁下。

〔三八〕**義云** 鈔科卷中三：「『義』下，決名遮濫。」（七六頁中）簡正卷一二：「約境立名，不論飽足。」（七四二頁上）資持卷中三下：「前注已破，由世盛傳，故此重示。」（三一七頁上）

〔三九〕**謂前境足，非噉飽名足** 資持卷中三下：「初，立義遮非」（三一七頁上）

〔四〇〕**時有比丘見上座來** 資持卷中三下：「『故律』下，引決。初準四分，僧敬上座，尼敬大僧。二俱是制，違則有罪。由受頭陀，二皆不犯，取彼決此，非直明文，故云『義』也。」（三一七頁上）簡正卷一二：「謂有秊少見上座來，不起，犯罪，故須陳意也。」（七四二頁上）鈔批卷一九：「立謂：年少見上座來不起，犯小罪，故須陳其所以。」（七九九頁下）

〔四一〕**尼不敬僧戒** 簡正卷一二：「謂尼行八敬，見新受戒人，亦須起來。今為一坐

食，雖見不起，便陳情言：『我不作餘食法。』白已，即不違敬法也。」（七四二頁下）鈔批卷一九：「謂尼行八敬，百歲之尼見新受戒僧，須起迎逆問訊。今緣坐食，雖見不起，便須白言：『我不作餘食法。』作此白已，無違教罪。據此而言，尼亦有殘食法也。」（七九九頁下）

〔四二〕何況僧祇「八遮」　資持卷中三下：「彼但云八種。今以隨作一相，即名遮後，故云八遮。上明境足，猶是從寬。僧祇更急，故引比況，足顯彼非。」（三一七頁中）簡正卷一二：「舉急況緩意者。四分約受得已入手，食一口已，號名境足。祇文並未入手，（七四二頁下）及食但口中說等，便遮於後故也。」（七四三頁上）鈔批卷一九：「一、自恣足，二、少欲足，三、穢汙足，四、雜足，五、不便足，六、諂曲足，七、停住足，八、自己足。言自恣足者，謂檀起（【案】『起』疑『越』。）自恣，與麨飯等五正食，自恣勸足食。比丘言：『我已滿足。』如是起離座，不作餘食法食（原注：『食』疑『更』。）食，提。二、少欲足者，亦自恣與食，謂人與五正食，比丘動手，現少欲相，離座更食，提。三、穢污足者，行食時，淨人自有瘡諸不淨等，比丘見污惡之，言『不用』，過去離座，提。四、雜足者，淨人持乳酪器，盛麨飯污故。比丘見已惡之，言：『不用。』亦爾。五、不便足者，淨人行食，比丘問言：『是何等食？』答言：『麨。』比丘言：『此動我風病，我不便過去。』已如是，離座更食，提。若行飯時，比丘問言：『為堅㝹？』答言：『堅。』比丘言：『此粳米難消，我不便過去。』若言㝹，有言：『此爛難食，我不便過去。』若行肉時，比丘問言：『是何等肉？』（七九九頁下）答言：『牛肉。』比丘言：『牛肉熱，我不便過去。』若言水牛肉，比丘言：『性冷難消，過去我不便。』若言鹿肉，比丘言：『此風性（原注：『性』疑『病』），我不便過去。』如是離座已食（【案】『食』疑『更』。）食，提。六、諂曲足者，淨人行五正食、五雜正食，比丘畏口言『足』，現手作相。若搖頭、若縮鉢，作不須相，離更食，提。七、停住足者，淨人以五正，比丘莫先行飯，揣恐人（【案】僧祇此處為『搏恐觸足』。），當先下菜冷水，如是離座更食，提。若作維那直月等，指示現相不名足。八、自己足者，比丘乞食至一家，放麨囊置地，從主人乞水欲飲。檀越作是念：『此比丘，必當須麨。』即問言：『須麨（原注：插入『即問言須麨』五字。）不？』比丘作是念：『此檀越必欲家中取麨與我？』答言：『須。』時檀越即捉比丘麨囊授比丘。比丘以惜己麨故，恐檀越觕己鉢，便言：『置置。』如是語已，離座更食，提。看律文意，此八種，若離座已不受，作殘食法，悉提。有人云：

此八皆約未離座也。由隨作此八事竟，恐已足，更不合食一切食也。雖未離座，由緣此八事故，皆不得更食。若更作餘食法，方許食也。以授食人，謂言比丘不用，更不食也。<u>立</u>云：八遮者，只是上文行、住、坐、臥、長短二床、船、乘為八也。（恐非當。）一、是比丘者，簡下三眾，無餘食法也。（八〇〇頁上）尼雖有此法，是<u>五分</u>文也。<u>四分</u>不明有殘食法也。三身康和者，簡病時直開數食，何論殘法？一豐時除儉者，謂開八事中，有不作餘食法。二、所對是比丘者，簡不對餘下眾也。三、未足食者，簡餘足食竟人，不得相對也。以彼不得更食故，不得為他作殘法也。時食及清淨等者，簡非時食，不須作也。言清淨者，謂簡有八患之食，作法不成。新淨非病人殘者，簡殘，不用作法，直爾得食。不覆藏者，顯覆（原注：『覆』疑『露』。）持來也。<u>礪</u>云：非餘覆上也。堅（原注：『堅』疑『慳』。）故，畏他嚴故，有覆藏也。」（八〇〇頁下）【案】<u>僧祇</u>卷一六，三五四頁～三五五頁。

〔四三〕**病人殘，不須作餘食法**　<u>鈔科</u>卷三：「初，引示作法。」（七七頁上～七六頁中）【案】<u>四分</u>下釋第四緣，文分為二：初，「<u>四分</u>」下；次、「義云今」下。初又分二：初「<u>四分</u>」下，次，「<u>律中僧</u>」下。

〔四四〕**僧俗二食，俱得加法**　<u>簡正</u>卷一二：「律云：時有比丘，早起受得僧食也。置（原注：『置』疑『直』。）入村，彼受請，還餘比丘邊，作餘食。彼或分食，或都食盡。（此僧食緣也。）時有比丘，往檀越家乞得食，不知得作法不？佛言：得。今鈔准此故，云俱得也。」（七四三頁上）【案】「<u>律中</u>」下分二：初「<u>律中</u>」下；次「<u>五分</u>」下。

〔四五〕**先足食**　<u>資持</u>卷中三下：「約境為言。」（三一七頁中）

〔四六〕**豐時除儉**　<u>資持</u>卷中三下：「律中儉開八事，不作餘食法，是其一數。」（三一七頁中）

〔四七〕**未足食**　<u>資持</u>卷中三下：「律云：食已為他作不成。（準<u>僧祇</u>開。）」（三一七頁中）

〔四八〕**不淨食，不成作**　<u>資持</u>卷中三下：「謂興利邪緣、宿觸等，別有所犯故。」（三一七頁中）

〔四九〕**不覆藏食**　<u>簡正</u>卷一二：「覆藏食者，矗覆與者，上恐對首人食之。」（七四三頁上）<u>資持</u>卷中三下：「謂以惡食覆好食也。」（三一七頁中）

〔五〇〕**自作三法**　<u>資持</u>卷中三下：「『自』言現前，非遣他故。律云：使淨人作不成。」（三一七頁中）

〔五一〕**授與前人**　資持卷中三下：「律云：自手捉食作，持食置地，作皆不成。」（三一七頁中）

〔五二〕**口云「我止」**　資持卷中三下：「正示殘法。」（三一七頁中）

〔五三〕**此三「五種」，並約律文**　【案】疑作「此五『三種』」，即指上文「能中三」、「對法三」「食體三」「自作三」和「彼作三」。

〔五四〕**佛言，持食著鉢中，手擎，偏袒右肩，右膝著地**　鈔科卷中三：「『五』下，引諸部雜相。」（七七頁中）資持卷中三下：「引諸文中，五分示前威儀。」（三一七頁中）【案】五分卷七，五二頁下。

〔五五〕**餘如上**　資持卷中三下：「續云『知是』『看是』，作餘食法。」（三一七頁中）

〔五六〕**若都不食，還之**　資持卷中三下：「『若都』下，示略法。但取他語，不必須食。」（三一七頁中）

〔五七〕**尼具有殘食法**　簡正卷一二：「破古云：尼是女類，食不消化故，無食足犯。今云不然，尼律開通，文自明也。又，五分廣辨僧殘食法竟，則云比丘亦如是也。此依戒疏釋。」（七四三頁上）資持卷中三下：「此出五分。古謂尼無，故特點之。又身綺中，尼受不作餘食法，則僧尼同有明矣。」（三一七頁中）

〔五八〕**若持鉢、椀作法，但食鉢中，鉢中成殘，椀中不成**　資持卷中三下：「『僧祇』下，明器各別法有成否。彼云：若比丘持食來欲作殘食，即於鉢上、碗中作殘者，止得碗中名作殘食，鉢中不名作。若碗中汁流鉢中，得俱名殘食。今文反之，存大意耳。」（三一七頁中）鈔批卷一九：「立謂：若准祇文，要須食之，乃至但食鉢中，不食椀中，椀中不成殘。四分不要須食，但使者人報言『是我殘』，則成。又，祇文，若持鉢椀作法，以食鉢中者，謂椀中、椀中，亦成殘。若持二椀，相並作法，以食餅橫其二鉢上。若食餅中央，則二鉢俱成殘法也。」（八〇〇頁下）【案】僧祇卷一六，三五六頁上。

〔五九〕**義云**　鈔科卷中三：「『義』下，決通時事。」（七七頁上）簡正卷一二：「約期作法，為食一口，准如他部。若都不食，云『是我殘』，得者，准此義，今食未竟，不須作法，真（【案】『真』疑『直』。）云『我殘與汝』，得成。此據前人，欲得食。若知前不欲，強勸犯得（【案】『得』疑『後』。）戒也。」（七四三頁上）

〔六〇〕**今有人食飯未竟，喚足食者來與食**　資持卷中三下：「初，明直與成殘。」（三一七頁中）

〔六一〕**若強勸，不云殘，犯後戒**　資持卷中三下：「『若』下，明強勸別犯。」（三一七頁中）

〔六二〕**食作非食想**　資持卷中三下：「是想差。如稠粥作稀想。」（三一七頁中）

〔六三〕**不受作餘食法**　資持卷中三下：「即上行，永無有犯。」（三一七頁中）簡正卷一二：「此約一向不受，謂從旦米（原注：『米』疑『來』。），未曾受食。」（七四三頁上）鈔批卷一九：「礪云：食作非食想者，如旦食稠粥作薄想。中食上，不受作餘食法，不犯。又一解：如旦食稠粥，決意作出釜時薄粥想。或可至中，飢不堪耐，謂前不足故。言不受者，明一向不受故，（八〇〇頁下）謂其人且來，未曾受食也。」（八〇一頁上）

〔六四〕**非食不作法**　資持卷中三下：「約食體不淨。（或前食非正。）」（三一七頁中）鈔批卷一九：「謂既非五正食，何須作餘殘法也？但是非正，名為非食也。礪云：非食不作法者，謂前食薄粥故也。」（八〇一頁上）

〔六五〕**若病不作法**　資持卷中三下：「即病緣。」（三一七頁中）

〔六六〕**病人殘不作法**　資持卷中三下：「謂已殘。」（三一七頁中）

〔六七〕**若已作餘食法**　資持卷中三下：「是順教。（儉開不作，文無理有。）」（三一七頁中）鈔批卷一九：「謂先作餘食故也。（已上礪解。）」（八〇一頁上）

　　勸足食戒〔一〕**三十六。**

　　五緣〔二〕**：一、他足食竟，二、知**〔三〕**，三、發言強勸，四、不作殘法，五、前人食，犯。**

【校釋】

〔一〕**勸足食戒**　資持卷中三下：「（佛在舍衛。有弟比丘貪食，兄比丘以過責。心懷恚故，兄食已，便強勸食，反以過責。因制。）名中，強以飲食勸己足者，故云『勸足食』。疏中，對前戒四別：一、前身犯，後語犯；二、前開病，後不開病；三、前貪心，後三性；四、前已咽犯，後他咽己犯。」（三一七頁下）鈔批卷一九：「尼但犯吉。」（八〇一頁上）【案】四分卷一四，六六一頁下開始。

〔二〕**五緣**　資持卷中三下：「若彼受食，咽咽二俱墮。問：『已有前制，理應不違，復開殘法，自可依作。如何受勸，重興此戒？』答：『元彼懷恚，意欲令犯，強設巧言，誤令不覺。至論成犯，必與俱時，但所勸犯前，能勸犯後。故律中：若彼棄之與人，自作殘法等，則能勸但吉耳。』」（三一七頁下）簡正卷一二：「依戒疏云：『此與前足食戒何異，而分為兩？』答：『前戒自己犯，此戒

自他同犯。又有四義，故開為二：一、前戒（七四三頁上）是身犯，此戒是口犯；二、前戒病緣乃開，此戒無開；三、前戒是貪心犯，此戒通三心；四、前戒是自食犯，此戒他咽食，以空犯故。」（七四三頁下）

〔三〕知　鈔批卷一九：「立謂：知足食已，故勸犯，提。若實足已，作足食疑，勸則吉羅。若未足食，足想與疑，勸俱犯吉。立云：此戒與前戒，同是足食，以自、他有異，故為二戒。礪云：此戒與前戒，有四種不同：一、業有異。前足食戒，是『口止』共『身犯』。私云：『口止』，不作餘食法，又假『身業』咽咽也。此『勸足』是『口止』作業，假他身犯。『口止』不作餘食法，曰止也。發言勸他，名口作業。假他咽時，我始得罪，故曰假他身也。二、開緣有別，足食開病，勸足無開。三、起業不同，足食是貪心犯，勸足以嗔心生犯。此且據緣起說，然若好心勸，亦成犯。四、食不食異，足食要自咽犯，勸足自身不食，他咽有犯。有斯四異，故離為二戒。」（八〇一頁上）

非時食戒〔一〕三十七

智論，問曰：「若法無時，云何聽時食、遮非時食為戒〔二〕？」答曰：「我已說世界名字法有，非實，汝不應難〔三〕；亦是毗尼中結戒法〔四〕，是世界中實有，為眾人訶責〔五〕故；亦欲護佛法使久存，定佛弟子禮法〔六〕故。佛世尊結諸戒，不應求有何名字、相應不相應等〔七〕。」「若爾，云何但說假名時〔八〕？」答：「實時毗尼不說〔九〕，以白衣、外道不得聞，聞生邪見〔一〇〕故。說假名時，以通多分〔一一〕故。」今有妄學大乘者，多貪著非時食故，具引誡之〔一二〕。

經中說云〔一三〕：早起，諸天食；日中，三世諸佛食；日西，畜生食；日暮，鬼神食。佛制斷六趣因，令同三世佛〔一四〕故。

多論四解〔一五〕：一、從旦至中，其明轉盛，名之為「時」；中後明沒，名為「非時」。二、從旦至中，作食時節，乞不生惱；中後已去，反上可知。三、中前俗人事務，婬惱未發；中後閑預，入村乞食，多被譏謗。四、中前乞食濟身；過中靜緣修道，非是乞時，名為「非時」。又云：晝夜各分九時，事同須臾〔一六〕。日下近地，熱漸寒甚〔一七〕，夜則長也。

阿含中，時非時經具明二十四半月之相〔一八〕，準俗二十四氣量之〔一九〕。僧祇，令知時節，若作腳影〔二〇〕，事同上經；若作刻漏〔二一〕。四分亦爾。日極長，晝則十八須臾，夜十二〔二二〕也；長夜反之〔二三〕。

四緣：一、是非時，二、非時想，三、時食，四、咽咽，墮。

律云：「時」者，明相出，乃至日中〔二四〕。按此時為法，四天下亦爾〔二五〕。「非時」者，從日中乃至明相未出。僧祇：日正中時，名「時非時」，若食得吉〔二六〕；時過如一瞬一髮，食得提。

律云：若比丘非時受食食，咽咽墮；非時漿，明相出，七日藥，過七日，亦墮〔二七〕；盡形壽藥〔二八〕，無因緣服，吉羅。以曾加口法，無病不許服，犯有輕重〔二九〕。並謂加口法者；若不加法，非時中服四藥並墮〔三〇〕，故戒本唯除水、楊枝〔三一〕也。

五分：得嘗食，但不得咽〔三二〕。十誦〔三三〕：教人非時食、殺生草木、空地然火、手取金銀、掘地、噉殘宿食，為己、不為己，作者，皆二俱犯墮〔三四〕。五百問云：中後，一切有形之物，不得入口中〔三五〕。食已，用楊枝若灰漱口；不者，墮〔三六〕。

律不犯者。

若作黑石蜜〔三七〕和米作，法爾故；有病者服吐下藥〔三八〕，日時欲過，煮麥令皮不破〔三九〕，漉汁飲；若喉中嘔出，還咽〔四〇〕不犯。善見：出喉還咽，犯墮。

【校釋】

〔一〕非時食戒　資持卷中三下：「（佛在羅閱城。人民節會，難陀、跋難陀共看伎，并受食，而暮還耆闍山；又，迦留陀夷夜入城乞食，女人電中見，稱言是鬼。由此二緣故制。）」（三一七頁下）鈔批卷一九：「此戒僧尼同犯。五分：非時時，想、疑俱提。言非時者。慧師云：旭旦則始營未異（八〇一頁上），晚日則飯食復終，莫若辰午之間，則是初成之際，故午以往，則號非時。礪云：將欲解非時，先反解時也。」（八〇一頁下）【案】「非時食戒」文分二：初，「智論」下；二、「四緣」下。四分卷一四，六六二頁中開始。

〔二〕若法無時，云何聽時食、遮非時食為戒　簡正卷一二：「彼第一因，解如是我聞一時義，破蕩時相，不可得故。因即問云『若法無時』等，此約真諦發問也。意道：『真如理性，本無時節，云何約時而制，遮非時食為戒耶？』（問竟。）答中，『我已說世界』至『不應難』者，論意：我先來已說俗諦世界，假有時名字法，雖有而非實，汝今不應將真諦來難我俗諦也。」（七四三頁下）鈔批卷一九：「謂見陰界入生滅，假名為時，所謂一、異、長、短等名字，出凡夫人心。（謂實性中，有無名相，言語路絕，求三際不可得，寧可於中論其

時乎！）即問曰：『若無時，云何聽時食，遮非時食為戒？』」（八〇一頁下）

資持卷中三下：「時成就文，彼明天竺說時有二：一名『迦羅』，（此云『實時』，謂年、月、日、時，四時部氣等，世俗背計為實故。）二名『三摩耶』。（此云『假時』，謂隨事緣長短不定，無有實故。）佛隨世諦，說三摩耶，不說迦羅，為除外道、俗人邪見故。（俗人著有，外道計常。若說實時，更增彼計。此亦大分為言，非俱不說。）論中，先破彼計『實時皆無有實』。然毗尼制法多依實時，則顯如來亦說實時，豈是無時？故以為問，如鈔所引。」（三一七頁下）

【案】「智論」下釋第六，文分為四：初，「智論問」下；二、「經中說」下；三、「多論四」下；四、「阿含中」下。智論一節分二：初問答，二、「今有」下。智論卷一，六六頁上。

〔三〕**我已說世界名字法有，非實，汝不應難**　資持卷中三下：「初，約義釋通。……初中三義。初從假。釋論中，難破時已，乃云見陰界入、生滅，假名為時，無別時。（謂時經及餘經等，亦說實時，乃是隨世名字，故云假名。此與俗說假名，言同義別。又準佛說，則彼二皆是假名，隨彼而言，故云實耳。）文云『我已說』者，即指上文。世界法有故，不妨說時、非時；非實故，不妨無時。立論已明，不審重問。故反責之，云『不應難』。（『有』下闕『時』字，『實』下脫『法』字。論本有之。）」（三一七頁下）簡正卷一二：「論意：我先來已說俗諦世界，假有時名字法，雖有而非實，汝今不應將真諦來難我俗諦也。」（七四三頁下）鈔批卷一九：「答曰：我已說世界名字法，有時非實法，汝不應難，亦是毗尼中結戒法。是世界中，實非第一實法相，吾我法相，實不可得故，亦為眾人嗔呵故，亦欲護佛法使久存，定弟子禮法故。諸佛世尊結諸戒，是中不應求：有何實、有何名字等，何者相應、何者不相應，何者是法，如是相，何者是法，不如是相。以是義故，是事不應難。問意云：『理本無時，何以約時而制戒，不聽非時食也？』答云：『結戒依世諦，不依於真諦。以眾生計時為有，故聖隨世流布，約假名制非時食也。』」（八〇一頁下）【案】初答分二：初，「我已」下；次，「佛世尊」下。初又分三。

〔四〕**亦是毗尼中結戒法**　資持卷中三下：「『亦是』下，次，隨世釋。」（三一七頁下）簡正卷一二：「『謂毗尼結戒，約世法故，為眾生許時，為實時即不可，非時譏責。如迦留陀夷，即是其事。如以來遮，非時而結，戒以護人心也。」（七四三頁下）

〔五〕**是世界中實有，為眾人訶責**　資持卷中三下：「『世界實』者，俗所計也。（論

文『實』下有『非第一實』一句。又無『有』字。）眾人呵者，即指緣起。（<u>律</u>
中，女人呵<u>迦留陀夷</u>云：『寧自破腹，不應夜食。』）由彼計實，而致譏呵。<u>律</u>
附世相，遮譏故制。」（三一七頁下）<u>鈔批</u>卷一九：「若不制此戒，遮非時食，
則招外道、俗人譏呵之過也。即如緣中，<u>迦留陀夷</u>著衣持鉢，入<u>羅閱城</u>乞食，
值天陰闇，至一懷妊婦女家乞。（八○一頁下）此女持食出門，值天雷電，暫
見其面，時女驚怖，稱言『鬼鬼』，即墮身。<u>迦留</u>報言：『大妹，我非鬼，我是
沙門釋子。』婦女恚言：『沙門釋子，寧自破腹，不應夜乞食。』時<u>迦留</u>聞，
還來白佛，故制，以息人呵也。」（八○二頁上）

〔六〕**亦欲護佛法使久存，定佛弟子禮法**　<u>資持</u>卷中三下：「『亦欲』下，三、護法
釋，謂受戒時分定上、中、下。（三一七頁下）互相敬事，令法不滅，故云使
久存等。（初義，約假從道以釋；後二，約實從俗而釋。）」（三一八頁上）<u>簡
正</u>卷一二：「謂佛結戒，令正法久住。見論亦云：毗尼藏，但佛法方住等。定
佛弟子禮法者，謂外書制禮，是俗中禮法。今佛制時食軌儀，是佛弟子禮儀法
則也。（上依<u>玄</u>釋也。）<u>寶</u>云：要定受戒時，分夏臈三時，入師房求教誡等。
（此解，局也。）」（七四三頁下）

〔七〕**佛世尊結諸戒，不應求有何名字、相應不相應等**　<u>資持</u>卷中三下：「『佛』下，
遮其來難。……遮來難中。以毘尼制教，隨順世諦，從權建立，不可橫以真
理而難俗事，以化就蕩相制是建立，故云不應求等。論具云：諸佛世尊結諸
戒，是中不應求：有何實，（體之虛實。）有何名字，（名之有無。）何者相應，
何者不相應，（義之違順。）何者是法如是相，何者是法不如是相。（相之是
非。）以是故，是事不應難。（化教詮理，必須『四義』求之。）」（三一七頁
下）<u>鈔批</u>卷一九：「聖人昔日制戒，防禁緣非，隨機設教，藥病相稱，本唯麤
現，未示真宗，或重解微，豈示衣中之實（原注：『實』疑『寶』。）？故凡所
施設，約世裁規，何得於中比類真如之道，而言戒法與理相應不相應耶？據
終而言，無非趣極，即事相覆，戒乃有為。」（八○二頁上）<u>簡正</u>卷一二：「謂
佛結戒防護，不應求世間名字與真如理性、辨相應不相應也。」（七四三頁下）
【案】<u>資持</u>釋文中『四義』求之，即：體之虛實、名之有無、義之違順、相之
是非。

〔八〕**若爾，云何但說假名時**　<u>鈔批</u>卷一九：「此問意云：汝既道真理中無時、非
時，何不莫論時，而強立於時耶？」（八○二頁上）<u>資持</u>卷中三下：「論文前
云：如來為除邪見，不言<u>迦羅</u>說三摩耶，謂餘經中多說假時。如上引<u>律</u>，乃說

實時，義有相違，故以為難。」（三一八頁上）

〔九〕**實時毗尼不說** 簡正卷一二：「謂理本時毗尼教中，不得混亂。若白衣外道，聞說真諦無時，即生邪見也。又真如理性，小聖尚不能世界時分，多人共解，故曰以通多分故。」（七四四頁上）資持卷中三下：「答中，為二。初明毗尼說實意，上句正示。（『不』字誤。論文正作『中』字。）」（三一八頁上）【案】次答中分二，「實時」下為一，「說假名」下為二。

〔一〇〕**以白衣、外道不得聞，聞生邪見** 資持卷中三下：「『以』下，顯意。謂毗尼不許白衣、外道聞，故可說實時。以道眾自知非實，不生邪執故。（文中下『聞』字，論作『而』字。）」（三一八頁上）

〔一一〕**說假名時，以通多分** 鈔批卷一九：「立云：一切凡夫，皆計假名、有時、非時。若真如中，無時不時。世人未了，識者亦尠，今隱而不說。但世人計時、非時者多，今從多分而論。且立制於時中，以制此戒，又以眾宜聞故。若說真時，眾生不悟也。」（八〇二頁上）資持卷中三下：「『說』下，次明餘經說假意。通多分者，道俗俱可聞故。（古多錯解，妄改文字。學者難曉，不免繁文。）」（三一八頁上）

〔一二〕**今有妄學大乘者，多貪著非時食故，具引誡之** 資持卷中三下：「以學語者恥已貪嗜，濫謂大乘無時、非時，故今還引大論，以誡邪執。近世學大學小，噉食無時，不畏佛戒，銅漿鐵丸，焦爛喉腹，病徹心髓，誰當代之？」（三一八頁上）

〔一三〕**經中說云** 鈔科卷中三：「『經』下，取中意。」（七七頁中）簡正卷一二：「是毗羅三昧經。萍沙王問佛『何故日中食』，佛言『早起諸天食』等。今制日中，斷六趣因故，又表是中道，七佛所行也。」（七四四頁上）鈔批卷一九：「案毗羅三昧經上卷云：朝為諸天子食，日中為佛食，晡時為諸畜生食，夜為鬼神食。唯日中與朝食得福。晡、夜二食，使人得病也。」（八〇二頁上）資持卷中三下：「經即毗羅三昧經。通列四時，前後三種，大約不定。日中一種，佛佛常法，以住中道，假事表理，故凡所化儀，無不皆中。」（三一八頁上）

〔一四〕**佛制斷六趣因，令同三世佛** 資持卷中三下：「『佛制』下，正顯教意。上有三趣，地獄同鬼類，欲超三界，必斷六因。故制比丘不同彼食，令依極聖，出離可期。嗟彼愚人，多食晚食，肯斅諸佛，而甘同鬼畜，不知何意乎！」（三一八頁上）

〔一五〕**多論四解** 資持卷中三下：「多論初釋時非時。四義中，初約日明出沒，餘三

約乞食，合宜不宜。二、三約他事，第四就己行。」(三一八頁上)

〔一六〕又云：晝夜各分九時，事同須臾　鈔批卷一九：「晝夜各分九時者，有云：是多論亦如祇，分三十須臾也。」(八〇二頁上)資持卷中三下：「『又』下，明時分不定，晝夜各九時。(且約相等。)增輝引古解云：晝夜都十八時，一時有五十臘縛，(三一八頁上)十八時總九百臘縛，三十臘縛為一須臾。(三百為十須臾，九百為三十須臾。)事同者，同下僧祇故。(俱舍：一百二十剎那為一怛剎那，六十怛剎那為一臘縛，三十臘縛為一須臾，三十須臾為一日夜。)」(三一九頁中)簡正卷一二：「『又云』等者，謂前據麤相，而論今更細辨。且西天有三時，亦約十二月分之。從十二月十六至四月十五為春，從四月十六至八月十五為夏，從八月十六至十二月十五為冬。今此土四時，亦約十二月辨，但加秋也。於此四時，日月晝夜長短不定。夏至日，日極長、夜極短。冬至日，日極短、夜長。春分、秋分二日，晝夜平等。降茲已外，延促不定。今若辨時、非時，鈔云晝夜各分九時而同須臾者，意將多論晝夜各有九時，同於僧祇。俱舍三十須臾也。今先明須臾者，故俱舍云：百二十剎那為一怛剎那，十怛剎那為一臘縛，三十臘縛為一須臾，三十須臾為一晝夜。今春分、秋分二日，晝夜平等，各有十五須臾。從旦至中，(七四四頁上)七須臾半是時；過中已後，七須臾半，并夜十五須臾，都二十一須臾半，俱號非時。今多論有九時，從旦至中，四時半名時，過中已去，更有四時半，并夜九時，都十三時半，俱號非時也。夏至日極長，俱舍有十八須臾，於中九須臾名時，過中、後九須臾，并夜十二須臾，都亦二十一須臾，名非時。冬至日，反說即是。(云云。)中間諸日，延促不定，可以准知。多論：日夜十八時，亦類此多少。問：『多論晝夜共有十八時，僧祇、俱舍晝夜共有三十須臾。其數不等，何故鈔文將多論十八時，同他俱舍三十須臾，請為和會？』大德釋云：『俱舍中，三十箇臘縛為一，三十(原注：插入「三十」二字。)須臾為一晝夜。且一須臾，既有三十臘縛，十須臾即三百臘縛，三十須臾都九百臘縛。若准多論：一時即有五十臘縛，十時五百。又有八時，五八四十，即四百。并前，都計九百臘縛。雖則十八時與三十須臾，似有參差。然彼此總是九百臘縛不異，故云事同須臾也。諸記中，並未委此義，但是誦語消文。或有云約冬至、夏至，日極長、極短時，如僧(【案】『僧』後疑脫『祇』字。)及俱舍，須臾不別。」(七四四頁下)

〔一七〕日下近地，熱漸寒甚　鈔批卷一九：「謂冬日落南，離地近故。日短夜長，須

與有增減也。」（八〇二頁下）資持卷中三下：「準俱舍，日月在須彌山半腹，去地四萬由旬。準此，則無『下』義。但日行極南，望之似『下』。以天上南北相去有一百八十道，日於此中來去，以分八節。且為夏至日在北第一道，向南行超四十五道是立秋，又越四十五道秋分，又越四十五道是立冬，又越四十五道、極南第一道是冬至。（從北至此，熱減寒至甚也。所以寒者，一云，南州北闊日光多故，南狹日光少故；又云：近須彌山邊冰山故；又云：去人遠故。）從北卻迴至立春、春分、立夏、夏至，各經四十五道，還至極北。如是終而復始，四十時、非時。」（三一八頁中）簡正卷一二：「約日行南道，近冰山上過，同於近地，熱漸退、寒漸增，非謂也。『下』，日在須彌半腹平轉故。且天上有一百八十道，夏至日在此第一道行行（原注：『行』字疑剩。），此後一日，向南行一道，越四十五道，是立秋；更過四十五道，是秋分；又過四十五道，是立冬；又過四十五道，是冬至。在南第一道，上日（原注：『上日』疑『晝』）有十二，夜有十八。從此卻向北行，經四十五道，是立春；又四十五道，是春分；又四十五，是立夏；又四十五，是夏至，此日有十八，夜有十二也。夏中熱者，蓋以日行北道，近須彌及七金山，金性熱；又去人近；又，南州北面闊，攝日光多故，冬寒反此。正法念又云：冬日極南海有冰山，此日近冰山山（原注：『山』字疑剩。）之地故。」（七四五頁上）【案】多論卷六，五四三頁中。

〔一八〕**時非時經具明二十四半月之相** 鈔科卷中三：「『阿』下，定時節。」（七七頁中）簡正卷一二：「謂一季十二月，分為半月，即二十四也。」（七四五頁上）資持卷中三下：「經即阿含別品，是以雙標。彼約腳影，定一年中日夜長短。」（三一八頁中）

〔一九〕**準俗二十四氣量之** 資持卷中三下：「準俗者，此方亦以十五日為一氣，一氣有三候，一候有五日，三氣為一節，（四十五日。）一年有四時、八節、二十四氣、七十二候、三十六旬。」（三一八頁中）簡正卷一二：「俗中有二十四氣，一氣亦是半月日。二十四『半月』，即成二十四氣也。若作腳影，事同上經，准腳影之步身為度，且如正月一日至十五是一半。此十五日，准氣合為用步身影長九腳半為時，步身影長七腳少三指為非時。從十六日至三十日，是第二氣。此十五日，九腳為時，六腳少三指為非時。（七四五頁下）如是例之，不能繁錄。」（七四五頁下）鈔批卷一九：「二十四氣者，謂齊中明相云十五日為一氣，事同佛法中二十四『半月』也。」（八〇二頁下）

〔二〇〕腳影　資持卷中三下：「立日中以腳步影也。」（三一八頁中）

〔二一〕若作刻漏　簡正卷一二：「戒疏云：唐國晷漏，分為百尅。出家時節，晝夜分百尅。」（七四五頁下）資持卷中三下：「刻漏者，量水為數，隨時增減，滴漏定時，謂之刻漏。」（三一八頁中）

〔二二〕日極長，晝則十八須臾，夜十二　簡正卷一二：「夏至極長，晝六十、夜四十。冬至夏（原注：『夏』疑『反』。）之。極長，晝十八、夜十二者，約夏至日也。」（七四五頁下）鈔批卷一九：「一日有三十須臾，日長者十八，夜有（原注：插入『有』字）十二；日短有十二，夜有十八。案祇云：二十念名一瞬須（原注：『瞬』疑衍文。）二十瞬名一彈指。二十彈指名一羅預，二十羅預名一須臾。」（八〇二頁下）

〔二三〕長夜反之　簡正卷一二：「大德迴文云：夜長反之，即夜十八、晝有十二。約冬至日說也。」（七四五頁下）

〔二四〕明相出，乃至日中　資持卷中三下：「釋初緣中。引律定時。」（三一八頁中）資持卷中三下：「此明極限，食必中前。」（三一八頁中）【案】「四緣」下釋犯與不犯。犯文分二：初列緣；次「律云時」下釋第一，「律云若」釋第三，「五分」下釋第四。

〔二五〕按此時為法，四天下亦爾　鈔批卷一九：「謂四天下皆以午前為曆。今日月則一日一夜，匝四天下。如南方午，西州日出，東則日沒，北則半夜。如是遷移，比對可知。今有神通者，於此方齊竟，有去西方食不犯，謂不是前也。如是一日中，得四過食不犯，由是午前故。」（八〇二頁下）資持卷中三下：「四天下者，俱舍云：日轉四天下，正照一面，傍照兩面，長背一面。又云：北洲夜半，東洲日沒，南洲日中，西洲日出。四洲皆約從明至中，故云亦爾。」（三一八頁中）

〔二六〕日正中時，名「時非時」，若食得吉　資持卷中三下：「正中犯吉，故知受食必在中前。經中，食時乃當辰已。古德卯齋，護之彌急。有聞諸佛日中食，便謂中前非法，蓋不知教也。又有訛云『不過鍾食』，便聽鍾奉戒。況打鍾不定，何足為準？瞬即動目少時，髮謂影移少地。義淨內法傳云：宜於要處，安小土臺，圓闊一尺、（三一八頁中）高五寸，中插細杖。或時食上豎竹箸，可高四指，取正午之影，畫以為記。影過畫處，便不合食。西方在處悉有之，名『薛攞斫羯羅』，譯為『時輪』。」（三一八頁下）簡正卷一二：「謂僧祇律自有一須臾，名曰時、非時，於此中食犯吉也。有人破鈔句云：『日正中時名時』為一

句，『非時，若食，得吉』。以彼不同四分，非時食，犯提。（此全未達意。）」
（七四五頁下）鈔批卷一九：「景云：以是時非時中間，故名時非時也。」（八
〇二頁下）

〔二七〕非時漿，明相出，七日藥，過七日，亦墮　簡正卷一二：「非時漿等者，戒疏
云：口、手二受，明相未出，受法不失，名之為時；明出失法得罪，不應服，
名非時也。蘇、油口法，未失名時；八日時過，失法名非時。盡形藥，有病加
服名時，無病輒服名非時。」（七四五頁下）鈔批卷一九：「立謂：先加口法受
竟，至明相出，非時之法有謝，已失受法。若飲，得不受食提。若從淨人受飯
（原注：『飯』疑『飲』），亦吉。礪意云：時食過中，名為非時；非時過明相，
名為非時家非時。七日過服，亦名非時。盡形之藥，無過時故，無有非時，不
得約失。但無病服者，結不應吉。」（八〇二頁下）

〔二八〕盡形壽藥　資持卷中三下：「盡形者，疏云：有病加服名時，無病輒服名非時。
若非口法，從時食論。故下注云：犯有輕重是也。」（三一八頁下）

〔二九〕以曾加口法，無病不許服，犯有輕重　資持卷中三下：「注文分二，初，別示
盡形。」（三一八頁下）簡正卷一二：「通釋三藥，謂上三藥有法時在，無病不
得服。犯有輕重者，謂此三藥，總名非時。若更服用二藥，並結非時墮罪，唯
盡形一藥，結非時吉，故云犯有輕重也。」（七四五頁下）鈔批卷一九：「深
云：若七日藥過，得提。（八〇二頁下）盡形藥無病服，吉。」（八〇三頁上）

〔三〇〕若不加法，非時中服四藥並墮　資持卷中三下：「『並』下，通明三藥。」（三
一八頁下）簡正卷一二：「凡非時、七日、盡形三藥，皆為病開。若加口法，
即知為病。文中牒其病緣，時過病盡，故不合服。若但手受，恐無病濫服。若
病服四藥，並犯墮故。」（七四六頁上）

〔三一〕戒本唯除水、楊枝　資持卷中三下：「『故』下，引證，即『不受食戒』。開文
顯知四藥通制也。」（三一八頁下）簡正卷一二：「此引『不食戒』。彼明不受
楊枝及水，得入口中。由不受故，而不合咽。此中引用，其意即別。若是非
時，水及楊枝為洗口故，得入口中。雖許入口，以非時不病故，不得咽也。有
人不體，錯非鈔文。」（七四六頁上）鈔批卷一九：「大家相承云：南山不合對
此引『除水及楊枝』，此乃『不受食戒』家之事。今引是錯也。有云：此鈔家
依真諦了疏作此說，行護太急。故礪云：古師有解云：油、蜜等若加口法，得
七日服；若無口法，但得時服。礪尺（【案】『尺』疑『又』。）云：此義今宣
快（【案】『快』疑『決』。）此義。（原注：『礪』等十字未詳，異本無之。）

礪又云：油、蜜、生蘇等與時食雜者，作餘食法。若獨食者，是非時藥故，隨食無過。何以知者？如七百結集中，問言：『足食已，捨威儀，以蘇、油、蜜、生蘇、石蜜和酪，一處得食不？』離波多答言：『不得。』問言：『何處制？』答：『舍衛國。不作餘食法中制。』即指『足食戒』文也。故知蘇、油等雜時食者，須作餘食法，不雜時食，不須作（原注：插入『作』字。）餘食法。明知非時得噉蘇油也。」（八〇三頁上）【案】四分卷五四，卷九六九頁下～九七〇頁上。

〔三二〕**得嘗食，但不得咽**　鈔科卷中三：「『五』下，釋第四（三）：初，嘗食；二、『十』下，教人；三、『五』下，急制。」（七七頁下）資持卷中三下：「五分開嘗者，謂非時中，約咽結犯，嘗但治舌故。」（三一八頁下）簡正卷一二：「得嘗食者，彼律緣中，諸比丘雇作人為比丘煮食，或淡酸等。諸比丘慊貴。彼云：『我不能為比丘煮得。』以此白佛。佛開煮時為嘗。引此文勢，釋上楊枝、水等入口，但不合咽。與非時不病服四藥同故。」（七四六頁上）鈔批卷一九：「礪引祇（【案】『祇』疑『祇』。）云：開嘗食，然不得咽。緣起諸比丘雇作人比丘為煮，食嫌或淡或鹹等。言：『我不能為比丘作。』比丘白佛。佛開煮時嘗之，不得咽。若是供養僧，設會等食，准護淨經皆不許嘗，嘗有是殘。將供佛僧，無福有罪，唐勞辛苦。今鈔引文，明非時中，亦不得嘗食。須知。」（八〇三頁上）【案】五分卷七，五三頁上。

〔三三〕**十誦**　資持卷中三下：「十誦六戒教人同犯，四戒同本律。非殘二戒，彼文制重。故引示之。」（三一八頁下）【案】十誦卷一三，九三頁上。

〔三四〕**作者，皆二俱犯墮**　簡正卷一二：「若約他宗，已上所列，能所俱提。若四分非時殘宿，能教但吉。今鈔意取同犯，云戒嚴制不作，抑亦誡勸也。」（七四六頁上）鈔批卷一九：「謂令比丘作如是上事，能教、所教同犯。」（八〇三頁下）【案】十誦卷一三，九三頁中。

〔三五〕**中後，一切有形之物，不得入口中**　資持卷中三下：「五百問有形物者，語通四藥。不漱墮者，準律應吉，咽物方墮。」（三一八頁下）鈔批卷一九：「立云：謂齊得也。其摩訶乾陀經中亦同此說。賓云：然『非時食戒』，遍尋諸部，曾無開文。唯十誦中，文開意蜜故。彼律六十云：那律弟子，病服下藥，中後心悶。佛言：『與熬稻華汁。』與竟，悶猶不止。佛言：『與笋汁。』不差（【案】『差』疑『愈』。下同。）。佛言：『囊盛米煮粥，絞汁與。』不差。佛言：『將屏處與米粥。』（述曰：）稻汁、笋汁、囊盛米汁，次第悶息，理即不開，悶

極臨終，後方開粥。今有愚人，不服下藥，又非悶極，妄憑聖教，直進稠粥，咽咽結羅（原注：『羅』疑『罪』。）。上言意蜜者，文言開粥，乃是不開。以稻汁等，足至天曉故。五分第八：服吐下藥，不及時食，腹中而悶。佛言：『以蘇塗身故。』不差。『以麨塗身故。』不差。『酥和麨塗身故。』不差。『以煖湯澡洗故。』不差。『與煖湯飲故。』不差。『以瓫盛肉汁，坐著中。』以如此等，足以至曉，一切不得過時食。明知十誦稻汁等意，漸引至明，非直開也。僧祇十七亦云：若比丘服吐下藥，醫言應與清粥。若不得者，便死，當云何？爾時，應以洮米（音『番』，即泔是也。）汁槽盛清病比丘。若病人不堪者，取不破稻穬麥，七過淨洗，盛差（原注：『差』疑『著』。）囊中，（八〇三頁下）繫頭，淨洗器煮之，不得稻頭破。若破者，不得與病比丘。」（八〇四頁上）【案】五百問，九八〇頁上。

〔三六〕不者，墮　簡正卷一二：「五百問文中，食了須用灰等。若不用，恐口中有餘食味，咽即犯也。」（七四六頁上）

〔三七〕黑石蜜　資持卷中三下：「古記云：用蔗糖和糯米煎成，其堅如石，此明七日，雖兼時藥，過中開服。」（三一八頁下）

〔三八〕吐下藥　簡正卷一二：「吐上吐下。『下』即痢也。」（七四六頁上）

〔三九〕煮麥令皮不破　簡正卷一二：「麥是時藥，煮不破故，開喉中還咽不犯。」（七四六頁下）資持卷中三下：「雖似時漿，以清澄故。上二加法，如前所開。此據暫時直受者耳。」（三一八頁下）

〔四〇〕若喉中呪出，還咽　資持卷中三下：「呪，音『演』，嘔吐也。開文不顯，故引論決之。」（三一八頁下）簡正卷一二：「若出喉，如見論也。」（七四六頁下）

食殘宿戒〔一〕三十八

三緣：一、是殘宿，二、知是，三食，咽咽，犯。

律中：殘宿食者，今日受已至明日，於一切沙門釋子受大戒者，皆不清淨〔二〕。四藥以論，過限結罪，如前戒〔三〕。善見、十誦、五分：大比丘受食已，或食、未食，經夜，名「殘宿」〔四〕。

問：「殘之與宿，為一為異？」四句答之〔五〕：「一、殘而非宿，且受四藥，不加口法，過中〔六〕。吉羅〔七〕；二、宿而非殘，亦吉；謂未受食，或共同宿，吉。不宿不犯。三、亦殘亦宿，提〔八〕；四、非殘非宿，可知。殘宿內宿，亦作四句〔九〕：一、是殘宿非內宿；今日受食安界外，不共宿，非「內

宿」也，得墮；二、是內非殘〔一○〕；三、四俱句，類知。有云：淨地無內宿〔一一〕。文云「除去比丘〔一二〕」，故知有也。

律中，「殘宿不受食」戒，以坐禪比丘為緣起〔一三〕者，為防未來惡比丘故。內無道觀，煩惱未伏。妄倚道業〔一四〕，便輕聖戒。此乃心涉愛憎，大我未伐〔一五〕。故諸三乘道人，並不輕戒〔一六〕。以深伐我根，傾慢使幢，敬戒而增道業。可不欽尚之哉！

十誦：若鉢著不淨脂酥，受麨食〔一七〕，應寫淨鉢中食之，著鉢者棄。繩綴鉢，受粥，脂出，但棄膩處，餘者得食。若新熏鉢及手〔一八〕，酥、脂、油著，二三澡豆洗。餘膩氣不盡，名淨。不淨殘宿鹽，食，吉羅〔一九〕。與四分同罪〔二○〕。伽論：膩故不去者，非食膩故〔二一〕。

善見云〔二二〕：多比丘一沙彌行，比丘各自擔食，至時各各自分。分已，沙彌語比丘云：「我持已分，與大德易之。」易得已，復與第二比丘易，乃至下座。若沙彌不解者，比丘自持食與，教共易得，無犯。無殘宿、惡觸等。乃至持米行，沙彌小，比丘得作飯，唯不得然火〔二三〕。若沸，不得吹、攪〔二四〕，吉羅。熟已，如上分。展轉易者，得。義準，今食殘食，與俗人，若過與他者，惡觸不淨，以心不斷故不淨〔二五〕。十誦：比丘傳食與沙彌，沙彌傳鉢食與比丘，比丘洗手更受〔二六〕。以一心實與沙彌〔二七〕，故淨也。遠行難得食處，聽自持食從他易淨食者，得〔二八〕。今有直將食乞淨人，還從乞取，二彼俱無受、捨，不名「交淨」〔二九〕。如善見者好也〔三○〕。有比丘使沙彌持鉢，沙彌食已，持不淨鉢與師〔三一〕。佛言：「無急事，不應使沙彌持鉢〔三二〕；若使持，應從沙彌受。」

十誦：無水處〔三三〕，水上有食，棄上飲取下。若下有食，飲取上。乃至酥油等，吹去飲。取水泉池中，有食亦爾。僧祇、多論〔三四〕：乞食食已，有殘，棄曠野石上。明日乞食，不得，不作本意，還從本道，石上故飯在者，無淨人，自取。有鳥鳥食處，當扴去〔三五〕。五百問因緣同上〔三六〕。所以開者，以信施重〔三七〕故。又無主物，如鬱單越法取食〔三八〕者，得。五分：比丘殘果與淨人已，不作還意〔三九〕，後淨人還與比丘。佛言：「離手已名淨，食之。」

僧祇：莫問時、非時受，若過非時如髮瞬，若食得墮〔四○〕。停過須臾，復得「停食食」，墮〔四一〕。謂旦起受食至中，過中已去，限一須臾〔四二〕。若過二時，名曰「非時」〔四三〕。比丘晨起，應淨洗手，齊腕已前。不得龘魯，

洗五指頭〔四四〕。當以灰土洗，揩令作聲。洗已，更相摩〔四五〕者；不淨，更須洗之。今有安餅果手巾上，若有肥膩，氣勢相連，得「殘宿」「惡觸」等。若淨巾，無過〔四六〕。律令以手巾盛食、果。十誦中：手巾日別洗之〔四七〕。僧祇：若洗鉢已，不得摩拭，當停使燥〔四八〕。欲食時，當護淨手〔四九〕。若摩頭、口手相揩者，以上洗法洗之。捉袈裟者，更須洗之〔五〇〕。善見：若乞食，值風雨，塵土落鉢中〔五一〕，作念「當為沙彌乞」。得食還，語沙彌如上因緣已。沙彌受已，云：「此是沙彌食，今施與大德」，得食，無犯。

　　律不犯中。

　　若宿受食與父母〔五二〕；若塔舍作人計價與，後乞食比丘從作人邊乞得者〔五三〕；若鉢盂有孔罅〔五四〕，食入中，如法洗，餘不出者，得。若宿受酥油灌鼻〔五五〕，若隨唾出，棄；餘者不犯。

【校釋】

〔一〕食殘宿戒　資持卷中三下：「（佛在羅閱祇。迦羅坐禪，乞食疲苦，食先所得者，佛呵，制戒。）」（三一八頁下）鈔批卷一九：「尼提四藥，以論過限，結罪如前。戒者，深云：指前『非時食戒』中云受時藥已，過中瞬髮，過則失受，非時漿、七日藥，過七日墮等之文也。立云，此是通舉四藥：過時是殘宿義耳；時藥過午失受，食則結罪；非時藥加口手二法已。明相出，名非時食，即犯罪。七日藥，過七日，名非時。盡形藥，病差，名非時。皆是過限義，食者皆犯殘宿罪。故今通明也。」（八〇四頁上）【案】本戒鈔科稱為「殘宿食戒」，簡正稱「殘宿食」。「犯文」分二：初，列緣；二、「律中」下釋，又分四：初，「律中」下；二、「問」下；三、「律中」下；四、「十誦若鉢」下。四分卷一四，六六二頁下開始。

〔二〕今日受已至明日，於一切沙門釋子受大戒者，皆不清淨　鈔科卷中三：「『初，引示名體。」（七七頁中）資持卷中三下：「初科。前示名相，必約受已，方得成殘。」（三一八頁下）

〔三〕四藥以論，過限結罪，如前戒　資持卷中三下：「『四』下，示藥體。時藥，過中吉，隔宿提。非時，七日過限；盡形，無病緣，皆名殘。同前非時。」（三一八頁下）

〔四〕大比丘受食已，或食、未食，經夜，名「殘宿」　資持卷中三下：「『善』下，引他部。約受論殘，不取食殘。」（三一八頁下）【案】十誦卷一三，九五頁

下。<u>五分</u>卷八，五四頁中。

〔五〕**四句答之** <u>鈔科</u>卷中三：「初，約殘宿簡；二、『殘』下，對內宿簡。」（七七頁中～下）<u>資持</u>卷中三下：「初科四句：一、三兩句正屬此戒，輕重分異。第二乃犯內宿，第四無過，故云可知。」（三一八頁下）<u>簡正</u>卷一二：「鈔文先對殘宿作『四句』，後將內宿作『四句』，為簡濫故，尋文易曉。然前四句中第三句與後四句中第三句，如何取異？故須簡之。前約食安界外，明日食得單提；後據安界內，明日食，得提兼吉也。有云：『淨地無內宿者，古人云結淨竟，或有比丘在淨地內，共食同宿不犯。若不免犯，用結何為？』今云：『若不結者，遍界總犯，今結了界中不犯，豈非是益？』」（七四六頁下）

〔六〕**殘而非宿，吉羅** <u>鈔批</u>卷一九：「礪云：亦有惡觸罪也。」（八〇四頁上）

〔七〕**旦受四藥，不加口法，過中** <u>資持</u>卷中三下：「上句通明手受，下句別指三藥。時藥無口法故。」（三一八頁下）

〔八〕**亦殘亦宿，提** <u>鈔批</u>卷一九：「礪云：得一提。又，是內宿一吉。并任運失受，惡觸一吉。從此已下，殘宿內宿，亦有四句義也。」（八〇四頁上）

〔九〕**殘宿內宿，亦作四句** <u>資持</u>卷中三下：「四句中，三亦殘亦內，一提一吉。四非殘，非內無犯。初句屬此戒，第二屬內宿，第三涉二戒。」（三〇八頁下）

〔一〇〕**是內非殘** <u>鈔批</u>卷一九：「立云：吉也。」（八〇四頁上）

〔一一〕**淨地無內宿** <u>資持</u>卷中三下：「『有』下，斥濫。古謂結淨地已，開僧同宿，故引律破之。既令『除比丘』，明知有宿。」（三一九頁上）<u>鈔批</u>卷一九：「此明古師有此執也。既結淨地已，縱僧中經明相，亦無內宿。若使結竟，不免內宿，用結何為。今言不然。律令『除比丘』，當知有比丘則是內宿也。汝難言『結竟不免內宿罪，用結何為者』向若不結，遍藍通犯，今既結竟，淨地宿犯。大界無罪，何為無益？然外部通結，藍為淨地，（八〇四頁上）亦謂不結僧房，而通結庭下耳。」（八〇四頁下）

〔一二〕**除去比丘** <u>簡正</u>卷一二：「除去比丘者，今引律文，淨地之內，不許有人，故云除去也。故知有也者，審定之詞。既有比丘在中，決定有內宿，成犯故。」（七四六頁下）<u>鈔批</u>卷一九：「此是鈔家意也。謂淨地不許有比丘，律文令除去，故云除去比丘。若不除去，得其內宿罪，故知有也。故人消此『除去比丘』之字，情見不同。有云『除去比丘』者，謂<u>憂波離</u>領述前言，謂：『如前所制，我已領竟，除比丘房外，更有尼房，得作淨不？』佛言：『得作。』故曰『除去』，非謂不得同宿，名『除去』也。」（八〇四頁下）

〔一三〕**以坐禪比丘為緣起** 鈔科卷中三：「『律』下，引緣勸持。」（七七頁中）資持
卷中三下：「勸持中。初示教意，下不受食戒。糞衣、乞食比丘，恐妨道業，
取廟中食，故合示之。世以禪觀為真道，戒撿為閑務，豈知道觀非戒不成，故
云妄倚等。」（三一九頁上）簡正卷一二：「坐禪比丘為緣起者，難曰：『夫犯
戒者，皆約惡心，今坐禪比丘，但為者（原注：『者』疑『煮』。）緣，是節儉
故，因何制戒？』可引文答，云『為防未來』已下，釋通也。」（七四六頁下）
鈔批卷一九：「律中，迦羅比丘以少欲省事故：我今一乞，以供多日，豈不省
功耶？此乃善心犯戒。佛呵云：『汝意雖少欲知足，後代比丘相法而行，事不
可也！』敬戒而增道業者，因戒發慧，破壞煩惱，終獲道益，功歸於戒也。」
（八〇四頁下）

〔一四〕**妄倚道業** 簡正卷一二：「謂忌心倚於真如，至理本來，（七四六頁下）無相便
輕侮。」（七四七頁上）

〔一五〕**此乃心涉愛憎，大我未伐** 資持卷中三下：「『此』下，顯過取道棄戒，故心涉
愛憎，輕戒慢聖，故大我未伐。」（三一九頁上）

〔一六〕**故諸三乘道人，並不輕戒** 資持卷中三下：「『故』下，引勸。上敘眾聖尊戒，
下句勸令效聖。近世禪講，率多此見，請披聖訓，勿任凡情。」（三一九頁上）
簡正卷一二：「於聖戒三乘，不輕戒者，菩薩持息世戒，與性重無別等。」（七
四七頁上）

〔一七〕**若鉢著不淨脂酥，受麨食** 鈔科卷中三：「『十』下，廣明行護。」（七七頁中）
鈔批卷一九：「立謂：鉢曾貯蘇、脂等，洗不脫也。今將貯麨，但食鉢中央者，
不犯殘宿也。」（八〇四頁下）資持卷中三下：「初科。十誦三相，初，棄膩
物。」（三一九頁上）【案】十誦三相，即膩物、膩器、食體。十誦下分四：初，
「十誦」下；二、「善見」下；三、「十誦無水」下；四、「僧祇莫」下。

〔一八〕**若新熏鉢及手** 資持卷中三下：「『若』下，淨膩器。」（三一九頁上）鈔批卷
一九：「此是新熏。餘膩致（原注：『致』疑『故不』。）去，非食膩故也。」
（八〇四頁下）【案】十誦卷六一，四五九頁中。

〔一九〕**不淨殘宿，鹽食，吉羅** 資持卷中三下：「『不淨』下，簡食體。四藥皆重，鹽
非貪嗜，故罪輕降。不淨，謂內宿惡觸等。」（三一九頁上）簡正卷一二：「謂
醶、苦故，體是盡形，雖殘宿但制吉。順正記云：鹽體淨，不受膩，本不合有
殘宿，但為能顯食中味故。人常須之，故制殘宿。若食，犯吉。（此釋妙得文
旨。）」（七四七頁上）鈔批卷一九：「景云：此舉加法鹽，不病而服，故得吉

耳；或是儉時故開。離此二緣，皆不合食也。深云：其鹽是盡形藥，以先加口法，今病差（【案】『差』疑『愈』。）而服，理合得吉。若先未加法鹽，食者得提。」（八〇四頁下）【案】十誦卷六〇，四五一頁中。

〔二〇〕**與四分同罪**　簡正卷一二：「律藥法中，六群比丘以鹽苦宿，不應食。既云不應，同是吉也。」（七四七頁上）

〔二一〕**膩故不去者，非食膩故**　資持卷中三下：「引伽論，證上洗鉢。」（三一九頁上）【案】伽論卷一〇，六二三頁下。

〔二二〕**善見云**　資持卷中三下：「初持食轉易，以比丘自持，容有宿觸，對小眾易之，食則免過。」（三一九頁上）【案】善見卷一六，七八五頁上。

〔二三〕**唯不得然火**　資持卷中三下：「『乃』下，作食。轉易事，亦同上。」（三一九頁上）簡正卷一二：「防自煮也。」（七四七頁上）

〔二四〕**不得吹、攪**　簡正卷一二：「防惡觸也。」（七四七頁上）

〔二五〕**義準，今食殘食，與俗人，若過與他者，惡觸不淨，以心不斷故不淨**　簡正卷一二：「准上易淨心斷之義也。」（七四七頁上）鈔批卷一九：「立謂：如今過鉢盌，與淨人沙彌等益食，鉢中猶有殘食者，便過與他，以心不斷，擬後更來，其淨人將此食，更觸僧家淨食，即名惡觸，令一切僧得惡觸，不清淨食罪。今若有此事，可須絕心捨與淨人也。又一解云：以不絕心過與淨人，自成惡觸，以後來入手，即結罪也。」（八〇五頁上）資持卷中三下：「準上互易，心斷開成，反明不斷，不淨可知。（準『四藥』中，淨人觸失，洗手更受。此由與他，不合受食。）」（三一九頁上）

〔二六〕**比丘傳食與沙彌，沙彌傳鉢食與比丘，比丘洗手更受**　資持卷中三下：「十誦前明互傳。」（三一九頁上）鈔批卷一九：「立謂：比丘與沙彌傳鉢共食。若沙彌過與比丘，須洗手受，若過與沙彌時，須絕心與。若復從受，如前洗手，皆無惡觸之罪。」（八〇五頁上）【案】本節十誦引文，資持分之為三：初，「比丘」下；二、「遠行」下；三、「有比丘」下。十誦卷六一，四六五頁下。

〔二七〕**以一心實與沙彌**　資持卷中三下：「『以』下，義決，亦同『轉易』，但加『洗手』耳。」（三一九頁上）

〔二八〕**遠行難得食處，聽自持食從他易淨食者，得**　資持卷中三下：「『遠』下，次明易淨。初引示。」（三一九頁上）

〔二九〕**今有直將食乞淨人，還從乞取，二彼俱無受、捨，不名「交淨」**　資持卷中三下：「『今』下，點非。二彼俱無受捨者，反明俱有，方開成淨。初直乞時，僧

無捨心，俗無受心。及後乞取，僧無受心，俗無捨心，故言俱無。上『乞』字，
音『氣』。交，即易也。」（三一九頁上）

〔三〇〕如善見者好也　鈔批卷一九：「謂如上見論云：多比丘與一沙彌行，比丘各自
擔食，而與沙彌相易好也。」（八〇五頁上）資持卷中三下：「論中展轉易淨，
明有受捨心故。」（三一九頁上）

〔三一〕有比丘使沙彌持鉢，沙彌食已，持不淨鉢與師　資持卷中三下：「『有』下，
三、明受鉢。初緣起。」（三一九頁上）

〔三二〕無急事，不應使沙彌持鉢　資持卷中三下：「『佛』下，立制。應從受者，或恐
鉢有餘膩，故令作彼物受。」（三一九頁上）鈔批卷一九：「謂沙彌食已，將不
淨鉢與師，故不許也。今若朝朝，從受無過。文中明至不受耳。」（八〇五頁
上）簡正卷一二：「玄云：恐有食膩故。必無膩，雖觸不受，理通。」（七四七
頁上）

〔三三〕無水處　鈔科卷中三：「『十』下，取食（三）。」（五五〇頁上）資持卷中三下：
「謂別求難得。水中有食，雖復宿膩，緣故開之。隨食浮沈，飲取清者。」（三
一九頁上）【案】十誦卷六一，四六九頁。

〔三四〕僧祇、多論　鈔科卷中三：「『僧』下，取故食。」（七七頁中）資持卷中三下：
「初，引律、論，開取故食。又開自取，應是儉緣。或雖豐時，乞求不得。時
逼無人，故兩開之。」（三一九頁上）

〔三五〕扴去　資持卷中三下：「扴，『史鄰』反，撥除也。」（三一九頁上）簡正卷一
二：「（『所中』反，說文云：從上取也。）」（七四七頁上）鈔批卷一九：「扴
者，應師云：（『所隣』反），說文云：從上挹取也。通俗文云：減上取曰扴也。
切韻云：從上擇取物也。」（七四七頁上）

〔三六〕五百問因緣同上　鈔科卷中三：「『五』下，取殘果。」（七七頁中）資持卷中
三下：「初，指緣同上。」（三一九頁上）鈔批卷一九：「立謂：彼論明曠野石
上，取食因緣，同上祇、多二文也。」

〔三七〕所以開者，以信施重　資持卷中三下：「『所』下，出開意。初明開食。」（三
一九頁上）

〔三八〕又無主物，鬱單越法取食　簡正卷一二：「如鬱單越者，是無我所心之理故。」
（七四七頁上）鈔批卷一九：「如鬱單越法者，立謂：彼國於一切物，無我所
心也。今引此意，明石上舊食，無我所心，以施主又捨與，比丘又捨與鳥。鳥
既不來，此食無主屬也。」（八〇五頁上）資持卷中三下：「『又』下，釋自取。

鬱單越，（三一九頁上）此云『勝』，勝三洲故。彼人於物，無我所心故。」（三一九頁中）

〔三九〕**不作還意**　資持卷中三下：「不作還意，即是斷心。」（三一九頁中）

〔四〇〕**莫問時、非時受，若過非時如髮瞬，若食得墮**　鈔科卷中三：「『僧』下，護淨（三）。初，淨杅護巾。」（七七頁中～七八頁下）資持卷中三下：「僧祇初明過時。文中二罪：上是非時，下即停食。未過須臾，但犯非時。若過須臾，併結二墮。」（三一九頁中）鈔批卷一九：「立謂：無問『時中』及『非時中』受食，但過中一瞬髮，則是非時食，犯一墮。更置地經須臾，又得停食，失受一墮。」（八〇五頁下）簡正卷一二：「謂過中及過須臾為二時。故祇（【案】『祇』疑『祇』。）云：時中受者，過髮瞬，食者，提；停置，過須臾者，犯二提。謂非時及停食，此約停置。若合藥，過須臾不犯。」（七四七頁上）【案】僧祇卷一七，三六〇頁上。

〔四一〕**停過須臾，復得「停食食」，墮**　鈔批卷一九：「案祇文直約時食以明也。文云：若五正食，若時中受，時中食無罪；若時中受，過時髮瞬食，得一提；若停置，過須臾食者，又得一提，謂犯非時食罪，及停食食罪也。若非時中食，得一提，停置過須臾，又得停食之提。如上明也。以祇中有停食食戒，與非時食戒合制，須知鈔家引意，還直約時食，一如祇律文也。非約非時漿。」（八〇五頁下）扶桑記：「停過須臾：若持之手應可失故，四藥停過須臾之中，引僧祇云非時受，不得置地停。」（二四三頁上）

〔四二〕**謂旦起受食至中，過中已去，限一須臾**　資持卷中三下：「初，示時限。」（三一九頁中）

〔四三〕**若過二時，名曰「非時」**　資持卷中三下：「『若』下，明非時。二時者，一是『過中』，二、『過須臾』。」（三一九頁中）鈔批卷一九：「謂若時中受得食，過非時如瞬髮，名一時也。又若入非時，經一須臾，又是一時，故曰二時也。此謂中前受食，過中得一提，名一時也。若入非時，放地經須臾，又得一提，即是二時也。深云：二時者，從旦至中，名一時也。正中之時，名非時，又是一也。」（八〇五頁下）

〔四四〕**比丘晨起，應淨洗手，齊腕已前**　資持卷中三下：「『比丘』下，次，明淨手。為防宿膩。粗魯謂約略也。」（三一九頁中）

〔四五〕**洗已，更相摩**　資持卷中三下：「謂後復相觸，而曾執物，容有不淨，故須更洗。」（三一九頁中）

〔四六〕若淨巾，無過　簡正卷一二：「謂不曾盛菓；又，日別洗之曰淨也。若乞食作念，為沙彌者，謂有未受物，落中相混，比丘手執，便是惡提，故作方便也。」（七四七頁上）資持卷中三下：「準淨手以決觸巾。下引二律，轉證注文。律令盛食，明須淨者。」（三一九頁中）

〔四七〕日別洗之　資持卷中三下：「日洗護淨。」（三一九頁中）

〔四八〕若洗鉢已，不得摩拭，當停使燥　資持卷中三下：「僧祇初明洗鉢。不摩拭者，恐損色故。」（三一九頁中）【案】僧祇卷一七，三六〇頁中。

〔四九〕當護淨手　資持卷中三下：「『當護』下，明護手。」（三一九頁中）

〔五〇〕捉袈裟者，更須洗之　資持卷中三下：「捉袈裟者，容有塵污，故須更洗。（舊云因明著袈裟須淨手者，非。）」（三一九頁中）

〔五一〕若乞食，值風雨，塵土落鉢中　鈔批卷一九：「景云：以無人授，雖落鉢中，故不成受。若自撮取者，更不須受也。」（八〇五頁下）資持卷中三下：「風塵落鉢，不受相雜，捨受聽食，方便免過。文約沙彌，餘眾淨人，理應通許。（諸文所明，不唯當戒。不受惡觸，事犯相涉，文中可見。臨文辨之，勿使參濫）。」（三一九頁中）

〔五二〕若宿受食與父母　資持卷中三下：「不自食。」（三一九頁中）

〔五三〕若塔舍作人計價與後，乞食比丘從作人邊乞得者　資持卷中三下：「與作人，還從乞得，義同新故。」（三一九頁中）

〔五四〕若鉢盂有孔罅　鈔批卷一九：「若鉢有孔罅者，（『呼亞『反）。罅，由說文罅，由裂也；又云坼也。」（八〇六頁上）資持卷中三下：「鉢中所餘，無由淨故。」（三一九頁中）

〔五五〕酥油灌鼻　資持卷中三下：「為治病非欲食故。西土患眼，多以酥油灌鼻。」（三一九頁中）

不受食戒〔一〕三十九

十門分之：一、制受意，二、能受人，三、所受境，四、所受食，五、受食處，六、受食法，七、須食觀，八、食食法，九、失受法，十、對文解。

初中

五分云：佛未制前，比丘各不受食。白衣訶言：「我不喜見著割截壞色衣人不受食食，是為不與取〔二〕。」多論五義故：一、為斷盜竊因緣；二、為作證明〔三〕；三、為止誹謗〔四〕；四、為成少欲知足〔五〕；五、為

物生信，令外道得益。昔有比丘，與外道共行〔六〕，止果樹下，比丘不上樹，不搖果，又不肯就地取，並答言：「佛不許作。」外道知佛法清淨，即隨佛出家，尋得漏盡。

二、能受者是比丘〔七〕

了論：能令受者，具戒比丘住於自性，求得，在此處〔八〕。解云：能受者，清淨持戒無毀，故言「住自性」〔九〕；欲求飲食，名為「求得」〔一〇〕。「此處」受食，即度與餘比丘，不須更受〔一一〕，即名此比丘為「能受」〔一二〕。若破戒、被擯〔一三〕、別住、十三難、三舉、滅擯、應滅擯、學悔等人，不成受故。

三、所對境〔一四〕

了論解云：除自己及同類〔一五〕。餘三類眾生，隨一被教、不被教，知比丘不得自取食食〔一六〕。又知此可食物，知比丘是受施人，度與比丘。若不解此義，雖與，不成受。多論：為作證明故。若在人中，非人、畜生，悉不成受。

五分：曠野無淨人處，聽自洗燒器安水，淨人安米，自煮；若熟，從他受〔一七〕。僧祇：曠野中行，牛上受食〔一八〕。長袋連紐，一日一繫，置牛上，人不得觸之。至時，一比丘引繩，一比丘受取〔一九〕，口云「受受」等。十誦：蠅不可遮〔二〇〕，故非觸；鳥來啄一口去，但棄啄處〔二一〕，餘殘得食。

善見：天人、鬼神、畜生、飛鳥，皆成受〔二二〕。五分：迦葉從帝釋受食〔二三〕。僧祇中，獼猴邊受蜜〔二四〕。十誦：輕繫地獄，亦應得受〔二五〕。準此，六道知解者，成〔二六〕；反則不成〔二七〕。

四、所受食〔二八〕

初汎明須不，二明轉變。

初中〔二九〕

十誦：五種塵不須受，謂食塵、穀塵、衣塵、水塵、風塵。應是細者。若麤，須。善見：若塵大，落鉢中，可除者去之〔三〇〕，餘者不犯〔三一〕。細者，更受〔三二〕。前十誦者，或無人處，或是曏明中塵〔三三〕。行食時，比座餘食迸入鉢中，成受〔三四〕。僧祇：一切塵，一切更受〔三五〕。除畜生振身塵，若作意，成受〔三六〕。乃至行餅〔三七〕、麨飯等，抖擻筐器，迸落盍中，不作意者，不成；反上成受。僧尼互淨互受〔三八〕。

善見：若病急緣，大小便、灰、土，得自取〔三九〕。明了論名「大開量」，如下卷說〔四〇〕。律中：灰、土、泥等，須受；應有人處〔四一〕。

十誦：聽擔食行，不使人見。若食，當下道，取一搦，不受而食〔四二〕。又，聽過大澤擔糧，從他易淨食〔四三〕。此是有人處，前是無人處〔四四〕。僧祇、多論：見昨日石上殘食，不受，開食。如前戒說。亦急難開，事同「儉時八事〔四五〕」。五百問云：山野處無人者，日中不得往反，應七日自作，先淨米取〔四六〕。

僧祇：濁水應受，性黃無犯〔四七〕。五分：鹹水性鹹，不著鹽，聽不受。伽論：濁、鹹、灰水見面，不須受〔四八〕。

善見：若額頭汗流入鉢中，須更受〔四九〕；臂中汗流入手，不須受〔五〇〕。準此作意，額頭亦成〔五一〕。

僧祇：楊枝者，口中有熱氣生創，咽汁，應受〔五二〕。若誤咽，不犯。雪、冰雹，無淨人處淨洗手，自取食；有者應受。四分戒本「除水及楊枝」，不言咽、非咽〔五三〕也。準僧祇好〔五四〕。

二明轉變〔五五〕

善見：受生薑後生牙，不失受〔五六〕。火淨已，生牙，牙處更淨，非生牙處得食。鹽變成水，得食〔五七〕。僧祇：自重煮，不失受。四分亦爾〔五八〕。酪、酥、甘蔗、石蜜、麻油等，由中前記識故，展轉不失受等〔五九〕。

五、受食處

明了論：求得在此處，地及水中〔六〇〕。空中不成。如前「受」中說〔六一〕。

六、明受食法

一器食相對。了論，至邊三種：一至身邊〔六二〕——謂以物置比丘手中；二至物邊〔六三〕——謂俗人擔物，令比丘自取，手至物邊；三至器邊〔六四〕——以器貯物，授與比丘，但捉器受，並得。

二身心相對。一身受非心〔六五〕——心緣他事，但申鉢受。二心受非身〔六六〕——施主置食而去，但作意受。毗尼母云〔六七〕：以嫌比丘故，置食捨地。佛言：離手已，是與竟。若準僧祇，口加三「受」。三身心平等〔六八〕——非所遮〔六九〕；若已足食竟，不作殘食法，不成受〔七〇〕。四非身心受——比丘與施主先相領當，中前緣事，不得對面，便畫地作相，

後置食於中；或入定，或禮佛、誦經，身心不關，故並成受〔七一〕。

三單心無對受〔七二〕。僧祇：邪見人不與比丘食〔七三〕。當滿荼邏規地作相〔七四〕，若葉蔽鉢下時〔七五〕，口云：「受！受！受！」前「畜寶戒」，俗人寶器不得捉〔七六〕，下食時亦云：「受！受！受！」大同明了〔七七〕。十誦亦同，「不相解」等同之〔七八〕。五分：火燒馬屋，送食置地，亦爾〔七九〕。僧祇：若禪、眠，與食，不覺者不成〔八〇〕；若不欲自食，自捉與淨人。

四連絆觸礙〔八一〕者。僧祇：若繩連器物，相連不斷，與比丘者，成受，非威儀〔八二〕。乃至淨人樹上搖果，比丘以衣鉢承取〔八三〕，或以手、腳、口，下果時，觸枝葉〔八四〕者，更生心言：「受！受！」善見：繩繫不成受〔八五〕。以無口加故。僧祇：若如上，成受，非威儀〔八六〕。四分：若遙過物〔八七〕，與者、受者，俱知中間無觸礙，得墮手中者，得。僧祇：井上懸食下〔八八〕，井底比丘「受！受」，勿突中間生草木。若在屋上，當繩連捍取〔八九〕，口言：「受！受！」。

十誦：寫酥油注鉢中，雖不絕，成受〔九〇〕，以注下流故。僧祇：淨人行果、鹽、菜，應語「懸放〔九一〕」。果墮草上，即去者不名受，小停者名受〔九二〕。中國行道人食法，淨衣、踞坐已，前施食案上，安草置鉢，如是食〔九三〕。若淨人難得，比丘至飯、餅、果、菜邊，受取行之〔九四〕。若淨人舉不離地，亦名受，非威儀，當語「稍稍授我〔九五〕」。若鎗鑊熱，不得受者〔九六〕，當以兩木橫置地，比丘腳躡，當安鎗時，口云「受！受」。

五心境相當受。淨人作三法〔九七〕，比丘作三法〔九八〕，食無七過〔九九〕等。廣如「四藥法」中。

六非心境受〔一〇〇〕。如上乞食自取、儉開等緣〔一〇一〕。不勞心境，自取無罪。

七、食須觀門

五別：一、計功多少，量彼來處〔一〇二〕；二、自忖己德行，全缺多減〔一〇三〕；三、防心顯過，不過三毒〔一〇四〕；四、正事良藥，取濟形苦〔一〇五〕；五、為成道業，世報非意〔一〇六〕。

故明了論中云：餘一切文句，縱廣道應知〔一〇七〕。解云：出家人受食時，或受竟，先須觀食，然後啖之。廣如下卷對施興治中。

但每日恒須，恐未見後文，故略知大旨〔一〇八〕。不爾，徒自衣食〔一〇九〕，終為聖訶。毗尼母中〔一一〇〕：鈍根比丘總作一念；利根比丘口口作念，著衣者著著作念，入房入入作念。不爾，食出腹中〔一一一〕。亦如後卷〔一一二〕。

八、正受食法

四分，受有五種〔一一三〕：手與，手受；手與，持物受；持物與，手受；若持物授，持物受；若遙過物，如上說〔一一四〕。復有五種〔一一五〕：身、衣、曲、肘、器與，還以上四受；若有因緣，置地與〔一一六〕。如上口云「受！受」〔一一七〕。

十誦：淨人不解行食，半在鉢，半棄地。若墮所受草上，應食〔一一八〕。若著土，吹卻食。土多者，水洗食之。僧祇〔一一九〕：下時覺，墮鉢中時不覺；二、初下不覺，墮時覺。此二俱非威儀，名受食。十誦：行食時，淨人輕比丘，故觸此丘手，不應受〔一二〇〕；不輕者，得。

九、明失受法。

一、「決意棄捨失〔一二一〕」。了論：若人不須此物，決捨此食，失受。更食得罪。二、「捨戒失〔一二二〕」。了論云：先受食已，後捨戒。餘比丘須者，更受。三、「捨命失」。一切退沒故。即如亡人不淨食器，皆不須翻穢〔一二三〕。四、「任運失」。謂曾受四藥，過時法滿，更無有受。如後律中〔一二四〕。五、「轉變失」。如麻出油，漿變成酒，酒變成醋，生變成熟，並失本受〔一二五〕。「若爾，僧祇中何故展轉不失〔一二六〕？」答：「此謂時中加記識〔一二七〕故，後得無過。若時中不記者，皆不成法。」六、「遇緣觸失」。如多論：淨人觸失，更洗手受〔一二八〕。僧祇亦爾。今有重受而不洗手者，成受〔一二九〕。皆無膩觸。但先洗手，意在淨心，非謂有污〔一三〇〕。

十、依文解〔一三一〕

四分，食：五種蒲闍尼——飯、乾飯、麨、魚、肉也。五種佉闍尼〔一三二〕，如上。五種奢邪尼〔一三三〕——酥、油、生酥、蜜、石蜜也。若不與食，自取著口中，咽咽墮〔一三四〕。非時、七日，限過，亦墮〔一三五〕；盡形，無緣不受食，吉羅〔一三六〕。

不犯者。

取淨水、楊枝。若不受酥油灌鼻，與唾俱出〔一三七〕，餘不犯。若乞

食時〔一三八〕，鳥銜食，若風吹墮鉢中，除去此食，乃至一指爪可除去。
餘者不犯〔一三九〕。

【校釋】

〔一〕不受食戒　資持卷中三下：「（佛在舍衛。人為父母等，於四衢道乃至廟中祭
祀供養，糞掃衣、乞食比丘自取食之。俗譏，因制。）名中，比丘凡食，必從
人受，故違此教，名不受食。然受兼手口，食通四藥，如後具明。」（三一九
頁中）鈔批卷一九：「尼提。諸家章疏，對此戒皆有十門利約。首疏大同。」
（八〇六頁上）【案】文分為十，如鈔所示。四分卷一五，六六三頁中開始。

〔二〕我不喜見著割截壞色衣人不受食食，是為不與取　資持卷中三下：「初引五分
白衣訶詞，義分三過。他不喜者，招譏謗也。著割截衣者，不生物善也。不與
取者，同盜竊也。後制此戒，即反三過，以為三益。」（三一九頁中）【案】五
分卷七，五三頁上。

〔三〕為作證明　鈔批卷一九：「謂能授人作證知，比丘非自取噉也。」（八〇六頁
上）資持卷中三下：「假彼能授，證非竊盜。」（三一九頁中）

〔四〕為止誹謗　鈔批卷一九：「緣起呵言：我不喜見著割截衣人，不受而食。是為
不與取，亦同賊相。」（八〇六頁上）

〔五〕為成少欲知足　鈔批卷一九：「既從他受，裁約由人，不得恣情，故成少欲之
行也。」（八〇六頁上）

〔六〕昔有比丘，與外道共行　鈔批卷一九：「案多論第八卷云：如昔一時，有一比
丘與外道共行，止一樹下，樹上有果。外道語比丘言：『上樹取果。』比丘言：
『我比丘法，樹過人，不應上。』外道又言：『搖樹取菓。』比丘言：『我法不
應搖樹落果。』外道有自上樹，取果擲地與之，語言：『取果食。』比丘言：
『我法，不得不受而食。』外道生信敬心，知佛法清淨，即隨比丘於佛法中出
家，尋得漏盡。」（八〇六頁上）【案】本句所言之事，為釋多論第五義。多論
卷八，五五二頁上。

〔七〕能受者是比丘　簡正卷一二：「此文有三段：一、明自性，二、求得，三、在
此處受食即度等。言此處通一切處，下文明明（【案】次『明』疑剩。）。」（七
四七頁下）鈔批卷一九：「簡餘下眾及餘趣，為受比丘不得食也。」（八〇六頁
上）

〔八〕能令受者，具戒比丘住於自性，求得，在此處　資持卷中三下：「準彼，無『令』
字，寫錯不疑。」（三一九頁下）鈔批卷一九：「住於自性者，明比丘之法服，

袈裟為相，受持禁戒為自性。今能受之人，須具持戒善，是破戒為受，即不合食，故言住於自性也。勝云：無犯是住自性。求得在於此處者，立謂：求得者，（八〇六頁上）謂所求之食也。此處者，謂一比丘受已，度與餘比丘食，詔此能受之人為此處也。餘一切比丘，從此比丘處取之，俱得食，故言在於此處。勝云：此處者，有下文『地及水中』也。」（八〇六頁下）【案】鈔批釋文中「地及水中」見本戒後文「五、受食處」。了論卷一，六六九頁上。

〔九〕能受者，清淨持戒無毀，故言「住自性」　資持卷中三下：「初，釋自性，即指戒體。」（三一九頁下）

〔一〇〕欲求飲食，名為「求得」　資持卷中三下：「『欲』下，釋求得，謂有所須。」（三一九頁下）

〔一一〕「此處」受食，即度與餘比丘，不須更受　簡正卷一二：「『即度』等言，此處通一切處，下文明明（【案】次『明』疑剩。）。」（七四七頁下）資持卷中三下：「『此』下，釋此處，謂受食處，下云地及水中是也。與餘不須者，顯示能受法通他故。」（三一九頁下）

〔一二〕即名此比丘為「能受」　資持卷中三下：「『即』下，簡濫。初，指上能受。」（三一九頁下）

〔一三〕若破戒、被擯　資持卷中三下：「『若』下，簡餘不能，並非住自性故。被擯一種，攝四羯磨，總二十五人。若十三難人，自他俱不成，餘並自成。望不通他，故總云不成耳。（準後懺篇學悔，成受。）」（三一九頁下）鈔批卷一九：「景云：此等人自受自食成。若過與餘清淨人，則不成也。」（八〇七頁下）

〔一四〕所對境　資持卷中三下：「所對者，即明授食人也。」（三一九頁下）

〔一五〕除自己及同類　鈔科卷中三：「初，簡能授。」（七八頁中）簡正卷一二：「除自己者，謂不得自右手過食者，左手中不成受。及同類者，同類是大比丘，不得自度與餘比丘也。」（七四七頁下）鈔批卷一九：「立謂：不得自取受，故言『除自己』。又不得從比丘受，故言『同類』。」（八〇六頁下）資持卷中三下：「初科。了論上二句簡除，謂自及同類，皆非能授。」（三一九頁下）

〔一六〕餘三類眾生，隨一被教、不被教，知比丘不得自取食食　資持卷中三下：「『餘』下正示。三類，即人、非人、畜。文取解知，必具三種，不具不成。多論：人中不通非畜，謂多人處反知，無人方開異類。」（三一九頁下）簡正卷一二：「餘三類眾生者，人、非人、畜生也。被交（【案】『交』疑『教』。）者，謂教他始解也，本為證明。若在人中，餘二趣劣，不能作證故。」（七四七頁下）

鈔批卷一九：「即人、非人、畜也。若從此人受，皆成也。然此中在通塞，謂約山（【案】『山』疑『出』。）世不同。可知。言隨被不被教者，謂被比丘使過食，故曰被教。彼自授與非比丘使過，故曰不被教，並成受也。」（八〇六頁下）

〔一七〕曠野無淨人處，聽自洗燒器安水，淨人安米，自煮；若熟，從他受　資持卷中三下：「五分既無淨人，而令安米者，或是年小，或可暫倩，文中但開自煮、惡觸二吉羅耳。」（三一九頁下）【案】五分卷二六，一七一頁下。

〔一八〕牛上受食　簡正卷一二：「祇云：有比丘欲遠行，從他借淨人。發時，告云：『我無淨人，有牛。若須者，當取。』使淨人長囊、盛糧食等，方法如文中。」（七四七頁下）鈔批卷一九：「案祇云：有比丘欲行，從他借淨人。臨發時，便言：『我無淨人，尊者有牛，須者當取。』使淨人長囊，盛種種糧食，計日日食分，作一齊已，紐結著牛上。至食時，當使淨人取。若無淨人者，一人挽紐，一人承取，口言『受受』。若裳食盡而行，未至前所，當解裳，淨洗已，更求糧食。著囊中，一如前法。」（八〇六頁下）資持卷中三下：「僧祇：牛上亦據無人，開從畜受。但授受非儀，須加口法。」（三一九頁下）【案】僧祇卷一六，三五九頁。

〔一九〕一比丘引繩，一比丘受取　鈔批卷一九：「又有比丘道行，過甘蔗園邊，守（【案】『守』前疑脫『向』字。）園人乞。答言：『尊者自取。』比丘爾時以繩紐繫好甘蔗著牛頭，作如是言：『知是眾生甘蔗國邊，有火聚。』即駈牛行過，火不使燒牛，使甘蔗得作淨已，一人快（原注：『快』疑『使』。）舉牛頭，一人解紐。作是言：『受受。』是名為受。蔓菁根，亦如是。」（八〇七頁上）

〔二〇〕蠅不可遮　資持卷中三下：「蠅停鳥啄，不名失受，故得食之。」（三一九頁下）

〔二一〕鳥來啄一口去，但棄啄處　鈔批卷一九：「約在手中也。」（八〇七頁上）

〔二二〕天人、鬼神、畜生、飛鳥，皆成受　簡正卷一二：「大德引見論云：畜生准約牛及獼猴，飛鳥約鸚鵡。」（七四七頁下）資持卷中三下：「善見總列四趣，鬼收修、獄，則為六趣。」（三一九頁下）鈔批卷一九：「立云：佛在時，鳥能言也，（八〇六頁下）知解人語，故成受。如多論中，畜生古時皆能言者，以劫先有人、天，未有三惡道，並從人、天中來，宿習故語。今多從三惡趣來，所以不語。若准祇文，受食義寬。案彼律中，有淨人食燉豆時，比丘欲得，從索淨人，不欲與。比丘撥淨人手，寫著衣裓中，口言『受受』，得名受，非威儀。

又，獼猴樹上噉果，比丘欲得果，語獼猴言：『與我果。』獼猴動樹下果。比丘以器承，墮器中，名受，但非威儀。又有比丘乞食時，若烏鳥墮段比丘鉢中，亦名受。」（八〇七頁上）【案】善見卷一六，七八五頁上。

〔二三〕迦葉從帝釋受食　鈔批卷一九：「案五分：時大迦葉從貧乞食。釋提桓因作是念：『今大德迦葉從貧乞，我今當作方便，使受我食。』即於迦葉乞食之次，作一貧窮織師，即在機上織。復化作一女人，為至作縷。迦葉從乞，織師取鉢盛百味飲食與之。迦葉得已，念言：『此人貧窮，從何得此食？』即入定，觀知是帝釋。（八〇七頁上）語言：『憍尸迦，復莫復作。』遂不敢食，以是白佛。佛言：『今聽諸比丘，從天受食。』」（八〇七頁下）【案】五分卷七，五三頁。

〔二四〕獼猴邊受蜜　簡正卷一二：「祇云：佛在黎耆河邊時，有獼猴行。忽見樹空中有無蜂熟蜜，遂來取佛鉢。諸比丘遮，佛言：『莫遮，此非惡意。』獼猴便持鉢取蜜奉佛。佛不受，謂未淨故。獼猴不解佛意，將謂有虫，乃轉鉢四面局之，見鉢中有流蜜。遂持往水邊洗之，水濺鉢中，持還上佛，佛即受之，謂己水淨壞味，故受。今引此證上畜生成受義也。」（七四八頁上）【案】五分卷二九，四六四頁。

〔二五〕輕繫地獄，亦應得受　簡正卷一二：「十誦云：目連、檾陀耆，池邊受食。又，億耳見人間日苦夜樂，謂大海邊及諸山畔，諸小地獄，受苦不重，曰輕繫也。若八寒、八熱、大獄等，即不成也。」（七四八頁上）鈔批卷一九：「謂大海畔邊，諸山間多有諸小地獄。晝則受罪，夜則受樂。或時夜受罪，晝則受樂。從此人受，成受。慈云：正大地獄，不成受食，以苦重故。」（八〇八頁上）資持卷中三下：「十誦：目連尊者、億耳沙彌，皆受彼食，則餘重獄，義無從受。」（三一九頁下）

〔二六〕準此，六道知解者，成　資持卷中三下：「準下總決，即前了論意也。」（三一九頁下）鈔批卷一九：「立謂：一切比丘，不得自取食食，二謂前食是可食物，三知比丘是受施人，故曰也。上引諸文，證成六道，俱成受食。」（八〇八頁上）

〔二七〕反則不成　簡正卷一二：「若八寒八熱大獄等，即不成也。」（七四八頁上）

〔二八〕所受食　簡正卷一二：「開汎明及想、轉變兩章也。」（七四八頁上）【案】鈔文分二，初又分六。

〔二九〕初中　鈔科卷中三：「初，塵食墮鉢。」（七八頁下）【案】汎明須不，下分六

節：初中，「十誦」下；二、「善見」下；三、「十誦」下；四、「僧祇」下；五、「善見」下；六、「僧祇」下。

〔三〇〕**若塵大落鉢中，可除者去之**　資持卷中三下：「善見初明塵落，可決十誦。」（三一九頁下）鈔批卷一九：「意云：最大者，餘之極小。眼不見者，不須受，故言不犯。若不者，是眼所見。不可捉得者，須受，故言細者更受。」

〔三一〕**餘者不犯**　簡正十二：「謂塵大可除，餘雖被塵，觸而不失，故云不犯。」（七四八頁上）鈔批卷一九：「立云：是望艸木等，棄卻又不觸食，故云不犯。又云：餘者是食也。既除所落之塵已，餘食不成觸，故不犯。」（八〇八頁上）

〔三二〕**細者，更受**　簡正卷一二：「謂有細塵，猶不可除，連綴於食，故須更受。難云：『前十誦中，五種塵不須受。鈔主釋云應是細者，今此論文，何故細塵亦須受耶？』可引下注文答通。」（七四八頁上）鈔批卷一九：「十誦五種塵不用受，善見令受二文相違者，解云：前十誦恐是無人處，故不須受。此見論據有人處也。又一解云：前十誦所明據小塵，眼所不見者，故不須受。見論據是眼所見者，理須受也。」（八〇八頁上）【案】善見卷一六，七八五頁上。

〔三三〕**前十誦者，或無人處，或是嚮明中塵**　資持卷中三下：「注中。兩意和會律、論。嚮明，謂窗際飛塵。細中復細者，則不須受。」（三一九頁下）鈔批卷一九：「嚮明中塵者，『許高』反，窗也。日光照窗時，小塵運運而動者是也。」（八〇八頁上）

〔三四〕**行食時比座，餘食迸入鉢中，成受**　簡正卷一二：「謂比丘並坐，彼比丘受（七四八頁上）得食已。餘食迸入己鉢中，故成受。若本淨人手中迸入鉢者，則不成受。」（七四八頁下）鈔批卷一九：「深云：比座比丘受得食已，餘食迸入己鉢中，故成受。若本從淨人手中迸入鉢者，則不成受也。」（八〇八頁上）資持卷中三下：「『行』下，次，明食墮。亦約作意故成。」（三一九頁下）

〔三五〕**一切塵，一切更受**　資持卷中三下：「僧祇初簡諸塵。」（三一九頁下）【案】僧祇卷一六，三五七頁上。

〔三六〕**若作意，成受**　資持卷中三下：「塵飛入時，須起受意。」（三一九頁下）

〔三七〕**乃至行餅**　資持卷中三下：「『乃』下，明諸食。初，明逆落成不。」（三一九頁下）

〔三八〕**僧尼互淨互受**　資持卷中三下：「『僧』下，明不淨成受。僧尼宿觸，互望為淨。」（三一九頁下）簡正卷一二：「玄云：僧有殘觸，於尼成淨。尼亦反此，互手遇受，皆成受食，形執（原注：『執』疑『報』。）別故。（順正記『約當

疏，更洗手，重從淨人受，名互受』，非也。）」（七四八頁下）鈔批卷一九：「景云：比丘殘宿惡觸，於尼為淨，尼於比丘亦然，故言互淨。尼得過食與比丘，比丘亦得過食與尼，而得非法吉，故言互受。」（八〇八頁上）【案】僧祇卷四〇，五四七頁下。

〔三九〕若病急緣，大小便、灰、土，得自取　鈔科卷中三：「『善』下，便利等物。」（七八頁下）資持卷中三下：「善見四物不受，非可愛故。」（三一九頁下）【案】善見卷一六，七八五頁中。

〔四〇〕明了論「名大開量」，如下卷說　資持卷中三下：「了論五量攝一切物，如四藥備引，便利水土，並名『大開量』，謂得自取，無所遮故。」（三一九頁下）扶桑記：「了論五量：一、時量，二、更量，三、七日量，四、一期量，五、大開量，（二四二頁上）即藥加一大開量。」（二四二頁下）

〔四一〕應有人處　資持卷中三下：「律文令受，與論不同，（三一九頁下）故約『有人』通之。據上二論，有人亦開。」（三二〇頁上）

〔四二〕若食，當下道，取一搹，不受而食　鈔科卷中三：「『十』下，緣開。」（七八頁下）鈔批卷一九：「案十誦云：有守邏人從比丘乞食，若與食少，不與又嗔。是事白佛。佛言：『從今日聽擔食藏，莫使人見。若食出道，取一搹，不受得食，以迡（【案】『迡』疑『經』。）曠澤故。』景云：此舉無人處，但開一搹不受，而食不得過也。」（八〇八頁下）資持卷中三下：「十誦初開不受，擔行不使人見，食須下道，皆謂避譏嫌故。搹，『寧尼』反，謂手一握也。」（三二〇頁上）【案】十誦卷六一，四五九頁下。

〔四三〕聽過大澤擔糧，從他易淨食　資持卷中三下：「『又』下，次，制易淨。二文相違，故注以會之。」（三二〇頁上）鈔批卷一九：「大澤者，應是山澤處也。案十誦律云：憍薩羅國諸比丘、賈客俱向舍婆提城，迡過大澤。諸比丘從賈客乞食，報言：『汝知此間食難得，何不自擔粮？』比丘言：『佛未聽我道路賣粮。』諸比丘不知云何。白佛。佛言：『從今日聽自擔粮，從他易淨食，乃聽噉，不易不聽噉。』」（八〇八頁下）簡正卷一二：「大澤者，謂空向死人處也。未取者，迴文應言：先淨取米也。」（七四八頁下）

〔四四〕前是無人處　鈔批卷一九：「立謂：指上一搹文也。」（八〇八頁下）

〔四五〕儉時八事　資持卷中三下：「『亦』下，決通開意。四分儉時開八事：內宿、內煮、自煮、惡觸、僧俗二食、水陸兩果，不作餘食法。」（三二〇頁上）

〔四六〕山野處無人者，日中不得往反，應七日自作，先淨米取　資持卷中三下：「五

百問中，七日一受，自作不失，先淨米取文脫。彼具云：先淨米受取。（謂火淨已，受也。）」（三二○頁上）鈔批卷一九：「景云：此舉無人處。初從淨人邊受得，七日自作而食，非謂都不受也。要先從淨人淨米已，受取故得也。」（八○八頁下）簡正卷一二：「未（【案】『未』疑『米』。）取者，迴文，應言『先淨取米』也。」（七四八頁下）

〔四七〕濁水應受，性黃無犯　鈔科卷中三：「『僧』下，濁水。」（七八頁下）資持卷中三下：「僧祇、伽論約色，五分據味。」（三二○頁上）【案】僧祇卷一六，三五七頁中。

〔四八〕濁、鹹、灰水見面，不須受　資持卷中三下：「水本大開，且約清者。今論鹹濁，亦須受之。」（三二○頁上）鈔批卷一九：「謂清故見面，不須受也。」（八○八頁下）【案】伽論卷一○，六二三頁下。

〔四九〕若額頭汗流入鉢中，須更受　鈔科卷中三：「『善』下，流汗。」（七八頁下）資持卷中三下：「流汗有同鹹水，故亦須受。」（三二○頁上）

〔五○〕臂中汗流入手，不須受　簡正卷一二：「以臂汗流入手，即當受者。幽釋云：額頭以離身故，須受。臂汗流入手，以不離身，纔入手時，即當受也。」（七四八頁下）【案】善見卷一六，七八五頁上。

〔五一〕準此作意，額頭亦成　資持卷中三下：「上句決上臂汗，下句例成額汗。」（三二○頁上）簡正卷一二：「准臂汗流入手成受，額汗作意亦成也。」（七四八頁下）

〔五二〕楊枝者，口中有熱氣生創，咽汁，應受　鈔科卷中三：「『僧』下，楊枝等物。」（七八頁下）資持卷中三下：「僧祇楊枝分咽不咽。」（三二○頁上）【案】僧祇卷一六，三五七頁中。

〔五三〕除水及楊枝，不言咽、非咽　資持卷中三下：「四分：楊枝不分兩用，故令準上。」（三二○頁上）【案】四分僧戒本卷一，一○二七頁上。

〔五四〕準僧祇好　簡正卷一二：「謂若咽汁受，方是好。」（七四八頁下）鈔批卷一九：明至四分開楊枝不受。准上僧祇文，咽汁須受，此義為好。」（八○八頁下）

〔五五〕明轉變　鈔科卷中三：「初，自然轉變；二、『僧』下，造作轉變。」（七八頁下）資持卷中三下：「下列諸物，雖有變動，不易本質，故皆不失受。」（三二○頁上）

〔五六〕受生薑後生牙，不失受　資持卷中三下：「善見：生薑生牙，但須重淨。」（三

二〇頁上）簡正卷一二：「謂薑受淨已，於後生牙，牙處割落，更令淨。非生牙處，雖連生相，不失受法。謂先已作淨法，本為防生故。『若爾，牙家（【案】『家』疑『處』。）何用更淨？』答：『新有生相，異本質故，本防之處不失。新生之處，必須受也。』（此且一釋。）更有解云：生牙之處，令淨人大一觸，由手按故，不失受法，如人觸食，促手按器，則不失也。可以例之，此釋亦正。」（七四八頁下）鈔批卷一九：「景云：此舉雖生牙，先已受得，牙從受生，後不失受。以牙新出，故須火淨，不淨而食得提。非生牙處得食者，此舉牙生已，不淨，非牙處得食也。」（八〇八頁下）

〔五七〕**鹽變成水，得食**　鈔批卷一九：「亦謂本受得鹽，後消滅水，不失受也。」（八〇九頁上）

〔五八〕**四分亦爾**　簡正卷一二：「阿難為佛祇桓門外溫飯是也。記中前記識者，謂酪食不盡，即記識言，此中有淨物生，我當作非時七日藥，如酪（七四八頁下）出蘇，甘蔗成石蜜等，雖變不失。」（七四九頁上）

〔五九〕**酪、酥、甘蔗、石蜜、麻油等，由中前記識故，展轉不失受等**　鈔批卷一九：「立明：時中受得此物，以食不盡故，便加記識云：『此中淨物生，我當受作非時藥，或作七日藥。』作此法竟，後雖轉變，不失受，皆謂酪變成蘇，蔗成石蜜，麻成油故，言蘇油等也。上釋所受義已竟。」（八〇九頁上）資持卷中三下：「『酪酥』等者，謂中前受酪、蔗、麻欲中，後作酥、蜜、油，須加記識法，云：『此中淨物生我，當作七日藥受。』（非時亦同。）過中變造，俱不失受。五、十空中不成，謂能受在空。若論所對，在空亦應不成，故知『能』『所』俱須在地，如前即指。」（三二〇頁上）

〔六〇〕**求得在此處，地及水中**　簡正卷一二：「地及水中者，受食不過此二處。若身在空中，受食此二處。若身在空中受食（原注：『此』等十字，一無），此處不成受，由空無所依故。」（七四九頁上）鈔批卷一九：「立謂：一清淨比丘受得食已，餘一切皆得食，故言求得在此處也。地及水中、空中不成等者，明了疏：處何者？地及水者，受食不過此二處。若身在空中受食，此受不成受。由空中無何（【案】『何』疑『可』。）依止故。（文止述此。）立云：地者，謂持食置地，令僧自取，有緣開成。有端正女人，及邪見人等之緣是也。水中者，即上流放食，使僧下接，義非成受。必有難緣，理亦開得。空中者，如得鳥吊食與比丘，義亦開成。又如樹上放果，比丘下接，但不觸中間枝葉，皆成受也。看了論意，義不相應，直言地及水中成受，空中不成。（云云。）景

云：此舉比丘在地水中處成受，但比丘在空中則不成受。能受既爾，二俱在空，理不成也。義准：若『能授』在空，『所受』在地，義亦應成。」（八〇九頁上）

〔六一〕如前「受」中說　簡正卷一二：「此更引論疏。略同第二『能受門』中已述。」（七四九頁上）鈔批卷一九：「深云：指第二門中，（八〇九頁上）『明了義論解』至『求得在此處文』也。」（八〇九頁下）【案】第二能受門即本戒「二、能受者是比丘」文。

〔六二〕至身邊　鈔批卷一九：「立謂：施主持食，至比丘身邊，授與比丘也。」（八〇九頁下）

〔六三〕至物邊　簡正卷一二：「令比丘申手，自至物邊也。」（七四九頁上）鈔批卷一九：「謂施主擔食，令比丘來取，比丘行至物邊，前人過與，則成受也。」（八〇九頁下）

〔六四〕至器邊　鈔批卷一九：「立謂：器盛食與比丘也。此三各別：一、是物來就身；二、是身往就物，皆以手受；三、是器貯，捉器成受，異上二手受也。故有三別。」（八〇九頁下）資持卷中三下：「了論三位可解。今時就盤取食，準至物邊，理應成受。」（三二〇頁上）

〔六五〕身受非心　資持卷中三下：「雖非專緣，食境必須心境分明。一向無心，則不成受。」（三二〇頁上）簡正卷一二：「疏云：比丘申鉢，心緣別事，投食於中，不緣所受。由前有心，故得成也。」（七四九頁上）鈔批卷一九：「景云：以受時雖無心，方便有心，故成受也。」（八〇九頁下）

〔六六〕心受非身　簡正卷一二：「有三意：初明句義；二、『毗尼』下，引教證；三、『若准』下，令加諸。疏云：若人送比丘食，心攝屬己，施主置食而去，除不手受，此食亦成受。」（七四九頁上）鈔批卷一九：「立謂：施主置食而去，或端正女人送食與僧，置地而退，或邪見不喜見僧，置地令自取，皆成受。准祇文，當見放時，口加『受受』。」（八〇九頁下）

〔六七〕毘尼母云　資持卷中三下：「『毘尼』下，引緣。」（三二〇頁上）鈔批卷一九：「案母論云：毗舍離國穀貴，乞食難得。比丘有神力者，乘神力至外道國乞食。諸外道見比丘來乞，嫌其不淨，以食著地，捨之而去。諸比丘白佛。佛言：『雖手不受，將來著前，即是與竟，成受也。』又有比丘，此時往至登伽國乞食。彼國惡賤比丘，持食著地，不過手中。餘同前緣。」（八〇九頁下）

〔六八〕身心平等　簡正卷一二：「了疏云：由手授領，心不緣餘，名平等也。」（七四

九頁上）鈔批卷一九：「立謂：其人未足食，則不遮於後食，名為非所遮。今身心平等，故成受。」（八〇九頁下）資持卷中三下：「謂正意仰手而受。」（三二〇頁上）

〔六九〕非所遮　簡正卷一二：「曾經足，名非所遮，已足成遮，則不成受。」（七四九頁上）鈔批卷一九：「若已足食竟，（八〇九頁下）又不作餘食法，後更不合食，名為所遮。雖身心平等，亦不成受。又解，非所遮者，約授食人，身心現前，專心奉養，手自過與，故曰身心平等。無所遮礙，即而成受，故曰非所遮也。景云：此舉身心是如法受，諸聖教不遮也。」（八一〇頁上）資持卷中三下：「謂正意仰手而受。」（三二〇頁上）

〔七〇〕若已足食竟，不作殘食法，不成受　資持卷中三下：「上明如法。『若』下，簡非法，身心雖等，違法不成。」（三二〇頁上）資持卷中三下：「『若』下，顯異，口加如後。」（三二〇頁上）鈔批卷一九：「立謂：既足食已，不得更食。雖身心平等，亦不成受。要欲作餘食法，方成受也。」（八一〇頁上）

〔七一〕身心不關，故並成受　資持卷中三下：「先有方便，故開後成。關，即涉也。」（三二〇頁上）簡正卷一二：「當下食時，身心與食，不相關涉，是非心亦成受故。」（七四九頁上）鈔批卷一九：「為中、前，先有口欵，期會已竟，後送食來，便不須受也。從此已下，明單心無對義也。」（八一〇頁上）

〔七二〕單心無對受　資持卷中三下：「單心者，即前第二句，前對身心歷句。此中獨約心論。」（三二〇頁中）簡正卷一二：「單有受心，不用身手，對受彼食故。」（七四九頁上）

〔七三〕邪見人不與比丘食　簡正卷一二：「僧祇云：有登瞿國是邊地，邪見惡（『烏故』反）比丘，故不授食與。」（七四九頁下）鈔批卷一九：「言不與比丘食者，不肯置手中也。」（八一〇頁上）【案】僧祇卷一六，三五八～三五九頁。

〔七四〕當滿荼邏規地作相　簡正卷一二：「當作『滿荼邏規』，此云『壇』，規地作相。說文云：規，圓也。以規地作其相，全置食安中。」（七四九頁下）【案】「荼」，底本為「茶」，据僧祇及大正藏本、敦煌甲本、敦煌乙本改。僧祇卷一六，三五八頁～三五九頁。

〔七五〕若葉蔽鉢下時　簡正卷一二：「或以樹葉蔽掩於地作相，成（原注：『成』疑『或』。）以鉢置一家（原注：『家』一作『處』。）作相，並得成受。」（七四九頁下）鈔批卷一九：「將樹葉布地作壇，合置食於上也。」（八一〇頁上）

〔七六〕俗人寶器不得捉　資持卷中三下：「『前』下，指寶器緣。『畜寶』所引，亦僧

祇文。彼因施主作金碗盛食，比丘以手示器，口加三『受』等。」（三二〇頁
中）

〔七七〕**大同明了**　資持卷中三下：「『明』下，指略。即彼二部，皆開口受。又中、邊
不相解語，亦同開之。」（三二〇頁中）鈔批卷一九：「謂此祇文同前了論單
心無對也，須云：『受、受、受。』」（八一〇頁上）【案】本處斷句依鈔批和簡
正之義。若依資持釋文，此處則斷作「……大同。明了、十誦亦同，不相解等
同之。」

〔七八〕**「不相解」等同之**　簡正卷一二：「別國之人，不可言語，不肯授食與比丘，
亦如前云『受受』是同也。」（七四九頁下）鈔批卷一九：「首疏云：別國人不
肯授受與比丘，亦如前文，故曰同也。立云：十誦不相解等者，能授之人，
無有解心，不知比丘是能受之人，雖授要加口法『受、受、受』。」（八一〇頁
上）

〔七九〕**火燒馬屋，送食置地，亦爾**　資持卷中三下：「五分：施主送食，未及授與，
急緣置地，應加口法。」（三二〇頁中）鈔批卷一九：「案五分云：爾時有販馬
人請佛僧。行水已，有人語言：『火燒馬屋。』彼以此不展授食，語比丘言：
『可自取食。』言已便去。諸比丘疑，不敢食。白佛。佛言：『若無淨人，聽
諸比丘以施主語食為受食。』」（八一〇頁上）【案】五分卷七，五三頁。

〔八〇〕**若禪、眠，與食，不覺者不成**　資持卷中三下：「僧祇禪、眠，彼云：覺者成
受；若不覺者，覺持欲食，當從淨人更受。若不欲食等，如鈔引，得自捉者，
以非自噉，故無惡捉。」（三二〇頁中）簡正卷一二：「禪、眠等者，謂僧祇：
若比丘床上坐禪、若眠，淨人持食來著壞（原注：『壞』疑『鉢』。）中，若覺
者，即是受；若不覺者，欲食時，當令人更受。若不欲食，當自捉與淨人等。」
（七四九頁下）鈔批卷一九：「案祇云：若比丘床上坐禪、若眠，淨人持食，
來著栀中。若覺者，即是受。若不覺者，覺時當從淨人更受。若不欲食者，當
自捉，授與淨人。如是著床上，懸床邊亦爾。立謂：此舉先無契會，後忽送來，
故不覺不成。上言畫地作相，食置於中成受者，謂先有契約，後雖入定等成
受。若不欲自食，自捉與淨人者，謂禪眠覺已，見此食，不欲自食，將與淨人，
不受輒捉，不成惡觸。」（八一〇頁下）【案】僧祇卷一六，三五八頁下。

〔八一〕**連絆觸礙**　簡正卷一二：「以物相連，不得自在，名為連計。遙擲至物，中間
解上，然後方落，故云觸礙。」（七四九頁下）

〔八二〕**若繩連器物，相連不斷，與比丘者，成受，非威儀**　簡正卷一二：「謂僧祇：

若比丘乞食時，店肆家以斗盛麨與比丘，斗鑊連詣（原注：『詣』一作『諸』。）計，或五升、四升相連。比丘爾時應語施主：『解後諸斗已，授我。』若鑊不可得解者，即盛麨之，授與比丘。其餘升斗鑊連，仍在俗世手中，是名器物相連不斷，或（【案】『或』疑『成』。）受，非威儀。」（七四九頁下）鈔批卷一九：「案祇云：若比丘乞食時，店肆家以斗盛麨與比丘，斗鑊連諸斗，或五舛、四升、三升、二升、一升相連。比丘爾時應語施主：『解後斗，令相離已，授我。』若鑊不可得解者，當索葉已，令寫葉上受，是名器。」（八一〇頁下）資持卷中三下：「僧祇初明繩連。彼因蘭若比丘入井抒水時到，恐水還滿，就井中食，令淨人盛食器中，繩繫懸下，比丘一手挽繩，一手承之，作言『受受』，非儀犯吉。」（三二〇頁中）【案】僧祇卷一七，三五七頁～三七八頁。

〔八三〕乃至淨人樹上搖果，比丘以衣鉢承取　簡正卷一二：「『乃至』已下，彼律（七四九頁下）有十門，越取觸礙，故云『乃至』也。祇云：淨人上樹食菓，比丘言與菓，淨（原注：『淨』下疑脫『人』字。）搖即（原注：『即』字疑剩。）樹，菓落墮比丘器中，名受，非威儀。」（七五〇頁上）資持卷中三下：「『乃至』下，明遙擲。」（三二〇頁中）

〔八四〕下果時，觸枝葉　簡正卷一二：「菓下中間著枝葉，淨人及比丘，二心各驚，故失前法。應生心受，受成也。」（七五〇頁上）

〔八五〕繩繫不成受　資持卷中三下：「『善見』下，會異。」（三二〇頁中）簡正卷一二：「見論：無口加法成受，但得非威儀；四分：中間不觸礙成無（原注：『無』疑『受』。）；祇更加口法也。」（七五〇頁上）鈔批卷一九：「立明：見論無加受加受（【案】次『加受』疑剩。）之法，故繩絆等不成受，即如連斗之類也。」（八一〇頁下）【案】善見卷一六，七八五頁上。

〔八六〕若如上，成受，非威儀　鈔批卷一九：「見論繩繫不成，由無口法。僧祇既有口法，如上連斗應成，但非威儀，容有小罪。」（八一〇頁下）

〔八七〕若遙過物　資持卷中三下：「四分遙擲成受，須約能所，同知無礙。」（三二〇頁中）

〔八八〕井上懸食下　資持卷中三下：「初，明懸下，即向所引。」（三二〇頁中）簡正卷一二：「祇云：蘭若比丘無淨人，自抒井水，食時無暇出，恐水還滿，令繩連食下，下時并（原注：『並』疑『井』。）腹中有草木應避。井底比丘，一手挽繩，一手承食，口言『受受』，但云避草木，不云觸著成受、不成受。（此是

連解中觸礙也。）故鈔云『勿突生菓（【案】『菓』鈔為『草』。）木』者，恐更觸礙。淨人及比丘，二心各驚故。遠本下食，授食之心。又，須准前樹上下菓，觸礙熏入生心，口云『受受』。不爾不成，故云『勿突』也。」（七五○頁上）鈔批卷一九：「案祇云：為蘭若比丘無淨人，比丘自抒井故，在中受食也。勿突中間生草者，縱突亦名受，立謂，先解云：突則授受，兩心俱動，則不成受。祇文無此意。」（八一一頁上）【案】僧祇卷一六，三五八頁上。

〔八九〕**若在屋上，當繩連捍取** 資持卷中三下：「『若』下，明引上。捍，音『汗』，護也。」（三二○頁中）簡正卷一二：「彼律云：阿練若比丘一手把繩上頭，淨人置食掛時，比丘一手扞繩，作其受意，口云『受受』。」（七五○頁上）鈔批卷一九：「謂僧俗互在上下，皆得成受。」（八一一頁上）

〔九○〕**寫酥油注鉢中，雖不絕，成受** 鈔批卷一九：「案十誦云：沙彌白衣捉瓶蘇麻油，注比丘鉢中不斷。諸比丘心中疑：我或非是受法。便白。佛言：『是注下流，非上流，不破受法。』古來相承解云：諸比丘從淨人受蘇（【案】『蘇』鈔為『酥』。）油，寫時注不斷，疑謂既一頭在淨人手中，一頭在比丘鉢中，將非淨人觸，失受耶？佛言成受，不名觸失，以注時流向下故，謂流入比丘鉢中也。向者，若流向上，入淨人手中，可言是觸。今流向下，非觸明矣。」（八一一頁上）資持卷中三下：「十誦：雖不絕者，謂初出瓶，未落鉢中者。」（三二○頁中）【案】十誦卷六一，四五九頁。

〔九一〕**懸放** 鈔批卷一九：「謂淨人行食，若手觸比丘鉢，或拘（【案】『拘』疑『執』。）觸鉢等，皆非法，非惡觸故。」（八一一頁上）資持卷中三下：「初，明淨人行受，懸放恐觸器故。」（三二○頁中）【案】本節僧祇引文四段。

〔九二〕**果墮草上，即去者不名受** 鈔批卷一九：「謂西方多用食案，案上著草，淨人行食落草上。若少時住草上，成受；若雖落草上不住，有行至地者，則不成受。景云：此舉局開，但置案上成受，非手受墮草也。」（八一一頁上）資持卷中三下：「『即去』，謂即時迸去者。」（三二○頁中）【案】「即去者」，底本為「即去者者」，據大正藏本、敦煌甲本、敦煌乙本及義刪。

〔九三〕**中國行道人食法，淨衣、踞坐已，前施食案上，安草置鉢，如是食** 簡正卷一二：「中國行道人者，即脩行道人也。淨衣踞坐者，謂西土之人，例皆跪足，足上有泥，恐污三衣。為淨衣故，令其踞坐，雙足踏地，名為踞坐。前施食案者，即土埵埵（原注：『埵』字疑剩。）上布草置鉢。如是食也。若食著葉草，小停不落，稱本受心成受。（此名觸礙受。）若即落者，與受心違，故不

成也。」（七五〇頁下）鈔批卷一九：「西方食時，皆踞坐也。三世佛出，（八一一頁上）皆有此法。佛昔受牧牛女乳糜，亦踞坐受也。」（八一一頁下）資持卷中三下：「踞坐，謂兩足路地。準赴請篇，食須踞坐。三千威儀云：諸佛法皆著淨衣，踞坐而食。若有出家弟子，應如是法，以能防眾戒故，為淨衣故，異俗法故。因制『踞坐法』，廣如後引。此土跏坐受食，隨方所宜，非教所許。」（三二〇頁中）扶桑記：「會正：踞坐即是垂足坐。簡正：平足著地，方名踞坐。經云踞師子牀承足也。」（二四二頁下）

〔九四〕**若淨人難得，比丘至飯、餅、果、菜邊，受取行之**　資持卷中三下：「『若淨人』下，明比丘受行。初，示緣開。」（三二〇頁中）

〔九五〕**稍稍授我**　資持卷中三下：「『若』下，明就地受。又二，初明物重法。稍稍，猶言略略。」（三二〇頁中）簡正卷一二：「漸漸授我也。如一籮飯，謂前舉一邊，授與比丘，次舉一邊，授與比丘，為漸漸也。此謂一邊互離。地，由與地連絆，受。雖腳躡水，若下鑊時，要須口加云『受受受』。此是觸礙受，謂鑰觸著所踏水上，礙不至地，稱本受心，故得成也。」（七五〇頁下）鈔批卷一九：「謂上既淨人，舉不離地。雖成受，以非威儀。今則可令減之，稍稍授成也。當安鑰時，口云『受受』者，以為熱故，加此法也。」（八一一頁下）

〔九六〕**若鑰鑊熱，不得受者**　資持卷中三下：「『若』下，明器熱法。」（三二〇頁中）

〔九七〕**淨人作三法**　資持卷中三下：「淨人三法：一、火淨；二、別藥體；三、施心。」（三二〇頁中）簡正卷一二：「一、知是食非（原注：『非』下一有『食』字。）；二、有施；三、如法授與。」（七五〇頁下）鈔批卷一九：「深云：『能』『所』俱有領當之心，受授之法也。量云：淨人三法者：一、知比丘不得自取食；二、知可食物；三、知是受施人。」（八一一頁下）

〔九八〕**比丘作三法**　簡正卷一二：「一、比丘與淨人，所授相應；二、為食非餘；三、法手授食。」（七五〇頁下）資持卷中三下：「授與比丘三法：一、仰手受，二、或加記識，三、分體分。」（三二〇頁中）

〔九九〕**食無七過**　鈔批卷一九：「一、殘宿；二、內宿；三、惡觸；四、自煮；五、內煮；六、販博所得；七、犯竟殘藥。」（八一一頁下）資持卷中三下：「一、內宿；二、內煮；三、自煮；四、惡觸；五、殘宿；六、未手受；七、受已，停過須臾。準下，更有『手受已，變動』，謂之八患。」（三二〇頁下）

〔一〇〇〕**非心境受**　資持卷中三下：「由不對境，直爾自取，故無受心。」（三二〇頁下）

〔一〇一〕**如上乞食自取、儉開等緣**　鈔批卷一九：「立謂：乞食不得取昨日石上食也。及儉時開八事，不受食當一事也。此既得，即進噉，何論心境？」（八一一頁下）資持卷中三下：「『如上』，即僧祇、多論取石上故食。『儉開』，即本宗八事。」（三二〇頁下）

〔一〇二〕**計功多少，量彼來處**　資持卷中三下：「觀外食二事。上句念種作，下句思施意。」（三二〇頁下）

〔一〇三〕**自忖己德行，全缺多減**　資持卷中三下：「觀己行，全多缺減。下三並觀現心。」（三二〇頁中）鈔批卷一九：「立謂：戒行全是多，戒行缺是減。」（八一一頁下）

〔一〇四〕**防心顯過，不過三毒**　資持卷中三下：「即離過心。上食多貪，下食多瞋，中食多癡。離此三心，乃可進口。」（三二〇頁下）

〔一〇五〕**正事良藥，取濟形苦**　資持卷中三下：「即對治心。言正事者，謂更無宅意，正欲事同服藥，以治飢病。即遺教云：受諸飲食，當如服藥是也。（有云：正謂簡邪命；或云：事即四事之一。皆非文意。）」（三二〇頁下）鈔批卷一九：「意在療飢，以除渴乏。離食醉之過，及離求好顏色肥充之心。廣如下對施中說也。」（八一一頁下）

〔一〇六〕**為成道業，世報非意**　資持卷中三下：「即出離心。道業通三乘三學。世報即人天。」（三二〇頁下）

〔一〇七〕**餘一切文句，縱廣道應知**　鈔科卷中三：「『故』下，指廣。」（七八頁上）資持卷中三下：「『指廣』中。了論明受食法已，而以『餘一切』等二句結之，即是指略食觀。『故』下，引疏略釋，餘皆指後。」（三二〇頁下）鈔批卷一九：「景云：此是彼論偈兩句，彼論長行廣釋食觀。（八一一頁下）勝云：縱廣道應知者，論疏云：律為廣道行，此得至一切義中故，名廣道律中，廣明此義。故言應知。」（八一二頁上）簡正卷一二：「了疏中，諸律為縱廣道，行此道，得至一切義中，故名廣道。律中廣明此義，故曰應知。……餘一切文句者，謂除律五篇正制已外，所餘防護正戒文句。廣（七五〇頁下）其正制，名縱廣道，即前列五句觀食法是也。故制令應知，疏解出家人受食等，是律正制，不受得提。先須觀門，然後湌噉，望正制戒本，此觀即為縱廣道也。」（七五一頁上）

〔一〇八〕**但每日恒須，恐未見後文，故略知大旨**　鈔科卷中三：「『但』下，顯意。」（七八頁上）資持卷中三下：「初，明重出之意。」（三二〇頁下）

〔一〇九〕不爾，徒自衣食，終為聖訶　資持卷中三下：「『不爾』下，申誡。」（三二
　　　　○頁下）鈔批卷一九：「應作去聲讀之，義則寬通。若平聲為衣，入聲言食，
　　　　義則是狹。且如言衣，但攝三衣，不攝裙被。若言去聲，通收裙被之屬。又
　　　　復，外曰衣，內曰裳。言衣則攝不盡，亦如『冠』字，平、去二聲，義有所
　　　　以。此衣食之義，亦復如是。」（八一二頁上）

〔一一〇〕毗尼母中　資持卷中三下：「『毗尼』下，引證。口口入入，非唯少時。四事
　　　　通觀，不獨飲食。」（三二○頁下）

〔一一一〕不爾，食出腹中　資持卷中三下：「不爾者，彼云：受人信施，不如法用，
　　　　放逸其心，廢修道業，入三途中，受重苦故。若不受苦報者，食他信施，食
　　　　即破腹，出衣則離身等。」（三二○頁下）

〔一一二〕後卷　鈔批卷一九：「第二十興治之篇也。」（八一二頁上）

〔一一三〕受有五種　鈔科卷中三：「初，明多種受法。」（七八頁下）資持卷中三下：
　　　　「四分十法。初五手，物俱互為四句。」（三二○頁下）

〔一一四〕若遙過物，如上說　鈔批卷一九：「立謂：持物及手得四句竟，至第五句，
　　　　如前文已明竟故。前云四分若遙過物與者，俱知中間無觸礙，即其文也。」
　　　　（八一二頁上）資持卷中三下：「第五遙過，即非手物。『如上』，即前所引
　　　　知無觸礙等。」（三二○頁下）

〔一一五〕復有五種　資持卷中三下：「上四，物物相對，如云身與身受等。」（三二○
　　　　頁上）鈔批卷一九：「立謂：明至此五句，相對受也。上五句是交互作，此
　　　　句是自相對。如身與身受，器與器受，乃至置地與也。此後一句加口『受受
　　　　受』。此上兩五句，依律如此。」（八一二頁上）

〔一一六〕置地與　資持卷中三下：「置地則無所對。」（三二○頁下）

〔一一七〕如上口云「受！受」　資持卷中三下：「注準僧祇，須加口法。」（三二○頁下）

〔一一八〕若墮所受草上，應食　資持卷中三下：「十誦墮地皆成。準前應是停案上者。」
　　　　（三二○頁下）

〔一一九〕僧祇　資持卷中三下：「僧祇約心前後有無，應具四句。文出二互，得罪成
　　　　受。二俱不覺，準應不成。」（三二○頁下）【案】僧祇卷一六，三五九頁上。

〔一二○〕行食時，淨人輕比丘，故觸此丘手，不應受　鈔科卷中三：「『十』下，對行
　　　　食辨成否。」（七九頁下）資持卷中三下：「十誦中，觸謂以物搪觸輕。不應
　　　　受者，以非授心，受亦不成故。」（三二○頁中）鈔批卷一九：「以心輕浮，
　　　　何（原注：『何』疑『所』。）以不應從受也。」（八一二頁上）【案】十誦卷

六一，四六九頁下。

〔一二一〕決意棄捨失　資持卷中三下：「決意者，謂作斷念，理應更受。」（三二〇頁下）簡正卷一二：「鈔文都六段，過時法滿。」（七五一頁上）

〔一二二〕捨戒失　資持卷中三下：「餘須更受，故知已失。」（三二〇頁下）

〔一二三〕如亡人不淨食器，皆不須翻穢　資持卷中三下：「初二句亦即了論。由失本體故，行法皆（三二〇頁下）失，故云一切。『沒』即滅也。『即』下，引例。分亡物中，殘宿、內宿、惡觸等食，餘比丘得食，以彼命終，諸罪皆失，例今頗同。」（三二一頁上）鈔批卷一九：「暠云：以穢從畜生，無畜心故，無穢可翻也。」（八一二頁上）

〔一二四〕如後律中　簡正卷一二：「如後第十依文解中。非時七日過限，亦隨等文也，謂時已過，法期又滿。此中更有口、手二受也。」（七五一頁上）資持卷中三下：「時藥，過中失受。三藥不加口法，同時藥斷。若加口法，各隨限滿即失。」（三二一頁下）

〔一二五〕如麻出油，漿變成酒，酒變成醋，生變成熟，並失本受　鈔批卷一九：「生變成熟，並失本受者，謂失加說（原注：『說』疑『記』。）識法也。」（八一二頁上）

〔一二六〕若爾，僧祇中何故展轉不失　資持卷中三下：「『若』下，會通僧祇。如前轉變，不失中引。」（三二一頁下）

〔一二七〕此謂時中加記識　簡正卷一二：「會前祇文。若不記識，轉變即失受也。」（七五一頁上）

〔一二八〕淨人觸失，更洗手受　鈔批卷一九：「然若遇緣觸竟，比丘勿即捉之，喚淨人來更授，未必要須洗手。若遇緣觸竟，比丘未受（原注：插入『受』字。），即捉是惡觸，今更受要須洗手，以比丘手中有惡觸食氣故也。若准西方，不論觸不觸，要須行水者，表沙門淨心法也。如佛受園，索水洗手等可知。」（八一二頁下）

〔一二九〕今有重受而不洗手者，成受　資持卷中三下：「初判不洗亦成。此據無膩，有則須洗。」（三二一頁上）。

〔一三〇〕但先洗手，意在淨心，非謂有污　資持卷中三下：「『但』下，本其洗意。謹奉佛制，不妄貪噉，即是淨心。雖有此通，縱令手淨，但得成受，不無違制。」（三二一頁上）簡正卷一二：「古師云：淨水恐手上有穢污膩觸也。今云但表淨心，如瓶沙王女施園，金瓶行水，何處手中有污？」（七五一頁上）

〔一三一〕**依文解** 簡正卷一二：「正依戒文解故，鈔闕具緣。今依戒疏具緣犯，一、是四藥，二、輒自取不受，三、食咽犯。」（七五一頁上）

〔一三二〕**五種佉闍尼** 鈔批卷一九：「如『足食戒』中明五不正是也。」（八一二頁下）

〔一三三〕**奢邪尼** 資持卷中三下：「即七日藥。文闕非時盡形。」（三二一頁上）

〔一三四〕**若不與食，自取著口中，咽咽墮** 資持卷中三下：「『若』下，結犯。初，通示犯相。」（三二一頁上）

〔一三五〕**非時、七日，限過，亦墮** 鈔批卷一九：「非時藥，明相出則失受。七日藥，過七日失受。若不復受而食者，提。」（八一二頁下）資持卷中三下：「『非』下，別簡三藥。上二藥，限中無過。盡形一藥，法無限齊，但約無病，結犯仍輕。」（三二一頁上）

〔一三六〕**盡形，無緣不受食，吉羅** 簡正卷一二：「謂無前病緣，不受而食，得吉。何不犯提？以有受法在，故不犯提（原注：『提』一作『但』。）。為無病，與無受之緣不相當，故不應也。」（七五一頁上）鈔批卷一九：「謂無病緣也。此藥既加法竟，若無人觸，永不失受，更不須受。有病有服，無病而服，得吉。是此不受食戒中明，故言『不受』，非謂失受竟，不受而食，只得吉也。至藥既名盡形，一受之後，無任運失，但可有遇緣失耳。已下明不犯法也。」（八一二頁下）

〔一三七〕**若不受酥油灌鼻，與唾俱出** 資持卷中三下：「不犯中。上二非食。『若不』下，治病。」（三二一頁上）

〔一三八〕**若乞食時** 資持卷中三下：「『若乞』下，開物墮，麤者可除。或不可辨，理應再受。」（三二一頁上）

〔一三九〕**餘者不犯** 資持卷中三下：「『餘』即除不盡者。準上善見，細塵更受。以一向不可除故」（三二一頁上）

索美食戒〔一〕四十

四緣：一、是美食〔二〕；乳、酪、魚、肉〔三〕。二、無病〔四〕；一坐間不堪食竟。三、自為已；四、食咽。犯。

祇中：不得從屠家乞肉汁〔五〕。八種，乳酪家，亦不得〔六〕。恐招譏過〔七〕。蠶家乞綿，亦同於此。

五百問：不病索好食，犯重〔八〕。

律不犯者。病人自乞，為病人乞〔九〕，或自他交乞，不求自得，一切得。

【校釋】

〔一〕**索美食戒** 資持卷中三下：「（佛在舍衛。跋難陀與商賈為檀越，便語云：『欲得雜食。』彼問：『何患思此？』答言：『無患但意欲耳。』彼譏因制。）」（三二一頁上）鈔批卷一九：「律中，尼吉羅也。問：『何以尼結輕者？』疏云：『大僧丈夫，身報力強，喜乞美食，取資身故，所以重制。尼乞美食，女人所諱，為希故輕。律結吉者，結不同罪，實結提舍。』問：『不同何罪，而結於尼？』答：『不同非罪，示不同成。隨結方便，使異二部。』」（八一二頁下）【案】四分卷一五，六六四頁上開始。

〔二〕**美食** 鈔批卷一九：「案論解云：何以名美食者？以價貴故，以亦難得故，以愈疾病故。有四句：一、是美食，非美藥，乳、酪、蘇等是；二、是美藥，非美食，生蘇、油是；三、亦美食，亦美藥，蘇、肉、魚脯是；四、非美食，非美藥，呵梨勒是。」（八一二頁下）

〔三〕**乳、酪、魚、肉** 資持卷中三下：「注示四物，簡餘得輕。緣起云：雜食通收此四。戒疏具五緣，加第二『隨非親乞』，準此開親。」（三二一頁上）

〔四〕**無病** 鈔批卷一九：「依祇文，約此『無病』緣與下第四『食咽』犯緣，作四句：一、不病時索，病時咽，吉；二、病時索，不病時咽，無犯；三、病時索，病時咽，無犯；四、不病時索，不病時咽，提。犯此戒也。」（八一三頁上）

〔五〕**不得從屠家乞肉汁** 資持卷中三下：「釋初緣中。前引僧祇，以明譏過。」（三二一頁上）簡正卷一二：「謂肉汁堪煎作脂，能治風病，憙往乞也。」（七五一頁下）【案】僧祇卷一七，三六二頁上。

〔六〕**八種，乳酪家，亦不得** 資持卷中三下：「八種是總舉，乳酪即別相。彼律，酥、油、乳、酪、蜜、石蜜、魚、肉為八種。」（三二一頁上）鈔批卷一九：「案祇云：一謂不得無病時往蘇家乞蘇；若乞食時自與者，得受。二、不得從押油家乞油；若乞食時自與者，得。三、不至採蜜家索蜜。四、不得至笮甘蔗家乞石蜜。五、不得從放（原注：『放』疑『牧』。）牛家乞乳。六、不得從作酪家乞酪。七、不得從捕魚家乞魚。八、不得從屠家乞肉汁。此上八種，若不病時輒索，僧提罪，尼犯八提舍尼罪。若病時，開乞，仍不得從上來八種家乞得，從餘家乞。若餘乞食時，至此八種家索餘食，語比丘言『我無餘物，正有此等物』者，得受無罪。又云：若比丘服吐下藥時，醫言：『此應服肉汁。』爾時，得乞肉汁，（八一三頁上）不得至屠家乞，不得往不信家乞。何以故？恐索時，譏比丘『但貪味故索』耳。若餘乞食時，從索漿。若檀越言『無漿，

正有肉汁』，須者當與，爾時得取，無罪。」（八一三頁下）【案】僧祇卷四〇，
五四四頁。

〔七〕**恐招譏過**　資持卷中三下：「彼律俗人譏言：瞿曇沙門不能乞麤食，而乞酥油
等。此敗壞人，何道之有？」（三二一頁上）

〔八〕**不病索好食，犯重**　鈔科卷中三：「『五』下，釋第二。」（七九頁下）資持卷
中三下：「次五百問，以云別犯，彼約盜心，不病言病故，成重罪。今此無病
直索，故不同之。（舊云『論重律輕』，非，以犯相別故。）」（三二一頁上）簡
正卷一二：「五百問：喚提，作重也。」（七五一頁下）【案】五百問，九七七
頁上。

〔九〕**為病人乞**　資持卷中三下：「為病人乞，得而食之，此開自食。自他交乞，乃
是為他。律云：或己他為他、他為己是也」（三二一頁上）

與外道食戒〔一〕四十一

　　五緣：一、是外道〔二〕，二、知〔三〕，三、自與食〔四〕，四、非置地、
使人〔五〕，五、彼手受，便犯〔六〕。

　　五分：乞食、乞兒、乞狗畜，量己食分減施〔七〕。十誦：外道伺求長
短，與食不名汙家〔八〕。多論：與無見人，不犯〔九〕。若眾僧與外道食，
無過，不得手與。

【校釋】

〔一〕**與外道食戒**　資持卷中三下：「（佛將弟子從拘薩羅遊至舍衛。大得餅食，令
阿難分與乞人，遂以粘餅與女人，餘皆得一，女獨得二，（三二一頁上）彼因
譏謗。又，外道得食，人問，便云：『禿居士處得。』以此二緣，故制。）」（三
二一頁中）鈔批卷一九：「僧尼犯同，緣異可知。制此戒時，闕無呵責。」（八
一三頁下）【案】四分卷一五，六六四頁中開始。

〔二〕**外道**　鈔批卷一九：「戒疏云：謂出家外道。以在家者，道俗位別，不生疑惑，
但犯小罪。然由出家名同，真偽難別，生人惑倒，故所以重。高問云：『外道
有九十六種，佛道為在其數外、數內？』答：『諸律、論不同。祇律：佛法在
九十六之內，故彼販賣戒云：與一切九十六種出家人，賣買不犯。既不甄簡，
佛法明在其中。若准多論淨施中云：一切九十六種，無淨施法，唯佛法有；
又云此三衣名，九十六種外道所無，秘故勝故；又云：六師各有十五弟子，師
徒合有九十六。准此，佛法在外也。若准大莊嚴論，佛法在內，故草繫緣中
云：佛之正道，不同於彼九十五種邪見倒惑，無有果報，修行佛道，必獲正

果。』」（八一三頁下）

〔三〕知　鈔批卷一九：「除置地遣人與不犯，以食味是通，理無獨飽。既不自授，寧生惑倒，故開不犯。」（八一三頁下）

〔四〕自與食　簡正卷一二：「律開親里父母，恩重。若據祇中，尚乃不開，縱與，須使淨人。若慊責，但答云：『出家人不得，佛已制戒。若不食，亦隨意。』」（七五一頁下）鈔批卷一九：「甄去非親里與父母外道恩重，故聽。（八一三頁下）若如僧祇十八，父母、兄弟、姊妹，在外道出家者，不得自與，當使淨人。無淨人者，語全自取。彼若嫌言：『汝今便作旃陀羅，禮遇我。』比丘應答云：『汝出家不得處，我佛制戒如是。若食便食，不食者隨意。』」（八一四頁上）【案】僧祇卷一八，三七四頁。

〔五〕非置地、使人　簡正卷一二：「以食味是通，理共獨食，置地使人，不生惑倒，故開。」（七五一頁下）鈔批卷一九：「約是食，除與衣，犯小罪。然食味是通與之義，故制以重；衣則別屬，情著難捨，與希故輕。」（八一四頁上）扶桑記：「初一向不開與。時諸外道有怨言：『一二外道有過，我曹復有何過，而不見與？而開直地與，若使人與。』」（二四四頁上）

〔六〕彼手受，便犯　鈔批卷一九：「此五緣，心疏所立，與鈔不同。」（八一四頁上）

〔七〕乞食乞兒乞狗畜，量己食分減施　鈔科卷中三：「『五』下，明開。」（七九頁下）資持卷中三下：「五分不明外道，乞兒語通，故此引之。下二『乞』字，並去呼。」（三二一頁中）【案】五分卷八，五五頁上。

〔八〕外道伺求長短，與食不名汙家　資持卷中三下：「十誦、多論，二文並開。但非自手，則同今宗。」（三二一頁上）【案】十誦卷一四，一〇〇頁下。

〔九〕與無見人，不犯　簡正卷一二：「空見人也。此人不分別勝負、好惡，彼此不取僧過也。」（七五一頁下）鈔批卷一九：「立謂：邪見人也，亦名斷見人也。又一解：無見者，謂無斷常二見，識有因果，能契中道，故曰也。既計有因果，非即邪見，故與食非犯也。深云：此是著空外道，不見有一師教十五弟子，各各受行異見，六師各別有法，與資不同。故師及資，通數有九十六。如是相傳，常有不絕也。」（八一四頁上）資持卷中三下：「無見即邪空外道，或住邪見無正見者，文略不犯。準律有五：一、若捨著地與；二、若使人與；三、若與父母；（謂住外道者，僧祇不開。）四、與塔別房作人，計作食價與；五、若力勢強奪去。」（三二一頁中）【案】多論卷八，五五三頁下。

不囑同利入聚戒〔一〕四十二

五緣：一、先受他請，以不受故，佛開不囑入村；二、食前後〔二〕；三、不囑授；四、詣餘家無緣〔三〕；五、入門。犯。

僧祇：若乞食比丘，次行乞食，到檀越家，即請令住，因往他家，得二墮〔四〕。如上「背請」中。若一人受請〔五〕，無同請〔六〕者，須白請家，或白淨人，後得餘行。一不惱食主，來問知處〔七〕故。彼律又云：若二比丘各受常請，交往亦爾，須白施主〔八〕。

四分云：食前者，明相出至食時；食後者，從食時至日中〔九〕。準此，與時經〔一〇〕「食時」同。家者，男子女人所居。白餘比丘者，同一界住〔一一〕。不同「非時」，以同受請知處〔一二〕。若囑授〔一三〕：詣村而中道還〔一四〕，或至餘家〔一五〕，或至寺內庫藏處及邊房〔一六〕，若至尼寺中，若出彼白衣家，並失前囑授，當更囑他；不者，入門，墮。

不犯者。

若病；若白；若迦提時；若施衣時；若無比丘，不囑，至餘庫藏及尼寺〔一七〕；若家家多敷坐具請比丘〔一八〕。十誦：若食不足，若不正，餘處求，不犯〔一九〕。多論：主人明日供，今日往，墮〔二〇〕；除主人喚。廣如下卷〔二一〕。

【校釋】

〔一〕不囑同利入聚戒　資持卷中三下：「（佛在舍衛。長者為跋難陀飯僧，彼時欲過，方來比丘，食竟不足。又，羅閱城大臣得果，令僧中分後食已，詣餘家僧不得食。二緣故制。）名云『同利』，即同受請者。凡受他請，有緣入聚，須白同請，令知所在，不白故犯。」（三二一頁中）鈔批卷一九：「同受一家請，利養是同，故曰同利。尼同犯提。」（八一四頁上）【案】本戒鈔科稱為「不囑入聚戒」。四分卷一五，六六五頁上開始。

〔二〕食前後　簡正卷一二：「謂大食。小食後，若大食入聚，如下戒條，非此犯也。」（七五一頁下）鈔批卷一九：「約小食前後也。若大食之後，入聚罪，非此科。此戒約時明犯。下戒，准祇約食竟明犯，不論早晚。縱旦食五正已，亦不得入聚，此戒要是中前，故約小食前後也。故律云：食前者，從明相出，至食時，此應是約小食時也。又云：食後者，（八一四頁上）從食時至日中，此是從小食時至日中也。只呼禺（【案】『禺』疑『辰』。）中時，是食時，要約中前，分為食前後也。高云：食前者，喫齋食之前也。食後，喫齋食竟，猶在

中前也。問：『既食齋竟，往他家何過？』答：『緣中，食雖已竟，時猶午前，有檀越送果子與僧。為待跋難陀故，不傳與僧，故制食後，不得不囑入白衣家也。今雖食竟，或未飽足，日時未過，後還房中，得食得果，直得更噉。或雖飽足，日亦未過，開作餘法，亦得食之。故使食前、食後俱不許入於聚也。若過午入聚，自犯後戒。案十誦所明，食前後大異。文云：若比丘許他請僧中前、中後，行到餘家，波夜提。下解云：中前者，從地了至日中。中後者，從日中至地末了。……賓云：律文言『前食』『後食』者，梵語倒也，應言『食前』、『食後』。譯者不迴文也。（述曰：）謂齋食前、齋食後也。」（八一四頁下）

〔三〕**無緣** 簡正卷一二：「謂迦提月，施衣作衣。白已去，皆因緣。」（七五一頁下）鈔批卷一九：「若迦提月，及作白已去，皆曰緣也。」（八一四頁下）

〔四〕**二墮** 簡正卷一二：「如上『背請戒』（七五一頁下）：一、不白請家，二、是背無請，得二提也。」（七五二頁上）鈔批卷一九：「一是背犯前『背請戒』，故提；一是不囑同利，犯此戒也。」（八一四頁下）【案】僧祇卷一六，三五四頁上。

〔五〕**若一人受請** 簡正卷一二：「今師約一人之義。」（七五二頁上）資持卷中三下：「以文制同利，則據多人，不明獨請故。準僧祇，令白請家等。」（三二一頁中）

〔六〕**無同請** 簡正卷一二：「即准『背請戒』中，若乞食在諸（原注：『諸』疑『請』。）家，即自白施豆（原注：『豆』疑『主』。）。若在寺內，即白淨人。施主後來問其淨人，即知去處。」（七五二頁上）

〔七〕**一不惱食主，來問知處** 資持卷中三下：「『一』合作『以』。或可『來』上脫『二』字，即配上兩白也。」（三一頁中）

〔八〕**若二比丘各受常請，交往亦爾，須白施主** 資持卷中三下：「『彼』下，引證。常請，謂長供不絕。交往，謂我往彼家，他來此家。」（三二一頁中）鈔批卷一九：「祇云：有二比丘，各各別受一家長請。若第一比丘語第二比丘言：（八一四頁下）『長老，今日共到我檀越家食去。』第二比丘應白已去。若不白去者，提。若第二比丘請第一比丘亦如是。（看文意，似白施主。）立亦云：張王二家，各請一人。張家比丘欲往王家，王家比丘欲往張家，各自（原注：『自』疑『白』。）本施主也。」（八一五頁上）【案】僧祇卷一六，三五四頁上。

〔九〕**食後者，從食時至日中**　鈔科卷中三：「『四』下，通釋後四。」（七九頁下）資持卷中三下：「初，釋食前後。食時者，相傳以為辰時，用此為中，以分前後。」（三二一頁中）鈔批卷一九：「從食時至日中者，鈔意准時經，正在禺（【案】『禺』疑『辰』。）中，故是食時。」（八一五頁上）【案】初釋食前後，「家者」下，釋餘緣。

〔一○〕**時經**　資持卷中三下：「『經』即時非時經。」（三二一頁中）簡正卷一二：「彼經約二十四半月，辨時非時。且正月一日至十五日，約腳步身影，九腳半為時，正是食時。此經即約中前通論，都有九腳半影。四分約中前分食，前後兩時。食前時者，二腳半三指影，為食時。從明相出，至小食時也。食後者，七腳少三指，為非時。從十（原注：『十』疑『小』。）食後，至日中前也。鈔通取四分，食前後二時，都有九腳半。與經通論，故曰與時經食時同也。」（七五二頁上）鈔批卷一九：「謂此經明步影而食，與四分同，以齊約日中也。祇文不爾，雖早了，即曰非時。」（八一五頁上）【案】時經，即佛說時非時經，一卷，西晉時天竺三藏若羅嚴譯，可見大正藏第十七冊。

〔一一〕**白餘比丘者，同一界住**　資持卷中三下：「『白』下，明囑授。初，明所囑人。」（三二一頁中）

〔一二〕**不同「非時」，以同受請知處**　簡正卷一二：「謂非時入聚，隨有比丘，或路上見，白並得。此要須囑同受請者，成。覓即知處，不惱於人。其白詞句云：『長老憶念，我某甲雜同食行至餘家。』答云：『爾。』」（七五二頁上）資持卷中三下：「注文簡異，以非時白，通界內外。」（三二一頁中）

〔一三〕**若囑授**　資持卷中三下：「『若』下，明失囑法。有六緣。」（三二一頁中）

〔一四〕**中道還**　資持卷中三下：「準約息意，不往故失。」（三二一頁中）

〔一五〕**餘家**　資持卷中三下：「非向所囑家。」（三二一頁中）鈔批卷一九：「餘家者，白衣舍也。」（八一四頁下）

〔一六〕**或至寺內庫藏處及邊房**　鈔批卷一九：「有云：並是寺內邊遠處。向如是處，則失前授法。若至餘僧寺，亦無失文。若向餘等庫藏，倒失也。礪云：此言囑授竟，至餘庫藏、尼寺等，皆失前法，當更須囑。」（八一五頁上）

〔一七〕**若無比丘，不囑，至餘庫藏及尼寺**　鈔科卷中三：「初，引本律不犯。」（七九頁中）資持卷中三下：「以無法可違故。」（三二一頁中）鈔批卷一九：「後開通文云：若無比丘，不囑至餘庫藏及尼寺等不犯者，此約無人可囑。以不囑故，雖入諸處，皆開也。」（八一五頁上）【案】底本無「不」，據敦煌甲本、

敦煌乙本、鈔批釋文及四分加。

〔一八〕若家家多敷坐具請比丘　鈔批卷一九：「景云：此舉一聚落，多家共設一供，而家別各敷侍比丘也。隨至何處，皆是請處，故不犯也。以元通請故。」（八一五頁上）資持卷中三下：「家家請。如欲往彼請家，中途他家相命，因而暫止。律文更開難緣，今此略耳。」（三二一頁中）簡正卷一二：「戒疏云：多家同會，處處待僧，隨至何處，皆是請處，不囑不犯。」（七五二頁上）扶桑記釋「六家家請」：「疏云：多家敷具者，謂多家同會處，處處待僧；隨至何家，皆是請處。記云：但約同會，不同亦犯。今記少異。」（二四四頁上）

〔一九〕若食不足，若不正，餘處求，不犯　鈔科卷中三：「『十』下，引他部雜相。」（七九頁中）資持卷中三下：「十誦約正足，此開背請，亦聽不囑。」（三二一頁中）【案】十誦卷五三，三九六頁中。

〔二〇〕主人明日供，今日往，墮　資持卷中三下：「多論明犯，非關此戒。或緣輒往，令眾不知。少有同故，寄此明之。」（三二一頁中）簡正卷一二：「明日沒（原注：『沒』疑『設』。）供先往提者，惱施主也，如訃請篇中述。大德云：此戒云同利者，謂同僧受檀越之利。今諸方寺院，斂嚫錢等，百錢抽十，名為同利，此非法也。有或問出在何文，即三藏中並無說處。」（七五二頁上）【案】多論卷九，五六〇頁中。

〔二一〕廣如下卷　鈔批卷一九：「即訃請法中明也。景問曰：『如大聚落，有眾多家，初入村門，未知犯罪，分齊如何？』答：『初入村門，得一提；後過家界，隨至眾界，結多犯，不要入家方犯。』賓云：囑授辭句義。立云：『大德一心念，我某甲比丘，（八一五頁上）先受某甲請，今有某緣事，欲入某聚落、至某家。白大德知。』今詳。但須的囑一人，令善憶持，不必要須『大德一心念』等。設今遙相告白，理亦是開。」（八一五頁下）

食家強坐戒〔一〕四十三

「四食」之中，是觸食家，眼根對色，故名「觸食」〔二〕。五分：男女情相共食〔三〕。僧祇：見色愛著〔四〕，故名「食」也。

四緣：一、是食家〔五〕。二、知是。十誦：若斷淫家，若受齋家，男女互受一日戒〔六〕，不犯。三、強坐屏處。五分：坐者，知妨其事〔七〕。十誦：此舍多人出入，不犯〔八〕。四、無第四人〔九〕。僧祇：母女姊妹亦犯〔一〇〕。

律云「有寶〔一一〕」者，多論：以著寶衣輕明〔一二〕，發欲故也。

【校釋】

〔一〕**食家強坐戒**　資持卷中三下：「（佛在舍衛。迦留陀夷與本俗友婦繫意後住其家。其婦嚴身，其夫極愛比丘，食已坐住。夫瞋。故制。）」（三二一頁中）鈔批卷一九：「此戒僧尼同得提罪也。」（八一五頁下）【案】四分卷一五，六六五頁上開始。

〔二〕**「四食」之中，是觸食家，眼根對色，故名「觸食」**　簡正卷一二：「四食者，於中分二：先汎明，次釋鈔。且汎明者，故俱舍云：如契經言，世尊在人天眾中作如是語：『我於菩提樹下，成等正覺，誠悟於一法，謂一切有情，皆依飲食而住。』外道聞之，撫掌大笑：『一切有情，依仰飲食，誰不知之？何假菩提樹下，唯佛得悟？』世尊反問問（【案】次『問』疑剩。）：『汝既知一切有情依食住者，汝因何自餓？汝又知食有幾種？三界有無，如何分別？有漏無漏，義復云何？』於是外人，莫能醻對，故佛一一為彼解說食。今此准論疏，略分五門：一、釋名，二、出體，三、界繫，四、有漏無漏，五、明癈立。初中，有總有別。問曰：『食是何義？』答：『是資益義。謂能資益諸根大種故。』次別名者，一、段，二、觸，三、思，四、識。言段食者，四塵所成形質名段。古云『搏食』，可搏握故，攝義未（七五二頁下）周。新云『段食』，有分段故。於中有二：一細段食，謂諸天及劫初時，及嬰兒食，全無便穢，如油沃沙，散入支體故。二麤段食，即今所食物也。又，光影炎涼，於人有益，亦名為食。今人所見，但是食具，未能資益，由如樂具。故正理論云：食者，非在手中、器中，可成食事，要須進度咽喉，牙齒咀嚼，墮生藏中，攝益諸中（原注：『中』疑『根』），方成食事。二、觸食者，根、境、識三和合名觸。三、思食者，悕求受境想念名思。四、識食者，為諸識蘊了別名識。二、出體者。段食，雖具八事成，但以香、味、觸三為體，不取色。故俱舍云：非色不能益，自根解脫故。如眠見色時，不能資益，且自根大種，尚不能資持，何況資益諸根大種？又不能益於諸解脫者解脫，謂第三果人及羅漢，雖斷欲貪，見色無益，須得食物。二觸食，以心所中觸為體，非色觸為鉢體。三思食者，故正理云：思食者，准與意識相應。四識食，即是識蘊。三、界繫者。段食准欲界，餘三通三界。問：『段食何不通上二耶？』答：『要離段食貪，方能生上故。』四、有漏無漏者。段食唯有漏，餘三雖通無漏。『今為食者，唯取有漏門，何不通取無漏？』答：『食者，資（七五三頁上）益義。無漏觸思識，破壞三有，不能資益故。論引經云：食者，能令部（【案】『部』

疑『諸』。次同。）多有情安住，及能資益。諸求生者，部多謂已生五趣，求生謂中有身，常嘉尋求，當生處故。以香為食，無漏觸思識，無此義故不取。』五、明癈主者（原注：『主』疑『立』。）。問：『諸有漏法皆有資益三有之義，何故世并（原注：『並』字疑剩。）尊唯說四食？』答：『約增勝，說四無失。』問：『其勝者何？』答：『頌云：前二益此世，所依及能依。此明前二食勝也。（前二者，段、觸也。）所依者，謂有情身根，段食於彼，能資益故。能依者，謂心心所。觸食於彼，能為資益。此云二食於已生，有資益功能，最為殊勝，故云此世所依及能依。後之二食者，頌云：後二於當有，引及起如此。於當有身，為資益義，謂思業能引當為；思力引已，識種子力，能趣當為。由業所熏，識種子力，當為力方便起。故此二食，能益當來，最為殊勝。前二如養母，已生身故，後二如生母，生未生故。若准論中，四句分別：一、是段非食，謂所飲噉為緣，損壞諸根大種；二、是食非段，謂觸等三食；三、亦段亦食，謂所飲噉為緣，資益諸大種；第四句者，為除前相觸等三食，皆為此四句。然就中是『觸』等而非『食』者，謂（七五三頁下）無漏觸為緣，損壞諸根大種。餘四可知。』問：『五趣四生，皆具此四食不？』答：『並具。』『若爾，如何地獄有段食耶？』答：『吞熱丸、飲洋銅汁，雖能損壞，亦能暫時消除飢渴，得食相，故亦為食。又，孤獨地獄，飲食如人，故五趣中，俱有四食。』（已上五門。總多汎四食義竟。）次，結歸鈔意者，文云：眼根對色，故名觸食。故律云：女以男為食，男以女為食。此觸即心所誡法。界（原注：『界』疑『男』。）女所欲，由似食故。」（七五四頁上）鈔批卷一九：「四食，謂：揣、觸、思、識也。立謂：舊云『搏食』，亦曰『段食』。段食則攝義寬通也。案攝大乘論云：四食者，一段食，二觸食，三思食，四識食。言段食者，變成為相。何以故？此段若變異，能作身利益事，是名段食。觸食者，依塵為相，由緣色等諸塵，能作利益身事，是名觸食。思食者，望得為相，此望得意，能作利益事，如人飢渴，至飲食處，望得飲食，命身不死，是名思食。識食者，執持為相，由此識能持身故，住世不壞，若無識執，則同死人，身即爛壞，是名識食。此四食中，觸食屬六識，思食屬意，望得段食屬色、不關心。識食於三義中屬何義？若汝不說有阿梨耶識，依何義說此識食？復次，若人眠中不夢，及心悶絕、入滅盡定等，六識已滅，又無段、思、觸三食，何法持此身令不壞？若無阿梨耶識執持，此身則壞，故知定應以阿梨耶識為食。（八一五頁下）此是觸食者，依前攝論解，六識所得，皆屬觸食。立云：

男女相視、情相愛染，義如食也，以眼對故，故言觸也。<u>四分</u>云：男以女為食，女以男為食。案祇云：麨飯魚肉，名為食也。復有食，名眼識，見色起愛，念生欲著，乃至鼻、舌、身、意亦如是，皆名食。復有食，名釜，以蓋為食；臼以杵為食；斛以斗為食。復有食，名男子是女人食，女人是男子食。如上皆名為食。賓云：<u>南山</u>云『四食之中，此是觸食』者，謬也。此意說貪，不欲辨食。今言食家有寶者，從喻為名也。噉貪欲味故，名為食。互相愛重，名之為寶。」（八一六頁上）

〔三〕**男女情相共食**　資持卷中三下：「<u>五分</u>情者，但就識論。」（三二一頁下）【案】五分卷八，五五頁下。

〔四〕**見色愛著**　資持卷中三下：「<u>僧祇</u>具列根、境、識三。」（三二一頁下）【案】僧祇卷一八，三七四頁上。

〔五〕**是食家**　鈔批卷一九：「礪云：以男女情相視曰食家。若斷婬等之家，即不名食家也。」（八一六頁上）

〔六〕**若斷淫家，若受齋家，男女互受一日戒**　鈔批卷一九：「以緣起妨事故制。今夫妻互持一日戒，以無婬事可妨，故開不犯。賓云：受八戒也。」（八一六頁上）資持卷中三下：「<u>十誦</u>斷淫，謂夫婦修梵行，受齊（【案】『齊』疑『家』。）即八戒，斷正淫故。」（三二一頁下）

〔七〕**坐者知妨其事**　資持卷中三下：「令彼夫婦，不得隨意故。」（三二一頁下）

〔八〕**此舍多人出入，不犯**　資持卷中三下：「<u>十誦</u>多人，即同第四人故。」（三二一頁下）

〔九〕**無第四人**　鈔批卷一九：「夫妻及比丘是三，故犯。更有異人成四。妨事非獨在我故也。」（八一六頁上）資持卷中三下：「三人外，更有一人，不犯。」（三二一頁下）

〔一○〕**母女姊妹亦犯**　資持卷中三下：「<u>僧祇</u>簡非證人，彼<u>律</u>有比丘伴無犯，白衣雖多亦犯。多論：二師、父母、尊人，在座不犯。」（三二一頁下）

〔一一〕**有寶**　資持卷中三下：「有寶者，律列金、銀、真珠等，即以嚴身之具目於女人，引論顯意可見。律不犯中。若舒手及戶處坐，（己內不及則犯。）若二比丘為伴有識別人，或客人在一處，（準此通俗。）若不盲聾，（互闕吉羅，俱闕非證。）或從前過不住，（多人行處。）或病發到地，力勢所持，命、梵難緣等，並開。」（三二一頁下）

〔一二〕**以著寶衣輕明**　鈔批卷一九：「立謂：此解其家有寶義也。謂女著寶衣，輕明

照內身，外現發欲，故曰有寶也。准祇云：俱男女亦不犯，以非食家故。」（八一六頁上）簡正卷一二：「以男（原注：『以男』為倒。）女為寶。夫人未以餘衣覆身，名未藏寶也。」（七五四頁上）

屏與女坐戒〔一〕四十四

四緣：一、是俗女，二、屏處〔二〕，三、無第三人，四、申手不及戶坐，犯。

多論〔三〕：閉戶，無淨人，墮；開戶，外有淨人，吉。戶內有淨人，不犯。僧祇：若母、姊、妹，若大小淨人，睡眠、癡狂、嬰兒〔四〕，雖有是人，名「獨」。以人多犯故，前已重明，故又出之〔五〕。若淨人作務，來往不斷〔六〕。若門向道，有行人如食頃不斷。若閣上、閣下，淨人遙見者，不犯。

律不犯者。舒手及戶坐，使乞食比丘見；若二比丘為伴；若有識別人在邊，及難緣。並開。

【校釋】

〔一〕屏與女坐戒　資持卷中三下：「（迦留陀夷念前戒開手及戶處坐，即與女人在戶扉後坐，共語。招譏，故制。）若準戒本，亦標食家，乃是因前而制。至於論犯，不必假夫，故略之耳。」（三二一頁下）鈔批卷一九：「尼同提。」（八一六頁上）扶桑記釋「不必假夫」：「通釋：若依律夫婦相兼，名之食家；故律云：食者，男以女為食，女以男為食。準此，通男女名食家。」（二四四頁下）【案】本戒鈔科稱為「屏與女坐戒」。四分卷一五，六六六頁下開始。

〔二〕屏處　資持卷中三下：「律云：若樹牆壁、籬柵，若衣及餘物障。」（三二一頁下）

〔三〕多論　資持卷中三下：「『多』下，釋第三。」（三二一頁下）資持卷中三下：「多論約戶內外，次列三相。今時入聚，須帶淨人。或對女坐，勿使離身，可得免過。不爾，如論結犯。」（三二一頁下）【案】多論卷八，五五三頁上。

〔四〕若母、姊、妹，若大小淨人，睡眠、癡狂、嬰兒　資持卷中三下：「僧祇初簡非證。七人，三類。初三，親囑（【案】『囑』疑『屬』。）。小淨人、嬰兒無解。睡、狂無知，皆非可畏。『大』字，讀為『太』。」（三二一頁下）鈔批卷一九：「若大小淨人等者，立云：或年八、九十老耄，不知時事；七歲已下，未識時事也。」（八一六頁下）【案】僧祇卷一九，三八二頁下。

〔五〕以人多犯故，前已重明，故又出之　鈔批卷一九：「『二不定』中已廣辨屏

義。」（八一六頁下）資持卷中三下：「『二不定』及『強坐』中已釋，故注顯
重重之意。」（三二一頁下）

〔六〕**若淨人作務，來往不斷** 資持卷中三下：「『若淨人』下，明假緣成證。三相可
分。不犯，並同前引」（三二一頁下）

獨與女人坐戒〔一〕四十五

四緣：一、是俗女，二、露處，淨人見、聞屏處〔二〕。三、無第三人，
四、在申手內共坐，犯。

十誦：與女露地坐，隨起還坐，隨爾數墮〔三〕。相去一尋內〔四〕，墮；
一尋半，吉；二尋若過，無犯。

前「食家」，不犯者如前〔五〕。若互受一日戒，吉羅〔六〕。

【校釋】

〔一〕**獨與女人坐戒** 資持卷中三下：「（亦因迦留陀夷與女露坐。招譏，故制。）」
（三二一頁下）鈔批卷二〇：「尼提。」（八一七頁上）【案】本戒鈔科稱為「與
女露坐戒」。四分卷一五，六六七頁中開始。

〔二〕**淨人見、聞屏處** 鈔批卷二〇：「如『二不定』中所明。若互見聞，吉羅；見
聞俱離，方提。謂常語不聞，名為『聞屏』。雲霧黑暗中，名為『見屏』也。」
（八一七頁上）資持卷中三下：「注釋露處。由此二屏，皆無障故。前云：塵
霧暗黑名『見屏』，（三二一頁下）常語不聞聲名『聞屏』。」（三二二頁上）

〔三〕**與女露地坐，隨起還坐，隨爾數墮** 資持卷中三下：「十誦初約身動止。」（三
二二頁上）【案】十誦卷一二，八五頁中。

〔四〕**相去一尋內** 資持卷中三下：「『相去』下，二、就處近遠，罪相遞減，譏過淺
深故。一尋八尺，即伸手內。」（三二二頁上）

〔五〕**前「食家」，不犯者如前** 鈔科卷中三：「『前』下，點前開。」（七九頁中）簡
正卷一二：「謂釋前『強坐戒』。」（七五四頁上）鈔批卷二〇：「立明：此重釋
前『食家強坐戒』也。謂上之三戒，犯緣、制意是同，故於今重明前戒也。又
前『強坐戒』中，未明開通文也，謂前強坐戒中，若互受一日戒不犯者，謂不
犯提，非不犯吉。故今文云『若互受一日戒，吉羅』，即指前戒也。若『獨與
女坐戒』及『屏坐戒』，此二戒，縱互受一日戒，亦提。意在招譏故也。」（八
一七頁上）資持卷中三下：「前引十誦，但云不犯。恐前遺筆，寄之點之。或
別有意，來者更詳。注戒指不犯，同前。」（三二二頁上）

〔六〕**若互受一日戒，吉羅** 簡正卷一二：「謂不犯者，提。如前已明。（七五四頁

上）今後兩戒，縱互受戒，亦犯提，以招譏故，由夫主不在。又，前戒隱此吉，至此方顯。文勢似難，尋之易解。」（七五四頁下）鈔批卷二〇：「謂不犯提，非不犯吉。故今文云：若互受一日戒，吉羅，即指前戒也。若『獨與女坐戒』及『屏坐戒』，此二戒縱互受一日戒，亦提，意在招譏故也。言受一日戒者，皆約八戒，得名淨行優婆塞。若夫妻互受五戒者，比丘強坐亦提，以自妻不廢故。立云：上解不好。又解云：言前『食家』不犯者，謂指前『食家坐戒』。若夫妻互受一日戒，比丘坐則不犯，以夫妻同在此故。今此中比丘，與女露處坐，雖女受一日戒，亦犯吉，為人見生譏故也。若論露處，招譏故，合得提。由女已受戒故，過輕但吉。」（八一七頁上）

驅他出聚戒〔一〕四十六。

四緣：一、是比丘，二、期與設食，三、無諸緣礙〔二〕，四、遣去，犯。

律中不犯。與食令去〔三〕；若病，若無威儀，人見不喜，自送食與〔四〕；若破戒、見故，命、梵等難，方便遣，不以嫌心〔五〕。

【校釋】

〔一〕**驅他出聚戒** 資持卷中三下：「（佛在舍衛。跋難陀與比丘鬥，結恨在心，便誘至城中無食處。知還寺時過，便驅出，令彼不得食，疲乏。因制。）」（三二二頁上）鈔批卷二〇：「比丘尼得提。」（八一七頁下）【案】四分卷一五，六六七頁下開始。

〔二〕**無諸緣礙** 簡正卷一二：「如下病無威儀等，是遣去犯者，律約離見聞即犯。」（七五四頁下）鈔批卷二〇：「立謂：因此有命、梵等難，或其人破見威儀。若眾中所舉，若被擯等，驅出不犯。此戒鈔立四緣，戒疏立五緣：一、大比丘，二、先許食，三、不與食，四、惡心驅出，五、離見聞。若礪大疏，有六緣，如（原注：『如』疑『加』。）『無因緣』。」（八一七頁下）資持卷中三下：「即下不犯破戒、見、命、梵等也。」（三二二頁上）

〔三〕**與食令去** 資持卷中三下：「初，先與後遣。」（三二二頁上）

〔四〕**若病，若無威儀，人見不喜，自送食與** 資持卷中三下：「『若病』下二緣，先遣後送。」（三二二頁上）

〔五〕**若破戒、見故，命、梵等難，方便遣，不以嫌心** 資持卷中三下：「『若破戒』等，不與而遣。文令方便，反明嫌心，非無小過。」（三二二頁上）【案】底本無「難」，據四分、敦煌甲本、敦煌乙本加。

過受四月藥請戒〔一〕四十七

六緣：一、是藥請〔二〕，二、施主限定，三、知限，四、過受〔三〕，五、無緣〔四〕，六、食，便犯。

僧祇中：春、夏、冬，若過皆犯〔五〕；或一月、半月，不得更過。

律中不犯者。除四緣，如戒本〔六〕。過藥限，墮；過夜限，吉羅〔七〕。

【校釋】

〔一〕過受四月藥請戒　資持卷中三下：「（佛在釋翅瘦。施主請僧給藥，六群求難得藥，彼為市求，便呵罵之。因制。）戒名『四月』，且從緣說。準下僧祇一月、半月。」（三二二頁上）鈔批卷二〇：「礪云：約時藥、七日、盡形，三種藥犯，謂諸部計會，有斯義也。若非時一藥，以體賤故，又療患義微，過受義希，故犯小罪。言四月者，立謂：據緣起是四月也。今不問四月、一月、半月、春、夏等，但使過施主之限有結。」（八一七頁下）【案】本戒鈔科稱為「過受藥戒」。四分卷一五，六六八頁中開始。

〔二〕是藥請　資持卷中三下：「犯緣第一，十誦四藥通犯。」（三二二頁上）簡正卷一二：「事鏡云：四藥中，過受三藥犯提。准伽論云：受時食，亦犯提。七日、盡形，此律下文，醫所教服藥，故知是犯。若非時藥賤，又療患義劣，過受義希，但犯吉。故十誦云：過四月已，更索蘇等，七日及終身，椒、薑等犯提。若索阿羅勒毗醯勒漿，但吉。」（七五四頁下）

〔三〕過受　資持卷中三下：「過受四月時食者，提。索餘事，吉。（謂非四藥。）四月過已，求七日終身，（即盡形也。）亦提。非時藥，吉。」（三二二頁上）

〔四〕無緣　資持卷中三下：「即下四緣。」（三二二頁上）鈔批卷二〇：「謂有病緣，得過受也。」（八一七頁下）

〔五〕春、夏、冬，若過皆犯　鈔科卷中三：「『僧』下，釋第二。」（八〇頁下）資持卷中三下：「僧祇三時，各有四月，通有過限。」（三二二頁上）簡正卷一二：「春夏分，若過皆（原注：『皆』字原本不明。）犯者，謂此律緣起，是夏四月請。今准祇文，春分亦犯，但是過限，不論三時、半月、一月等。」（七五四頁下）鈔批卷二〇：「謂此三時各有四月，以施主限約四月，故過結犯。」（八一七頁下）【案】僧祇卷二〇，三八五頁下。

〔六〕除四緣，如戒本　簡正卷一二：「一、常請者，施主云『我常施藥』。『更請者』，斷已後續。分請者，自持到伽藍中，分作分好與比丘，五分名為『自送請』。盡形請者，我當盡形壽與藥。戒疏，問：『常請與盡形何別？』答：『但就能所

自分也。或為云盡二人形，故名盡形也。』」（七五四頁下）鈔批卷二〇：「一者常請，不作日限也。二、更請，謂先雖限期四月，後更續請也。三、分請者，謂持業（原注：『業』字未詳。）藥至寺中分為分分（【案】『為分分』疑剩。）與比丘也。四、盡形請者，施主盡一報形，常施藥也。有此四緣，無過受罪。」（八一七頁下）資持卷中三下：「（『常請』約能施，『盡形』約所施。）」（三二二頁上）

〔七〕**過藥限，墮；過夜限，吉羅**　鈔科卷中三：「『過』下，示犯相。」（八〇頁中）簡正卷一二：「律文四句料簡。藥之與夜夜時節，日月分齊。藥即參、苓，味敷分二果。初句云：夜有限齊，（定四月，當分請。）藥無限齊，（謂與種種之藥；）第二句：夜無限齊，（當常請是。）藥有限齊，（與參、不與苓也；）第三，俱有；第四，俱無，可知。准律，四句不分輕重，今鈔分輕重者，據制戒義也。本為索藥過限，故結提。若四月止夜齊、非索藥，過限故結提；若四月止夜分，非索藥相，即不應索，故犯吉也。」（七五五頁上）資持卷中三下：「猶同昔義，準疏反之。彼云：此戒索輕，過限重也。所以然者，先有好心，四月與藥，期限已滿，供養心息。過受置惱，敗損處深。又承前常請，人喜過日，故重。餘不具引。」（三二二頁上）鈔批卷二〇：「立謂：施主但施一臍藥，不限日夜，比丘過此藥限而受，得提。若施主本請一月、半月，不限藥分齊，若過夜住，犯吉也。宜作四句：一、過藥限，（八一七頁下）不過夜限，提；二、過夜限，不過藥限，吉；三、藥夜俱過，提吉；四俱不過，無犯。」（八一八頁上）

觀軍戒〔一〕四十八

多論有三意〔二〕：一、為尊重佛法故；二、為滅誹謗故；三、為息諸惡，增長善法故。

四緣：一、是軍陣〔三〕，二、故往觀，三、無緣〔四〕，四、往見，犯。

四分：陣者，若戲，若真，看者皆墮〔五〕。若軍在前後，下道避，不者吉羅〔六〕；方便見，墮。若被請去，力勢、道斷等，不犯〔七〕。

僧祇：若逢軍，不作意見者，無犯〔八〕。若作意，舉頭窺望，見，墮。若天王出，作意看者，越〔九〕。乃至看畜生鬪，及人諍口〔一〇〕，看者亦越。十誦：為觀無常故，雖觀不犯〔一一〕。

【校釋】

〔一〕**觀軍戒**　資持卷中三下：「（佛在舍衛。人民反叛，王領軍征伐，六軍觀陣，匿

王不悅。故制。)」（三二二頁上）鈔批卷二〇：「依光律師九段，此下至『三染衣』來，有十三戒，當第五段明繫意住緣，離逸修道無著行。礪云：車幕屯聚稱之曰軍，行列相對曰陣。(已下三戒，尼亦犯提)。」（八一八頁上）【案】本戒鈔科稱為「觀軍陣戒」。四分卷一五，六六九頁中開始。

〔二〕多論有三意　資持卷中三下：「初，明住持；二、是化他；三、成自行。由觀兵鬥，凶暴無慈，失諸善利。」（三二二頁上）

〔三〕是軍陣　簡正卷一二：「戒疏：車幕長聚稱軍，行列相對曰陳（【案】『陳』疑『陣』。）。大德云：象軍用四人，馬軍用八人，車用十六人，步軍三十二人。不同今時二十五人為一旗、百人為一隊也。」（七五五頁上）資持卷中三下：「律中，下至一馬一車一步卒，皆犯。」（三二二頁上）

〔四〕無緣　鈔批卷二〇：「立謂：無請緣也。律中，時有大臣，在軍中欲見比丘，佛開往也。」（八一八頁上）資持卷中三下：「即下被請、道斷等開。」（三二二頁上）

〔五〕陣者，若戲，若真，看者皆墮　資持卷中三下：「戲謂遊驛教習之時。真謂正鬥。律作『若戲若鬥』。」（三二二頁上）【案】「四分」下，通釋諸緣。

〔六〕若軍在前後，下道避，不者吉羅　資持卷中三下：「『若軍』下，次，明相值。『方便』謂雖下道，偷目顧眄。」（三二二頁中）鈔批卷二〇：「案祇云：有四種，謂：象力最大，有四人從之，成一象兵；馬力次弱，有八人從之，成一馬軍；車軍次弱，十六人從之，成一車軍；步軍者，有三十二人帶伏，成一步軍也。善見稍別，言：象兵者，一人騎象，八人從之；馬兵，一人乘馬，二人（原注：『人』下疑脫『從之』二字）；車兵則四人為腳；步兵亦四人也。」（八一八頁上）

〔七〕若被請去，力勢、道斷等，不犯　資持卷中三下：「『若被』下，明不犯。律列多種，謂：若有事往，若下道避惡獸、賊難、大水漲、命、梵等。不下道，無犯。」（三二二頁上）

〔八〕若逢軍不作意，見者無犯　鈔科卷中三：「『僧』下，別釋第二。」（八〇頁下）資持卷中三下：「僧祇初明逢軍，準意斷犯。」（三二二頁中）【案】僧祇卷一八，三七四頁下。

〔九〕若天王出作意，看者越　資持卷中三下：「『若天』下，明非陣。三相皆輕，天王即國君，儀伏畜鬥人爭，皆相因而制。」（三二二頁中）簡正卷一二：「天子也，若出即為軍陣遮從也。」（七五五頁上）

〔一〇〕諍口　【案】底本及僧祇為「口諍」，據大正藏本、貞享本及弘一校注改。

〔一一〕為觀無常故，雖觀不犯　資持卷中三下：「十誦：由睹相殘，易生厭離。雖有
　　　　此文，世多濫倚，自非實行，往觀皆犯。」（三二二頁中）【案】十誦卷五三，
　　　　三九四頁下。

有緣軍中過限戒〔一〕四十九

四緣：一、有請緣〔二〕。多云〔三〕：開往〔四〕者，為沙門果故，長養
佛法故，長信敬故。又，道俗相須，成就佛法故，聽往有益。二、曾經
二夜〔五〕。三、第三宿不離見、聞處。四、明相出〔六〕。犯。

【校釋】

〔一〕有緣軍中過限戒　資持卷中三下：「（六群有緣至軍中宿。招譏，因制。）」
　　　（三二二頁中）【案】本戒鈔科稱為「軍中過限戒」。四分卷一五，六七〇頁上
　　　開始。

〔二〕有請緣　鈔批卷二〇：「先有請喚，名為有緣。」（八一八頁上）

〔三〕多云　資持卷中三下：「多論四意。上三利他，四即相利。彼又云：若不開
　　　往，便謗云：比丘有求，不喚自來；無求時，雖喚不來。若往說法，令悟道
　　　果，故開往也。」（三二二頁中）【案】多論卷八，五五四頁上。

〔四〕開往　簡正卷一二：「阿羅漢三果等，欲令前人獲此果，故聽往。」（七五五頁
　　　上）鈔批卷二〇：「立謂：大臣有力，若請不去，能作損減，故開聽往。得無
　　　惱害，安神修道，長沙門果。」（八一八頁上）

〔五〕曾經二夜　簡正卷一二：「謂前人懇請，事（原注：『事』下疑脫『不』字。）
　　　獲已即往。其事纔訖，便反。若未了，應一宿，又不了再宿。若又不了，至第
　　　三宿。」（七五五頁上）

〔六〕明相出　簡正卷一二：「明未出，須去。若不去，明現犯。」（七五五頁上）資
　　　持卷中三下：「律不犯者，第三宿明相未出，離見聞處，水陸道斷、命梵等，
　　　不往，皆開。」（三二二頁中）

觀軍合戰戒〔一〕五十

四緣〔二〕：一、先有緣在宿，二、軍陣合戰，三、方便往觀，四、
見，便犯。

【校釋】

〔一〕觀軍合戰戒　資持卷中三下：「（六群有緣在軍中觀鬥力，一人彼（【案】『彼』

疑『被』。）箭射异，歸。招譏，故制。）此戒因前而制。疏云：既有緣至，
應坐說法。後看合戰，為刃所中，犯同於初。（即『觀陣戒』。）不犯，亦同前
戒。故文不列。」（三二二頁中）【案】本戒鈔科稱為「軍中過限戒」。四分卷
一六，六七一頁上開始。

〔二〕四緣　簡正一二：「祇云：若在城中住，賊來圍城，至令比丘盡出城，現多人
相。不故著（原注：『著』疑『看』。次同。），不犯。方便著，即提。」（七五
五頁下）

飲酒戒〔一〕五十一

三緣：一、是酒〔二〕，二、無重病緣〔三〕，三、飲咽，犯。

律云：若以我為師者，乃至不得以草木內酒中滴口〔四〕。因說酒有
十過〔五〕。五分：以降龍故，得酒醉，衣缽縱橫〔六〕。佛與阿難异〔七〕至
井邊，佛自汲水，阿難洗之，著衣臥於牀上，令頭向佛。須臾轉側，伸
腳踢佛。佛集僧言〔八〕：「昔日敬佛，今不能敬，昔伏毒龍，今不能降蝦
蟆。」因說漸斷酒制，乃至嗅酒器〔九〕。多論云：此戒極重〔一〇〕。能作
四逆，除破僧，又能破一切戒，及餘眾惡〔一一〕故。

四分中：但使是酒，乃至草木作者〔一二〕，無酒色、香、味〔一三〕；若
非酒，而有酒、色、香、味，並不合飲〔一四〕。若酒煮〔一五〕、酒和合食
飲，一切墮。若甜、醋酒〔一六〕，食麴、酒糟，一切吉羅。十誦：若飲似
酒、醋酒、甜酒、糟醫〔一七〕、若麴，能醉人，咽咽墮。多論〔一八〕：麴
犯墮者，謂「和酒麴」乾，持行者。若餘麴〔一九〕，不犯。四分：若酒作
酒想，若疑，若無酒想，皆墮〔二〇〕。莫非取境犯，謂前有方便〔二一〕。十誦：
為恐冷發，和酒與之，不看即飲，故制〔二二〕。若看知非而是〔二三〕者，
如上開之〔二四〕。

律不犯者。

若病，餘藥治不差，以酒為藥〔二五〕；若用身外塗創。一切無犯。

五百問：若醫言必差，得和藥服，不得空服。彊勸人，不飲，吉；
飲，犯墮〔二六〕。善見：若酒煮藥故，有酒香、味，犯吉；無者，得飲。

僧祇：一切果漿，令人醉，越〔二七〕；若麴飯和食〔二八〕者，提；啖
蘡〔二九〕者，越毘尼。

【校釋】

〔一〕飲酒戒　資持卷中三下：「（佛在支陀國。娑伽陀比丘降龍示俱睒彌王，得酒，

飲醉臥路。因制。）」（三二二頁中）鈔批卷二〇：「尼飲亦提。」（八一八頁上）【案】本戒「犯文」分三：初，「三緣」下；二、「律云」下，又分三；三、「四分」下。四分卷一六，六七一頁中開始。

〔二〕酒　簡正卷一二：「酒者，一是唐三藏有三名：一、梵云『窣羅』，此云米酒；二、云『迷嚥耶』，此云根莖華菓酒；三、云『末陀』，引（【案】『引』疑『此』。）云蒲桃酒。大德引疏云：是毒水，能昏汎（原注：『汎』疑『沉』。）人，兼諸放逸。從水作酉，日入酉即漸昏黑，不能昇舉也。」（七五五頁下）

〔三〕無重病緣　簡正卷一二：「病開也。」（七五五頁下）

〔四〕若以我為師者，乃至不得以草木內酒中滴口　資持卷中三下：「本律初示嚴救以為資者，必稟師教，不可違故。『乃』下，明急制也。今時學法，率多嗜酒，臨此慈訓，那不自慚？」（三二二頁中）

〔五〕因說酒有十過　資持卷中三下：「『因』下，顯過。一、顏色惡；二、少力；三、眼視不明；（此三及六損色。）四、現瞋恚相；（此一與九亂神。）五、壞業資生；（破家。）六、增疾病；七、益鬥訟；（長業。）八、無名相；（喪德。）九、智慧少；十、命終墮三惡道。（上九現惡，十即來苦。）觀斯十過，現事灼然。世愚反云益力治病者，不亦謬哉。」（三二二頁中）【案】四分卷一六，六七二頁。

〔六〕以降龍故，得酒醉，衣鉢縱橫　資持卷中三下：「五分緣同四分。彼云：娑竭陀比丘，梵音，少異。初緣起。」（三二二頁中）鈔批卷二〇：「案五分云：佛從拘舍彌國往跋陀越邑。時彼編髮梵志住處有一毒龍，常雨大雹，破壞田苗。時諸居士聞佛與千二百五十弟了俱來此邑，皆出奉迎。禮敬已，白佛言：『此邑常有一惡龍，破壞田苗。我恒願得大威德人，而降伏之。』時沙竭陀比丘在佛後扇佛。佛即領（【案】『領』疑『顧』。），勅令往降之。彼聞佛命，禮佛足已而去，向彼龍所。即入其室，卻坐一面。龍身便出烟，沙竭陀身亦出烟。龍即舉身火燃，沙竭陀亦舉身火然。龍火出五色，沙竭陀火亦出五色。於是化龍身令小如筈，內著鉢中，持至佛所。白言：『此惡毒龍，今已降伏，當著何處？』佛令著世界中間。沙竭陀受教，屈申臂頃，持著世界中間，須臾便還。諸居士聞其降伏惡龍，皆大歡喜，悉皆作禮。白言：『願受（原注：插入『受』字。）我請。』嘿然受之。此比丘性好酒肉，往到其家，飲酒極。飲已，還拘舍彌。於僧坊外，醉臥吐曳，衣鉢縱橫。佛以天眼遙見，共阿難往僧坊外看。佛與阿難，舉著井邊。佛自汲水，（八一八頁下）使阿難洗。著衣臥繩床上，令頭向

佛。須臾轉側，申腳蹋佛。佛以是，集比丘僧。問諸比丘：『沙竭陀先敬佛，今能敬不？』答言：『不能。』又問：『其人先能降毒龍，今能降蝦蟆不？』答言：『不能。』因是制酒戒。」（八一九頁上）【案】五分卷八，六〇頁。

〔七〕**舁**　資持卷中三下：「舁，音『餘』，對舉也。」（三二二頁中）

〔八〕**佛集僧言**　資持卷中三下：「『佛集』下，立制。初，示過。上二句無恭敬，下二句無威德。」（三二二頁中）

〔九〕**因說漸斷酒制，乃至嗅酒器**　資持卷中三下：「『因』下，正制。」（三二二頁中）鈔批卷二〇：「案五分云：時沙竭陀比丘，因佛制戒，不敢復飲，以先習故，氣絕欲死，飲食不消，不知云何。以是白佛，佛令嗅酒氣。嗅酒氣，復不差。佛言：『以酒著餅中、羹中、粥中。』猶不差。佛令：『聽以酒與之。』得已便差。佛言：『已制。漸漸斷之，乃至嗅酒器不復惡者，不待復嗅。』」（八一九頁上）

〔一〇〕**此戒極重**　資持卷中三下：「多論初句，通標制重。」（三二二頁中）鈔批卷二〇：「立云：一切遮戒中，此戒最重，能造四逆，唯除破僧。破僧者，要須體是清淨，方能破僧。體若不淨，自稱為佛，誰肯信之？且如五戒，於非情中，唯禁一酒戒。意可知矣。」（八一九頁上）【案】多論卷九，五六〇頁。

〔一一〕**能作四逆，除破僧；又能破一切戒，及餘眾惡**　資持卷中三下：「『能』下，舉事。別釋有三：初，成逆業，破僧立佛。醉者，人必不信，所以除之。（三二二頁中）二、能破戒。『一切』者，總收五、八、十、具。彼論云，有人飲酒，淫母、盜雞、殺人，人問皆云『不作』。（即妄語也。）四戒尚毀，餘則可知。良以昏神亂思，放逸之本，沙門大患，可不然乎？三、餘眾惡者，謂非戒所攝，三不善業也。」（三二二頁下）

〔一二〕**但使是酒，乃至草木作者**　鈔科卷中三：「『四』下，釋初緣（二）。初示物體；二、『四』下，明疑想。」（八〇頁下）資持卷中三下：「初科。四分初明是酒，不論色、香、味，草、木作者。律云：梨汁酒、閻浮果酒、甘䕪（【案】『䕪』疑『蔗』。）、舍樓伽、蒲萄酒等。」（三二二頁下）簡正卷一二：「律中有梨汁酒、閻浮菓酒，及蒲桃酒等。」（七五六頁上）

〔一三〕**無酒色、香、味**　簡正卷一二：「律有四句：一、是酒，有酒色、香、味；二、是酒，無酒色香（原注：『香』字疑剩。），有香、味；三、是酒，無酒色、香，有酒味；四、是酒，無酒色、香、味。（四句皆提，從境制定也。）鈔云：無酒色、香味者，舉第四句，反以前三句。」（七五六頁上）鈔批卷二〇：「案律

文云：是酒，有色、香味等，不應飲，但使是酒，互作句，皆不應飲。若非酒，雖有酒色、香味，應飲。如是互作句，『非酒』為頭，皆應飲。礪疏束為二段：初不應飲，以是酒故；二、應飲，以非酒故。高云：此後四句，約體故不犯。然望五分，此四句有犯義，部別故也。（八一九頁上）（此上與鈔引文不同律。更細尋律文。）案五分云：是酒有酒色、酒香、酒味；是酒有色、香，無味；是酒有色、味，無香；是酒無色、香、味。飲令人醉，皆提。（上四句：能醉人，飲皆提。）有非酒而有酒色、香、味，飲令人醉，若飲，得吉羅。有非酒而有色、香、味，不令人醉，欲飲者，聽屏處飲也。」（八一九頁下）

〔一四〕若非酒，而有酒、色、香、味，並不合飲　簡正卷一二：「『若非酒』等者，律亦有四句：一、非酒，有酒色、香、味；二、非酒，無酒色，有香、味；三、非酒，無色、香，有味；四、非酒，無酒色、香、味。鈔云：非酒，有色、香、味。四句中，舉初句攝後三句也。准四句文，（七五六頁上）非酒四句，但言不應飲，不云得罪，今准五分，結吉。二俱有罪，故法（【案】『法』疑『律』。）文云：並不合飲。」（七五六頁下）資持卷中三下：「『若非』下，明非酒。具三同酒。必不具者，如下甜酢，但犯吉羅。」（三二二頁下）扶桑記：「非酒：東野云：『此一段與律違。律云：非酒，酒色酒香味應飲。』疑脫『不』字乎！」（二四五頁上）

〔一五〕若酒煮　資持卷中三下：「『若酒』下，明和食。準注戒，『煮』字下多『酒』字。」（三二二頁下）

〔一六〕若甜、醋酒　資持卷中三下：「上明犯重。『若甜』下，明結輕。律作甜味酒、錯（【案】『錯』疑『醋』。）味酒。今文合之。」（三二二頁下）

〔一七〕若飲似酒、醋酒、甜酒、糟醫、若麴　資持卷中三下：「十誦：五種皆墮，並取能醉。四分結吉，應非醉者。醫即酒滓，食麴能醉，於義難顯故。」（三二二頁下）簡正卷一二：「甜酒者，僧祇云：和釀訖，始變生甜也。酢者，味變壞，成酢也。」（七五六頁下）鈔批卷二〇：「糟醫者，謂酒下滓也。礪云，十誦律：若飲似酒、甜酒、糟醫等，飲咽咽提，四分但吉。案十誦文云：若噉麴能醉人者，咽咽提。若噉酒糟，隨咽咽提。若飲酒澱，隨咽咽提。」（八一九頁下）

〔一八〕多論　資持卷中三下：「引多論決之。論云：以麥及藥草以酒和之，後乾持行，和水飲，令人醉也。」（三二二頁下）鈔批卷二〇：「上言和酒麴乾者，謂先將酒（原注：插入『酒』字。）和麴，暴乾後食，得提。」（八一九頁下）

【案】多論卷九，五六〇頁上。

〔一九〕若餘麴　鈔批卷二〇：「立云：如今時常所用麴也。」（八一九頁下）

〔二〇〕若酒作酒想，若疑，若無酒想，皆墮　資持卷中三下：「初引律境想，事同婬戒。」（三二二頁下）

〔二一〕莫非取境犯，謂前有方便　資持卷中三下：「注中。初句示律文，次句明今釋。謂先有方便欲飲，至後飲時，乃生非酒想、疑後，心無犯，成前方便，故須結重。必先無意，迷忘須開。疏云：諸師約心從境制，余意不同。聖制有以文少不了，豈有智人由來不嗅須漿，誤飲可結提耶？」（三二二頁下）簡正卷一二：「注文非取境犯者，古人義也。謂先有方便心者，今師釋也。古人見中酒戒，五句境想，三句皆約是酒。縱使比丘作非酒疑，或作非酒相迷心，亦犯墮者，即云莫不約境而犯，不就心論。今師云：豈有智人，一生不嗅酒氣！欲酒飲水，惧而咽之，可結他提。今律文疑想迷心，結正重者，據先有方便之心，欲飲此酒，或舉盞時，卻生非酒想、疑，約從心邊，但合犯吉緣。為前有方便心，冥然契合，故結墮罪。若無前心，直爾想疑，終不結重。（已上取戒疏意解之。）想宗（原注：『想』疑『相』。）學者破南山云：酒戒，律自分明約境，今便臆課，從心無教。可據法寶云：當宗不了，不可依承。酒戒從心，非戒約境。是以鈔主下引十酒（【案】『酒』疑『誦』。），證成上義。」（七五六頁下）鈔批卷二〇：「注云莫非取境犯者，立謂：古師云：所制戒無有定相，或有制心從境，或有制境從心，此戒則制心從境。若殺人戒，則制境從心，謂境實是人，作非人、兀木想疑，不犯重。此戒不爾，但使是酒，作非酒想疑亦提。注云謂前有方便者，立明：本擬飲酒，臨至境邊不問，若作酒想，若疑，若作非酒想、疑，但使前境是酒，皆結。若前無方便，縱得來作非酒想飲者，亦無犯。由本無心迷，故不犯。戒本疏云：境想三句皆重，諸師約心從境制者，余意不同，聖制有以，文少不了。（八一九頁下）豈有智人由來不喫酒漿，惧飲可結提耶！此謂重者，先有方便欲飲此酒，及舉向口，乃生非酒想、疑。約後心邊，止吉羅耳，成前方便非重。」（八二〇頁上）

〔二二〕為恐冷發，和酒與之，不看即飲，故制　資持卷中三下：「十誦彼約不看，同今取境。看則非意，可證迷心，無方便者。」（三二二頁下）【案】十誦卷一七，一二一頁上。

〔二三〕若看知非而是　鈔批卷二〇：「謂實是酒，比丘看竟，謂言非酒。又，本無方便，即是本迷，故不犯。」（八二〇頁上）

〔二四〕**如上開之** 簡正卷一二：「若知非而悞飲，如上來第二句無酒想，即開不犯。又必是酒，又無色、香、味，容有悞義，或可約舌不別味，鼻根壞等。此是明文有開，固非臆說也。」（七五六頁下）鈔批卷二〇：「謂本有方便，故無方便者不結。」（八二〇頁上）

〔二五〕**若病，餘藥治不差，以酒為藥** 鈔批卷二〇：「戒疏云：非謂有病，即得服之。然須遍以餘藥，治之不差，方始開服也。」（八二〇頁上）

〔二六〕**若醫言必差，得和藥服，不得空服** 資持卷中三下：「五百問中，必取醫語，以定可不。『強』下，即教他犯。」（三二二頁下）【案】五百問，九七七頁下。

〔二七〕**一切果漿，令人醉，越** 鈔科卷中三：「『僧』下，僧祇急制。」（八〇頁中）資持卷中三下：「僧祇果漿，同上甜酒、麴，知飯提，亦約能醉。」（三二二頁下）【案】僧祇卷二〇，三八七頁中。

〔二八〕**麴飯和食** 鈔批卷二〇：「立謂：如上多論和酒之麴。今將和飯喫，故犯。非和酒者，噉亦無罪。」（八二〇頁上）

〔二九〕**糵** 簡正卷一二：「糵者，（『儀哲』反，說文云：是米芽也。）此能糵消米（七五六頁下），將糵作酒。噉此多，令人醉故。」（七五七頁上）鈔批卷二〇：「啖糵者，今用麥牙所作者是也。」（八二〇頁上）資持卷中三下：「糵即米牙，謂糟粕也。此方多有糟藏之物，氣味全在，猶能醉人。世多貪噉，最難節約。想西竺本無，故教所不制。準前糟麴，足為明例。」（三二二頁下）

水中戲戒〔一〕五十二

多論四意：一、佛法尊重，理宜敬奉，入水遊戲，損壞不輕；二、動越威儀，招世譏過；三、妨廢正業〔二〕；四、又失正念〔三〕故。

三緣：一、是水，二、無緣〔四〕，三、入中戲，犯。

律中〔五〕，戲者，放意自恣：以手畫水，或水相澆灒，乃至以鉢盛水弄，一切墮。除水已，若漿、若酒，弄者，吉。僧祇：水陸互澆灒，越；俱水中者，提。五分：搏雪及草頭露，弄者，吉。伽中：乃至水滴地，亦吉。

律中不犯〔六〕者。若道行渡水，沈水取沙石諸物，若學知浮法而浮〔七〕，掉臂畫水，灒者，不犯。

【校釋】

〔一〕**水中戲戒** 資持卷中三下：「〔佛在舍衛。十七群在阿耆羅婆提河中嬉戲澆灒，匿王與末利夫人（【案】『末』疑『末』。）在樓上見。夫人令以石蜜奉佛。便

呵責。而制〕。」（三二三頁上）鈔批卷二〇：「尼提。上代光統述制意：水性漂蕩無恒，不可常令淺在中戲笑，招譏呵止。上流忽增，容損身命。」（八二〇頁上）【案】四分卷一六，六七二頁中開始。

〔二〕**妨廢正業**　鈔批卷二〇：「比丘本懷，靜緣進道，入水遊蕩，動越威儀，故妨正業也。」（八二〇頁上）資持卷中三下：「三、四，損己，佛慈制戒，反損成益。」（三二三頁上）

〔三〕**又失正念**　鈔批卷二〇：「馳散沈浮，乖違至理，入水遊戲，正念斯亡也。首疏引大雲法藏經云：王與夫人樓上遙見遊戲，王說偈向夫人云：『吾聞諸比丘，意謂離塵羈，戲暴泥水中，云何作人師？』（八二〇頁上）時十七群童子，遊戲足已。中有一人，著衣上岸，入定知王心，即作十八變，拂王疑意。遂以神力，鴈行而去。夫人見之，而向王說偈云：『我家諸比丘，久已離塵羈，沙彌尚如此，何況釋迦師？』王內生信也。如餘三律云：十七群并得無學，水中遊戲，尚招譏過，何況下凡？故舉上聖，禁約下凡也。撿大雲經無文也。僧祇十九云：童子迦葉，至年八歲出家，得阿羅漢，共十六群，入水浮戲。波斯匿王在樓望見，王未信佛法，見倍生不信，即語末利夫人言：『看汝所事福田。』童子迦葉於其水中，入頂第四禪，以天耳聞。語諸伴言：『王倍不信。』末利夫人心亦不悅。迦葉云：『今當令彼發歡喜心。』皆言：『善哉。』各提澡罐，盛滿中水，以著於前，結跏趺坐，次第行列，陵雲而去，於王殿上空中而過。夫人見已，心大歡喜，即白王言：『看我福田，神德如是。』王大歡喜。案五分云：十七群比丘水中戲已，立水上著衣。夫人語王言：『看我所事福田。』著衣已，以瓶盛水，擲空中飛而逐之，從王樓上過，猶如鴈王。夫人復白王：『更看我福田。』其王亦生信心。餘緣同四分。賓云：戒本水中，且據緣起。（八二〇頁上）後解釋中，鉢盛水戲，亦提。」（八二〇頁下）

〔四〕**無緣**　資持卷中三下：「謂道行渡水等，皆不犯故。」（三二三頁上）

〔五〕**律中**　鈔科卷中三：「『律』下，釋第三。」（八〇頁下）資持卷中三下：「第引四文，攝相斯盡，罪有輕重，隨事不同，莫非皆約戲弄之意。」（三二三頁上）

〔六〕**不犯**　資持卷中三下：「不犯，三緣，皆非戲意：道行渡水一也，沈水取物二也，學浮防難三也。」（三二三頁上）

〔七〕**若學知浮法而浮**　資持卷中三下：「準注戒，『而』下多『浮』字。掉臂畫水，浮法須爾，因而潛故。」（三二三頁上）

擊攊戒〔一〕五十三

四緣：一、大比丘，二、作惱意，三、首腳十指，四、觸著，便犯。

僧祇：以指指比丘〔二〕，亦提；五指指，五提；乃至差會，以指指「某甲去」〔三〕者，亦墮。沙彌眠，喚覺，當挽衣〔四〕。五分：若擊攊沙彌乃至畜生〔五〕，亦吉。四分：若以餘物擊攊〔六〕者，吉羅。

不犯者。不故作；若眠，觸令覺。一切開。

【校釋】

〔一〕擊攊戒　資持卷中三下：「（佛在舍衛。六群中一人擊攊，十七群中一人幾死。因制。）戒名者，古謂以手於腋下搣弄令痒。若準犯緣，必具惱意，故知成犯。非唯戲劇。」（三二三頁上）鈔批卷二〇：「尼提。」（八二一頁上）【案】本戒鈔科稱為「擊攊他戒」。四分卷一六，六七三頁上開始。

〔二〕以指指比丘　鈔批卷二〇：「景云：此舉遙指得提，非謂著方犯。案僧祇十九名『相戒』（【案】『相』後疑脫『指』字。），與此律似別。彼律緣起，尼坐不正，十六群見已，指示而笑，因此故制。彼云：一指指，提，乃至五指亦如是。一切手指，提；以捲指，簡（原注：『簡』疑『蘭』。）。若竹木指者，越毗尼也。」（八二一頁上）資持卷中三下：「釋中，僧祇指觸，須論惱意。」（三二三頁上）【案】僧祇卷一九，三三八頁。

〔三〕乃至差會，以指指「某甲去」　簡正卷一二：「彼月直、知事人，差次食以指指言『某甲去』，犯。」（七五七頁上）鈔批卷二〇：「以遙指故犯也。依撿祇文云：若月直、若知事人，差次食，以指指，言某甲去，波夜提。看文似遙指。四分要著，始犯罪也。」（八二一頁上）【案】「指指」，底本為「指」，據敦煌甲本、敦煌乙本及僧祇加。

〔四〕挽衣　資持卷中三下：「深防意也。若準四分，眠觸皆開。」（三二三頁上）

〔五〕若擊攊沙彌、乃至畜生　資持卷中三下：「五分簡異類。」（三二三頁上）

〔六〕若以餘物擊攊　資持卷中三下：「四分簡餘物。」（三二三頁上）

不受諫戒〔一〕五十四

五緣：一、已欲作非法事；二、他如法設諫；三、知已所作非，前人諫者是；四、拒諫不受；五、隨作犯根本〔二〕，違諫波逸提。此謂諫時不受，犯吉〔三〕；後作六聚，通犯墮〔四〕也。

不犯者，如僧殘未戒開之〔五〕。

【校釋】

〔一〕**不受諫戒** 資持卷中三下：「（佛在拘睒毘。闡陀欲犯戒，比丘諫言『莫作』。不從他諫，即犯諸罪。故制。）」（三二三頁上）鈔批卷二〇：「尼提。十三『違僧諫』，得殘。此違別人諫，故提。」（八二一頁上）【案】四分卷一六，六七三頁上開始。

〔二〕**隨作犯根本** 簡正卷一二：「五篇之中，隨犯何罪，達（原注：『達』疑『違』。）諫提者，隨作五篇，下一一皆有也。」（七五七頁上）

〔三〕**此謂諫時不受，犯吉** 簡正卷一二：「謂根本違諫，二罪同時結也。」（七五七頁上）資持卷中三下：「『此』下，點上四、五。前僧殘中，違僧命重，隨諫即結。此別人諫，要待作成。若不作事，便成受勸故也。又，不同下『拒勸學戒』，諫於止犯，出言即止。此諫作犯，待作成違。（上並疏意。）」（三二三頁上）鈔批卷二〇：「謂此諫時不受，犯吉者，將欲造惡，人諫須捨，故違不從，有犯吉也。」（八二一頁上）

〔四〕**後作六聚，通犯墮** 簡正卷一二：「既不受諫，隨前作夷、殘、蘭、提、吉等六，皆結連（原注：『連』疑『違』。）諫提也。故知此罪，要作前事，方結違諫罪。若正諫不受，但得吉羅。問：『前違僧諫竟，即犯，不待作前事。今此得作方犯，何以不同？』答：『前有僧法可違，諫竟即犯。此是屏諫，無信法違，故作前事方犯。』」（七五七頁上）鈔批卷二〇：「既不受諫，隨前作何罪，結違諫之提。前告有謝，以攬因成果故。若作前事，隨犯六聚中根本，自得夷、殘、提、吉也。故知違諫提罪，要約作前六聚罪成，方結違諫提也。礪自（原注：『自』疑『同』。）此說。礪問：『違僧諫中，諫竟有犯，不待作事，此中所諫竟，未犯，要待作事方犯，違諫之罪者何？』答：『前文僧諫中，有僧命眾法可違，情過是重，故諫竟有犯，（八二一頁上）不待作事。此中，說是一人諫，無僧命眾法可違，是以諫竟未犯。要待作事，方表違諫義成，是以不類。』『若爾，下拒勸學戒，亦是一人諫，無眾命可違，何以諫竟有犯，與此相違耶？』答：『彼諫止犯，先是不學，止犯之人，發言拒諫，道已不學，即是止犯，表違已成，故所以犯。此諫作犯，雖言拒諫，道我作者，仍猶未作，表違未就，要待作事，違諫義成。亦非一類也。』」（八二一頁下）

〔五〕**不犯者，僧殘未戒開之** 簡正卷一二：「謂指惡性，不受諫戒。彼云：若無智人來諫，報云『汝可問汝師，學知諫法，然後來諫於我。若非法諫，不受』等，一切不犯。」（七五七頁下）鈔批卷二〇：「謂勸前人如法諫者，須受。若

非法而諫，違則無罪。」（八二一頁下）資持卷中三下：「不犯指上者，若無智
人諫，報言『可問汝師和尚，更學問』等。若戲笑、獨語、夢中語、錯亂。」
（三二三頁上）

怖比丘戒〔一〕五十五

五緣：一、大比丘；二、作怖彼意；三、以色、聲等六塵事，一一
示說〔二〕；四者、一一相現〔三〕；五、見聞〔四〕。便犯。不問前人怖以不
怖，皆墮〔五〕。律中：不了者，吉羅〔六〕。

不犯者。或闇地無火，或大小便處，謂是惡獸，便怖；乃至行聲、
謦咳聲〔七〕等而恐畏。若以色示人，不恐意〔八〕；餘塵亦爾。若實有是
事相〔九〕；或夢中見〔一〇〕當死、罷道、失物，和尚、父母重病，若死，
語彼令知，若戲若誤。一切不犯。

【校釋】

〔一〕怖比丘戒　資持卷中三下：「（佛在波羅梨毘國。迦波羅比丘為佛侍者，於輕
行處，反披拘執，怖佛。明旦制此戒。）（三二三頁上）鈔批卷二〇：「尼提。」
（八二一頁下）【案】四分卷一六，六七三頁中開始。

〔二〕以色、聲等六塵事，一一示說　鈔批卷二〇：「色怖者，或著獸皮，或作鳥形、
鬼形，可畏之狀，令前生怖，此是示怖；『說』者可解。聲怖者，作虎豹及鬼
神等聲，此示怖；說者可知。（下一例，有『示』有『說』。）香怖者，作奇異
氣息，或臭或香，云是虎、狼、師子之氣也。味者，或作苦味、酢味，令他嘗
之，云是殺人之藥也。觸者，或冷、熱、澀、滑，或將毒虫、蛇、蠍，令他手
觸，尼（原注：『尼』字疑剩。【案】『尼』疑『令』。）而生怖也。法者，云『我
夜夢見汝和上、父母得病』，或『死休道』等，種種惡事，向他說也。（上是立
解。）言一一示說者，立謂：示，現；說，謂言說也。明將上六種事，有示怖、
有說怖者，若身自作，令他怖，名『示怖』。若說此六事，令他怖，名『說怖』
也。（八二一頁下）云『我聞此聲』，『見此色』等也。其六塵中，各有示說之
相，故言一一示說也。」（八二一頁下）資持卷中三下：「律云：若說色、聲
等，恐怖說而了了者，提。（此約『說』也。）又云：若以色聲，恐怖人，一
一皆墮。（此『示』也。）言色怖者，或作象、馬、鬼形等。聲怖者，或貝、
鼓、啼聲等。香怖者，樹葉、華果香及臭氣等。味怖者，醋、甜、苦、澀，令
彼嘗怖。觸怖者，熱、冷、重、輕、麤、細、滑、澀，令觸怖。法怖者，語云
『夢汝死、罷道』等。」（三二三頁上）【案】僧祇文卷一九，三八〇頁。

〔三〕一一相現　簡正卷一二：「謂六塵中，隨一一相現。有解云『二相現』（原注：『二』疑『一一』。），謂身相、口相，身樂口相，此亦為對古人，但有示怖，而無說怖，今此俱有。（此解示得。）」（七五七頁上）鈔批卷二〇：「有示說二相也，亦云身、口二相。此明上六塵怖他，不出身、口二業。身即是示，口即是說，還是示說也。昔人相傳，止有六塵示怖，而無說怖。今謂不然，具有示說。律文明顯，何得不論？疏亦立『示』『說』二怖也。有鈔本作『一一相現』者，謂六塵中，隨一一相現也。」（八二二頁上）

〔四〕見聞　資持卷中三下：「對上兩緣。」（三二三頁上）

〔五〕不問前人怖以不怖，皆墮　資持卷中三下：「『不』下，示犯。不問前人者，以怖就能犯作意為言，不取所怖。」（三二三頁中）簡正卷一二：「戒疏云：欲明輕怖，極聖尚遭，況餘下類，義須滅疏（原注：『疏』一作『跡』。）。文顯佛無怖心，但屬能怖，結犯也。」（七五七頁上）

〔六〕不了者，吉羅　鈔批卷二〇：「謂作怖相，前人未了了見也。」（八二二頁上）

〔七〕謦咳聲　資持卷中三下：「不犯中。初，開色、聲。謦欬，謂嗽聲也。」（三二三頁中）【案】此戒不犯有四。初二句，上句明色，下句明聲。

〔八〕若以色示人，不恐意　資持卷中三下：「『若以』下，開非意，則通六塵。」（三二三頁中）

〔九〕若實有是事相　資持卷中三下：「『若實』下，點法塵。」（三二三頁中）

〔一〇〕或夢中見　鈔批卷二〇：「此舉法怖開通文也。」（八二二頁上）

半月浴過戒〔一〕五十六

五緣：一、曾前洗浴，二、未滿半月，三、無緣，四、更浴，五、洗半身，犯。

四分：除熱時，春後四十五日，夏初一月〔二〕。病者，下至身體臭穢〔三〕；作時，下至埽屋前地〔四〕；風、雨二時，下至一旋風、一滴雨著身；道行時，下至半由旬來往——皆開。無者，過洗半身，墮；方便悔，吉。多論〔五〕：天竺熱早，從三月初至五月半，聽洗。隨國土早晚熱，用此限洗。

十誦：大雨空中，立洗，亦得〔六〕；若有緣，不語餘比丘輒浴者，吉〔七〕。不得共白衣同浴室〔八〕；知善好、無口過者，聽入。比丘揩白衣，吉。若頭陀，不用他揩，編繩自揩身者，善。五分：共白衣浴室中浴者，偷蘭〔九〕。多論〔一〇〕：凡露、覆處浴，要不共白衣。如論者好〔一一〕。要著

竭支〔一二〕：一、當有慚愧，二、喜生他欲〔一三〕。因說羅漢身奊，有凡見便起染，失男根，乃至還悔，得本身。

五分：已浴師及病人，身體已濕，因浴不犯〔一四〕。

僧祇〔一五〕：隨數滿十五日〔一六〕。若洗時，料理湯火訖，然後打木作聲〔一七〕，令一切僧次第入〔一八〕。若無緣者，作陶家法〔一九〕，先洗兩脛、兩腳，後洗頭、面、腰、背、臂、肘、胷、腋。餘如下卷〔二〇〕。

【校釋】

〔一〕 **半月浴過戒** 資持卷中三下：「（佛在羅閱祇。竹園有池，瓶沙王聽比丘常在中浴，六群後夜入浴。王與婇女詣池，相值王不得浴，大臣嫌恚。因制。）戒名云『過』，謂未至半月，過越聖制故。疏標云『減半月浴戒』是也。若準後開邊方五事，得數洗浴，為生世善，故知此戒，局制中國。此當邊地，計是常開。然省事知足，依制彌善。」（三二三頁中）鈔批卷二〇：「尼提。高云：非謂半月已，然後方洗。乃半月之中，過度數洗，故曰過。此約洗之過，非約日過。」（八二二頁上）【案】本戒鈔科稱為「半月浴戒」。四分卷一六，六七四頁中開始。

〔二〕 **除熱時，春後四十五日，夏初一月** 鈔科卷中三：「初釋諸開緣。」（八一頁下）簡正卷一二：「眷（原注：『眷』疑『春』。）後四十五日者，謂從三月初一日至四月半是。夏初一日（【案】『日』疑『月』。），從四月十六日至五月半是。合上二部，七十五日。此據西天說也。今東土極晚，亦可移時。故多論云：隨國土早晚極用，此限洗也。」（七五八頁上）鈔批卷二〇：「春後四十五日者，是三月一日至四月半也。夏初一月者，自四月半至五月半也。中間得七十五日，是熱時。（此據天竺熱時。）故下文云：天竺熱早，從三月初至五月半也。景云：中國熱早故爾。今則不可依之，但可隨方早晚熱也，但不得過七十五日耳。」（八二二頁上）資持卷中三下：「初，明熱時，春後四十五日者，三月初一至四月十五；夏初一月者，四月十六至五月十五。共七十五日，名熱時。」（三二三頁中）【案】「四分」下釋第三，鈔科分二：初，「四分除」下；次，「僧祇隨」下。

〔三〕 **病者，下至身體臭穢** 資持卷中三下：「病等五緣，皆約極下以為開限。再詳教意，止為約勒。下流營身無度，由非大過故，隨事通容。」（三二三頁中）

〔四〕 **作時，下至埽屋前地** 鈔批卷二〇：「案祇云：下至掃地，五、六掃等，名作時也。行時者，下至一拘盧舍。若來若去，是名行時，洗浴無罪。（八二二頁

上）十誦中，欲行行竟，洗得提罪。唯正行時，始開洗也。彼律十六云：昨日來，今日洗，提；明日行，今日洗，提；即日行，洗，不犯。准善見論：正行行竟，皆開洗也。便還悔吉者，臨至浴處，即悔不洗也。」（八二二頁下）

〔五〕**多論** 資持卷中三下：「引多論，別顯初緣，即同上解。方土熱，雖早晚七十五日為定，故云用此限。」（三二三頁中）【案】多論卷八，五五六頁下。

〔六〕**大雨空中，立洗，亦得** 鈔科卷中三：「『十』下，示離過法。」（八一頁下）資持卷中三下：「十誦有四，初開雨中。」（三二三頁中）扶桑記：「若非大雨，理應不開。」（二四六頁下）【案】十誦卷二七，一九五頁中。

〔七〕**若有緣，不語餘比丘輒浴者，吉** 鈔批卷二〇：「此謂拂他疑心，故須白也。」（八二二頁下）資持卷中三下：「『若』下，明有緣須白。謂有上開緣，示非專輒故。」（三二三頁中）

〔八〕**不得共白衣同浴室** 資持卷中三下：「『不得』下，明同俗可不。揩俗制罪者，屈道乖儀故。」（三二三頁中）

〔九〕**共白衣浴室中浴者，偷蘭** 資持卷中三下：「五分制不通俗，偷蘭應犯下品。」（三二三頁中）

〔一〇〕**多論** 資持卷中三下：「多論初明制俗。十誦容許善好，五分但制室中。不如論文，覆露齊約，故注取之。」（三二三頁中）【案】多論卷九，五六一頁上。

〔一一〕**如論者好** 鈔批卷二〇：「依上多論，不共白衣，同浴好也。」（八二二頁下）

〔一二〕**要著竭支** 鈔批卷二〇：「即祇支者也。」（八二二頁下）資持卷中三下：「『要』下，明浴衣。『竭支』即『祇支』。相量四方，披身而浴。」（三二三頁中）簡正卷一二：「諸記相傳云是僧祇支也。大德不許此解，不可祇支洗浴。此是泥洹僧，亦云『舍勒』，即今行裙子是，亦非脿褌之類。」（七五八頁上）

〔一三〕**當有慚愧** 資持卷中三下：「今時裸形，由無恥故。」（三二三頁中）簡正卷一二：「准多論云：昔有羅漢比丘洗浴，有一比丘後入，見羅漢身體鮮淨細奕，便生染心。不久，男子（原注：『子』字疑剩。）根墮落，即生女根。遂休道為俗生子，後還遇見，即便識之。知本所因，即請歸舍，求哀懺悔，用心純志（原注：『志』疑『至』。），還得男根，故知今時不得露形浴也。」（七五八頁上）鈔批卷二〇：「由不著竭支，身體既露，人見起欲心也。……又婬持戒本（原注：『本』字疑剩。）大比丘及沙彌，罪同破七寶塔。勸人出家精進，斯福同塔。（已上論文。）」（八二二頁下）

〔一四〕**已浴師及病人，身體已濕，因浴不犯** 鈔科卷中三：「『五』下，明為他緣。」

（八一頁下）資持卷中三下：「為他中，因他開已，同作務故。」（三二三頁中）

〔一五〕僧祇　鈔科卷中三：「『僧』下，明無緣浴法。」（八一頁中）【案】僧祇卷三五，五〇九頁上。

〔一六〕隨數滿十五日　資持卷中三下：「示時限，不必黑白兩月。」（三二三頁中）

〔一七〕打木作聲　鈔批卷二〇：「立謂：今時浴僧，既用常住，必須作相。景問：『半月洗浴，得用僧物不？』答：『得。祇律有明文。若洗浴者，先料理湯火，後打木作聲，（八二二頁下）令一切僧次第入。若不得用僧物，何須作相，令僧次第入耶？』又，諸律，浴者是僧常法。十誦洗浴有五利：一、除垢，二、身清淨，三、除身中寒浴（原注：『浴』疑『冷』。），四、除風，五、得安穩也。又如溫室經，施七物，除七病，得七福。法式廣如溫室經。抄付待說者。（云云。）然浴僧功德，難以備陳。如智論中明：難陀比丘一浴僧曰（原注：『曰』疑『而』。）作願言：使我世世端正淨潔，又於異世值辟支佛塔，餙以彩畫、莊嚴辟支佛像。而作願言：使我世世色相嚴身，以是因緣故，世世得身相端正，乃至今日得出家成道。眾僧遙見，謂其是佛，悉皆起迎。良嚴餙支佛，兼以浴僧，廣發願言，獲此果報。」（八二三頁上）

〔一八〕令一切僧次第入　簡正卷一二：「玄云：古人據祇文，得用常住僧物，供浴所須。既明打木次第入之，故知是僧物也。」（七五八頁上）

〔一九〕若無緣者，作陶家法　鈔批卷二〇：「作陶家法者，立謂：從下洗，次第向上也。此即祇文，似寬，不同四分。」（八二三頁上）資持卷中三下：「言無緣者，由依制限，不必約緣。陶家即範土家，洗法先下後上，於事順便，故取為式。」（三二三頁中）

〔二〇〕餘如下卷　簡正卷一二：「指諸雜篇，廣明浴有利益及方法等。」（七五八頁上）

　　露地然火戒〔一〕五十七

　　四緣：一、是露地，二、無緣〔二〕，三、然草木有餤者，四、然，便犯。

　　五分〔三〕：為炙身然火，餤高四指〔四〕者，墮。多論：若他已然，後隨作何事〔五〕，皆墮。四分：病者須火便身也，得自然；若教人〔六〕，謂在死土、石及餘物上也。若無緣〔七〕，燒草、木、穄、糞，一切墮。若半焦，然炭〔八〕，及不云「知是！看是」，一切吉羅。

　　僧祇：旋火作輪〔九〕，或火中有草、木，撥聚，一切墮。若壞生，二罪〔一〇〕：一、壞生；二、然火。若在生地，理又一墮〔一一〕。僧祇：若抖擻火炬，在灰上、瓦上，不得在生地〔一二〕。

　　律不犯者。語言「知是，看是」；若病人，自然、教人然；有緣看病人，為病者煮糜粥、羹、飯；若在廚屋中、浴室中；熏鉢，煮染，然燈，燒香。一切並開。

【校釋】

〔一〕**露地然火戒**　資持卷中三下：「〔佛在曠野城。六群露地拾柴草然火，向（【案】『向』疑『有』。）蛇從木出，遂驚擲火，燒佛講堂。故制。〕」（五五四頁上）鈔批卷二〇：「尼提。」（八二三頁上）【案】四分卷一六，六七五頁上開始。

〔二〕**無緣**　鈔批卷二〇：「立謂：開病及為病人煮食等也。」（八二三頁上）

〔三〕**五分**　鈔科卷中三：「『五』下，釋二、三。」（八一頁中）【案】五分卷九，六四頁下。

〔四〕**餤高四指**　資持卷中三下：「四指即四寸，此為分齊。」（三二三頁下）簡正卷一二：「謂前列緣，依四分但云有『焰』，不說高促（原注：『促』疑『低』。），故取五分四指便犯。〔亦是人指，拒（【案】『拒』疑『姬』。）尺四寸。〕」（七五八頁下）

〔五〕**後隨作何事**　簡正卷一二：「謂隨後添薪益木，或炙身煮物，整頓前火、聚斂等，皆犯提。」（七五八頁下）鈔批卷二〇：「謂他在露地然竟，後比丘隨於火上，或進火撥火聚，或足薪等，隨作一一事，隨結提也。須火便身者，以其病故，假火以益其身，故曰也。」（八二三頁上）資持卷中三下：「事即指物。彼云：凡有五事，一、草，二、木，三、牛屎，四、木皮，五、糞掃。若一時，以五種著火中，一提；一一著火中，一一提。」（三二三頁下）【案】多論卷八，五五五頁上。

〔六〕**若教人**　資持卷中三下：「初，明緣開，恐謂生地，故注簡之。」（三二三頁下）

〔七〕**若無緣**　資持卷中三下：「『若』下，二、明無緣結犯，且列四物。律中更有枝葉、紵麻、芻摩、牛屎，亦攝於四。（上三即草木，下一即糞掃。）」（三二三頁下）

〔八〕**若半焦，然炭**　資持卷中三下：「律云：若被燒半焦，擲著火中，及然炭者，突吉羅。」（三二三頁下）鈔批卷二〇：「燒無餤，故得吉也。又，若令他然

時，不作知淨語，亦吉也。」（八二三頁下）

〔九〕旋火作輪　資持卷中三下：「僧祇初明本罪。旋火作輪者，彼云弄火輪。謂以
　　　手旋火炬，有如輪焉。」（三二三頁下）簡正卷一二：「謂以手持此等之火，而
　　　旋為輪，亦犯。若壞，若生等，約義合有，若在生地即犯，故引祇證之。」（七
　　　五八頁下）鈔批卷二○：「景云：謂作火輪，雖離地亦犯，恐遺火落地故也。
　　　只是將火爐空中旋是也。或火中有草木撥聚犯者，立謂：見他然火竟，使為進
　　　火，或撥聚足薪等也。撥，（『補達』反。）。撥，由理也；廣疋云：撥者，除
　　　也。」（八二三頁下）【案】僧祇卷一七，三六五頁上。

〔一○〕若壞生，二罪　資持卷中三下：「『若』下，明兼犯。」（三二三頁下）

〔一一〕若在生地，理又一墮　鈔批卷二○：「立明：前戒生草上然火，壞生故，一提；
　　　又，是露地犯此戒，又一提；既是生草下，生地壞地，又提。故得三提。」（八
　　　二三頁下）資持卷中三下：「『在』字上脫一『若』字。古本有之，謂燒生地，
　　　又犯掘戒，則有三罪。據文二罪，此準義加。」（三二三頁下）【案】底本無
　　　「若」，據敦煌甲本、敦煌乙本及資持釋文加。

〔一二〕若抖擻火炬，在灰上、瓦上，不得在生地　資持卷中三下：「復引彼文為證。
　　　此約隨有，不必定具。若在死地復然乾木，則單犯此戒。」（三二三頁下）扶
　　　桑記：「通釋：下不犯中，不云比丘自露地捉炬燭，準此文可開耳。」（二四七
　　　頁上）【案】僧祇卷三三，四九五頁上。

藏他衣鉢戒〔一〕五十八

　　三緣〔二〕：一、大比丘衣鉢，二、驚動意，三、取藏，便犯。

　　多云：若五大色衣、不淨衣，吉羅〔三〕。未熏鉢、鍵鎈、衣鉢，作淨
畜者，皆墮〔四〕。準此，五大色非佛開〔五〕。

　　律不犯者。若實知彼人物，相體悉而取舉〔六〕；若在露地，風雨漂
漬，舉之〔七〕；若物主為性慢藏，衣物狼藉，為誠勑故藏之〔八〕；若借他
衣，而彼不收，故舉〔九〕；若因此衣鉢，有命、梵等緣故藏。一切不犯。
準此，今官不許私度，在道行有衣鉢自藏，應不犯持罪〔一○〕也。

【校釋】

　　〔一〕藏他衣鉢戒　資持卷中三下：「（佛在舍衛。六群背取十七群衣物藏之，諸比
　　　丘察知。因制。）」（三二三頁下）【案】四分卷一六，六七五頁下開始。

　　〔二〕三緣　鈔批卷二○：「礪具四緣，加一『無因緣』。若有因緣，則不犯者。」（八
　　　二三頁下）

〔三〕若五大色衣、不淨衣，吉羅　鈔科卷中三：「『多』下，釋第一。」（八一頁下）鈔批卷二〇：「由非佛常開之物也。」（八二三頁下）資持卷中三下：「多論上明非法物犯輕。不淨者，彼作駝牛、雜毛衣，今以『不淨』二字替之。」（三二三頁下）【案】多論卷八，五五八頁中。

〔四〕未熏鉢、鍵鎔衣鉢，作淨畜者，皆墮　資持卷中三下：「『未』下，明如法結重。」（三二三頁下）鈔批卷二〇：「謂但是比丘說淨衣鉢。若藏，皆提也。」（八二三頁下）

〔五〕五大色非佛開　簡正卷一二：「謂是非法，不開貯畜，故結小罪。未熏鉢，雖非正物，佛開畜之不遮，故得提也。（准此文勢，是和會之竟也。）」（七五八頁下）資持卷中三下：「以色衣白鉢，據理應同。而論分輕重，則知色衣定為非法，故特示之，以懲謬濫。」（三二三頁下）

〔六〕若實知彼人物，相體悉而取舉　資持卷中三下：「是同心。」（三二三頁下）【案】「不犯」分五，以「若」字間之。

〔七〕若在露地，風雨漂漬，舉之　資持卷中三下：「為愛護。」（三二三頁下）

〔八〕若物主為性慢藏，衣物狼藉，為誡勅故藏之　資持卷中三下：「為誡敕。」（三二三頁下）

〔九〕若借他衣，而彼不收，故舉　資持卷中三下：「己有。」（三二三頁下）

〔一〇〕準此，今官不許私度，在道行有衣鉢自藏，應不犯持罪　簡正卷一二：「謂不犯，闕持衣之罪也。玄云：罪官急不許，或著俗服，三衣收藏一家。應不犯不持衣罪。（法寶約沙汰僧尼以釋，亦可也。）」（七五八頁下）鈔批卷二〇：「此明據上恐有命、梵二難，藏他衣。既不犯，我今既是私度，恐主見衣自藏不著，何成失威儀也！深云：既官不許私度，不得（原注：插入『私度不得』四字。）著用，自藏餘處，出外經夜，不犯離宿之罪。」（八二三頁下）資持卷中三下：「謂國禁關津，或藏衣離宿。準此難開，例決離衣，故云不犯持罪。若治生經，販犯禁之物，即名盜稅。自餘隨身道具，例傳自藏。」（三二三頁下）。

真實淨不語取戒〔一〕五十九

四緣：一、是己物，二、作真實淨，三、不語主，四、取，便犯。

戒本列五眾〔二〕者，以明犯、不犯義〔三〕。辨相具解〔四〕。

展轉淨施，問、不問，俱得〔五〕。

【校釋】

〔一〕真實淨不語取戒　資持卷中三下：「〔佛在舍衛。六群真施親厚比丘（【案】

『丘』後疑脫『衣』字。）後，不語取著。因制。」（三二三頁下）鈔批卷二〇：「疏云：絕捨不虛，稱為真實；永斷染心，名為淨施，故曰也。此謂對面將物淨施與前人，（八二三頁下）後乃輒取，不語主故，所以犯也。」（八二四頁上）【案】本戒鈔科、鈔批稱為「真實淨戒」。四分卷一六，六七六頁上開始。

〔二〕戒本列五眾　簡正卷一二：「戒疏云：『真（【案】『真』疑『淨』。）法兩部不合，更互而作，何故戒文通列耶？』答：『欲明五眾，俱有犯相。雖輕重有異，而淨施義同，故通列名。至於淨法，自從當眾，故辨相文中云：今為淨故，與長老作真實淨。驗知，唯局因同類，不犯（原注：『犯』字疑剩。）在懷疑。若准善見，展轉通五眾也。」（七五八頁下）鈔批卷二〇：「立明：謂非比丘得對下四眾作真實淨，皆須當眾相對作也。礪云：如善見論，若展轉施主，得以互為，以其不對施主說淨故。又，復物不付彼，不生譏過，為是大僧得。以下三眾，尼以僧家二眾，各為展轉施主，真實淨法，要僧尼當眾。二、三不得互為，以其黑服雖同，男女相別，何有大僧將物對尼為法？又，容生染習，招致外譏。文中列者，此僧尼同戒，故通舉五眾，說僧尼故也。」（八二四頁上）

〔三〕以明犯、不犯義　資持卷中三下：「犯不犯者，僧尼同重，下三眾並輕，不犯正罪。」（三二三頁下）鈔批卷二〇：「立謂：戒本列五眾者，欲明五眾俱有犯之相。若比丘對比丘作淨已，不語將還是犯，語已將還不犯。乃至沙彌尼對沙彌尼作淨已，取時語主，不犯；不語而取，是犯，故曰也。戒疏云：為明五眾俱有犯相，雖輕重異，淨施義同，故通列名。至於淨法，自從律法。」（八二四頁上）

〔四〕辨相具解　鈔批卷二〇：「立謂：指律中自辨相解釋也。」（八二四頁上）資持卷中三下：「辨相具解，指律廣解。疏云：為明五眾俱有犯相，雖輕（三二三頁下）重異，淨施義同，故通列名。至於淨法，自從律法。（謂真實淨主各對本眾，不得互為。）」（三二四頁上）

〔五〕展轉淨施，問、不問，俱得　鈔科卷中三：「『展『下，簡異。」（八一頁中）資持卷中三下：「淨施有二，真實淨者，物過主邊，故有輒取。展轉不爾，取用通得。」（三二四頁上）簡正卷一二：「謂作法時對別人故，物不付彼。後用此（七五八頁下）物，不假更問本施主。」（七五九頁上）鈔批卷二〇：「以作法時，對於別人，後用此物，不假問本施主故也。」（八二四頁上）

著新衣戒〔一〕六十

四緣：一、是三衣，二、是己物，三、不染壞，四、無緣輒著〔二〕，犯。

善見：若遭賊緣等，得權著五大色衣〔三〕。

四分〔四〕：新衣者，若是新衣，若初從人得。十誦：得他故者，初得故，亦名新衣〔五〕。

四分云：壞色者，若青、黑、木蘭〔六〕也。彼得衣不作三種壞，著者，墮〔七〕。若重衣，若輕衣，不作淨而畜者，吉羅〔八〕。若非衣——鉢囊〔九〕、革屣囊、針線囊及諸巾，不作淨畜者，吉羅。若未染衣寄白衣家者，吉羅〔一〇〕。準此，言「淨」者，謂以成色衣〔一一〕，或以餘物貼〔一二〕，或以點著名「淨」，而並須染壞；非謂三衣須染，餘者但「淨」而已〔一三〕。若準文中，一切不染，皆提〔一四〕；一切不淨，皆吉羅。

五分，所以淨者〔一五〕：異外道故；令與俗別；三種記故，失則易覓。

多論：五大色衣，不成受〔一六〕。黃者，鬱金根，黃藍染〔一七〕；赤者，落沙染〔一八〕；青者，藍黛染〔一九〕。若自染，吉羅，不成受〔二〇〕。應量、不應量，一切不得著〔二一〕。若點著，吉羅〔二二〕。此律犯墮。更改如法色，則成受。若先如法色，後以五大色者，不成受〔二三〕。若以五大色點淨者，吉。還用青、黑、木蘭三種，更互作點〔二四〕。若衣先已作淨，後更染色，不須更點〔二五〕；先已作淨，後洗脫，不須更淨。故紫草〔二六〕、柰皮、柏皮、地黃、絳緋色、黃櫨木，皆不如法色；以如法色覆，即成受也。僧祇：憍奢耶衣、欽婆羅衣，細㲲者，染汁黸澀，損壞〔二七〕。佛言：「如是好衣，二種淨〔二八〕：一割縷淨，二點淨。」餘衣三淨，加一染法〔二九〕。青者，銅器覆苦酒甕上〔三〇〕，著器者是；藍澱青、石青、碇青，不持是等作淨〔三一〕。黑者〔三二〕，諸果汁合一鐵器中，作泥——若池井泥亦爾。木蘭者，用上果，生鐵上磨，作點淨〔三三〕。餘如衣法中分別。十誦：作淨色者，謂以別色相點；如青衣以泥、棧淨〔三四〕；餘互淨亦爾。「棧」者，赤黑，猶同四分木欄皮〔三五〕。

多論：除靴履，一切並點淨〔三六〕。十誦：若衣不淨，試著，吉羅。

五分：得革屣，令本主著，下至五六步〔三七〕。

僧祇：作淨者，極大齊四指，極小如豌豆〔三八〕。善見：如麻子大。不得並作〔三九〕，或一、三、五、七、九。不得如華形作。若浣褻，有泥

汙、鳥足汙，即名為淨〔四〇〕。若新僧伽梨，趣一角作，乃至一切衣，新細揲亦爾〔四一〕。若眾多碎衣，一處合補〔四二〕者，一處作；別者，一一作淨。

【校釋】

〔一〕著新衣戒　資持卷中三下：「（佛在舍衛。六群著白色衣行，俗譏。因制。）名中，且約初作不染為言，不妨體故，亦入犯科。下引十誦，於義可見。」（三二四頁上）【案】後文分釋第四、一、三緣。四分卷一六，六七六頁中開始。

〔二〕無緣輒著　鈔批卷二〇：「若遭賊、失奪、燒漂之緣，開著五大上色也。若初從人得者，雖故名新，（八二四頁上）以色未如法故也。」（八二四頁下）

〔三〕若遭賊緣等，得權著五大色衣　鈔科卷中三：「初釋第四。」（八一頁中）簡正卷一二：「遭賊緣等，等取燒漂也。」（七五九頁上）【案】善見卷一四，七七五頁上。

〔四〕四分　鈔科卷中三：「『四』下，釋第一。」（八一頁中）

〔五〕初得故，亦名新衣　簡正卷一二：「謂初得他故，不如法色，亦號新衣。不染壞色，俱犯提也。」（七五九頁上）

〔六〕壞色者，若青、黑、木蘭　鈔科卷中三：「『四』下，釋第三（五）。初結犯重輕。」（八一頁中）資持卷中三下：「四分初定色相。」（三二四頁上）簡正卷一二：「謂被褥等，并及俗衣。不點淨吉。」（七五九頁上）【案】「四分」下分五：初，「四分」下；二、「五分」下；三、「多論五」下；四、「多論除」下；五、「僧祇作」下。

〔七〕彼得衣不作三種壞著者，墮　資持卷中三下：「『彼』下辨犯。分二：初明不染；『若重』下，次明不作淨。上列餘衣，重謂被褥，輕即助身；下示非衣，其相可解。」（三二四頁上）鈔批卷二〇：「立謂：不作青、黑、木蘭染也。賓云，僧祇、十誦：白衣但吉，不點提，與此律一倍相翻也。」（八二四頁下）

〔八〕若重衣、若輕衣，不作淨而畜者，吉羅　簡正卷一二：「輕衣者，謂三衣已外自餘衣，不點淨，畜並吉。」（七五九頁上）鈔批卷二〇：「立謂：重即旃蓐、敷具等，輕即布絹、衣被等。不染得提，不點得吉也。景云：重衣即氈褥毹氈等，輕衣准知。重衣不作淨，得吉。戒疏成犯中云：初不以三色染，故墮。此明三衣耳。若輕重衣，不作點以壞色者，吉羅。賓云：重衣者，寒衣也。輕衣者，夏衣也。此等非三衣，故吉也。餘小細物，並須點淨。非謂革履，以三色

染，更成驚俗，可笑之甚。景云：三衣及餘衣，皆須染淨。則帛者，但點淨而已。」（八二四頁下）

〔九〕**若非衣——鉢囊**　鈔批卷二〇：「立云：此舉點淨。」（八二四頁下）

〔一〇〕**若未染衣寄白衣家者，吉羅**　資持卷中三下：「『若未』下，明寄俗舍。」（三二四頁上）鈔批卷二〇：「立謂：若未染壞色，恐白衣用之也。」（八二四頁下）

〔一一〕**謂以成色衣**　簡正卷一二：「今師約此染淨二義，准於諸部釋也。古云三衣不染，今云三衣長衣並須染，更點淨。不染得提，不淨犯吉也。」（七五九頁上）鈔批卷二〇：「自意云：謂成其壞色，更須點淨也。」（八二四頁下）資持卷中三下：「注有二意，初至染壞，明作淨之法，必須通染。言成色者，即已染也。」（三二四頁上）

〔一二〕**或以餘物貼**　鈔批卷二〇：「立明：將餘故物，貼衣作淨，亦成淨。此當點淨也。夫得衣來，不問新故，皆須三種淨。以初從人得，亦同新也。」（八二四頁下）資持卷中三下：「物貼點著此二種淨，隨一即成。」（三二四頁上）

〔一三〕**非謂三衣須染，餘者但「淨」而已**　資持卷中三下：「『非』下，例通餘衣。」（三二四頁上）鈔批卷二〇：「三衣固是須染，餘一切衣，皆須染壞色，仍須更點淨，非但直點而已，（八二四頁下）即不染之也。礪云，祇律：純色不點淨，提；不染壞，著白色衣，吉。與此相反，此則不染得提，不點唯吉。」（八二五頁上）

〔一四〕**若準文中，一切不染，皆提**　資持卷中三下：「『若』下，準文決犯。以前文但云『得衣不壞者，墮』，則知通該一切。若據列緣，唯約三衣。或可彼從緣制，或是此就急論。思之。然餘衣染壞，但據助身可染者為言。故戒疏云：非謂巾屜以三色染，更成驚俗。可笑之甚！（故知巾襪，但須點淨。）」（三二四頁上）

〔一五〕**所以淨者**　資持卷中三下：「五分二（【案】『二』疑『三』。）意：一、異外道，二、異俗，三、防失。三種記者，即三色也。」（三二四頁上）鈔批卷二〇：「案五分云：有諸比丘，遇賊剝衣都盡，還所。邏人問言：『何處遇賊？』答言：『某處。』即為捕捉，獲其賊，將比丘衣與俗人衣及外道衣，盡安一處。邏人令諸比丘自識者前取。諸比丘不識自衣，悉被外道先擇，將好者而去。以此事白佛。佛言：『從今已去，若得新衣，應三種色作誌：若青，若黑，若木蘭。若不以三種色誌者，提。若不誌者，著著提、宿宿提。』言三種記者，立

云：青、黑、木蘭。暠云：即點淨也。」（八二五頁上）簡正卷一二：「復有云：

三種者，一、染，二、點，三、割縷，即異俗人并外道也。」（七五九頁上）

【案】五分卷九，六八頁上。

〔一六〕五大色衣，不成受　資持卷中三下：「多論分四。初，明本染非法。」（三二四

頁上）鈔批卷二〇：「有青、黃、赤、白、黑，下自出其相貌也。」（八二五頁

上）【案】鈔科本節分三：多論下、僧祇下、十誦下。多論引文分四，如資持

釋文所示。

〔一七〕鬱金根，黃藍染　資持卷中三下：「鬱金根，方志云：出烏仗那國，根黃赤，

可染衣。黃藍，指歸云：即今紅華，染紅黃色。」（三二四頁上）扶桑記：「方

志，具云釋迦方志，三卷，南山撰。」（二四七頁下）

〔一八〕落沙染　資持卷中三下：「應法師云：應云『歎』。又，此云『猩猩血』。」（三

二四頁上）簡正卷一二：「此云『性』（原注：『性』一作『牲』。）性（原注：

『性』字疑剩。）血也。又僧亮注涅槃經曰：落沙從鉢羅奢華中出，出時煞虫，

可用染也。若點著，吉，此犯墮者。此五大色，若准多論，不點而著。」（七

五九頁上）鈔批卷二〇：「案多論第八云，有五大色，謂：黃、赤、青、黑、

白也。黃者，鬱金根，黃藍染；赤者，羊草，落沙染；青者，或言藍黛是。餘

未識其本。凡此五大色，若自染，得吉。若作衣，不成受。又云：落沙染者，

外國染法，多殺諸虫，是故不聽。今秦地染法，亦多殺虫，墮五大染數也。立

云：落沙染者，孔雀、鸚鵡血染。又云：是生生毛也。（未詳。）若自染，吉

者，自染五大上色也。」（八二五頁上）

〔一九〕青者，藍黛染　資持卷中三下：「藍黛即今藍青。」（三二四頁上）

〔二〇〕若自染，吉羅，不成受　鈔批卷二〇：「謂將此上來五大色，或作染將作三衣，

皆不成受持。加法亦不成也。」（八二五頁下）

〔二一〕應量、不應量，一切不得著　鈔批卷二〇：「謂三肘、五肘已下，亦名不應量。

若過三肘、五肘，名應量。此約五大上色，不得著也。」（八二五頁下）

〔二二〕若點著，吉羅　鈔批卷二〇：「深云：此五大色，若准多論，不點而著，墮；

點竟而著，犯吉。四分中，縱點已著者，還墮，由是大色故也。」（八二五頁

下）資持卷中三下：「謂以三如法色點上非色，論但犯輕。」（三二四頁上）扶

桑記：「通釋：彼論及善見、五分等不染吉，不點；此律兩反故。」（二四七

頁下）【案】四分，犯墮。

〔二三〕若先如法色，後以五大色者，不成受　資持卷中三下：「『若先』下，次，明改

如為非。」（三二四頁上）

〔二四〕**還用青、黑、木蘭三種，更互作點**　鈔批卷二〇：「<u>立</u>謂：如法，青、黑、木蘭，更互作淨，不淨作墮。將五大上色作點淨，得吉也。先以水淨故者，<u>景</u>云：初得衣以水洗，後不須淨。又先以點淨，後以水洗，脫更不須點也。」（八二五頁下）

〔二五〕**若衣先已作淨，後更染色，不須更點**　<u>資持</u>卷中三下：「『若以』下，三、明點色是非。」（三二四頁上）

〔二六〕**紫草**　<u>資持</u>卷中三下：「『故』下，四、明先『非』後『如』。列諸色中，除紫草、縫（【案】『縫』疑『絳』。）緋，餘並黃色。縫即赤色。」（三二四頁上）【案】以上多論卷八，五五六頁中。

〔二七〕**憍奢耶衣、欽婆羅衣，細耎者，染汁麤澀，損壞**　<u>資持</u>卷中三下：「<u>僧祇</u>中，二。初，明麤、細二種。梵言，即絲毛細者。下云『餘衣』，即是麤者。然上細衣若是三衣，必先通染。若餘服飾，止須點割。」（三二四頁上）<u>簡正</u>卷一二：「憍奢耶者，幽（原注：『幽』疑『絲』。）中最細也。欽婆羅者，此云細毛衣，亦云雜碎衣。」（七五九頁上）鈔批卷二〇：「憍奢耶者，蠶口初出者是也。欽婆羅者，此云細毛衣也。明此二種衣，體既細軟，佛開不用染淨，恐損壞故，但須割點二淨也。<u>景</u>云：此上是細軟衣，染汁麤忽，恐壞此衣。佛令權用二淨等法，割縷點等也。割去三五，縷即名淨，後得染汁，應須更染。不以二淨竟，而即不染。案<u>祇</u>云：佛在<u>舍衛城</u>，曠野有比丘得憍奢耶衣，煮染汁欲染，世尊以神足，空中住。問比丘：『欲作何事？』比丘答言：『染憍奢耶。』佛言：『憍奢濡（原注：『濡』疑『耎』。次同。）細，染汁麤忽，損壞此衣。從今日後，此憍奢耶作二種：截縷淨、青點淨也。』（八二五頁下）復有<u>毗舍離比丘</u>，得濡欽婆羅，煮染汁欲染。佛亦以神足，往到其所，如前示教。」（八二六頁上）【案】此處僧祇引文分二：初，「憍奢耶衣」下；次，「青者」下。僧祇卷一八，三六九頁。

〔二八〕**二種淨**　<u>簡正</u>卷一二：「一謂割縷淨，二、點淨。所言割者，謂割三五縷也。（七五九頁上）以染汁麤，且令二種作淨。若著，終須染也。」（七五九頁下）<u>扶桑記</u>：「割縷淨，通釋：愚按<u>十誦</u>說沙門衣有三賤：刀賤、體賤、色賤。今割縷淨，即彼刀賤耳。」（二四七頁下）

〔二九〕**餘衣三淨，加一染法**　<u>簡正</u>卷一二：「謂除上二細耎衣外，即須染也。」（七五九頁下）

〔三〇〕**青者，銅器覆苦酒甕上** 簡正卷一二：「祇云，青為三種：一、銅青，如文；二、長養青，即藍澱青；三、石青，即碯青是。」（七五九頁下）鈔批卷二〇：「此下明其如法三色也。上明落沙、鬱金等非法色，銅器是青色，果汁泥等是黑色，木蘭為赤色也。」（八二六頁上）資持卷中三下：「『青者』下，次辨三色，用以為點。青有四種，第一銅青，是如法色，（三二四頁上）下三皆非法色。石青者，有石生青，可磨以取之。碯青，亦生石中，可以為藥。」（三二四頁中）

〔三一〕**藍澱青、石青、碯青，不持是等作淨** 簡正卷一二：「『不持』下，二、青作淨也。」（七五九頁下）

〔三二〕**黑者** 資持卷中三下：「云作泥者，謂以泥置上器中，染黑而用。」（三二四頁中）簡正卷一二：「黑者，祇云：『名字泥』『不名字泥』。且名字泥者，即呵梨勒、鞞醯勒、呵摩勒，令鐵器中，是名字泥也。不名字泥者，謂實也。泥即池泥、井泥，如是等一切泥也。」（七五九頁下）【案】「名字泥」，不是真正的泥，而將其名之為「泥」。「不名字泥」者，即是真正的「泥」。

〔三三〕**木蘭者，用上果生鐵上磨，作點淨** 鈔批卷二〇：「謂木蘭之衣將何物點淨？謂用上來果汁為淨也。言果汁者，用呵梨勒果，亦云用阿摩勒果，宜鐵上磨也。」（八二六頁上）資持卷中三下：「木欄，指衣法者。下云僧祇翻在吳地，不見木欄（【案】『欄』疑『蘭』。），謂是果色等。」（三二四頁中）簡正卷一二：「木蘭者，呵梨勒等三菓汁，置生鐵上磨，持作點淨即是。青銅等為青色，菓汁泥等為黑色，木蘭赤色。此如法三色也。」（七五九頁下）

〔三四〕**作淨色者，謂以別色相點；如青衣以泥、棧淨** 資持卷中三下：「十誦中，三如法色，互點作淨，一一衣中，皆具三種。泥即黑色，棧如注顯。」（三二四頁中）【案】十誦卷一五，一〇九頁中。

〔三五〕**「棧」者，赤黑，猶同四分木欄皮** 簡正卷一二：「篾（【案】『篾』鈔作『棧』）色，字合縱木也。玄云：似蜀地木蘭色。以四分是北地翻修，正將蜀地木蘭為正木菓色也。」（七五九頁下）鈔批卷二〇：「深云：篾色似如蜀地木蘭色。以四分律是北地翻。正明蜀地木蘭為正木蘭色也。」（八二六頁上）

〔三六〕**除靴履，一切並點淨** 鈔科卷中三：「『多』下，制必須淨。」（八一頁中）資持卷中三下：「多、十兩文，正明制約。」（三二四頁中）【案】多論卷八，五五六頁中。

〔三七〕**得革屣，令本主著，下至五六步** 資持卷中三下：「後引五分，決上論文。雖

不制點，而有別法。」（三二四頁中）【案】五分卷二一，一四七頁上。

〔三八〕作淨者，極大齊四指，極小如豌豆　鈔科卷中三：「『僧』下，點淨之法。」（八一頁下）資持卷中三下：「僧祇衣（【案】『衣』後脫『法』字。）明點之大小，豌烏丸反之。古記云：似今菉豆。」（三二四頁中）

〔三九〕不得並作　資持卷中三下：「『不得』下，明安著多少。」（三二四頁中）

〔四○〕若浣褻有泥汙、鳥足汙，即名為淨　資持卷中三下：「『若浣』下，明染污成淨。」（三二四頁中）【案】「鳥」，底本為「烏」，據大正藏本、敦煌甲本、敦煌乙本改。

〔四一〕若新僧伽梨，趣一角作，乃至一切衣，新細揲亦爾　資持卷中三下：「『若新』下，明隨作無在。一切衣，謂餘衣新細。揲，謂補揲者。」（三二四頁中）簡正卷一二：「細揲亦爾。祇云：趣一角作淨。若一條條（原注：『條』字疑剩。）補者，亦作淨。一切衣，乃至細揲，亦作淨，謂新物細揲成衣。細揲（原注：『揲』字疑剩）物雅（原注：『雅』疑『雖』）眾多，為卻刺故，但趣一角作淨，不須段段別作，故云『亦爾』也。」（七五九頁下）

〔四二〕若眾多碎衣，一處合補　鈔批卷二○：「立謂：且如補衣，若補兩孔相離，須別別點淨。若同補一處，雖段碎物眾多，隨點一處則得。若多碎物，合作一衣，但點一處，有得也。」（八二六頁上）資持卷中三下：「『若眾』下，明總別俱通。律不犯者，得白衣染作三色。餘經（【案】『經』疑『輕』。）重乃至巾等，作淨已，畜也。」（三二四頁中）

奪畜生命戒〔一〕六十一

多論〔二〕：一、出家之人，四等〔三〕為懷，乃加殺害，違慈非惆；二、自損惱他，生死根本，障道惡業故；三、為長信敬，息誹謗〔四〕故。五緣成，同前「大殺戒」〔五〕。

【校釋】

〔一〕奪畜生命戒　資持卷中三下：「（佛在舍衛。迦留陀夷不喜見鳥，以竹弓射殺，成大積。招譏。因制。）」（三二四頁中）鈔批卷二○：「依光律師九段，此下即當第六段。至『與賊同行』來，有七戒，明常行遠離，修慈愍物行。此謂迦留陀夷射鳥成聚，故制此戒。案五分云：迦留陀夷憎鳥，云有十弊惡：一、慳惜，二、貪飯，三、強顏，四、耐辱，五、蛆弊，六、無慈悲，七、悕望，八、無猒，九、藏積，十、喜忘。有此十法，故應可殺。」（八二六頁上）【案】四分卷一六，六七六頁下開始。

〔二〕**多論** 資持卷中三下：「制意中，三：初為順行，二為趣道。上二自利。三是化他。」（三二四頁中）【案】多論卷八，五五七頁上。

〔三〕**四等** 資持卷中三下：「『四等』即慈、悲、喜、捨，亦名四無量心。」（三二四頁中）

〔四〕**誹謗** 資持卷中三下：「居士禮拜，因見共譏嫌是也。今時沙門，不知因果，多害生命，以資口腹，削鱗擣羽，火炙湯煎，但嗜甘肥，寧思痛苦？刀砧自執，實壞服之。屠兒血肉輒餐，信髡頭之羅剎。俗中君子隱惻為心，出世道人兇頑若此？」（三二四頁中）

〔五〕**五緣成，同前大殺戒** 資持卷中三下：「一、是畜生，二、作畜生想，三、有殺心，四、起方便，五、命斷。不犯，亦同前。但無殺意，錯、誤皆開。」（三二四頁中）

飲蟲水戒〔一〕六十二

前戒限分，此是深防，不待命斷〔二〕。

五緣〔三〕：一、是蟲水，二、作蟲想，三、不作漉法，四、飲用，五、隨咽，犯。

鼻柰耶律說：二比丘向佛所，一人渴死生天，見佛得道〔四〕。一人飲蟲水後，至佛所。佛問其故已，脫憂多羅僧，示黃金身，「汝癡人，用觀是四大身，為純盛〔五〕臭處。其見法者，則見我身。」

僧祇：比丘受具已，要畜漉囊、應法澡鑵〔六〕；無者，用袈裟一角。同伴中都無者，舉眾有罪。若卒無水洗手著衣，可用樹葉拭〔七〕，然後著衣。多論：舍利弗以淨天眼〔八〕，見水中、空中蟲，如水邊砂、器中粟，無處不有，遂斷食。佛言：「肉眼所見，漉囊所得。乃至三重猶有者，捨住處去。」十誦：不持漉袋，行二十里，犯罪〔九〕。若清流、大河、泉水，從此寺至彼寺者，得。僧祇：若漉水得已，不得厭課看〔一〇〕、暗眼人看——能見掌中細文者看；看時，如大象載竹車一迴頃，知無，應用〔一一〕。若施主請比丘食〔一二〕，應問「漉水未」；若未者，自看漉。或使可信人，應教漉；不可信者，自應漉蟲，不得語「莫殺傷〔一三〕」。蟲水著器中，還送本水來處瀉中〔一四〕。若來處遠者，近有池七日不消〔一五〕者，以蟲著中。若知水有蟲，不得持器、繩借人〔一六〕。若池汪水有蟲，不得唱云「此水有蟲〔一七〕」。若問者，答言：「長老自看」。知友同師者，語言：「此中有蟲，當漉水用。」

此戒人亦喜犯，與「澆用戒」同，故具鈔出〔一八〕。餘如衣法中〔一九〕。

【校釋】

〔一〕**飲蟲水戒**　資持卷中三下：「（佛在舍衛。六群取雜虫水飲，招譏。故制。）」（三二四頁中）【案】文分為三：初，「前戒」下；二、「五緣」下；三、「此戒」下。【案】四分卷一六，六七七頁中開始。

〔二〕**前戒限分，此是深防，不待命斷**　資持卷中三下：「須知飲用二戒，俱是深防。」（三二四頁中）簡正卷一二：「謂前戒是限分中制，要須斷命。此是深防中制，為養物命。但知為虫，飲用結罪，不待命斷。斷即屬前戒收之。」（七六〇頁上）鈔批卷二〇：「前戒限分等者，指前奪畜生命戒，要損虫命，方犯前戒。此戒深防者，不待命斷，但飲虫水則結，故疏云『不同十誦』。彼律言：隨虫死，一一提。此則損虫方犯。此律但有虫之水，飲即結犯，不待損虫者。屬前殺畜戒也。」（八二六頁下）

〔三〕**五緣**　鈔批卷二〇：「此四分制境，從心故輕。若案十誦，則制心從境故。彼境想五句云：一、是虫水、有虫想，用者提；二、有虫水，無虫想，用提；三、有虫水，有虫水疑，用提；四、無虫水，有虫想，用吉；五、無虫水疑，吉也。要是無虫水、無虫想，用者無犯。」（八二六頁下）簡正卷一二：「第四飲用，第五隨咽，不待中死。」（七六〇頁上）

〔四〕**二比丘向佛所，一人渴死生天，見佛得道**　鈔批卷二〇：「一人渴死生天見佛者，案鼻奈耶律第八云：佛在舍衛國，爾時有二比丘住拘薩羅界，深山中住，未曾見佛，常懷企望，欲得見佛。二人共議，便發進路，來見世尊。時春後月，值曠野中了無有水，身體焦渴。二人處處求水，值一澹水，水少虫多。其一比丘語一比丘言：『飲此虫水，度此曠澤，得觀世尊。』一伴答言：『受世尊戒，如何當壞？』時一人飲，一人不飲。其不飲者，命終生三十三天，（八二六頁下）著百寶冠，來詣世尊所，頭面禮足，在一面住。佛與說法，已得見諦。其飲水者，在後方至，佛遙見來，脫鬱多羅，示黃金體：『汝為痴人，用觀是四大身為，純盛臭處。其見法者，則見我身，用樹葉拭者，謂死葉也。若是生葉，得壞生罪。』」（八二七頁上）【案】鼻奈耶卷八，八八五頁上。

〔五〕**盛**　【案】底本為「成」，據鼻奈耶律及弘一校注改。

〔六〕**應法澡罐**　資持卷中三下：「僧祇制必須具澡罐。二斗已下名應法。無水開葉，須取枯者。」（三二四頁下）

〔七〕**用樹葉拭**　簡正卷一二：「謂是乾枯之葉，生者不合。」（七六〇頁上）

〔八〕舍利弗以淨天眼　資持卷中三下：「多論緣起，以明制限。」（三二四頁下）簡
　　　正卷一二：「謂尊者以淨天眼，見空中虫如水邊沙等，無處不有，遂斷食三日。
　　　佛言（原注：『言』字疑剩。）知已，語令食：『凡制虫水，齊肉眼所見、漉囊
　　　所得，不制天眼。』更有細虫，天眼不見，唯佛見眼。如微塵十分之一，極為
　　　細矣。」（七六〇頁上）【案】多論卷八，五五二頁中。

〔九〕不持漉袋，行二十里，犯罪　資持卷中三下：「十誦：犯罪違制，吉羅。」（三
　　　二四頁下）【案】十誦卷三八，二七三頁上。

〔一〇〕不得厭課看　資持卷中三下：「僧祇中五。初，明漉已看法。厭課，謂事不得
　　　已，有同課率。象步遲緩，況有所載！迴必延久，故取為限。」（三二四頁下）
　　　簡正卷一二：「不得猒課看者，此是此人（原注：『人』疑『方』。）時俗語也。
　　　今此間即云：影嚮看，俱是不子細之貌。事不得已，（七六〇頁上）心中甚猒，
　　　身但強收，故云猒課也。」（七六〇頁下）鈔批卷二〇：「濟云：北人時俗之
　　　語，喚粗略為『猒課』也。」（八二七頁上）【案】此句下為僧祇五句之一。僧
　　　祇卷一八，三七三頁上。

〔一一〕大象載竹車一迴頃，知無，應用　簡正卷一二：「祇云：不得太速、不得太久，
　　　當如大象一迴頃，無虫方用。若有虫者，應漉用之，不得語。」（七六〇頁下）
　　　鈔批卷二〇：「案祇云：當至心看，不得大速、不得太久，當如大象一回頃。
　　　若載竹車一回頃，無虫應用。若有虫者，應漉用。景云：此謂一迴轉頃也。」
　　　（八二七頁上）

〔一二〕若施主請比丘食　資持卷中三下：「『若施』下，明請家漉法。」（三二四頁下）
　　　【案】此句下為僧祇五句之二。

〔一三〕莫殺傷　簡正卷一二：「祇云：若不可信者，應自灑虫。不得語令『灑（【案】
　　　『灑』疑『漉』。）莫煞傷虫』，恐前人邪見，或性好煞生。若聞勸『莫煞』，
　　　便故故（原注：『故』字疑剩。）煞也。」（七六〇頁下）鈔批卷二〇：「恐其
　　　人邪見，或性好殺生，若聞勸『莫殺』，則故故（【案】次『故』字疑剩。）違
　　　汝之言，憎狀而殺傷也。」（八二七頁上）資持卷中三下：「虫不得語者，恐彼
　　　知而成犯故。」（三二四頁下）

〔一四〕蟲水著器中，還送本水來處瀉中　資持卷中三下：「『虫水』下，明還水法。」
　　　（三二四頁下）【案】此句下為僧祇五句之三。

〔一五〕七日不消　簡正卷一二：「虫生七日一變，故令安七日不消水中，無煞生罪
　　　也。」（七六〇頁下）鈔批卷二〇：「和上云：虫生七日一變，故令送七日不消

處，無殺生過。其漉水之法，如飾宗記九十戒中，文極可觀。」（八二七頁上）資持卷中三下：「不消，謂經久不涸。」（三二四頁下）

〔一六〕若知水有蟲，不得持器、繩借人　資持卷中三下：「『若知』下，明知已存護法。」（三二四頁下）簡正卷一二：「恐同教他煞也。」（七六〇頁下）【案】此句下為僧祇五句之四。

〔一七〕此水有蟲　簡正卷一二：「祇云：於注（原注：『注』疑『汪』。）水池中，若見有虫，不得唱告長老其水有虫，令他生疑，不樂他。若不知，或作無虫想，猶免其罪。今若告他知了，即決定有虫想故。是以勸令自著（原注：『著』疑『看』。）。」（七六〇頁下）鈔批卷二〇：「深云：前用者，作無虫想，由汝唱有，使他想疑，獲罪提吉，故勸令自看也。首疏引十誦，（云云。）（八二七頁上）有諸鬭將，因尼教化，王遣往征，弓頭盡持漉水囊，若值有虫，當漉水飲。王聞大嗔：『汝等誑我。小虫尚欲不飲，何能殺賊？』諸將答言：『虫有過者，當為治之。於國無損，是故漉之。』王甚歡喜，時諸鬭將至於陣所，或得慈三昧，入慈力故，破是賊陣，有時（【案】『時』疑『所』。）折伏。（述曰：）據此，漉水非唯近能護命防提，亦能遠發慈心三昧也。」（八二七頁下）【案】此句下為僧祇五句之五，明問水法。

〔一八〕此戒人亦喜犯，與「澆用戒」同，故具鈔出　簡正卷一二：「彼文因說漉袋，乃廣彰用水方軌等。」（七六〇頁下）

〔一九〕餘如衣法中　資持卷中三下：「指同前。戒疏云：若據虫水，應合為一。為重物命故，內外兩結。律不犯中。先不知，若無虫想，若虫矗觸水使去，若漉水飲用，並無犯。」（三二四頁下）

疑惱比丘戒〔一〕六十三

五緣：一、大比丘〔二〕，二、故生惱意，三、以六事一一說告，四、言辭了，五、前人聞知〔三〕。

律中，六事惱〔四〕者：若以生時〔五〕，若年歲〔六〕，若受戒〔七〕，若羯磨〔八〕，若犯六聚〔九〕，若犯聖法〔一〇〕。隨一一事，皆墮。僧祇：當受時，應語令知；受後，不得，恐疑悔〔一一〕。若即用語者，如律開〔一二〕。

律不犯者。其事實爾，不故作〔一三〕。彼非爾許時生〔一四〕，恐後有疑悔，無故受他利養，受大比丘禮敬，便語言：「汝非爾許時生。」若實無爾許歲〔一五〕，恐後悔，受利養敬奉，語言：「未爾許歲。」若實年不滿二十，界內別眾，作白不成，羯磨不成，非法別眾，恐後疑悔，受利養

禮敬，語彼令知，還本處受戒〔一六〕故。準此，欲重受戒，佛令遷本處，勘問得不〔一七〕故。若實犯波羅夷乃至惡說〔一八〕，恐後悔恨，受利養，受持戒比丘禮敬，欲令如法懺悔，語知犯六聚者。又為性䪼疏，不知言語〔一九〕，便語「汝所說者〔二〇〕，自稱上人法」等。若錯、若戲。一切皆開。

【校釋】

〔一〕疑惱比丘戒　資持卷中三下：「（佛在舍衛。十七群語五群言：『云何入初禪？云何得羅漢果？』彼報言：『汝說者，犯波羅夷。』佛呵因制。）」（三二四頁下）鈔批卷二〇：「先明疑惱。制意者，意出家所期，標心處遠，盡形畢命，專心崇道。今以生、年等六，惱他懷疑，廢彼正修，損惱過甚，故所以制。」（八二七頁下）【案】本戒資持簡稱作「疑惱戒」。四分卷一七，六七七頁下開始。

〔二〕大比丘　簡正卷一二：「多論云：十三難，癲狂比丘，但犯吉。學悔六夜，別住四羯磨，並是提也。」（七六〇頁下）

〔三〕前人聞知　簡正卷一二：「若未聞知，未犯。外難曰：『戒文中云：約他須臾不樂始犯，今何纔聞知即犯，豈不相違？』答：『非約他人不樂而犯，盖熟能惱人之意，欲令前境少時不樂故也。』（此依戒疏解。）」（七六〇頁下）鈔批卷二〇：「礪問：『既云前人聞知結犯者，不問惱不惱，但使聞使得罪，何以文中少時不樂？』答：『非待不樂方犯，此就能惱者之意，下至欲令不樂。非謂要待前人少時不樂，方始結罪。若定，非初在聞知也。』」（八二七頁下）

〔四〕六事惱　鈔科卷中三：「『律』下，釋第三。」（八二頁下）資持卷中三下：「六事：初，生時者，即云『汝非爾許時生』。二、年歲者，云『汝非爾許歲』，如餘受者。三、受戒者，云『汝受戒年不滿』，又界有別眾。四、羯磨者，『汝受時羯磨不成』。五、六聚者，云『汝犯夷』乃至『惡說』。六、聖法者，云『汝所問法，則自稱上人法，犯重，非比丘也』。」（三二四頁下）簡正卷一二：「六事慳（原注：『慳』疑『惱』。下同。）者，舉數總標也。初中，舉受，為疑慳，下二舉隨，為疑慳（原注：『慳』疑『惱』。下同）。」（七六一頁上）

〔五〕若以生時　簡正卷一二：「若以生時者，『汝非爾許時生』等，約俗年以惱。」（七六一頁上）鈔批卷二〇：「律文云：『何為生時？』疑者報言：『汝非爾許時生也。』」（八二七頁下）

〔六〕若年歲　簡正卷一二：「『汝未爾許歲』等，約夏臘慳（原注：『慳』疑『惱』。）也。」（七六一頁上）鈔批卷二〇：「律文云：何問年歲時生疑者？謂語言『汝

非爾許歲』，謂言『汝未有若干夏』也。」（八二七頁下）

〔七〕若受戒　簡正卷一二：「語云：『汝秊不滿』，界內別眾，約人眾惱也。」（七六
一頁上）鈔批卷二○：「律云：云何問受戒生疑者？語云：『汝戒既年不滿』，
（八二七頁下）又『界內別眾受戒不得』。」（八二八頁上）

〔八〕若羯磨　鈔批卷二○：「謂報言：『汝受戒時，作白不成，羯磨不成。』」（八二
八頁上）

〔九〕若犯六聚　簡正卷一二：「通約六聚慳也。」（七六一頁上）

〔一○〕若犯聖法　簡正卷一二：「語云『汝所門者，則犯波羅夷，非比丘』等。此別
約大妄語慳（原注：『慳』疑『惱』。）也。故祇云：若比丘臨受具足時，若
羯磨不成，應彈指語云：『長老，汝羯磨不成就。』若臨受持不語者，後不得
令疑悔。」（七六一頁上）鈔批卷二○：「誑言『汝犯過人法』也。此事因十
七群問六群：『云何名初禪，乃至云何第四禪？云何空無相無願？云何須陀
洹，乃至云何阿羅漢？』六群報言：『汝所說者，已犯過人法故。言汝犯聖
法。』此六事，隨語一事得一時語，六得六提。令他疑惱不樂，故制。」（八
二八頁上）

〔一一〕當受時，應語令知，受後不得，恐疑悔　資持卷中三下：「引僧祇，但開正受。」
（三二四頁下）【案】僧祇卷一九，三七八頁下。

〔一二〕若即用語者，如律開　資持卷中三下：「注準不犯，亦開受後。」（三二四頁
下）簡正卷一二：「如此、彼二律，俱開無疑惱罪也。」（七六一頁上）鈔批卷
二○：「謂前人聞生信不生疑惱者，開語不犯。」（八二八頁上）【案】簡正釋
文中「此、彼二律」，即四分、僧祇。

〔一三〕其事實爾，不故作　資持卷中三下：「不犯中。初二句通標。」（三二四頁下）
簡正卷一二：「謂前人實有此事，復非實心，利益彼意，不欲為慳（原注：『慳』
疑『惱』。）也。」（七六一頁上）

〔一四〕彼非爾許時生　資持卷中三下：「『彼』下，別列。還對前六事，以明開相。初
至『時生』，開第一也。」（三二四頁下）

〔一五〕若實無爾許歲　資持卷中三下：「『若實無』下，即第二也。」（三二四頁下）

〔一六〕語彼令知，還本處受戒　資持卷中三下：「『若實年』下，合明三、四也。」（三
二四頁下）簡正卷一二：「語令知還本處受者，謂律文上第三、第四事，皆令
還本處受。故注解云：佛令還本處，期問得戒不得戒也。以受戒託緣，非相難
識。若於事諸有疑，須還本處受戒處，詳審知遇（原注：『遇』疑『過』。下

同），方可受之，則於後無濫。問：『既曾聞羯磨，即是偷法，便屬難收，何得再受？』答：『為許聞故，非是偷也。不成難收，得再受也，為性麤疎。」（七六一頁上）

〔一七〕準此，欲重受戒，佛令遷本處，勘問得不　資持卷中三下：「注決重受，先須究勘。今時受者，年多不滿。十師愚教，不能提誨。下檀（【案】『檀』疑『壇』。）已後，輒同僧事。」（三二四頁下）

〔一八〕若實犯波羅夷乃至惡說　資持卷中三下：「『若實犯』下，即第五也。」（三二四頁下）

〔一九〕又為性麤疎，不知言語　資持卷中三下：「『又』下，即第六也。上六並謂心懷慈濟，餘戲、錯等，皆非惱意，故並開之。」（三二四頁下）簡正卷一二：「前人立性疎慢，（七六一頁上）不識言改善（原注：一無『改善』二字。）輕重，恐出言犯遇人法。」（七六一頁下）鈔批卷二〇：「前人心性疎慢，不識言語輕重，恐出言犯過人法。」（八二八頁上）

〔二〇〕汝所說者　簡正卷一二：「犯其聖法，意在前人改革，不是故有惱意等，並不犯。」（七六一頁下）鈔批卷二〇：「犯其聖法，意令改革，非有惱意也。」（八二八頁上）

覆他麤罪戒〔一〕六十四。

五緣：一、大比丘〔二〕，二、知犯二篇已上，三、作覆心，四、不發露，五、經明相。

善見：覆他罪，百千共覆一人〔三〕，俱得提。十誦子注云：向一人說便止〔四〕。僧祇：向善比丘說，不得趣說〔五〕。若犯者凶惡，恐有難緣〔六〕，應念：「彼人行業，自有果報。猶如失火，但自救身，焉知餘事？」時與護根相應，不犯〔七〕。多論：若疑未了，不須說他〔八〕。律中：若知他犯麤罪，小食知，至食後說，吉〔九〕。食後知，初夜說，初夜知，中夜說，一切吉羅。若中夜知，至後夜，欲說而未說，明相出，墮。除麤，覆餘罪〔一〇〕；自覆罪〔一一〕；除尼，覆餘人罪者〔一二〕——一切吉羅。

不犯者。先不知〔一三〕；不麤罪想〔一四〕；若向人說〔一五〕；或無人向說〔一六〕；若發心向說〔一七〕，明相已出；若諸難緣〔一八〕者。並開。

【校釋】

〔一〕覆他麤罪戒　資持卷中三下：「（佛在舍衛。跋難陀與親友比丘數犯，向說『不語人知』，後與共鬥，便相說。因制。）名標麤罪，對簡下篇。」（三二四頁下）

鈔批卷二〇：「所以前文不聽說他麤罪者，為護於外，恐生不信，損辱佛法。今此內護，制不聽覆，潔淨眾心，防過不起。」（八二八頁上）【案】四分卷一七，六七八頁下開始。

〔二〕**大比丘**　鈔批卷二〇：「簡餘四眾。尼自相覆，僧提。比丘覆尼，亦提。覆下三眾，吉。三眾自相覆，亦吉。」（八二八頁上）

〔三〕**覆他罪百千共覆一人**　鈔科卷中三：「初，多人同覆。」（八二頁中～下）資持卷中三下：「善見：所覆雖一，能覆情同，多人皆犯。一覆多人，多罪可知。」（三二四頁下）簡正卷一二：「百千共覆者，謂百千同知，一時共覆故。各結提罪，非展轉覆。」（七六一頁下）鈔批卷二〇：「有云：謂展轉而覆，則比丘提。若不作覆心，向一人說竟則止，更不須說。深云：百千人同知，一時共覆，故各犯提，非展轉覆也。（八二八頁上）故下注云：向一人即不犯，故知展轉不成覆也。（未詳。）」（八二八頁下）【案】善見卷一六，七八五頁下。

〔四〕**向一人說便止**　簡正卷一二：「向一人說不犯，故知展轉不成覆也。」（七六一頁下）資持卷中三下：「注引十誦，示發露相。但為表己心無私曲，復恐相惱，故不須多。」（三二五頁上）【案】「子」，底本為「字」，據大正藏本、貞享本、敦煌甲本、敦煌乙本及弘一校注改。

〔五〕**向善比丘說，不得趣說**　鈔科卷中三：「『僧』下，開覆。」（八二頁下）資持卷中三下：「僧祇初簡對露。」（三二五頁上）【案】僧祇卷一九，三七七頁上。

〔六〕**若犯者凶惡，恐有難緣**　資持卷中三下：「『若』下，次明難開。」（三二五頁上）簡正卷一二：「謂兇麤暴惡。若依王力、大臣力、兇惡人力，或致奪命因緣，毀傷梵行。」（七六一頁下）

〔七〕**時與護根相應，不犯**　資持卷中三下：「護根謂意根也。」（三二五頁上）簡正卷一二：「自守其根，不管他事，前人雖犯，我心猶預，不說非覆也。」（七六一頁下）鈔批卷二〇：「立謂：在心名護，在身口名戒。向戒見他犯罪不覆，而說則無犯，名為與護心相應。今為彼人兇惡，說則有命梵難起。今若不說，到（【案】『到』疑『則』。）與護心相應，故言時與護心相應也。說與不說，但知時故，名與護心相應。景云：自守其根，不豫他事也。」（八二八頁下）

〔八〕**若疑未了，不須說他**　鈔科卷中三：「『多』下，開疑。」（八二頁下）資持卷中三下：「多論開疑，由未審決，不成覆故。」（三二五頁上）鈔批卷二〇：「前人雖犯，我心猶豫，不說非覆。」（八二八頁下）【案】多論卷三，五二三頁下。

〔九〕**若知他犯麤罪，小食知，至食後說，吉**　鈔科卷中三：「『律』下，犯分齊。」

（八二頁下）資持卷中三下：「引律明犯。初，約晝夜，各分時限，遞明知說，故知露罪制在半日之內。問：『小食時知，食後不說，復有罪不？』答：『約義以求，初夜、中夜，不說皆吉，並是方便。若論犯墮，須約明相。文中結墮，因前次第，且據中後夜耳。』」（三二五頁上）【案】「律中」下，分四，如資持釋文所示。四分卷一七，六七八頁～六七九頁。

〔一〇〕**除麤，覆餘罪**　資持卷中三下：「『除』下，次明所覆輕重。餘罪即下三篇。」（三二五頁上）簡正卷一二：「除麤者，除夷殘是麤，覆得提也。覆餘罪者，下三篇得吉也。問：『或覆蘭，得何罪？』大德云：准多論，『覆二逆，得對首蘭，與提罪鉢（原注：『鉢』疑『體』。）不異。」（七六一頁下）鈔批卷二〇：「謂下三篇，但得吉也。礪問：『覆他上二篇得提，下三篇吉，何故自覆七聚，齊一品吉者？』答：『覆藏他麤罪，彼我俱損，故所以重。自覆麤罪，但有自損，開無損他故，與下篇同吉。』『覆他二篇齊提，何以將二篇謗他，便有輕重？』答：『以重事誣人，治重永損，惱處尤深，故初篇重。以殘謗人，可懺之罪，非永甄外，損微故輕。引中，覆他，以不發眾，無治罸之義。同是麤罪，壞眾義齊，故同是提罪。』」（八二八頁下）

〔一一〕**自覆罪**　資持卷中三下：「『自』下，三、簡自他不同。疏云：覆他名重而治輕；（但悔本罪。）自覆名輕而治重。（覆殘行別住，餘篇並先悔。）又云：覆他有本，故重制令露，以戒淨故，（釋上有本。）自覆本壞，不須重制等。」（三二五頁上）簡正卷一二：「戒疏云：自造七、自覆七，得一促，各得一吉，無提。」（七六一頁下）鈔批卷二〇：「謂自犯六聚，覆通一吉。故大疏云：造七得（原注：『得』疑『犯』。）七，覆七唯一（原注：『一』疑『吉』。）。」（八二八頁下）

〔一二〕**除尼，覆餘人罪者**　資持卷中三下：「『除尼』下，四、簡餘眾。覆尼同僧，此論輕罪，故簡除之。餘人即三眾也。」（三二五頁上）簡正卷一二：「謂比丘覆尼，亦犯提，故言除也。尼若覆僧，罪得蘭。外難：『覆既犯蘭，必須發露；若發露罪，莫成舉大比丘，違於八敬法不？』大德云：『不然。但在當眾中發露，不往大僧中，不名舉也。思之。』餘人者，下三眾得吉也。」（七六一頁下）鈔批卷二〇：「立謂：覆尼罪提，覆下眾吉。」（八二八頁下）【案】四分卷一七，六七九頁上。

〔一三〕**先不知**　資持卷中三下：「無心覆故。」（三二五頁上）

〔一四〕**不麤罪想**　資持卷中三下：「由心差故。」（三二五頁上）

〔一五〕若向人說　資持卷中三下：「若向說者，已發露故。」（三二五頁上）

〔一六〕或無人向說　資持卷中三下：「闕所對故。」（三二五頁上）簡正卷一二：「唯（【案】『唯』疑『准』。）伽論（七六一頁下）云：有比丘犯殘，晝在比丘處，夜在無比丘處，夜在無比丘處（原注：『夜』等六字疑衍。）。若夜無比丘處，終身不發露，不犯露他罪。」（七六二頁上）

〔一七〕若發心向說　資持卷中三下：「非覆意故。」（三二五頁上）簡正卷一二：「玄據無人處為言。或有約始知，方欲向說，明相即出，故開無犯也。」（七六二頁上）

〔一八〕若諸難緣　資持卷中三下：「如上僧祇，開護心故。」（三二五頁上）

　　與年不滿戒〔一〕六十五

　　四緣〔二〕：一、是年未滿二十，二、知，三、與受具，四、三法竟〔三〕，犯。

　　多云：六十已去，不得受大戒〔四〕；設師僧強授，亦不得。以不任堪苦行道，心智鈍弱，聽為沙彌〔五〕。七歲已下，亦不許度〔六〕。未滿二十，不得受者，以其輕躁為寒苦所惱，若受大戒，人多訶責〔七〕。若是沙彌，人則不訶。僧祇：若減七十，不堪造事，臥起須人，是則不許〔八〕。過七十、減七歲，不應與出家等。廣如上、下二卷〔九〕。律、論言有牟盾二情，兩通無損〔一〇〕。

　　律中不犯〔一一〕者。先不知〔一二〕；信受戒人語〔一三〕；若旁人證；若信父母語〔一四〕；若受戒後疑者〔一五〕：當數胎中年月，數閏月，一切十四日布薩以為年數，滿者不犯。開和尚墮，餘人吉羅〔一六〕。

　　今取諸部會通〔一七〕，勘餘曆術〔一八〕，總括明練〔一九〕，廣如大疏〔二〇〕。但鈔者為末學之流，余雖明委具張〔二一〕，終恐後人不曉，但通略舉一句，以定昔來謬解〔二二〕。

　　謂取極小沙彌，臘月三十日生，年滿二十，正月一日受者，實年十八歲二日〔二三〕；便以胎、閏等緣增之，則正年二十，猶長五月一日〔二四〕也。此「長」含虛增月，約實退減〔二五〕。年十九歲，年月俱不滿者，至八月九日前受，是不滿二十，是罪無戒；九日後受，無罪有戒。

　　然諸國用曆不同，此唐國內，亦有六、七家曆法〔二六〕。且據一家，如上略述。自餘易緯律曆，故不重申。至如諸部「不滿得戒〔二七〕」，具如戒疏引述。

【校釋】

〔一〕**與年不滿戒** 資持卷中三下：「（佛在羅閱城。十七群童子，大者十七，小者十二，以信出家。不堪一食，夜啼。故制。）」（三二五頁上）鈔批卷二〇：「然遮難非一，悉不聽受，難之一色，無得戒義。自餘諸遮，體例不一，如衣、鉢等。（八二八頁下）為辦成法，如無十戒，得戒得罪。年歲不爾，未滿是遮，待滿即得。理容消息，有何急事。而輕心慢法，故為非理。令他虛受，已獲重提。故大集經云，佛問王言：『王子年幾，不得入宮？』王言：『年滿二十。』佛言：『我亦為弟子制戒，年滿二十，與受具足。』」（八二九頁上）【案】犯文分二，初列緣；「多云」下釋。四分卷一七，六七九頁上開始。

〔二〕**四緣** 簡正卷一二：「和上犯提，餘犯輕也。」（七六二頁上）

〔三〕**三法竟** 資持卷中三下：「犯緣，三法竟犯。此制和尚犯墮，餘師但吉。」（三二五頁上）

〔四〕**六十已去，不得受大戒** 鈔科卷中三：「『多』下，釋第一。」（八二頁中）資持卷中三下：「多論前明制老。」（三二五頁上）【案】「多云」下分二：初「多云」下，次「律、論言」下。多論卷九，五五九頁中。

〔五〕**以不任堪苦行道，心智鈍弱，聽為沙彌** 資持卷中三下：「『以』下，顯意。力衰故，不堪苦；情耄故，智鈍。」（三二五頁上）

〔六〕**七歲已下，亦不許度** 資持卷中三下：「『七』下，次明制少。初簡極小者，亦不得作沙彌。」（三二五頁上）

〔七〕**未滿二十，不得受者，以其輕躁，為寒苦所惱，若受大戒，人多訶責** 資持卷中三下：「『未』下，明七歲已上者，不得受具。『以』下，釋意亦二：初不堪苦，二是招譏。」（三二五頁上）

〔八〕**若減七十，不堪造事，臥起須人，是則不許** 資持卷中三下：「僧祇與論少同，老別如下會通。造事，造即作也。」（三二五頁上）【案】僧祇卷二三，四一八頁上。

〔九〕**廣如上、下二卷** 簡正卷一二：「上卷則受戒篇，下卷則沙彌篇，俱明所度秊歲大小等。」（七六二頁上）

〔一〇〕**牟盾二情，兩通無損** 鈔科卷中三：「『律』下，會通。」（八二頁中）鈔批卷二〇：「上多論六十已上不得與受，僧祇七十已上不許。兩文相違，故言牟楯。今若通會，既俱是聖教，任隨兩用，須觀受者。雖六十已上，而能作事，縱違論文，依祇與受。若過六十不能作事，依可多論，不可度之。濟云：祇約七十

已上，據能作事。論約六十已上，據無所堪能。今觀受者，為堪不堪，必過六十。而堪能者，依祇與受。若不堪能，依多論不許。故曰二情兩通也。」（八二九頁上）資持卷中三下：「『二情』即兩部各計。論約六十已上，堪苦則如律不遮。律據七十，已還不堪，則同論亦制，故云『兩通無損』。『车』合作『予』（【案】『予』一作『矛』。）。」（三二五頁上）簡正卷一二：「鉢楯者，多論：六十已上不得。僧祇七十已上，不（原注：『不』字疑剩。）堪造事者，許度之。故是相違之貌也。二情兩通無損者，多論六十已上不許。意道：不堪持戒，以志弱也。僧祇七十已上受者，即據志性耐強，堪持戒也。若論堪者，堪（原注：『堪』字疑剩。）二文俱許，若志劣者，二文俱遮。」（七六二頁上）【案】簡正斷作「二情兩通無損」。

〔一一〕**不犯**　鈔科卷中三：「初，通列諸緣。」（八二頁上）簡正卷一二：「律問五節：一、先不知；二、信受者語；三、傍人證；四、父母言；五、數胎因也。復有三位：一、計胎季；二、數潤月；三、約布薩。」（七六二頁上）【案】「不犯」文分為二：初，「律中」下；次，「今取」下。

〔一二〕**先不知**　資持卷中三下：「初，憑他語。」（三二五頁上）【案】僧祇卷一九，三八三頁。

〔一三〕**信受戒人語**　資持卷中三下：「師僧無過，受者無戒。」（三二五頁上）

〔一四〕**若信父母語**　簡正卷一二：「祇云：父母不知者，生季又無者，觀顏兒。富樂家子，形大季小，當觀手足成就。復不知者，當問何王、何歲、國土、豐儉、旱潦時節生等。」（七六二頁上）

〔一五〕**若受戒後疑者**　資持卷中三下：「『若受』下，次開後疑。（三二五頁上）有戒無過，據此止開三位。頻大一位，古師相傳。故戒疏中，不用亦得。」（三二五頁中）

〔一六〕**開和尚墮，餘人吉羅**　鈔批卷二〇：「礪云：約和上、眾僧，知、不知等，有十六心，得罪差別。律文具有言十六者，且約和上有於『四心』：一、知，二、謂，三、疑，四、不知，是四心吉也。和上了了知年滿，故曰『知』。未滿滿想，但覩其相，作必滿之意，名之為『謂』。猶豫不決曰『疑』。都無所了，稱為『不知』。（八二九頁上）餘眾僧，緣彼前境，『四心』亦爾。以眾僧『四心』，且對和上『知心』，作四句：一、和上知，眾僧謂（原注：『謂』疑『知』。）；二、和上知，眾僧謂；三、和上知，眾僧疑；四、和上知，眾僧不知。此四句，和上四提，眾僧二吉，謂初句、第三句犯吉，二四無犯。次，將眾僧『四心』，

對和上『謂心』，亦四句：一、和上謂，眾僧知；二、和上謂，眾僧謂；三、和上謂，眾僧疑；四、和上謂，眾僧不知。和上全無罪，眾僧同前段。次，將眾僧『四心』對和上『疑心』，亦四句，可知。和上四提，眾僧同前。次，將眾僧『四心』，對和上『不知心』，亦四句，可知。和上全無罪，眾僧同前。此四，十六句。第一、第三兩个四句，和上犯提；第二、第四，和上無犯。眾僧十六中，亦各第一、第三犯吉，二四無犯。問：『和上疑心應輕，所以提者？』答：『前受戒人，有身可撿，何不安詳細撿取實，然後受戒？今懷疑慢法，而與受具，令不得戒，惱他處深，故制與知同罪。』」（八二九頁下）【案】鈔批釋文中「此四十六句」，意為四個十六句。

〔一七〕**今取諸部會通** 鈔科卷中三：「『今』下，別示三位（三）：初，敘意示略；二、『謂』下，正明筭法（二）……三、『然』下，結示指廣。」（八二頁上～中）簡正卷一二：「十誦、僧祇不滿得戒；五分，母、見二論，分開三種，次第得戒。將十、祇二文會通，四、五二律亦同，季月不滿，通皆得戒也。」（七六二頁下）資持卷中三下：「言諸部者，伽論云：從母胎數取一切閏月；（不數布薩。）五分中，初聽數胎，次聽數閏，後聽以沙門年足。（亦無布薩，而有沙門果，亦四分上法。但四分不列開中。）母論：初聽數胎中年，次聽數閏，三數十四布薩，四言實得羅漢。（此同四分。羅漢即上法也。）」（三二五頁上）

〔一八〕**勘餘曆術** 簡正卷一二：「此則依俗，以文比校，為勘陰陽、律呂，遍涉支干，故謂之曆。作法數其近（原注：『近』疑『延』。）促，故稱為術。即唐國（七六二頁下）六七家曆法等是也。今並比勘。（此依諸家所解竟。）法寶云：堪餘也，堪謂人姓，餘乃人名。古有堪餘算法，今鈔依之。後人抄寫，錯書『勘』字也。」（七六三頁上）鈔批卷二〇：「勘（平聲），名餘，其人善閑曆術者，道也、法也。如今曆中，月有大小，閏有前後，陰陽侵候，理實難知，名為術也。曆即曆日。將以示人曆家之義，乃為名術，不示人也。余曾問城南杜生，亦云勘餘者先有兩解云爾。（八二九頁下）言曆術者，杜生云：術，謂筭也，乃是筭子。以計會日、月數也。且如二十四氣，以應四時之節，入（【案】『入』疑『人』。）皆不知，所以而然，故名術也。又解：勘餘者，只是勘校其餘論家曆日也。（立有二解。）」（八三〇頁上）資持卷中三下：「勘曆者，古師云：此國用曆三年一閏。疏破云：勘餘曆術，三十二三月，方有一閏，何限三年。」（三二五頁上）

〔一九〕**總括明練**　簡正卷一二：「搜求並盡，故云總括。無細不委，謂之明練。」（七六三頁上）

〔二〇〕**廣如大疏**　簡正卷一二：「指在首疏，故云如大疏也。」（七六三頁上）

〔二一〕**但鈔者為末學之流，余雖明委具張**　資持卷中三下：「『但』下，顯略。初敘略意。」（三二五頁中）鈔批卷二〇：「濟云，鈔主意言：我雖具識律曆，今欲廣敘，然後人何能卒了，故不勞述。」（八三〇頁上）

〔二二〕**但通略舉一句，以定昔來謬解**　資持卷中三下：「『但通』下，示略法。言一句者，句通長短，即下今、古二科。以自古算法，立義極繁，今以數行，總括大要，意彰至少，故云一句。」（三二五頁中）簡正卷一二：「以今望古謂之通。古人舉極小沙彌，季滿月不滿者，許依律三種開數得戒。今師舉極小沙彌若依律三種開數得戒（原注：『今』等十六字，疑衍文。）今舉極小沙彌，若依律三種開文，縱使季月俱不滿，亦獲戒。舉此極小沙彌一句，今古雖同，若許律三種開文數數（原注：『數』疑字剩。），何論季月不滿？向下舉之，以定昔人要季月不滿，得戒之謬解也。故戒疏云：如昔解受者，俗季日月俱少，不開胎閏。本俗季滿，日月不滿方開。今解但數胎月，得滿二十，俗季不滿，開無所犯。（上是疏文。）」（七六三頁上）鈔批卷二〇：「戒疏云，昔人解云：受時俗年日月俱少，不開胎閏。本俗年滿，日月不滿，方開胎閏。今解不然，但數胎閏，得滿二十，俗年不滿，開無所犯。礦亦不開。又云：此國用曆，三年一閏，以減小月，成於閏故，（謂月有大小者，由將小月一日積成閏。）並非正論，不入俗中。勘餘曆術，日餘閏別。礦云：若以小月故有閏者，則三年猶不足也。云以其日行周天，此十二月剩十一日，故有閏也。（謂日則一年中周天三餘度，名一歲，有十二月，猶長十一日。將此長日，積之為閏，故三年之中，即長三十已來日，故成一箇閏月也。由日行遲，月疾故小。）又云：必是受後生疑，方開無容，先問以年少故。今亦不同，此開得戒，非謂籌出，方得此體業，乃是壇上白四時生也。今開籌者，是拂疑故也。其論得不，不由籌也。故知。」（八三〇頁上）

〔二三〕**謂取極小沙彌，臘月三十日生，年滿二十，正月一日受者，實年十八歲二日**　鈔科卷中三：「『謂』下，正明籌法（二）：初出古籌。」（八二頁中～下）資持卷中三下：「出古算中。彼謂年滿、月不滿，方開增算。故取極小，須十八年二日也。」（三二五頁中）簡正卷一二：「戒疏云：今且約極小沙彌，臘月三十日，生季滿二十，正朝受具。計實季，始十八二日，欠二十三月二十八日，未

滿二十故。且同古人，通舉極小之位。於上次開法，增季於下也。」（七六三頁下）【案】「謂取」下分二：初，「謂取」下；次，「此長」下。

〔二四〕便以胎、閏等緣增之，則正年二十，猶長五月一日　鈔批卷二〇：「胎閏積成歲者，理是滿位，故說得戒。今先籌出，深知能持，與戒無損。鈔約十二月三十，（八三〇頁上）生年滿二十，正月一日受戒者，實年則是十八歲二日也。立云：將生之一日為一年，受戒一日為一年，此並年虛年也。今先計胎者，然論受氣多不定，如羅云六年在胎，生死苦比丘六十年在胎。亦有五月或一年為（原注：『為』疑『在』。）胎便誕育者，不可依準。今從多分為論。道俗典文，九月為胎定也。何以知之？如五王經說：七七日（【案】即七個『七日』。）成人。七日一轉云受胎，七日如薄酪；二七日如稠酪；三七如凝酥；四七如肉團；五七日，五胞（【案】『胞』經作『皰』。）成就；六七日已去，六情開張。如是在胎中，總有三十八轉，一轉有七日，計二百六十日，今約作九月數之。一月有三十日，九个三十日，則三九便成二十七，合有二百七十日。但為九月中，有四个月小，所以唯得二百六十日也。明知。與三十八轉，同正得九月日在胎也。自九月之中，與母同氣，謂出息入與母同，臨至將產，九月之外，復有四日，與母氣別。（謂臨欲產時，母若出息，兒即入息；母若入息，兒即出息。故使母腹痛也。若至四日竟即生，所以更得四日，得九月四日而在胎。）已上足前十八年二日，總成十八年九月六日也。次、數閏者。且閏亦不定，如瓶沙王六年一閏，今時此五（原注：『五』疑『土』。）三年一閏，（八三〇頁下）然今還不用三年，互（【案】『互』疑『共』。）以三十三月，則得一閏。今且取十九年數之，合得七閏，謂三年一閏，九年三閏，五年再閏，十年四閏，故有七閏。謂止三年一閏，九年三閏，五年再閏，十年四閏，故有七故。謂止於十九年，分為二段：初九年為一段，則有三閏。後十年，更為二段，於一段中各有五年。一个五年中，則有二閏，成四閏也。合前初段，總成七閏。然由前來，滿十九年，但有十八年九月六日。且作十九年，抽則欠二月二十四日。今有退除閏中三日，但只得六閏二十七日在耳已。此閏家六月二十七日，配前所件，總成十九年四月三日也。次，數禎大月者（原注：『禎』疑『穎』。）。諸律無文，此間曆有十九年中，合得一十四日，謂上十九年四月，散開總成二百三十二月。大分為四段，一一段中，且分取四十九月，四段合有一百九十六月，餘有三十六月在。又於前四十九月段中，更分為二，取三十月為一段，十九月又為一段，於十九月，抽得一頻大日。又於三十月段中，更分為兩段中，

各有十五月。一个十五月中,各抽得一頻大日,并前十九月段中一日,總得三日。(八三一頁上)一个四十九月大段中,既得三日,餘三大段亦然,總得一十二日。又,前餘有三十六月在,中更抽得頻大二日,并前十二日,總成十四日也,(或兩月、或三月,並大,名為『頻大月』也。)足前十九年四月十七日也。次,計十四日布薩者。有於前十九年四月上抽之,然一年有十二月,皆六月大、六月小。小月上抽得六日,大月上抽得兩个六日,三六成十八日也。一年既得十八日,十年則得一百八十日,九年又九十日,八九七十二,總成一百六十二日,并前總得三百四十二日。復有四月在,有兩大兩小。又得六日,總并前,合成三百四十八日,用二十八日為一月,將三百三十六日,為十二月作一年,餘有十二日在也。足前奇十七日得一月一日也。如是足前,當二十年,猶長五月一日也。此長含虛增月者,謂猶長五月一日者。此五月中,是長含虛增,得若干日也。謂五月中,含其布薩閏日,此是虛日。今含此虛日,增成五月一日也。故道至年十九,七月三十日得受。今所以八月九日只得戒者,為長五月一日,由並是二十八日為月,此五月家乃許言:『汝既年十九,(八三一頁下)七月三十日而受者,然未經我此五月一日中行過,何得抽我五月一日中布薩日?汝若未經五月中過乃數為者,亦應受戒始了應言有夏耶?』所以乃更還他九日,為此義故,至八月十日,只得戒耳。將五日還他布薩日也。又將四月還於閏家也。準戒疏,還十三日,以八日還布薩家,五日還閏家,則至八月十四日,只得戒耳。有云:此長含虛增等者,謂此五月一日,是虛計得。以虛計故,不容數閏及十四布薩頻大等,故今退減。前五月一日上,一十三日,唯得四月十八日在。准此,年暮生,滿十九者,八月十二日應預受。若全去頻大一十四日,則八月二十六日得受。今鈔言八月九日得受者,未詳。」(八三二頁上)【案】五王經,即佛說五王經,失譯人名,今附東晉錄。七九六頁。

〔二五〕此「長」含虛增月,約實退減　扶桑記:「問:『何故偏於此五月一日作填補耶?』答:『古師以此長月入本位中,於此上通經四位增之故,則含虛增月;若依鈔主離此長月,不入本位,唯於實年十七歲七月十一日曆四位增之,則有四月二十日長。縱依古師,取年滿非五月一日長。』」(二四九頁上)簡正卷一二:「此謂立今一句,定昔時謬解。此長(去聲)指適來所剩五月一日,並是於布薩位,抽得兼是,含虛二十八日成月。今須約實,一依常途,二大三小。准戒疏,於五月中,前白半月,還他五日,後半還二日(成七),於五月一日,

抽除七日，將一日除第五月一日，於第四月中，除後六日，但成四月二十三日。（此約『實』也。）次，退滅者。於虛季正月一日，上退除此四月二十三日，先將一日，退受戒一日。次將四月退十九季，後之四月，又將二十二日退第八月中，後二十二日，便至八月八日，即當虛季十九。八月八日，受戒生疑，故開此筭。（七六五頁下）和上眾僧，並無提吉，沙彌得戒。」（七六六頁上）鈔批卷二○：「曇以五月一日足之，則年滿二十也。立云：約三十日為一月，即是實月，故言約實也。要須還他九日，故言退滅也。而八月八日中長七日者，曇云：以前五月一日足虛月，云何名虛月，乃一切十四日布薩。今若十九，八月受者，乃是實月也。」（八三二頁上）資持卷中三下：「此長者，指上五月一日也。約『實』者，謂用此虛月，還填令實，則有四月三十日。準戒疏，出填補法，則有四月十八日。彼云：就五月中，七大布薩減取七日。（二大月得四日，三小月得三日。）又，減閏餘弱，得五日。（四月十八日中有二小，盡得二日，并每月餘二十八半分，即十四分。四月十八日共得六十五分，將六十四分為二日，共得四日零一分。今總開前為一百二十九分，將為五日。本三十二分為一日。今始成二十六分，故云『弱』也。今鈔但還四日，不取弱得。）又減頻大，弱得半日，（以八箇月，方得半日。今四月十八日取半日，故云弱也。今鈔不還此日，以不成半日故。）總計所減弱，得十三日，減前五月一日，就實唯四月十八日。準此，年暮日生，滿十九者，八月十二日應預得受。若除頻大，則八月二十六日得受。今鈔閏還四日，頻大不還。則但虛增十一日，五月一日還十一日，豈非四月二十日實也！退滅者，謂於十八年二日內，退除四月二十日，故至八月九日。後受者，即當十日已滿二十矣。然於下細算，猶少二日。故疏中，約弱得多填兩日。由閏與頻大，皆沾少分，故深取所退，成滿所增故也。然自古章記，不出今師算法。後學多迷，不免繁重，故略出之。今師約年月俱不滿者，開算此年，十九者，前臘月盡日，當一年，實唯十七年七箇月零（三二五頁下）十一日，還約四位明之。初，胎法者。九月四日足前成十八年四月十五日。二閏者。十九為章，一章七閏，計十八年四月十五日。猶少七月十五日，則不滿一章，應得六月二十三日。將此足前成十八年十一月八日也。三、頻大者。展前成二百二十七月零八日，四十九月為章，一章有三日，用一百九十六月為四章，得十二日，除三十一月零八日應得二日，共十四日，足前成十八年十一月二十二日。四、布薩者。十八年十一月，抽得三百四十日，將三百三十六日為一年，添成十

九年，餘四日添前十一月二十二日成二十六日，約二十八日為月則少二日。在戒疏至十二日方得，則於今鈔十日外更加二日，恰成一月，方得滿足二十年也。今則以疏為定。然此算法，連代共迷，講師至此，謬妄最甚。學者聽之，但增昏悶。故特委曲，勿謂繁長。至於詳細，卒書何盡。故且削之。」（三二六頁上）

〔二六〕**此唐國內，亦有六、七家曆法** 資持卷中三下：「初指俗曆。六、七家者，此蓋鈔主所見，未詳誰撰。一家者，古記亦多妄指，但是億度，曾無所據，故今不定。易緯八卷，王弼撰，鄭玄注。」（三二六頁上）簡正卷一二：「六、七家曆法者，自皇帝至開元曆，總有二十四家，明其曆法，並有增減，則：李淳風、一行禪師『大衍』、劉歆、周髀等。今鈔言一家者，諸記皆云依麟德笇法，如上略述。猶長五月一日，更有王弼作易緯笇法，不能再述，故云更不重申。（法寶釋云：鈔依一家是堪餘所笇等。如前已辨也。）」（七六六頁上）

〔二七〕**不滿得戒** 簡正卷一二：「戒疏云，十誦云：若不滿二十，或忘不知，僧問『滿不』，答『滿』得戒。僧祇：若不滿等，謂言『已滿二十』得戒。更有見論、五分，各有開文。（繁而不敘之。）」（七六六頁上）資持卷中三下：「『至』下，指餘義。不滿得戒者，即十誦中若年不滿二十，自想不滿或忘不知，僧問『滿不』，答『滿』得戒，答『不滿』不得。又前引五分、母論，上法得戒，不待年滿。」（三二五頁上）鈔批卷二〇：「戒疏別十誦中，若年不滿二十，自心不知滿，或忘不知。僧問，答『滿』，得戒；（八三二頁上）答『不滿』，不得戒。僧祇：若不滿二十，多半謂無犯，半謂不滿者，提。名受具足，俱謂不滿。不名受具，可尋戒疏。」（八三二頁下）

　　發諍戒〔一〕**六十六**
　　五緣：一、**是四諍事**〔二〕。**若餘私諍**〔三〕，**律得吉羅。二、僧如法滅**〔四〕。**三、知**〔五〕。**四、輒發起**〔六〕。**五、言了。結。**

【校釋】

〔一〕**發諍戒** 資持卷中三下：「（佛在舍衛。六群鬥諍，如法滅已後，更發起。故制。）」（三二六頁上）【案】犯文分二，初列緣；「多云」下釋。四分卷一七，六八〇頁下開始。

〔二〕**四諍事** 鈔批卷二〇：「謂諍有四種：一、言，二、覓，三、犯，四、事。礪釋四諍名者：第一言諍者，理不自頒，藉言以顯，詳評是非，定理邪正。彼此諍言，遂成乖忿，名之曰諍。諍由言起，故曰『言諍』。律中云：諍十八法，

法非法、毗尼非毗尼，乃至說非說，如是相諍，彼此共鬥，是為『言諍』。第二覓諍者，內有三根，伺覓前罪，因舉詣僧，遂生其諍。諍由覓起，故曰『覓諍』。律中，與比丘覓罪，以三舉事，破戒見、威儀、見聞疑，如是相覓罪諍，故曰『覓諍』。第三犯諍者，緣具作過，稱之為犯，評犯生諍，故名『犯諍』。律云：云何為犯諍？犯七種罪，波羅夷，乃至吉羅，是為『犯諍』。第四事諍者，已起一百三十五番羯磨，相別稱事，評事致忿，名為『事諍』。律云：云何為事諍？言諍中事作，覓諍中事作，犯諍中作，是為『事諍』。謂於三个諍中，羯磨事上起諍故也。『言諍』、『覓諍』，約因受名，謂由覓而生此諍故也。『犯』、『事』兩諍，從境立目，（八三二頁下）謂諍評犯事，而生此諍故也。今更略解四諍名者，諍理之言，是其『言諍』。伺覓他罪，因生忿競，是其『覓諍』。犯致忿是其『犯諍』。共諍一百四十五番羯磨之事已起成否，是其『諍』（【案】『諍』前疑脫『事』字。）。由斯諍起，僧用七藥和殄，六群比丘後更發起，云『前滅時不善觀，不善滅』，故使僧未有諍事而有諍事，已有諍事而不除滅，佛因制戒。」（八三三頁上）

〔三〕私諍　資持卷中三下：「私諍者，律云：除此諍，若餘鬥罵發者，（三二六頁上）若發已諍。（謂先諍後發。）除二眾餘人諍，而發起者，一切吉羅。」（三二六頁中）簡正卷一二：「簡餘鬥諍，不能陷僧。若自身四諍滅已，更發犯吉，以希故輕。若發他諍，數故重也。此戒僧尼，互發皆提。」（七六六頁上）

〔四〕僧如法滅　簡正卷一二：「謂如法毗尼，如佛所教，識病識藥，名如法滅。」（七六六頁上）

〔五〕知　簡正卷一二：「謂知法滅，已更發者，提。若不知，非犯。故下文，觀作不觀想，亦不犯。觀，謂深達藥病起滅之方。今發淨者，不知如法滅，謂非法滅，所以輒發不犯。」（七六六頁上）

〔六〕輒發起　簡正卷一二：「准律，三句發起，皆提：一、不善觀、不成觀者，疏解云：道僧不識四諍體相、起之因本，促（【案】『促』疑『但』。）是（七六六頁上）闇心斷理，故云不善觀。（觀謂觀察。若作如是觀，不成觀也。）二、不善解、不成解者，疏云：道僧不達七藥體相差別之義，名不善解。（『解』者，決了。若作如是解者，以無終益，不成正解故也。）三、不善滅、不滅。成（【案】『成』疑『善』。）滅者，疏云：道僧不識藥病相對，除滅之方軌，違理判淨故。不善滅者，不能究竟消殄，故云不成滅也，此皆犯提。」（七六

六頁下）資持卷中三下：「不犯中。若先不知，若觀作不觀想，（僧如法觀斷想，謂不善觀。）若事實爾語言不善觀等，（謂實非法。）若戲，若錯等。」（三二六頁中）

與賊期行戒〔一〕六十七。

六緣：一、是賊，二、知，三、期，四、同一道行，五、不離見聞處，六、過限〔二〕，犯。

祇中：與負債人行，越〔三〕。十誦：共惡比丘期行，吉〔四〕。

【校釋】

〔一〕與賊期行戒　資持卷中三下：「（佛在舍衛。眾多比丘至毘舍離，賈客度關，不輸王稅，與比丘為伴，為守關人所提。王俗譏訶。因制。）」（三二六頁中）【案】四分卷一七，六八一頁中開始。

〔二〕過限　鈔批卷二〇：「行經一村界，有結過限罪。未經一村，不名過限。」（八三三頁上）資持卷中三下：「若村間處處道行，至一道犯提，半道吉。曠野處，行十里，提。若減，吉。方便共期，不去亦吉。」（三二六頁中）

〔三〕與負債人行，越　鈔科卷中三：「『祇』下，釋第一。」（八二頁下）簡正卷一二：「負債人者，欠債不償，是賊家氣分。」（七六六頁下）鈔批卷二〇：「負債不還，乃是賊家氣分，故與期行，結其小吉。願律師云：與賊女期行，得二提。一是與女期行，二是與賊期行。准於祇文，亦爾。」（八三三頁上）資持卷中三下：「二律伴行，雖非是賊。或恐近習，或生譏過，故制。準此，遊方必擇良伴。」（三二六頁中）【案】僧祇一九，三八四頁下。

〔四〕共惡比丘期行，吉　簡正卷一二：「期行，結吉也。」（七六六頁下）資持卷中三下：「不犯者。先不知，不共結伴，逐行得安隱，力、勢、命、梵等，並開。」（三二六頁中）【案】十誦卷五三，三九五頁下。

惡見違諫戒〔一〕六十八

五緣：一、是惡見，說「欲非障道〔二〕」；二、屏諫；三、不受；四、僧如法諫；五、三諫竟。犯。

【校釋】

〔一〕惡見違諫戒　資持卷中三下：「（佛在舍衛。阿梨吒惡見，說婬欲不，障道。比丘諫，不捨。佛令白四諫，便呵而制。）婬欲鄙惡障，謂非障固執不捨，故云惡見，亦名惡邪。然雖口說，傷毀正化，引誤盲愚，開惡道門，令他墜陷，為

害甚重，特須禁斷。」（三二六頁中）鈔批卷二○：「依光律師九段。此下當第七段，至『不攝耳』（【案】即『恐舉先言戒七十三』。）來，有六戒。明深心信解，敬順教法行。釋名者。違理滅善，名之曰『惡』；邪見穴徹，目之為『見』；固執拒僧，名為『違諫』。」（八三三頁上）【案】四分卷一七，六八二頁上開始。

〔二〕欲非障道　簡正卷一二：「多論云：利（【案】『利』多論作『阿利吒』。）此是外道弟子，聰利甚故，擬人（【案】『人』疑『入』）佛法中，行於倒亂。其人不久通達三藏，故倒說欲，盡其智辨，不能令成。」（七六六頁下）資持卷中三下：「此由經說淫欲是道，不知即事顯理，令通染性。復是大慈，曲被重障，鈍根具縛，凡愚未離欲者，結緣下種，以為來習，非佛本意。倚濫聖教，不達深旨，堅執化人，故須訶諫。諫而不捨，復加舉法。今學大者，多墮此見，戒制口說，故作呵治。必若身行，定須擯棄，餘同前諫戒，唯罪名異耳。」（三二六頁中）【案】多論卷八，五五五頁下。

　　隨舉戒〔一〕六十九
　　四緣：一、是惡見被舉人，二、知是，三、隨順同事〔二〕，四、隨一一事，結。

【校釋】
〔一〕隨舉戒　資持卷中三下：「（因前作舉六群供給，所須同羯磨。故制。）疏中：三意故制，一、增彼見熾盛，二、必同深著，三、違僧命重。」（三二六頁中）【案】四分卷一七，六八三頁上開始。

〔二〕隨順同事　簡正卷一二：「律文：供給所須中有法，謂教習定慧，學問誦經等，則為衣服、飲食、床敷、臥具、醫藥等，皆一一結提。五分云：雖捨惡見，僧未解羯磨，亦提（原注：『提』疑『犯』。）提。」（七六六頁下）資持卷中三下：「隨順有三：一、供給所須，（有二種：若法、若財；）二、共同羯磨，（同說戒羯磨；）三、止宿言語，（謂一切覆障，或一切覆不一切障，或一切障不一切覆，或不盡覆不盡障，或彼此先後入或俱時八，隨脅著地，一一墮。）」（三二六頁中）資持卷中三下：「不犯中。若不知，若屋一切覆無障、半障、少障，或一切障，無覆、半覆、少覆、半覆障、少覆障、露地，若病；祇：繫、命、梵難等。」（三二六頁中）

　　隨擯沙彌戒〔一〕七十
　　犯緣，大同前戒〔二〕也。

【校釋】

〔一〕**隨擯沙彌戒** 資持卷中三下：「（佛在舍衛。跋難陀二沙彌共行不淨，便說『欲
不障道』。佛令白四遙諫，不捨滅擯。六群誘將畜養。因制。）」（三二六頁下）
【案】四分卷一七，六八三頁下開始。

〔二〕**大同前戒** 資持卷中三下：「疏云：一、是被擯沙彌，二、知，三、同事止宿，
四、隨事同犯。自餘並同。」（三二六頁下）

拒勸學戒〔一〕七十一

五緣〔二〕：一、作止不學意；二、前人如法勸；三、知己非，前人諫
是；四、不受勸意；五、言辭了。便結。

十誦：說四事，一一乃至七滅諍〔三〕，言「我不學此」，一一墮。五
種人不應為說毗尼〔四〕，如後卷中。

【校釋】

〔一〕**拒勸學戒** 資持卷中三下：「（佛在拘睒毘。比丘如法諫闡陀，乃言：『我今不
學此戒，當難問餘智慧持律者』。故制。）」（三二六頁下）鈔批卷二〇：「礪
云：昔人解言，屏、諫為兩，謂前不受諫戒，是諫作犯人。此拒勸戒，是諫止
犯人。以其所諫，不過止、作二行，總立二戒。今解不然，據理言之，（八三
三頁上）拒非違諫。又言：我今不學此戒者，非於法止，未必止犯。是故文言
『我當難，問餘持律比丘』。故今更解，屏、諫唯一，事該七聚，義通止、作。
（指前違別人諫戒也。）今此戒者，乃是輕人，不受訓導，故結提罪。是以文
言『我今不學此戒，當難問餘持律者』。又，唯（原注：『唯』疑『准』。）五
分，諸比丘諫言：『汝等數數犯戒，莫作此行，負人信施。』六群言：『我不學
此是戒，我當先問持法律智慧勝汝者。』佛因制戒。准此文意，但數數犯戒，
斯亦所學，義通止、作，直令不學此戒，志必專止。若作此解，應名輕人，不
受訓導戒也。」（八三三頁下）【案】四分卷一八，六八五頁中開始。

〔二〕**五緣** 簡正卷一二：「外難前不受，屏間諫戒，正不受時，促（【案】『促』疑
『但』。）犯吉。要須待後，造作前事，方所隨六聚，結違諫提。『今亦違屏
諫，何得言詞了即結提？』答：『前諫作犯，要作方結，此諫止犯，故言了犯。』
（上依戒疏解也。）」（七六七頁上）

〔三〕**說四事，一一乃至七滅諍** 資持卷中三下：「初明結犯。四事即四重。」（三二
六頁下）鈔批卷二〇：「立謂：即四重也。云『我不學之，所以結墮。』」（八
三三頁下）

〔四〕五種人不應為說毗尼　簡正卷一二：「下諸雖篇（【案】『雖』疑『雜』。）引十
　　誦云：一、試問，二、無疑問，三、不為悔所犯問，四、不受語問，五、結問，
　　並不須答，反上即答。」（七六七頁上）鈔批卷二〇：「撿十誦，文云：一、試
　　問，二、無疑問，三、不為悔所犯問，四、語詰問，五、不受語問。反此五種，
　　可為說之。謂：不試問，有疑問，為悔所犯問，不詰問。（【案】依十誦文，此
　　處闕第五反，即『受語問』。）今引此文，通方汎舉耳。不正屬此戒中能所也。」
　　（八三三頁下）資持卷中三下：「『五』下，以明對答。彼欲難問，故令答者，
　　須察來意。五種人者：一、試問，二、無疑，三、不為悔所犯，四、不受語，
　　五、詰問，並不須答。不犯者，彼諫者，癡不解。語云：汝還問和尚、闍梨，
　　學問誦經等。」（三二六頁下）【案】十誦卷五〇，三六五頁。

毀毗尼戒〔一〕七十二

　　多論〔二〕：為尊重波羅提木叉故，二、為長養戒故，三、為滅惡法
故。又，多論云：以十二年前常說一偈〔三〕，今說五篇，名為「雜碎〔四〕」。

　　五緣〔五〕：一、是毗尼；二、前比丘誦戒時；三、作滅法意，不令
久住。

　　五分：令人遠離毗尼，不讀不誦，而毀訾，墮〔六〕。十誦：何用說
為？令人疑惱、熱惱不樂〔七〕。若說隨經律，一切墮〔八〕。多論：若誦
一一戒，一一訾，一一墮；通訶，一墮〔九〕。戒序中說二百五十戒義〔一〇〕
故，亦墮。律中：毀毗尼，墮；阿毗曇及餘契經，吉羅〔一一〕。

　　不犯〔一二〕者。先誦毗曇，然後誦律，餘契經亦爾〔一三〕；若病者差
已誦律〔一四〕；若勤求方便，成四沙門果，後當誦律；不欲滅法者；開。

【校釋】

〔一〕毀毗尼戒　資持卷中三下：「（佛在舍衛。比丘共集毗尼，六群恐舉，乃言用學
　　『雜碎戒』，為可至十三事。佛便呵制。）」（三二六頁上）【案】四分卷一八，
　　六八五頁下開始。

〔二〕多論　資持卷中三下：「多論三意：初，即重戒，是道本故；二、增己行；三、
　　是護法毗尼，禁惡毀則，惡法熾然。」（三二六頁下）【案】多論卷六，五四三
　　頁上。

〔三〕一偈　簡正卷一二：「略教試（原注：『試』疑『誡』。）也，即善護於身口言，
　　是五篇。」（七六七頁上）資持卷中三下：「『又』下，釋雜碎義。若據律緣，
　　指下三篇威儀為雜。論約廣略，對明純雜。」（三二六頁下）

〔四〕**雜碎** 簡正卷一二：「雜碎者，廣也，以犯不少，種類寔多，名為雜碎也。」
（七六七頁上）

〔五〕**五緣** 簡正卷一二：「鈔總標五，促（【案】『促』疑『但』。）列三緣次第。四、
發言毀，五、言了結，此依疏添也。」（七六七頁上）資持卷中三下：「誦戒時
者，不必在眾。五緣列三，疑是寫脫。準疏加之，而（【案】『而』疑『四』。）
發言毀，五、言詞了。」（三二六頁下）

〔六〕**令人遠離毗尼，不讀不誦而毀訾，墮** 資持卷中三下：「初引五分。今時新戒
欲誦戒本，師多苦障，或加毀呰，正犯此戒。」（三二六頁下）簡正卷一二：
「此釋第三『作滅法意』也。」（七六七頁上）【案】五分卷六，四一頁中。

〔七〕**何用說為，令人疑惱熱惱不樂** 資持卷中三下：「十誦初出毀詞，恐犯故疑惱，
有犯則熱惱。」（三二六頁下）【案】十誦卷一〇，七四頁下。

〔八〕**若說隨經律，一切墮** 資持卷中三下：「『若』下，斷犯。」（三二六頁下）簡
正卷一二：「隨經文中有說戒律處，如涅槃經等而毀，亦提。」（七六七頁上）
鈔批卷二〇：「謂毀隨經之律，如遺教、楞伽等是。」（八三三頁下）

〔九〕**若誦一一戒，一一訾，一一墮；通訶，一墮** 資持卷中三下：「多論初呵（【案】
『呵』疑『訶』。）戒本，通別兩犯。下明戒序，通得一罪。」（三二六頁下）
簡正卷一二：「『何用此戒，一提。若誦序（原注：『序』下一有『時呵言雜碎
亦提蘭序』九字。）文，非戒條，何故亦犯鈔？』答云：『說二百五十戒義等。
（云云。）又若呵序，序中既總說二百五十戒義，即是通呵，但犯一罪。』」
（七六七頁上）

〔一〇〕**戒序中說二百五十戒義** 鈔批卷二〇：「立謂：戒序中，通二百五十戒之義，
若呵毀戒序，亦墮。故多論云：（八三三頁下）若誦戒序，呵言雜碎，亦提。
多論問曰：『戒序非戒，何以呵亦（原注：本文無『呵亦』二字。）得罪？』
答：『戒序說二百五十戒義。若呵戒序者，即是呵一切戒，是以（原注：『以』
本文作『故』。）得罪。』礪問：毀毗尼得提。」（八三四頁上）

〔一一〕**毀毗尼，墮；阿毗曇及餘契經，吉羅** 簡正卷一二：「約勝劣論也。」（七六七
頁上）鈔批卷二〇：「多論云，有四義故重：一、戒是佛法平地，萬善由之出
（原注：『出』本文作『生』。）；二、一切佛弟子，皆依戒而住；三、是趣涅
槃之初門。若無戒者，則無由入涅槃城也；四、戒是佛法之瓔珞，莊嚴佛法。
具斯四義，功強於彼，故毀罪重。經無此義，故所以輕。及餘契經者，相承解
云謂小乘契經，若毀大乘，其罪極重。故戒疏云契經據小乘為言，大乘罪重，

非格量所辨。故法華云：其人命終，入阿鼻獄，具足一劫，劫盡更生，如是展
轉，至無數劫，從地獄出，當墮畜生。（云云。）言契經者，契謂契當（去聲），
謂佛說此法，契理契機，故曰契經也。」（八三四頁上）資持卷中三下：「多
論：四義故，毀毘尼重：一、能生萬善；二、一切佛弟子依住；三、趣涅槃初
門；四、是佛法纓絡。餘經無，故輕。又疏云：此據小乘為言，毀大乘罪重，
非校量所辨。私謂：約制教邊，大小同吉，就業道邊，重輕須分。智論云：此
間劫火起，其罪未盡，故轉至十方世界大地獄中。若彼火劫起，復展轉至他
方。他方火劫，起復生此間阿鼻地獄。展轉如前，是破般若波羅蜜罪。又如法
華譬喻品偈，廣明惡報。」（三二六頁中）

〔一二〕不犯　資持卷中三下：「並謂期心後誦，非毀滅故。」（三二六頁中）【案】不
犯有四。

〔一三〕先誦毗曇，然後誦律，餘契經亦爾　資持卷中三下：「初開，先習經論。雖無
所犯，乖學次第，非本教意。淨心觀云：越學空宗，佛不隨喜是也。」（三二
六頁中）鈔批卷二〇：「立謂：不作滅法意，縱先誦經、後誦律，亦不犯。」
（八三四頁上）

〔一四〕若病者差已誦律　鈔批卷二〇：「立謂：其受戒竟，遇病不得誦律，病差方誦，
不犯此戒。」（八三四頁上）資持卷中三下：「次開病緣，後開進行。謂直修三
學，破惑取果，擬後誦之。故知至聖，不違此制。」（三二六頁中）

恐舉先言戒〔一〕七十三

四緣：一、是廣誦戒時；二、在眾中；三、作不聽之意；四、說過
五篇，即言「我始聞」。結犯。

祇云：隨中間一一戒不聽，吉；一切不聽，墮〔二〕。受具已，應誦二
部毗尼〔三〕。不能者，誦一部；又不能，當誦五眾戒〔四〕；即五篇也。四、
三、二眾，如初句〔五〕；不能誦二眾，當誦一眾及偈。若布薩時，廣誦
五眾，乃至四、三、二；無者乃誦一眾及偈〔六〕。餘比丘，不得坐禪、
作餘業，應專心聽〔七〕。

【校釋】

〔一〕恐舉先言戒　資持卷中三下：「（佛在舍衛。六群中一人自知有罪恐舉，故先
詣清淨比丘所，言：『我始知此法戒經所載耳。』佛因制戒。）戒名，『恐舉』，
據彼情也。疏作『不攝耳戒』，推其本也。古師云『詐驚張戒』，與今語別意
同。」（三二七頁上）簡正卷一二：「戒疏云：有師名為『乍驚張戒』，若是『不

攝耳』者，何故言我今始知？又，不攝耳，在他心內，何得證他曾聞？若是不攝耳，應開重聽。（上敘古義。）今師難云：『若爾，便是妄語誑僧，我今始聞也。』今立二名，因時名不攝耳，果時名恐舉。先言由其實不攝耳，是以不知。今既始知，恐被舉治，乃先首過。」（七六七頁下）鈔批卷二〇：「<u>并部願律師</u>名為『詐敬張戒』。戒疏及礪疏名為『不攝耳聽法戒』，彼云：『若是不攝耳者，（八三四頁上）何故云我始知等？又不攝在他內心，比丘如何證他曾聞？若是不攝，應開重聽。然今就諸律論，多約不攝結罪。若戒本及緣起中，應言恐舉先言。故緣起中，自知罪障，恐他舉發，先詣水（【案】『水』義不明。）聽。故戒本云：我今始知，計我前作，頗入犯不。所以文中約法勘撿。今言恐舉先言者，謂既有犯，恐他糺舉，即無（原注：『無』字原本不明。）自言，故曰恐舉先言也。謂先言我有是過，先謂無罪，今始是犯等也。<u>立</u>云：此人犯罪竟，後聞說戒，即云我先不知作某事、犯某罪，望僧恐之，不舉治我。故云：我今始知此法是戒經中來等也。故鈔主約此戒意，結不學無知之罪，云是提也。亦有人不許<u>南山</u>所執，理亦難詳。若准礪疏云：此戒言『重增波逸提』者，是『不攝耳』提也，非謂『無知』得提。<u>高</u>說：<u>南山</u>云『無知得提』者，亦有道理。今律文戒本中云：彼無知，故波逸提。下廣解中，復云：無知故重與波逸提。今據此文，似若無知得提。既言重與，明是無知之提，不攝耳邊，別有一提。疏家意別，不同<u>南山</u>釋也。」（八三四頁下）扶桑記引行宗釋「古師云『詐驚張戒』」：「古解即<u>光師</u>。彼實曾聞，而云始知，故云詐驚張。於義雖然，在言頗質。」（二五〇頁下）【案】本戒或稱為『詐敬張戒』、『不攝耳聽法戒』。<u>四分</u>卷一八，六八六頁上開始。

〔二〕**隨中間一一戒不聽，吉；一切不聽，墮** 鈔科卷中三：「『祇』下，釋第三。」（八三頁中）資持卷中三下：「僧祇初明結犯，彼律但據不聽，判犯輕重，不必如緣，待言方結。疏云：若曾聞戒，即是久知，而言始知，結妄語提。若無知解，但有不攝罪。」（三二七頁上）【案】僧祇卷二一，三九六頁。

〔三〕**受具已，應誦二部毗尼** 資持卷中三下：「『受』下，次明制學。二部、一部，並約廣律。」（三二七頁上）【案】此處幾句的意思是：若不能誦二部，當誦一部；不能誦一部，當廣誦五眾戒；不能誦五眾，當四眾乃至一眾戒及偈。

〔四〕**又不能，當誦五眾戒** 資持卷中三下：「『又』下，即是戒本。」（三二七頁上）

〔五〕**四、三、二眾，如初句** 簡正卷一二：「四、三、二眾，如初句者，如初句，云不能誦一部，當誦五眾戒。今若依次第，即合云：不能誦五眾，當誦四眾、

三眾、二眾、一眾，及偈等。（『眾』者，『篇』也。喚『五篇』為『五眾』故。）。」（七六七頁下）鈔批卷二〇：「立謂：若能誦五篇，隨能誦四篇、三篇，下至序也。如初句者，如上注子云即『五篇』也。（八三四頁下）今則是四篇、三篇、二篇等也。」（八三四頁下）資持卷中三下：「如初句者，文中略牒三篇。應準上云：又不能當誦四眾戒等及偈，即諸惡莫作等。」（三二七頁上）

〔六〕若布薩時，廣誦五眾，乃至四、三、二；無者乃誦一眾及偈　資持卷中三下：「『若』下，三明制說。初制能說。」（三二七頁上）【案】「若」下分兩層，上言誦者，下言聽者。

〔七〕餘比丘，不得坐禪作餘業，應專心聽　簡正卷一二：「不得坐禪者，恐不專聽也。」（七六七頁下）鈔批卷二〇：「立明：正說戒時，須專心聽，不得於中坐禪等。」（八三五頁上）資持卷中三下：「『餘』下，制聽眾。『餘業』謂誦經等。戒是行本攝修之要，故須正制，不許餘事。」（三二七頁上）資持卷中三下：「不犯中。若實未聞、廣說今始聞，若戲、錯等。」（三二七頁上）

　　同羯磨後悔戒〔一〕七十四

　　四緣：一、是僧得施物〔二〕，二、同羯磨賞他〔三〕，三、輒反謗僧〔四〕，四、言了，便犯。

【校釋】

〔一〕同羯磨後悔戒　資持卷中三下：「（佛在羅閱祇。沓婆摩羅子為知事，僧得貴衣，白二與之，六群後悔。故制。）」（三二七頁上）鈔批卷二〇：「依光律師九段，此下即第八段。至『無根僧殘謗戒』來，有七戒，明同住安樂詳和，莫二相遵（【案】『遵』疑『違』。）行。」（八三五頁上）【案】四分卷一八，六八六頁下開始。

〔二〕僧得施物　簡正卷一二：「十誦、五、祇並云施現前（原注：『前』下一有『僧』字。）應分物，非是常住物也。故十律云：時陀驃衣壞，居士多與現前僧應分物，眾僧乃將賞他。四分促（【案】『促』疑『但』。）云：有人施僧，貴價衣不言，常住現前，亦不了也。」（七六七頁下）鈔批卷二〇：「礪云：要是僧得施物，非謂常住僧物。若常住僧，衣裳粟帛、田地園林，將賞知事人，與受俱獲罪。祇云謂眾僧可分物。十誦謂是僧應分物，將賞知事人也。」（八三五頁上）資持卷中三下：「僧物四種，如盜戒說。二種現前，可以和賞。二種常住，一切不開。即衣缽、針筒，尼師壇，下至飲水器，隨用賞之。」（三二七頁上）

〔三〕**同羯磨賞他** 簡正卷一二:「多云:凡僧和合,不問羯磨、不羯磨。呵者並犯。」(七六七頁下)

〔四〕**反謗僧** 資持卷中三下:「反謗者,即戒本云:諸比丘隨親友以僧物與也。」(三二七頁上)資持卷中三下:「不犯者。其事實爾,隨親與之,若戲、錯說。」(三二七頁上)

不與欲戒〔一〕七十五

五緣:一、是如法僧事〔二〕,二、知,三、不與欲,四、輒去,五、雙腳出戶〔三〕,結。

五分:有事,與欲去;不與欲,應三羯磨〔四〕。屋下,隨出,一一提〔五〕。露地,去僧一尋,提〔六〕。若不羯磨,私房斷事,一一吉羅〔七〕。僧祇:若僧集說法、毗尼,有緣不訖座,不白去者,越〔八〕。若大小便,須臾還,不廢僧事,不犯。若疑來晚,應白與欲〔九〕。乃至聽他人讀誦、受經,皆須白之〔一〇〕。中間止,作餘語者,無犯〔一一〕。五分:不羯磨斷事,沙彌在中,若起亦吉〔一二〕。

律不犯〔一三〕者。若與欲去;若為非法,同師作損減,不與欲而去者。開。

【校釋】

〔一〕**不與欲戒** 資持卷中三下:「(佛在舍衛。多比丘論法毗尼,六群相謂『諸比丘似為我作羯磨』,從座起去。比丘喚住而故去。因制。)」(三二七頁上)【案】四分卷一八,六八七頁上開始。

〔二〕**如法僧事** 簡正卷一二:「戒疏云:此唯約斷四諍,事不與欲,犯提;餘法事,但吉。四諍不滅,容破僧故。」(七六八頁上)資持卷中三下:「初緣。疏云:此唯斷四諍事,不與欲者,犯提;餘者吉羅。」(三二七頁上)

〔三〕**雙腳出戶** 資持卷中三下:「第五緣。律云:一足在戶內,方便欲去而不去,吉。」(三二七頁上)簡正卷一二:「若方便欲去,或一腳出戶,皆吉也。」(七六八頁上)

〔四〕**有事,與欲去;不與欲,應三羯磨** 鈔科卷中三:「『五』下,釋第三(三):初明犯相;二、『僧』下,明白行;三、『五』下,明不作法。」(八三頁下)資持卷中三下:「五分初明正犯。三羯磨,謂單白、白二、白四。下約覆露,明犯分齊。」(三二七頁上)鈔批卷二〇:「有事與欲去者,謂既緣事說欲,竟任去也。不與欲應三羯磨者,立謂:身雖有緣,應須與欲。不與欲輒去,出戶

犯提。更來，重出復提。若露地，離僧一尋外提。去已還來，重去出一尋，更提。故言隨出一一提。言三羯磨者，即單白、白二、白四也。」（八三五頁上）【案】五分卷八，五八頁下。

〔五〕屋下，隨出，一一提　簡正卷一二：「五分云：隨幾過出，一一提，隨出一一（原注：「一」下一有「房一一戶皆提，又是不肯與欲出已更入入」十七字。）已還出，隨數結犯。今師約此義，傳欲入僧，未說而出，為離眾失。」（七六八頁上）鈔批卷二〇：「景云：此舉出限內，即犯，非謂出簷也。以簷內非室攝故。」（八三五頁上）

〔六〕露地，去僧一尋，提　鈔批卷二〇：「礪云：神通比丘去地四指，得提。今時計免此過。」（八三五頁上）

〔七〕若不羯磨，私房斷事，一一吉羅　資持卷中三下：「『若』下，次明輕過。」（三二七頁中）

〔八〕若僧集說法、毗尼，有緣不訖座，不白去者，越　資持卷中三下：「僧祇初說毘尼，但非斷諍故，犯小罪。」（三二七頁上）簡正卷一二：「『僧祇』等者，彼有兩緣：一者，說法毗尼；二、作折伏羯磨，乃至別住羯磨等。若有緣欲去，須白及與欲。說法毗尼者，應白不白者，越。」（七六八頁上）【案】僧祇卷二〇，三八八頁下。

〔九〕應白與欲　資持卷中三下：「白即說欲大小便。」（三二七頁中）

〔一〇〕乃至聽他人讀誦受經，皆須白之　資持卷中三下：「止是白告比座，不必陳欲，中間餘語，非三藏正教故。」（三二七頁中）鈔批卷二〇：「立謂：眾人聚處，聽經輒去，不白得吉。」

〔一一〕中間止，作餘語者，無犯　簡正卷一二：「謂聽他人受誦經竟，作其餘言語，去時不白，不犯。」（七六八頁上）鈔批卷二〇：「景云：羯磨作餘語不犯也。案祇云：若比丘聽眾多比丘說法、（八三五頁上）說毗尼、誦經，去時應白，不者，起（【案】『起』僧祇作『越』。）。若誦者止，誦作餘語者，無罪。又，若聽他比丘受經，及聽他比丘讀經，應白。不白去者，越。」（八三五頁下）【案】僧祇卷二〇，三八八頁。

〔一二〕不羯磨斷事，沙彌在中，若起亦吉　資持卷中三下：「五分明非羯磨，故不簡眾。」（三二七頁中）鈔批卷二〇：「案五分云：若僧不羯磨斷事，及私房斷事，沙彌得在其中。若起去，得吉羅。（謂結大比丘罪，非謂結沙彌罪也。）立云：既不作羯磨，故有沙彌在座。若沙彌輒去，結沙彌吉。看五分文，即不

然，但是結大僧吉耳。」（八三五頁下）【案】五分卷八，五九頁上。

〔一三〕律不犯　資持卷中三下：「文略『口噤不說』。」（三二七頁中）資持卷中三下：「準此暫去，即來不須說欲。」（三二七頁中）

與欲後悔戒〔一〕七十六

四緣：一、如法羯磨〔二〕，二、如法與欲，三、輒反悔言「不成」〔三〕，四、言了，結。

多論〔四〕：若僧作非法羯磨，當時力不能轉，默然不訶；後言「不可」，無犯。若順法、毗尼者，墮〔五〕。王制不順，吉羅〔六〕。

【校釋】

〔一〕與欲後悔戒　資持卷中三下：「（佛在舍衛。六群恐舉六人相隨，無由得作。後時作衣，僧喚受欲，即與比丘作舉羯磨。後六群言：『我以彼事與欲。』佛呵，因制。）」（三二七頁中）鈔批卷二〇：「開文云，其事若實者，准多論第八云：若僧一切羯磨事，作不如法。當時力不能有所轉易，嘿然而不呵，後言不可，無罪。」（八三五頁下）【案】四分卷一八，六八七頁中開始。

〔二〕如法羯磨　資持卷中三下：「初緣。多論除僧法。餘事和後悔，吉羅。」（三二七頁中）

〔三〕輒反悔言「不成」　資持卷中三下：「反悔者，作是言：『汝作羯磨，非法羯磨不成，我以彼事故與欲，不以此事。』」（三二七頁中）

〔四〕多論　鈔科卷中三：「『多』下，釋第一。」（八三頁下）資持卷中三下：「多論初明緣開。」（三二七頁中）【案】多論卷八，五五五頁中。

〔五〕若順法、毗尼者，墮　資持卷中三下：「『若』下，次明正犯。順法，謂如法羯磨。」（三二七頁中）

〔六〕王制不順，吉羅　資持卷中三下：「『王』下，因示別制。如今國令，違皆小罪。世人妄以紫服為王制者，餘僧服褐，皆應犯制。但欲飾非，寧知毀教！」（三二七頁中）資持卷中三下：「其事實爾，作非法羯磨，錯說彼此者，開。」（三二七頁中）

屏聽四諍戒〔一〕七十七。

五緣：一、先起四諍，二、前人屏量〔二〕，三、作鬬亂意，四、往彼盜聽，五、聞〔三〕，便結犯，不待向說〔四〕。

律中〔五〕：若二人闇地共語，隱處共語，前在道行共語〔六〕，若不彈指謦欬驚者，吉羅。

不犯者。若恐作無利故聽者，開。

【校釋】

〔一〕**屏聽四諍戒**　資持卷中三下：「（佛在舍衛。六群聽諸比丘鬥已，而向彼說，令諍不滅。故制。）」（三二七頁中）【案】四分卷一八，六八八頁上開始。

〔二〕**前人屏量**　鈔批卷二○：「私處擬滅此諍，比丘未聽，擬向他說，令諍事發起。雖未及說，若作意聽聞，則結犯。礪問：『若聞語犯者，何故戒本聽此語向彼語（原注：『語』疑『說』。）提？』答：『此就屏聽者，意本屏聽此語，為欲向彼說，作鬥亂意。聽時得罪，不待向彼說也。若向彼說得罪者，落在兩舌戒，不在此攝。』問：『此戒所以聽時，即犯前兩舌戒，待傳彼此犯者何？』答：『前戒先未有諍，一往聽時，未必生諍，要說方犯此戒。先有諍事，若往聽者，（八三五頁下）必生其諍，過情深重，是以聽時得罪。』祇二十云：若二比丘在堂私語，比丘欲入，應彈指動腳作聲。若前人默然者，還出；若前人故語不止者，入無罪。（二人在外私語，一人堂內，反說應知。若嘿然，堂內人應出。）若比丘鬥，結恨，在（【案】『在』疑『作』。）是罵詈：『我要當殺。』聞已，語彼人：『長老好自警備，我聞有惡聲。』若知事人，聞客比丘作是言：『我當盜某庫其塔等物。』聞已，應嘿然還。還已，應眾僧中唱言：『諸大德！某物等當警備，我聞有惡聲。比丘有多弟子，日暮行諸房，知如法不？』若聞說世俗談語，若說王說賊等，不得便入呵責，待自來已，然後誨責：『汝等信心出家，食人信施，應坐禪誦經，云何論說非法之事？此非出家，隨順善法。』若聞論經說義，問難答對，不得便入贊欲（原注：『欲』疑『歎』。），待自來已，然後贊美：『汝等能共論經說義，講佛法事，如世尊說：比丘集時，當行二法，一者賢聖嘿然，二者講論法義。』」（八三六頁上）【案】僧祇卷二○，三八八頁中。

〔三〕**聞**　簡正卷一二：「戒疏云：聽此語未向彼說，提，但聞即犯。若待向說，自屬『兩舌戒』收。『若爾，何故戒疏文云：聽此語向彼說者，（七六八頁上）提？』答：『此約能聽人心，聽此淨（原注：『淨』疑『諍』。）事，有意向彼陳說，非謂往彼說時犯也。』問：『何故兩舌須向彼說，始犯此纔聞便結？』答：『前是未有諍，待說方有諍起，故說時結。今此先有諍，豈待向說，故聞便犯。』」（七六八頁下）

〔四〕**不待向說**　資持卷中三下：「疏云：戒本向彼說者，據聽者意至於結罪，但聞便犯。若待向說，落『兩舌』中。又云：『兩舌』未有諍，聽不必生，待說方

有。此先有諍，往聽必生，故深前制，豈待其說。」（三二七頁中）

〔五〕律中　鈔科卷中三：「『律』下，釋第四。」（八三頁下）簡正卷一二：「祇云：若二比丘在堂，比丘欲入，彈指動腳作聲。若堂中比丘，聞有人聲，即嘿住不語者，前比丘卻須退。若故語不止者，即入無犯。」（七六八頁下）

〔六〕若二人闇地共語，隱處共語，前在道行共語　資持卷中三下：「三種『共語』，不許竊聽。凡情所好，智者誡之。」（三二七頁中）

瞋打比丘戒〔一〕七十八

四緣：一、大比丘〔二〕，二、生瞋心，三、作打意，四、著，便犯。

律中〔三〕：打犯重者，亦墮〔四〕。若以手、石、杖等，墮；若餘戶鑰、拂柄挃者，吉羅〔五〕。十誦：如一把沙豆散眾多比丘〔六〕，隨著，一一墮。伽論：欲心打女人，僧殘〔七〕。僧祇：若惡象、馬、牛、羊，來入塔寺，觸突形像，壞華果樹，得以杖打木石，恐怖令去。不得杖擬畜生，一一吉羅〔八〕。

律不犯者。

有病，須人椎打；食噎，椎脊；共語不聞，觸之；乃至誤觸。不犯〔九〕。

撿諸經律，無為訓治故，開比丘行答杖者。釋迦一化〔一〇〕並無，末代往往見有。前卷已明〔一一〕。故是法滅之相。大集經云〔一二〕：若道俗等，打破戒、無戒比丘，罪重出萬億佛身血。何以故？以能示人出要道，乃至涅槃故。智論〔一三〕：律中結戒，為世間事，為攝僧故，為護佛法故，有人、有眾生，隨逐假名〔一四〕而結戒，不觀後世罪多少〔一五〕。如道人鞭打、殺牛羊〔一六〕，罪重而戒輕；欺女人〔一七〕戒罪重，後世罪輕等。

【校釋】

〔一〕瞋打比丘戒　資持卷中三下：「（佛在舍衛。六群中一人打十七群中一人，大喚。故制。）」（三二七頁中）【案】四分卷一八，六八八頁中開始。

〔二〕大比丘　資持卷中三下：「簡下眾吉。」（三二七頁中）

〔三〕律中　簡正卷一二：「由先得戒人，雖犯重打，亦提。若十三難，本受不得戒者，打但吉，義同於結。」（七六八頁下）

〔四〕打犯重者，亦墮　資持卷中三下：「犯重墮者，不簡境故。」（三二七頁中）鈔批卷二〇：「立謂：由先得戒人，雖犯重，打之亦提。若十三難本受不得者，

－1942－

打但吉羅，義同打俗，亦但犯吉。准大集經，其業則重，不問有戒無戒、袈裟掛身，皆同出佛血。高問：『此但得提，(八三六頁上)大集頓重者？』答：『佛制戒者，就希數故，不觀後世罪。結提者，且就希作，故輕。經約業理，故同出血。』又云：出血，據教亦是偷蘭。蘭、提罪體，氣類稍等。據此經律，亦無輕重。又解：律，約比丘同徒互打，故輕；經據俗人打僧，以陵尊，故重。按祇十八云：打尼蘭，下至俗人越。若惡象、馬、牛、羊、狗，如是種種惡獸來，不得打，得提。杖木石等，作恐怖相。若來入僧寺，觸突形像，壞華果樹，亦得以杖瓦石等，打地恐怖令去。把沙豆散眾，多比丘隨豆著數豆，得提。非約隨著人數也。見論十六云：若嗔心打乃至死，得提；乃頭破、手腳折，亦提。若打未受具，下至畜生，吉。若欲心打求脫，不犯。」(八三六頁下)

〔五〕若以手、石、杖等，墮；若餘戶鑰、拂柄挃者，吉羅　資持卷中三下：「『若』下，約事分犯，重輕兩別。挃，『陟栗』反，撞觸也。」(三二七頁中)

〔六〕如一把沙豆散眾多比丘　資持卷中三下：「若取所打，即望多人。若約能打，即隨沙豆多少。」(三二七頁中)簡正卷一二：「約豆數結罪也，非隨著人數結。」(七六八頁下)

〔七〕欲心打女人，僧殘　資持卷中三下：「論約欲心戲打，即同摩觸。若但嗔心，應同餘眾。」(三二七頁中)

〔八〕不得杖擬畜生，一一吉羅　資持卷中三下：「僧祇：擬畜即吉，護之急耳。」(三二七頁中)

〔九〕有病，須人椎打，食噎椎脊，共語不聞，觸之乃至誤觸，不犯　鈔科卷中三：「初，正明不犯。」(八三頁上)資持卷中三下：「乃至者，文略睡時，身委他上。(三二七頁中)若來往經行時，共相觸。若掃地時，杖頭誤觸。」(三二七頁下)【案】不犯文分為二：初明不犯，後斥非法。

〔一〇〕一化　資持卷中三下：「諸教不開，即知佛世所不行也。」(三二七頁下)【案】鈔科卷中三：「撿諸」下，斥非法，分二：初，「撿諸」下，明諸教不開；二、「大集」下，引諸文以證。

〔一一〕前卷已明　資持卷中三下：「『前卷』即師資篇。」(三二七頁下)

〔一二〕大集經云　資持卷中三下：「大集據能說法，化世有益。雖破戒無戒，罪業猶爾，況餘持戒，固不在言。一切罪中，五逆為重。五逆罪中，出血復重。出一佛血，一劫阿鼻，況萬億耶？由罪極重，故以比之。」(三二七頁下)

〔一三〕**智論**　資持卷中三下：「智論初敍制戒，隨順世相。結戒是制教，後世罪即業道。」（三二七頁下）簡正卷一二：「論中因辨供養真佛及化佛，得無限福。若惡心毀真、化二佛，俱得達（【案】『達』疑『違』）罪。『若爾，毗尼中，何故煞化人不犯？』可引鈔釋，云律中結戒，為世間事等。」（七六八頁下）

〔一四〕**假名**　簡正卷一二：「於諸五蘊上，假立人、畜等名，即於人畜上，約世譏謙，結戒輕重。」（七六八頁下）

〔一五〕**隨逐假名而結戒，不觀後世罪多少**　簡正卷一二：「不觀後世得罪多少者，約業罪說也。」（七六八頁下）鈔批卷二〇：「立明：此言證上打僧。約制戒中，罪名雖輕，業報則重。佛所制戒，但就希數而制。」（八三六頁下）

〔一六〕**如道人鞭打、殺牛羊**　簡正卷一二：「正釋上文結業輕重意也。」（七六八頁下）資持卷中三下：「『如』下，舉相以示。欲彰鞭打業重，令信者誡之。」（三二七頁下）鈔批卷二〇：「此打搏殺生等，比丘作希，故制輕名，就業實重。若嘆媒、房等戒，由作數故，故制重名。約其業報，是輕非重也。」（八三六頁下）

〔一七〕**歎女人**　資持卷中三下：「歎女即麤語。」（三二七頁下）

搏比丘戒〔一〕**七十九**

前是限分〔二〕，此戒深防〔三〕，擬便是犯〔四〕。伽論：舉手向眾多比丘，一一提〔五〕。

【校釋】

〔一〕**搏比丘戒**　資持卷中三下：「（亦因六群以手搏十七群。故制。）戒名者。僧祇中，六群側掌為刀相，用擬於人，號為『搏』也。」（三二七頁下）簡正卷一二：「犯具四緣：一、大比丘舌，二、嗔心，（七六八頁下）三、作意，四、舉手，便犯。」（七六九頁上）【案】四分卷一八，六八八頁下開始。

〔二〕**前是限分**　簡正卷一二：「前是限分中，制打著方犯；此是深防中，制手擬便犯。須定罪相。若本為打不搏，但犯吉，即是打家方便。若標心本為搏，不打，動心時，即是搏之，方便擬之，即犯根本。祇云：六群以側掌為力，用擬於人，故號為搏。若舉手向多人，隨境數犯也。」（七六九頁上）資持卷中三下：「對前戒者，疏云：本為打非搏，但打家方便，吉羅；本為搏非打，動心即搏方便。」（三二七頁下）

〔三〕**此戒深防**　鈔批卷二〇：「不假著竟，方犯也。但舉手是犯，著則自犯前戒。」（八三六頁下）

〔四〕**擬便是犯**　鈔批卷二〇：「立明：舉手擬他比丘，即提。戒疏云：若本為打非搏，（八三六頁下）搏但打家方便，吉。本為搏非打，動心即搏方便，舉手即提。祇十八云：六群以側掌刀擬十六群，言：『我以掌刀，斫墮汝面。』彼恐怖故，即大啼。佛問六群：『汝何故如是？』答言：『以戲樂故。』佛言：『痴人，汝莫輕彼。彼若入定，能以神力，擲汝著他方世界。』（述曰：）側掌刀者，舉手側掌，其形似刀。即此律中，舉手側掌，名之為搏。問：『四分有十七群，何故祇唯十六群？』解云：『四分據本有十七，由前一人被擊擽死，故祇據少，唯十六人。』伽論云：若舉手刀，向眾多比丘，一一皆提。」（八三七頁上）

〔五〕**舉手向眾多比丘，一一提**　鈔科卷中三：「『伽』下，明多罪。」（八四頁下）資持卷中三下：「約所搏之人，復隨舉手，以明多罪。律不犯中。若有緣事，須舉手遮、招、觸等。」（三二七頁下）【案】伽論卷二，五七七頁中。

　　無根僧殘謗戒〔一〕**八十。**

　　略同第二篇〔二〕**，罪墮為別。**

【校釋】

〔一〕**無根僧殘謗戒**　資持卷中三下：「（亦因六群以無根僧殘謗十七群。故制。）」（三二七頁下）【案】四分卷一八，六八九頁上開始。

〔二〕**略同第二篇**　簡正卷一二：「指第二無根謗戒，八緣犯等。」（七六九頁上）資持卷中三下：「恐忘前戒，略引緣成，有八：一、是大比丘，二、作大比丘想，三、內有瞋心，四、無三根，五、下至對一人說，六、以殘罪加誣，七、言詞了了，八、前人知，犯。」（三二七頁下）

　　突入王宮戒〔一〕**八十一**

　　四緣：一、是剎利王〔二〕**；二、王共夫人同處**〔三〕**；三、王未出，寶未藏**〔四〕**；多論：采女著寶衣，眾具未藏舉本處。四、入王宮門限**〔五〕**。便犯。律中，若入粟散小王、豪貴長者門限內，吉羅**〔六〕**。**

【校釋】

〔一〕**突入王宮戒**　資持卷中三下：「〔佛在舍衛。未利夫人（【案】『未』疑『末』。）奉信聽比丘入宮無障，迦留陀夷入宮，夫人拂床形露。因制。〕」（三二七頁下）鈔批卷二〇：「濟云：依如外國比丘來往王宮，其王又防備少故也，至如此間國王，兵仗防衛，禁門極急，出入須有藉傍（原注：『傍』疑『榜』），豈

可突入？入亦不得，無犯此戒義也。依光律師九段，此下當第九段，說此篇來，有十戒。明衣服、外儀、節量，謹攝無逸行。」（八三七頁上）【案】四分卷一八，六八九頁中開始。

〔二〕剎利王　資持卷中三下：「『剎利』即四姓之長，律約灌頂受位，即戒本中水澆頭也。餘三姓如是立者，亦名『灌頂』。」（三二七頁下）簡正卷一二：「准祇四句：一、是王，非剎利入者，無犯；二、是王，是剎利，非灌頂入，亦不犯；三、是王，是剎利，是灌頂，無國土分，入無罪；（四分文中，此三句皆吉。）四、是王，是剎利，是灌頂，有國土分入者，提。（四分亦爾。）所言灌頂者，即四分戒文云澆頭是也，即受職之法。律云：取白牛右角，盛四大海水及一切種子，置金輦上，使諸小王舉之。王與第一夫人，共在輦上，婆羅門以水灌頂，立之為王，故云『剎利王種』也。若婆羅、毗舍、首陀種，以水灌頂，作如此立，亦得名為『剎利灌頂種』也。以水洗種子者，取滋閏，反發（七六九頁上）生義，以表王養萬民。右甬（【案】『甬』疑『角』。）者，取吉祥義。」（七六九頁下）鈔批卷二〇：「准佛本行集經云：『剎利』，梵音，此云『田主』，即劫初時，立為分田主，相承為王，至今也。案祇律云：過去世時，此世界劫盡時，諸眾生，生光音天上，世界還成。光音諸天，來下世間時，天人行住坐臥，以禪悅為食。（八三七頁上）爾時，無有晝夜、日月、歲數、時節。永（【案】『永』疑『水』。）既去，地味遍生，如天甘露，人便食此地味，其身麤重，退失神通，光明悉滅，世間便有日月、昏明、歲數、時節。爾時，眾生、非男、非（原注：插入『男非』二字）女，因食地味，形色皆異。其食多者，形色麤醜；其食少者，身端正。其端正者，自恃勝他，便起憍慢，因此地味即滅。便生地膚，味如純蜜。是時，眾生皆驚言：『如何地味忽然而滅？』便共食地膚，後起憍慢。地膚又滅，便生地脂，味如石蜜。眾生食之，轉生憍慢，地脂又滅。次有自然粳米，久食粳米，便有自然男女形生，更相染著，婬欲轉熾，遂成夫婦。時有眾生，併聚取粳米，兼明日食，乃至取得十日、二十日、一月、二月。以貪意儲畜故，粳米變生糠糩，朝取處暮則不生。是時眾生，便立制限，分其田地，令有畔畍，即便分之。此分屬我，彼則屬汝，於是眾生漸行盜竊，取他田分。（云云。）其分田主，相承紹位，至今為王，故（原注：『故』下疑脫『有剎』二字。）利也。王者，案祇云：或是王，非剎利，入者無罪；或是剎利，非灌頂，入亦無罪；或是王，是剎利，是灌頂，無（原注：『無』字疑剩。）入者無罪；或是王，是剎利，是灌頂，有國土不得入，入者提。」

（八三七頁下）【案】僧祇卷二，二三九頁中。

〔三〕王共夫人同處　資持卷中三下：「『同處』，準下王未出，須約寢宮方犯；已外應輕。此土王庭不許輒入，事亦希也。」（三二七頁下）

〔四〕王未出，寶未藏　鈔批卷二〇：「戒疏云：謂王未出，女未還本處。言寶未藏者，多論云：進御采女，令著寶衣，內身外現，輕明發欲故也。今此比丘，突至此處，故曰也。據緣起意，<u>迦留陀夷見末利夫人</u>形露，還僧坊中言：『我見王第一所重者訖，計是女寶』，以王貴之如寶，故曰也。<u>多論</u>文中，自有二解，故<u>多論</u>第九云：門者，王宮外門。閫者，宮門前一限木也。過此木，犯。未藏寶者，王已出外，夫人未起，其進御時，所着寶衣，輕明照徹，內身外現，以發欲意。未藏此衣，名未藏寶。又，女為男寶，夫人未於餘衣覆身者，亦名未藏寶。言水澆頭者，案<u>四分</u>云：取四大海水，取白牛石（【案】『石』疑『右』。下同。）角，收拾一切種子盛滿中，置金輦上，使諸小王舉。王與第一夫人共坐輦上，大婆羅門以水灌王頂上，以立為王，是名剎利種。作如是立王，故得名也。若婆羅門、毗舍、首陀，如是五（原注：『五』字未詳。）者，亦名剎利王，水澆頭種，名灌頂王也。<u>高</u>云：上據<u>律</u>文所辨者，外國立王法也。以水澆種子潤故，有發生之義。表為王者，子育羣生也。白牛石角者，表不行左道。凡吉祥事，皆右遶右行也。」（八三八頁上）【案】<u>多論</u>卷九，五〇六頁中。

〔五〕入王宮門限　資持卷中三下：「<u>疏</u>云：深防而制。初入已結，何況見寶？」（三二七頁下）

〔六〕若入粟散小王、豪貴長者門限內，吉羅　鈔科卷中三：「『律』下，釋第一。」（八四頁下）資持卷中三下：「粟散言餘小王如粟之多。不犯中。若有奏白、請喚，若命、梵難」（三二七頁下）鈔批卷二〇：「礪云：五緣。第五因緣者，謂有奏白被請，諸難等緣，不犯也。」（八三八頁上）<u>扶桑記</u>：「此依<u>天台仁王疏</u>。<u>青龍疏</u>云：如劫初分香稻者，以粟散布，名粟散王。」（二五一頁下）

捉寶戒〔一〕八十二

此是捉寶戒，多論明文〔二〕。因拾遺為緣起，不用舊語〔三〕。

具五緣〔四〕：一、是重寶，通自、他〔五〕；二、及莊飾具〔六〕；三、非住處及宿處〔七〕；四、無心盜取〔八〕，擬還主；五、捉。便犯。

多論：七寶捉者，墮〔九〕。「七」名如「三十戒」中。若似寶，銅、鐵、雜色珠等，取得，吉羅〔一〇〕；不取〔一一〕，如法說淨，不犯。若捉

金薄、金像舉藏，若捉他寶，自說淨寶，得墮〔一二〕。似寶入百一物數〔一三〕者，得，不須說淨。僧祇中：乃至知佛、僧事人，有寶不得自取〔一四〕。若四月八日及大會供養時〔一五〕，浴像、金銀塔及菩薩像，供養具有金銀塗者，使淨人捉。若倒地者，佐助捉無金銀處；若塗徧者，裹手捉〔一六〕。若浴金銀菩薩，使淨人洗，乃至使淨人持，比丘佐助〔一七〕。若已先捉，不得後放〔一八〕。

多論：若似寶，作女人莊飾具，捉者，吉羅〔一九〕；男子莊嚴具，除矛矟兵器、樂器〔二〇〕，餘一切捉，無犯。若使比丘捉寶，亦墮〔二一〕。律中開〔二二〕：若是供養塔、寺莊嚴具，為牢固收舉，不犯。謂無淨人處開。故五百問云：知事人不得捉佛、法金銀錢，亦墮〔二三〕。

四分云〔二四〕：若在寺內、奇宿處有寶，自捉、教人舉〔二五〕。當識囊相、器相，開解看〔二六〕：幾方圓、幾新故。有索者，問相貌，同者還；不相應者，云：「我不見此物。」若二人同來取，語同者，持物置前，各自取去〔二七〕——不作如是方便，吉羅。若餘處捉遺落物者，墮〔二八〕。僧祇：若見遺衣物者，當唱令之〔二九〕。無主者，懸高顯處，令人見。若來取，問何處失。答相應者，與。無來者，停三月已，若塔園中得者，作塔用；僧園中得者，四方僧用。若貴價物〔三〇〕，金、寶等，不得顯露處，屏看相已，有認相應，對多人前與，教令受三歸〔三一〕。語云：「佛不制戒者，眼看不可得。」無人來者，停至三年〔三二〕，如上處所，當界用之〔三三〕。比丘若失物〔三四〕，先生心言「後知處當取」，後知得取，無罪。客比丘遺衣鉢，主人徙著餘處藏，犯重〔三五〕。彼衣主憶來取者，無罪〔三六〕。若掘地得寶藏者：淨人不可信，當白王〔三七〕；淨人可信，停至一二年，應作塔用。若王覺者，答言「已用作塔」。若索者，應以塔物，若乞還之。若王問「律中云何」，答云「佛言：隨塔、僧地得者，還作塔、僧用之」。若寶藏上有鐵券姓名，亦得直用〔三八〕。進退如上〔三九〕。成論〔四〇〕：有人言「伏藏屬王，取此物犯盜」者，答云：「但地上屬王，不論地中。何以故？給孤獨等聖人〔四一〕，亦取此物，故知無罪。又，自然得物，不名劫盜〔四二〕。」僧祇：入聚落中，有遺物，不得取〔四三〕；有人取與比丘者，得，即是施主。若曠路無人處有者，得取〔四四〕；若衣有寶，以腳躡斷〔四五〕，露捉使人見；至住處見有寶者，與淨人掌，作衣藥直。五百問云：寄白衣物，過期不來〔四六〕，白衣持來施比丘，不合

取。若活，是有主；若死，屬僧物。

【校釋】

〔一〕**捉寶戒**　資持卷中三下：「（佛在舍衛。外道路中止息，忘千兩金，比丘見之持還。便言金少，王斷罰讁入宮。因制。）（三二七頁下）正名中。初示名有據，論如下引。因下廢古所立，彼執緣起，謂拾遺犯提，手捉但吉，故召為拾遺。」（三二八頁上）【案】四分卷一八，六九一頁中開始。

〔二〕**此是捉寶戒，多論明文**　鈔批卷二〇：「案多論第八云：若寶者，金、銀、車渠、馬瑙、瑠璃、真珠，若金薄、金像，凡是寶器，捉者，一切波逸提。又云：若捉自他說淨寶，皆提。今引此文，將欲破昔義也。」（八三八頁下）【案】多論卷五，五三五頁下。

〔三〕**不用舊語**　簡正卷一二：「道疏云：此名『捉遺落寶戒』。若非遺落，捉犯等罪。今云不然。雖以捨遺之寶為緣，從制戒後，但捉即犯，何論遺與不遺也？」（七六九頁下）鈔批卷二〇：「不用昔人解也。昔師立此戒名，名為『捉遺落寶戒』，以拾遺為緣起故。故捉遺落者，提。餘非遺落，捉犯小罪。如須提那犯婬為緣，則制『婬戒』。檀尼迦犯盜為緣，則制『盜戒』。此既拾遺為緣，亦須制『不得捉遺落』。礪疏亦然。今不同之。如（原注：『如』疑『約』。）戒本中，及諸部明解，但捉即犯，何論拾遺？故初列戒本，捉寶則犯，但除兩緣。下開收拾塔具，都無別開之相，如何乃云捉寶犯吉、遺者提乎？羯磨（【案】『磨』後疑脫『疏』字。）云：古師拾遺落寶為緣起，故今捉餘寶，皆吉羅耳。宣云不然。然戒律中，多從緣起，因制入法，至於以犯，未必如緣。『婬戒』，本二自是制緣，後犯那科，何問新舊？賓引多論第五『畜寶戒』云：是戒體，正以畜寶制戒，乃至不為畜故。若捉他寶，若自說淨寶，但捉得提；一切錢，若銅錢乃至木錢，若自，若他，但捉吉羅，非是此戒體，是九十事捉寶。（已上論文。述曰：）既指此中是『捉寶戒』，故彰不應專言遺落，（八三八頁下）但應名為捉寶戒。」（八三九頁上）

〔四〕**具五緣**　簡正卷一二：「戒疏四緣：一、是寶物，二、非塔者莊具，三、非餘緣，四、捉，便犯。掌依此四，足可稟承。鈔文不合，開為初二開緣也。」（七六九頁下）資持卷中三下：「此戒犯相有二，若但捉寶，唯有三緣，初、二及五。若於聚落，拾他遺寶，方具五緣。共拾遺衣，但應得吉。伽藍（【案】『藍』疑『藍』。）宿處，有寶、無寶，一切開拾。如下引明。」（三二八頁上）

〔五〕**是重寶，通自、他**　簡正卷一二：「重寶等，即異古。首疏云：一是遺落寶也。

通自、他者，戒疏云：問：『佛制寶物，自捉不合，何得使他亦犯？』答：『審
是非法，自他同犯。多論云：使人亦犯，必有所開，自執無罪。』」（七六九頁
下）

〔六〕裝飾具　簡正卷一二：「謂銅、鐵、鈆、錫、白鑞等，諸寶裝嚴也。」（七六九
頁下）

〔七〕非住處及宿處　資持卷中三下：「即非伽藍。及宿處者，謂非俗舍。」（三二八
頁下）簡正卷一二：「非此二處即犯。在此二開之住處者，開僧伽藍。毗舍佉
母入祇桓，見佛遺卻瓔珞，故開及宿處者，開寄巧師處捉金也。」（七六九頁
下）鈔批卷二○：「此明四分開捉之處也。」（八三九頁上）

〔八〕無心盜取　簡正卷一二：「若有盜心，捉離犯夷，非此我攝。」（七六九頁下）
鈔批卷二○：「立謂：但捉犯提。若有盜心，初篇所攝。」（八三九頁上）

〔九〕七寶捉者，墮　鈔科卷中三：「初，釋第一。」（八四頁中）資持卷中三下：「多
論初明真寶，七名即金、銀、摩尼、真殊、珊瑚、硨磲、碼瑙。律中，又有琥
珀、琉璃、具玉。（彼論錢入似寶。）。」（三二八頁上）【案】多論卷八，五五
六頁上；卷五，五三五頁中。

〔一○〕若似寶，銅、鐵、雜色珠等，取得，吉羅　資持卷中三下：「『若』下，次明似
寶。取得吉者，論云：為畜，故取也。」（三二八頁上）

〔一一〕不取　資持卷中三下：「論作『不應自取』，如法說淨。（準不為畜捉，應無
過。）上文通論畜捉。」（三二八頁上）

〔一二〕若捉金薄、金像舉藏，若捉他寶、自說淨寶，得墮　資持卷中三下：「『若捉』
下，單明捉犯。金薄謂裹貼之物，金像或貼或鑄者。」（三二八頁上）

〔一三〕似寶入百一物數　資持卷中三下：「似寶入百一捉畜，皆開。已外俱吉。」（三
二八頁上）

〔一四〕乃至知佛、僧事人，有寶不得自取　資持卷中三下：「僧祇中。初通明制意，
知事當開，教亦不許。而況餘人，故云『乃至』。」（三二八頁上）鈔批卷二○：
「此恐忘謂僥倖，謂言為佛、法、僧，應得捉，故今明之。雖是知事，猶不開
捉。」（八三九頁上）

〔一五〕若四月八日及大會供養時　資持卷中三下：「『若』下，別示供具。又三，初通
列供會。『供養具』下，明鋪設供興。」（三二八頁上）

〔一六〕若塗徧者，裹手捉　資持卷中三下：「恐損壞故，暫開佐助。世有持戒者，裹
手捉錢，愚教之甚。」（三二八頁上）

〔一七〕若浴金銀菩薩，使淨人洗，乃至使淨人持，比丘佐助　資持卷中三下：「『若浴』下，正明浴像。」（三二八頁上）

〔一八〕若已先捉，不得後放　簡正卷一二：「不得在淨人後（七六九頁下）放。捉時應淨人在前，放時應比丘在先，即是佐助。若先捉後放，即是正捉，非佐助也。」（七七〇頁上）鈔批卷二〇：「立云：淨人持金像，比丘佐助，先捉得後放，又提，合得二墮。自意恐不然。但舉其前後之緣，未必一捉得兩墮也。若作助時，要須裹手，不得觸金。」（八三九頁上）資持卷中三下：「不得後放者，必須先放，意表助他故。」（三二八頁上）【案】僧祇卷一〇，三一一頁～三一二頁。

〔一九〕若似寶，作女人莊飾具，捉者，吉羅　資持卷中三下：「釋第二中。多論初明女飾，下簡男物。」（三二八頁上）

〔二〇〕除矛稍兵器、樂器　簡正卷一二：「准論，矛、稍，皆提，故除也。」（七七〇頁上）資持卷中三下：「兵、樂二器，捉亦犯吉，所以除之。槊，『所角』反，矛之長者。」（三二八頁上）

〔二一〕若使比丘捉寶，亦墮　資持卷中三下：「『若』下，明使同類，能所俱重。」（三二八頁上）

〔二二〕律中開　資持卷中三下：「『律』下，次引本律。即不犯中文與上相違，故注決之。」（三二八頁上）

〔二三〕知事人不得捉佛、法金銀錢，亦墮　資持卷中三下：「引論證顯非常開。」（三二八頁上）【案】五百問，卷九七三頁上。

〔二四〕四分云　鈔科卷中三：「『四』下，釋第三。」（八四頁中）資持卷中三下：「四分先明方便還他。」（三二八頁上）

〔二五〕有寶自捉、教人舉　資持卷中三下：「據此拾遺，明開自捉。」（三二八頁上）

〔二六〕當識囊相、器相，開解看　鈔批卷二〇：「以緣起中，比丘拾他金囊，後主來認，比丘將還。云：『我囊先金多。』此比丘答言：『止有若干。』相諍不已，至斷官所，官依其口，取百千兩金，以捉囊，不容之。驗知物主誑妄，官即語言：『此非汝囊。』當時驗遣，將物入官。是事白佛。佛令：『自今已去，當問其囊相，金又幾許。答相應者還之，答不相應者，可語言：我不見此物也。』」（八三九頁上）

〔二七〕若二人同來取，語同者，持物置前，各自取去　資持卷中三下：「二人同取，謂二人各來識認。語同，謂二皆相應，無由辨故。」（三二八頁上）

〔二八〕**若餘處捉遺落物者，墮**　資持卷中三下：「『若餘』下，明無緣結犯。」（三二八頁上）簡正卷一二：「謂非伽藍，并及宿處，皆名餘處。」（七七〇頁上）鈔批卷二〇：「謂非僧伽藍及寄宿處，二處之外，皆名餘處也。」（八三九頁上）

〔二九〕**若見遺衣物者，當唱令之**　資持卷中三下：「僧祇五節。初，明拾衣。以物輕故，停三月。下是貴寶，故待三年。」（三二八頁上）【案】僧祇卷一八，三七一頁。

〔三〇〕**若貴價物**　資持卷中三下：「『若貴』下，次，明拾寶。由此貴物，多容妄認，故但屏看，異前衣也。」（三二八頁上）

〔三一〕**教令受三歸**　資持卷中三下：「受三歸者，因而接引。（三二八頁上）眼看不得者，明非汝分也。」（三二八頁中）鈔批卷二〇：「由持戒，今還汝物。向若無戒，拾得汝物，縱汝眼見，亦不相還。戒由佛制，汝應敬佛，意令生信，尊尚三寶。」（八三九頁上）

〔三二〕**無人來者，停至三年**　簡正卷一二：「表久無人來取，是無主物，雖有性名，時既久違，亦是無主。」（七七〇頁上）

〔三三〕**如上處所，當界用之**　資持卷中三下：「即隨佛僧用也。」（三二八頁中）

〔三四〕**比丘若失物**　資持卷中三下：「『比丘』下，三、明失物作念。若心捨棄，後取成盜。」（三二八頁中）

〔三五〕**客比丘遺衣鉢，主人徙著餘處藏，犯重**　資持卷中三下：「『客』下，四、明移他遺物。『徙』即訓『移』。言犯重者，此約盜心，恐彼還取故重。若為收藏，雖移無過。彼取無罪，客心不捨，主意未決故。」（三二八頁中）

〔三六〕**彼衣主，憶來取者，無罪**　鈔批卷二〇：「既是己物，雖遺來取，無犯也。」（八三九頁下）

〔三七〕**淨人不可信，當白王**　資持卷中三下：「『若掘』下，五、明取伏藏。淨人不可信須白王者，恐為告首故。上約無名，下據有名。」（三二八頁中）鈔批卷二〇：「立謂：恐其浪用也。」（八三九頁下）

〔三八〕**若寶藏上有鐵券姓名，亦得直用**　鈔批卷二〇：「祇云：彼若問者，須尚道索者，若已用作塔等功德者，主若來索，塔有物將還。若無者，乞還。」（八三九頁下）

〔三九〕**進退如上**　簡正卷一二：「如上盜戒中，明指得『伏藏處』說也。或有指『畜寶』中等。」（七七〇頁上）鈔批卷二〇：「指『盜戒』中也。又云：指前文云，若掘地得寶藏者，淨人不信等文也。」（八三九頁下）資持卷中三下：「同前白

王、答王等。」（三二八頁中）

〔四〇〕成論　資持卷中三下：「成論對破他義，故先標為問。」（三二八頁中）【案】成實卷八，三〇四頁下。

〔四一〕給孤獨等聖人　鈔批卷二〇：「謂長者須達就祇陀太子買園，為佛造精舍之時，布金不遍，自念：『當取何藏金足』，則是取伏藏也。然須達是三果聖人，尚取此物，故知不屬王也。」（八三九頁下）資持卷中三下：「答中二義。初明無屬。給孤取者，論自引證。彼得二果，故云聖人。在聖既取，可驗無犯。」（三二八頁中）【案】成論卷八，三〇四頁下。

〔四二〕自然得物，不名劫盜　資持卷中三下：「『又』下，次顯非盜。引此以明伽藍（【案】『藍』疑『藍』。）之處，得取伏藏。」（三二八頁中）

〔四三〕入聚落中，有遺物，不得取　資持卷中三下：「僧祇但制聚落。」（三二八頁中）【案】僧祇卷一八，三七一頁中。

〔四四〕若曠路無人處有者，得取　資持卷中三下：「唯開拾衣，而非捉寶。以無人處不慮妄索，必畏後患，不取彌善。」（三二八頁中）

〔四五〕以腳躡斷　鈔批卷二〇：「曠路逢衣，復有寶繫，取衣將還，躡斷寶也。若當時不意，有寶所繫，還寺乃見者，無犯。使淨人掌之。」（八三九頁下）

〔四六〕寄白衣物，過期不來　鈔批卷二〇：「謂客僧衣寄白衣居士，以違期不取，白衣將來施僧，故有此進否也。」（八三九頁下）資持卷中三下：「五百問中，謂比丘以衣寄白衣家也。不犯中。若僧伽藍（【案】『藍』疑『藍』。）及寄宿處，（此開拾遺；）若供養塔、寺莊嚴具收舉，（此開捉寶；）或約無淨人處，或是部計緩急。今或併淨塔廟，且就本宗開之。」（三二八頁中）【案】五百問，九七九頁中。

非時入聚落戒〔一〕八十三

五緣：一、非時分〔二〕，二、無啟白、喚緣〔三〕，三、不囑授，四、向俗人舍，即寺內淨人家院是〔四〕。五、入門〔五〕，結。

十誦：若入聚落僧坊，尼寺須白〔六〕。入蘭若處，入本住處，無犯〔七〕。

四分：非時者，從中後至明相未出〔八〕。不囑授比丘，初入村門，墮。若僧塔寺事、病事，當囑比丘；若獨處一房，當囑比房。

十誦：無比丘白者，四衢見，應白〔九〕。又無者，發心已，去〔一〇〕；無者，應白尼三眾。僧祇：食雖早竟，即是非時〔一一〕。作白言〔一二〕：

「長老，我非時入聚落。」前人言：「可爾。」若道從聚落中過，村中有塔、天祠者，當順行直過〔一三〕；若下道左右旋去〔一四〕者，墮。智論：一切白衣舍，皆名「聚落」〔一五〕。準此，寺內淨人房院，何為不白？慎之哉！慎之哉！五分：若路所經，暮須往宿，八難起等，並不須白〔一六〕。多論：若總白，隨到所至處〔一七〕；若別相白，亦善。若先不白，見異寺比丘白，無犯。明了論：若有緣須入，先簡擇此事〔一八〕。謂白同戒、觀察正行、律中威儀者，得〔一九〕；不者，不合。

　　律不犯者。若道由村過，若有所啟白，若喚若請，皆不囑授直往。有三寶緣者，開囑如上〔二○〕。

【校釋】

〔一〕非時入聚落戒　資持卷中三下：「（佛在舍衛。跋難陀非時入村，與居士樗蒲。故制。）明了疏，二意故制：一、恐作羯磨，不知所至，則惱眾僧；二、令不自在入白衣家。」（三二八頁中）【案】本戒鈔科稱為「非時入聚戒」。四分卷一九，六九二頁下開始。

〔二〕非時分　鈔批卷二○：「謂通（原注：『通』疑『過』。）齋已去，入非時分齊也。」（八三九頁下）

〔三〕無啟白、喚緣　資持卷中三下：「啟白、喚召兩緣，不白非犯。」（三二八頁中）

〔四〕即寺內淨人家院是　簡正卷一二：「多有迷意，云不是村，故今注出也。」（七七○頁上）

〔五〕入門　鈔批卷二○：「曇云：初入村門，墮，後入一一家亦墮。」（八三九頁下）

〔六〕尼寺須白　資持卷中三下：「注簡尼寺，同俗舍故。本住處謂所居寺。」（三二八頁中）

〔七〕入蘭若處，入本住處，無犯　鈔科卷中三：「初，釋第四。」（八四頁中）資持卷中三下：「十誦三處不白。初，即聚落中僧坊。」（三二八頁中）鈔批卷二○：「若入聚落僧坊者，謂聚落相周，中間復有僧坊。從聚落外，欲入僧坊，不須白之。入本住處無犯者，立謂：住處是僧坊也。雖在聚落中，今若從外還，（八三九頁下）雖經聚落，過不犯也。深云：此明在俗人家停住，後暫出外卻還，故不白也。」（八四○頁上）【案】十誦卷五三，三九六頁中。

〔八〕非時者，從中後至明相未出　鈔科卷中三：「『四』下，釋第一。」（八四頁中）

鈔批卷二〇：「四分則日中已去，名曰非時。祇文不約時辨，唯論食後。雖且食訖，即曰非時。」（八四〇頁上）【案】四分卷一九，六九三頁上。

〔九〕**無比丘白者，四衢見，應白**　鈔科卷中三：「『十』下，釋第三（六）：初，無所白；二、『僧』下，作白法；三、『智』下，通寺內；四、『五』下，有緣開；五、『多』下，總別法；六、『明』下，所對人。」（八四頁中～下）資持卷中三下：「開四衢者，住處無人，出街求也。」（三二八頁中）簡正卷一二：「其文似倒，理合云：『無比丘者，路中見應白。』又無者，見尼三眾應白。又無者，發心已去。今注出也。祇文約食，以論雖食，早竟了便，是非時作。」（七七〇頁上）

〔一〇〕**又無者，發心已，去**　資持卷中三下：「發心去者，衢中復無，擬道逢也。白三眾者，道中又無，開別類也。疏云：淨人亦得知其去處，有可尋求。」（三二八頁中）

〔一一〕**食雖早竟，即是非時**　資持卷中三下：「僧祇初明非時。不必中、後時內，亦犯，急於本宗。」（三二八頁中）

〔一二〕**作白言**　資持卷中三下：「『作』下，引示白法。準羯磨云：『長老我非時入聚落，至某城邑、聚落、（三二八頁中）某甲舍。』（依此誦之。）」（三二八頁下）簡正卷一二：「所以須白者，有二義：一、為不障，（七七〇頁上）僧法中恐作羯磨，不知所至，令僧生惱。二、欲令前人不得自在入白衣家也。」（七七〇頁下）鈔批卷二〇：「准祇二十云：『長老，我非時入聚落，前人言可爾。』（已上祇文。）今詳，囑授之法，令餘人知，即成防過。不同自餘對首之法，辭句落非，不成法事，故未須『大德一心念』等，辭句圓足故。伽論第三云：『若自在地，白空中人，成白不？』答：『成白。』今詳。但應的屬我向某甲家等，合（原注：『合』疑『令』。）善憶持，即成白法。戒疏引了論作白云：『我為如是緣，須至某處，白大德知。』答言『得』者，是名白法。有二義故：一、為示障僧事，恐作羯磨，餘緣要須共作，不知所至，則惱眾故。二、令不自在入白衣家故也。礪云：若住處無比丘可囑，有三寶緣，聽入無罪。若行至夜，欲入村宿。祇律：應展轉相向，無罪，不白則犯。依此律，容可不白不犯。五分：若行經聚落，若暮往宿，及八難起，不犯□時入村也。」（八四〇頁上）【案】僧祇卷二〇，三八九頁。伽論卷三，五七八頁。

〔一三〕**若道從聚落中過，村中有塔天祠者，當順行直過**　資持卷中三下：「『若』下，制其遲迴。道從聚過者，如今通街店也。中有塔廟，不得旋迴，開中制也。」

（三二八頁下）鈔批卷二〇：「立謂：若過天祠，下道迴轉得提，要須直去不犯。」（八四〇頁上）

〔一四〕左右旋去　簡正卷一二：「即顯非直遇之相，同入聚故結。」（七七〇頁下）

〔一五〕一切白衣舍，皆名「聚落」　資持卷中三下：「智論語通例準，淨人住處亦犯。若攝衣村界，必須男女，此制專輒，不由譏染，單男亦犯。」（三二八頁下）【案】智論卷六一，四九一頁上。

〔一六〕若路所經，暮須往宿，八難起等，並不須白　簡正卷一二：「若俗所經，從村聚中，至日暮須，往宿處為至八難等，不白簡擇。」（七七〇頁下）資持卷中三下：「五分開難。八難如說戒篇。」（三二八頁下）【案】五分卷九，七〇頁上。

〔一七〕若總白，隨到所至處　資持卷中三下：「多論總白。應云：『長老，我非時入聚落，隨到所至處，（隨至多家皆得。）別相如上。」（三二八頁下）鈔批卷二〇：「言總者，（八四〇頁上）不得直言『我至眾多聚落、知眾多是誰家』耶。此應出法家語云『眾多』也。應一時言：『我至張某甲、王某甲、趙某甲等家』，故曰者，各各作白也。」（八四〇頁下）

〔一八〕若有緣須入，先簡擇此事　資持卷中三下：「了論明觀量可否。初標示『此事』，總下三事。」（三二八頁下）簡正卷一二：「此事者，謂簡所對比丘也。論自釋言，謂白同戒，觀察正行威儀，帶僧伽梨等，此人可白。餘不知法不可白，故云『不合』。」（七七〇頁下）鈔批卷二〇：「案了疏曰：若比丘欲入他家，先簡擇事，後方得入者。解云：出家，若自出入白衣家，因此生諸過失，故須立制防之，令其不得自在入白衣家。若入，須先簡擇其事竟，方可得入。」（八四〇頁下）【案】明了，六六七頁。

〔一九〕謂白同戒、觀察正行、律中威儀者，得　鈔批卷二〇：「又論偈云：同戒、觀察正行、律中威儀，結腰繩、僧伽梨紐等者，解云：同戒是同具足戒人，應對一比丘說：『我今為如此因緣事，須至某處，白大德知。』答言『聽長老』者，方得去也。言觀察正行，律中威儀等者，解云：律是三磨遮，律中翻為『正行律』。此律中所明比丘正行威儀，應須觀察。謂於聚落中，不得令威儀有蹉跌。結腰繩，令衣不墮落；僧伽梨紐，令衣著身，風吹不開。若壞威儀，為他所輕笑，生白衣不善心。若威儀如法，令他恭敬，生白衣善心，此是佛所立『入聚落戒』。悉須觀察之，然後方入，故曰先簡擇等也。」（八四〇頁下）資持卷中三下：「『謂』下，釋有三。白同戒者，即作法也。觀正行者，量其所作

事也。律中威儀者，齊整著衣也。疏引云：所以開白，謂於死人處觀過失故，為護法故，為受依止故，為說聽法故，為有食請故，並有利故，聽往其處。須避天廟、店肆、婬女、外道、出家女處，觀察遠離。（此即正行。）論中又明著僧伽梨等。（即律威儀。）」（三二八頁下）

〔二〇〕有三寶緣者，開囑如上　鈔批卷二〇：「立云：雖是三寶緣，入聚須白。濫自倖，謂不須白，今指上僧塔寺事等文，故言如上。」（八四〇頁下）資持卷中三下：「『如上』指前四分，略命、梵難緣。」（三二八頁下）

過量牀足戒〔一〕八十四

五緣〔二〕：一、是床，二、僧牀及己〔三〕，三、過量，四、自作使人，五、作成，便犯。

本為截者，不截方犯〔四〕。

律云：高如來八指〔五〕。多論：木牀高大悉犯，俗人八戒亦同〔六〕。八指者，一指二寸〔七〕。姬周尺，一尺六寸；唐尺，一尺三寸彊〔八〕。五分：得高牀施，先作念「截卻」，得受〔九〕；不爾者，墮。

僧祇：僧牀亦犯〔一〇〕。恐施主嫌者，木箭盛腳埋之〔一一〕。乃至截腳木，還揩牀腳，亦犯。隨坐起，一一墮〔一二〕。若下溼處，用八指木揩腳，得。準此，下溼處揩牀者，應開得在上禮佛〔一三〕。若揩高者，不合也〔一四〕。若俗家高牀，不犯〔一五〕。四分亦同。

十誦云：截竟，僧中懺罪〔一六〕。八指者，「用我指量〔一七〕。」上開揩腳木，用人八指量〔一八〕。第三分入桄〔一九〕。準此，十誦疏家以八寸為量，四等分之〔二〇〕。又云：長牀極小，容四比丘坐處〔二一〕。臥床過三肘，降四歲共坐；若減，不得〔二二〕。坐牀長一肘半，得二人共坐。牀揩不得過八指。

四分：不犯者，去地八指，若減、若脫腳，無犯。

【校釋】

〔一〕過量牀足戒　資持卷中三下：「（佛在舍衛。迦留陀夷知佛從此道來，敷高好床，白言：『著我床座。』佛呵。因制。）」（三二八頁下）鈔批卷二〇：「景云：無問僧私二床，但是過量，即犯也。俗人八戒，亦同此也。」（八四一頁上）【案】四分卷一九，六九三頁上開始。

〔二〕五緣　鈔批卷二〇：「今文列犯緣具五，通約諸部共立緣，非唯約四分也。」（八四一頁上）

〔三〕**僧牀及己**　簡正卷一二：「鈔准祇文僧受用邊犯，戒疏唯約己界牀，則依四分結也。」（七七〇頁下）資持卷中三下：「列緣第二，僧、私兩牀俱犯。準緣，作成方犯。今時坐已成者，準僧祇犯吉。」（三二八頁下）鈔批卷二〇：「僧床及己床是犯，僧床不犯。祇文，僧祇（【案】『祇』疑『私』。）同犯。」（八四一頁上）

〔四〕**本為截者，不截方犯**　簡正卷一二：「此謂本來作時，擬截成時未犯，不截便犯。若標心本不擬截，作成，即犯。」（七七〇頁下）鈔批卷二〇：「此明若本擬截，成時未犯，不截方犯。本不擬截，作成即犯。」（八四一頁上）

〔五〕**高如來八指**　鈔科卷中三：「初，釋第三。」（八四頁中）資持卷中三下：「初引律示量。」（三二八頁下）

〔六〕**木牀高大悉犯，俗人八戒亦同**　資持卷中三下：「多論明高廣俱制。大即是廣，高量如下。廣者，準業疏，方三肘者，不合坐。（五尺四寸。）疏文又引阿含，八種勝床，俱不合陞。（金、銀、牙角，嚴飾故勝，佛、師、父母，從人故勝。）」（三二八頁下）【案】「八戒」疑作「八床」，即「八種床」。多論卷九，五六〇頁下。

〔七〕**八指者，一指二寸**　鈔批卷二〇：「謂佛指開要也。」（八四一頁上）資持卷中三下：「『八指』下，定尺數。周一尺二寸為唐一尺，其餘四寸以三寸六分為三寸，餘（【案】『餘』即剩出、多餘。）四分在，故云強也。」（三二八頁下）

〔八〕**姬周尺，一尺六寸；唐尺，一尺三寸彊**　鈔批卷二〇：「唐尺一尺三寸，銷周尺一尺六寸猶未盡，故言彊也。」（八四一頁上）簡正卷一二：「一尺三寸強，四分者，寶云：以周尺一尺二寸為唐一尺，又以三寸六分為唐三寸。更有周四分在，即是『強』字收四分也。思之。或鈔中作『弱』字者，錯也。更有云四分五分者，非也。上之四分（平聲），是尺餘量。下五分，即是律名。知之。」（七七〇頁下）【案】五分卷九，七〇頁中。

〔九〕**得高牀施，先作念「截卻」，得受**　鈔批卷二〇：「景云：謂此舉生念不犯，不生念，後坐犯也。亦是初受，即明犯也。」（八四一頁上）資持卷中三下：「作念即成持故。」（三二八頁下）

〔一〇〕**僧牀亦犯**　資持卷中三下：「僧祇初明制。『僧床犯』者，亦約作成為言。」（三二八頁下）【案】僧祇卷二〇，三九二頁。

〔一一〕**木箃盛腳埋之**　簡正卷一二：「怨速爛壞也。（七七〇頁下）『當部約業道邊，祇文約受用邊用，不指量何耶？』答：『諸國用法不等，俗情又異，但唯佛為

定，以茲常量，則永無乖也。」（七七一頁上）

〔一二〕隨坐起，一一墮　簡正卷一二：「若終一坐，一墮，已有分故。若他床坐者，越非己分故。但不應坐此非法之床也。」（七七〇頁下）

〔一三〕應開得在上禮佛　資持卷中三下：「注明禮佛。世多處床，可開濕處，餘處不得。」（三二八頁下）

〔一四〕若捨高者，不合也　資持卷中三下：「又止八寸，不得更高。」（三二八頁下）

〔一五〕若俗家高牀，不犯　鈔批卷二〇：「向（【案】『向』義為『假若』。）俗家暫將高床與比丘坐，不犯。」（八四一頁上）

〔一六〕截竟，僧中懺罪　資持卷中三下：「釋五中。十誦初明悔法。」（三二八頁下）【案】十誦卷一八，一二七頁下。

〔一七〕用我指量　資持卷中三下：「『八指』下，明量。」（三二八頁下）鈔批卷二〇：「謂齊尺六是如量，過此即犯。」（八四一頁上）簡正卷一二：「約佛倍人，即八寸高支床離地也。」（七七一頁上）

〔一八〕上開捨腳木，用人八指量　鈔批卷二〇：「立謂：此指上文『若下涅（【案】『涅』疑『濕』。）處，用八指木支腳得』也。」（八四一頁上）

〔一九〕第三分入梐　資持卷中三下：「『第』下，統明高量。第三分，即最上八寸。」（三二八頁下）鈔批卷二〇：「立云：此是十誦疏家解也。分此腳為四分，用人指量。四分有八指，乃有八寸，合有四個八寸。一八寸入梐孔，二八寸為腳，一八寸截除，還用支腳。四八三十二，成三尺二寸也。明其先作則犯，截竟不犯。若還用所截者，支腳還犯。有人云：言截除者，截除梐孔上八指，（八四一頁上）非截下分也。若言截下分者，何故言第三分入梐孔也？」（八四一頁下）

〔二〇〕四等分之　鈔批卷二〇：「景云：人八指入梐，人八指支腳中間。佛八指為腳，即人十六指，乃是尺六也。」（八四一頁下）資持卷中三下：「四等者，二分為腳，一分為捨，（三二八頁下）一分在陛。云第三者，不數捨故。」（三二九頁上）簡正卷一二：「十誦疏作此解也。以四八三十二，成三尺二寸。今將二八寸為腳，第三八寸入梐，第四八寸截除。還用支腳。准此驗知。上濕下處，開用人指也。」（七七一頁上）

〔二一〕長牀極小，容四比丘坐處　資持卷中三下：「『又』下，明廣量。初，明長、臥二床。」（三二九頁上）簡正卷一二：「降，減也。四人相望，得減四歲者共坐。若滿五，即是闍梨位，不合共坐床。指不過八指也。」（七七一頁上）鈔批卷

二○：「景云：此舉四歲得共坐，五歲即是闍梨位，故不得也。非謂床小不容，今坐之次第，約受戒時是法身生時，為大小坐之次第。不以安居成夏，寸而坐次第也。故菩薩戒云：先受戒者在前坐，後受戒者在後坐，即其義也。若安數夏者，作和上位，受依止，及知離依止故也。」（八四一頁下）資持卷中三下：「降四歲者，如己六夏，可共十夏人坐。己一夏，共五夏人坐。若降五歲，不許共坐，以同闍梨位故。據律本制，降己三歲，由床大故。聽降四歲，故云減不得也。二明坐床，三明撐木。數量可知」（三二九頁上）

〔二二〕若減，不得　鈔批卷二○：「謂臥床不可減四人坐量也。」（八四一頁下）

兜羅貯牀褥戒〔一〕八十五

五緣：一、是兜羅綿〔二〕，律云白楊華、柳華、蒲臺〔三〕也。二、貯牀褥，三、為己〔四〕，四、自作、使人，五、成〔五〕，便犯。

五分：隨坐結墮，要先棄後悔〔六〕。

【校釋】

〔一〕兜羅貯牀褥戒　資持卷中三下：「（佛在舍衛。六群作兜羅貯褥，居士譏，以殺生。故制。）『兜羅』，是梵語，多論云：草木花綿之總稱，又翻『霜綿』。所以制者，多論云：以是貴人所畜故；又，人所嫌故，喜生虫故；又，若臥軟煖，後得齆硬，不堪忍故。」（三二九頁上）【案】本戒鈔科簡稱作「兜羅綿褥戒」。四分卷一九，六九三頁中開始。

〔二〕兜羅綿　鈔批卷二○：「由此花中多有細虫，以損命故，制不許坐。案五分云：王舍城邊，有一神樹，眾人奉事，至節會時，七日乃止。有四種兜羅，貯廣，棄之而去。諸比丘於後收取，以貯繩床、木床，及作桃蓐。白衣譏言：『此物臭穢，好生諸虫，云何比丘坐臥其上，無沙門行、破沙門法？』為此故制斯戒。」（八四一頁下）

〔三〕白楊華、柳華、蒲臺　資持卷中三下：「柳花即柳紫。蒲臺即蒲花，抽出若臺，隨方呼召耳。」（三二九頁上）鈔批卷二○：「言四種者：柳花、楊花、蒲梨花、睒婆花，為四也。蒲臺者，即冬天蒲花也。濟云：今人多用蒲花為泥斤者，殺虫無數，（八四一頁下）慎莫用之。」（八四二頁上）

〔四〕為己　資持卷中三下：「為他作吉。」（三二九頁上）

〔五〕成　資持卷中三下：「不成亦吉。」（三二九頁上）

〔六〕隨坐結墮，要先棄後悔　簡正卷一二：「先辨此褥，不得與人方悔罪也。」（七七一頁上）鈔批卷二○：「謂先棄此蓐，不後方悔罪故也。」（八四二頁上）資

持卷中三下：「示犯及悔法。不犯者，非前三物。若他施，棄而用之。」（三二九頁上）【案】五分卷九，七〇頁中。

骨牙角鍼筒戒〔一〕八十六

五緣同上〔二〕。

多論云：以是小物故，不入「三十」中〔三〕。又應破〔四〕故。若反還主，不受；若與他，主生惱；若入僧，則非法〔五〕。故須毀棄。

律不犯者。若銅、鐵、鉛、錫、鑞、竹、木、葦、舍羅草，用作鍼筒〔六〕。若以牙角作錫杖頭、鏢鑽〔七〕，「子管」反。傘蓋子、斗頭鏢〔八〕、纏蓋斗〔九〕，若作曲鉤、刮舌刀、如意〔一〇〕、玦鈕〔一一〕、匕〔一二〕、杓、鉤衣鐷〔一三〕、眼鎞〔一四〕、刮汗刀〔一五〕、搋齒物〔一六〕、挑耳鎞〔一七〕、禪鎮〔一八〕、熏鼻筒〔一九〕。一切不犯。

【校釋】

〔一〕骨牙角鍼筒戒　資持卷中三下：「（佛在羅閱祇。有信工師為僧作骨牙角針筒，廢業無依食。招譏。故制。）」（三二九頁上）【案】四分卷一九，六九三頁下開始。

〔二〕五緣同上　鈔批卷二〇：「謂同前戒，應言：一、是牙角，二、作針筒，三、為己，四、自使人，五、成，便犯。」（八四二頁上）

〔三〕以是小物故，不入「三十」中　鈔科卷中三：『『多』下，毀棄。」（八五頁下）資持卷中三下：「多論二意，故不入捨。」（三二九頁上）鈔批卷二〇：「謂三十戒中，並因財貯畜，故制捨墮。今此戒，亦合置前緣。茲物小故，前不列。」（八四二頁上）【案】多論卷九，五六〇頁中。

〔四〕應破　資持卷中三下：「『又』下，次意以捨墮，不出四別：一、還主如長離等；二、與他如寶藥等；三、入僧如乞鉢；四、斬壞如蠶綿。此戒不同前三，如文次簡，宜同第四，故云『須毀』也。『若爾，蠶綿何在三十？』答：『彼非小物，但有應破一義。此具二義，故在九十。』」（三二九頁上）鈔批卷二〇：「立謂：要先打破後，方悔罪。」（八四二頁上）

〔五〕若反還主，不受；若與他，主生惱；若入僧，則非法　簡正卷一二：「持意為作，還主無用，故不受之。主生惱者，示為某作，今卻與他，既是非法僧，又不用故，今辨置也。外難：『此因財生犯，何不入三十中？』（七七一頁上）答：『以小故不入也。』『若爾，如野蚕綿，亦是小物斬壞又同，何故三十中收？』答：『彼雖壞竟，猶得塗壞，是以不同。』」（七七一頁下）鈔批卷二〇：

「立明：不得還本主。又不得與他人以主生惱故。若與僧者，又不得受，唯須打破。」（八四二頁上）

〔六〕若銅、鐵、鉛、錫、鑞、竹、木、葦、舍羅草，用作鍼筒　資持卷中三下：「初，明諸物作筒，非牙角故。」（三二九頁上）

〔七〕若以牙角作錫杖頭、鏢鑽　資持卷中三下：「『若』下，次明牙角非作筒，故總十七物。律文並以『若』字間之。一、錫杖頭及鏢鑽。鏢，音『飄』，或去呼，刀劍鞘下飾。今謂錫杖鑽飾也。」（三二九頁上）簡正卷一二：「錫杖頭，標鑽者，諸記云：錫杖頭上，標此層級，與作即纂。（准此全於上尺）。大德云：義淨三藏解錫杖都有三分：上一分是錫，中一分是木，下一分或牙骨及角等不定。今云標纂，即最頭邊，猶如此間纂杖無別。」（七七一頁下）鈔批卷二〇：「鏢纂（上『疋燒』反。），說文云：刀鞘末銅（原注：『末銅』疑『下飾』。）也。釋名云：矛下頭曰鐏，江南名也，關中謂之鐏（音『子亂』反。），律文作鏢鑽，非體。」（八四二頁上）

〔八〕傘蓋子、斗頭鏢　資持卷中三下：「『傘』下六字，一事二物。指歸云：傘蓋子，即傘莖上簽柄。斗頭鏢，亦傘上仰承，斗以牙角飾也。（寄歸傳說：西國僧多自持小傘故。）」（三二九頁中）簡正卷一二：「傘蓋子者，散者，作此蓋，以仰風雨也；子者，蓋下莊飾具也。斗頭鏢者，（『疋燒』反。說文云：釖，鎖下飾也。）此謂蓋下有斗，是此斗飾具也。」（七七一頁下）鈔批卷二〇：「言傘者，（『先半』反。）蓋也，見東觀漢記。案蓋人以御風日之具，亦作『繖』也。」（八四二頁上）扶桑記：「按：簽，栖上轤轆斗下轤轆乎？斗，形如斗乎？」（二五二頁下）

〔九〕纏蓋斗　資持卷中三下：「纏蓋斗，未詳何物。」（三二九頁上）簡正卷一二：「纏蓋斗者，繞裹爾蓋斗口飾也。（此依諸家解。）；礱記云：律文無此三字，抄文添云，即是傘上曼上方板子也。」（七七一頁下）

〔一〇〕如意　資持卷中三下：「如意，即爪杖用以搔痒。」（三二九頁上）

〔一一〕玦鈕　資持卷中三下：「玦鈕，音『決』，謂環不相連。二衣篇云：以衣繞身訖，用帶圍繞，收束之也。」（三二九頁中）簡正卷一二：「玦玥者，杜預云：玦如鐶，而不相連。玥者，是鐶內小見子。寶云：猶似俗中寶腰帶、鳥玦不異，此間師僧即無，西大（【案】『大』疑『土』。）皆有。若著裙子時，以條繩繫定玦。玥在繩頭，然後作攝等。」（七七一頁下）鈔批卷二〇：「玦鈕（上『居穴反』。），杜預曰：玦如鐶，而玦不相連也。下（『女酉』反。）或作『鈕』字，

又作『鈕』字，同廣逐（原注：『逐』疑『正』。）云：印鈕謂之鼻，今像此也。又，說文云：糸也。」（八四二頁上）

〔一二〕匕　資持卷中三下：「即匙。」（三二九頁中）

〔一三〕鈎衣鉤　資持卷中三下：「鉤，音『滑』，謂鈕中橫鉤。」（三二九頁中）簡正卷一二：「鈎衣鉤者，（『胡八』反。說文云是橫物也，礙。）鈎謂袈裟鉤。子鉤者，狀若此方賓榔子，異繫向條子上。鈎於鞊耳也。」（七七一頁下）鈔批卷二〇：「橫礙也，未詳字出。案通俗文云：堅鞕不消曰碢（『莫八』反。），砏（『胡八』反。）今山東謂骨。縐紐者，碢砏子，蓋取此為也。縐（『烏板』反。）」（八四二頁上）

〔一四〕眼鉤　資持卷中三下：「律云眼藥鉤。」（三二九頁中）簡正卷一二：「眼患熱，用此椑故。」（七七一頁下）

〔一五〕刮汗刀　簡正卷一二：「身有汗，以此刮之。」（七七一頁下）

〔一六〕揥齒物　資持卷中三下：「揥，『他曆』反，律正作『摘』。」（三二九頁中）簡正卷一二：「如今揚枝，頭利，去齒中不淨物也。」（七七一頁下）鈔批卷二〇：「若作『摘』（『都草』反），摘，取也；若作摘（地），謂除也。挑，摘也；又，摛，別也。」（八四二頁上）

〔一七〕挑耳鉤　簡正卷一二：「桃耳椑者，耳中結膡之類，用以挑之。」（七七一頁下）鈔批卷二〇：「挑，摘也；又，摛，別也。」（八四二頁上）

〔一八〕禪鎮　資持卷中三下：「禪鎮，即坐禪時鎮頂用也。」（三二九頁中）簡正卷一二：「禪鎮者，坐禪時安頂上，狀似毬子。」（七七二頁上）扶桑記：「補注曰：『木板為之，形量似笏，中作孔，施紐串於耳上，頭戴去額四指，坐禪人若昏睡，頭傾則墮，以自驚之也。』」（二五二頁下）

〔一九〕熏鼻筒　簡正卷一二：「鼻中有疾，引煙而入療之。已上諸色，既非針筒，是故不犯。」（七七二頁上）

過量尼師壇戒〔一〕八十七

五緣成：一、作坐具，二、過量，三、為己，四、自作、使人，五、作成。便犯。

律中〔二〕：長，姬周尺四尺；廣，三尺。緣外，廣長各增一尺〔三〕。此是定量。餘如「衣法」廣明。文云：若過量，若互減互過，自他作成，皆墮〔四〕。若不成〔五〕，為他作成、不成，一切吉羅。

不犯〔六〕者。應量、減量作；若從他得已成者，截割如量〔七〕，若作

兩重〔八〕者；不犯。今有通量而作〔九〕者，諸部不許〔一〇〕。四分七百結集中，亦不許〔一一〕。僧祇：若欲懺〔一二〕悔，截卻量外，謂初量外，非是增〔一三〕者。依法懺之。餘者說淨〔一四〕。若已曾過十日〔一五〕，如「長衣法」，捨之，準多論衣法〔一六〕。

【校釋】

〔一〕**過量尼師壇戒** 資持卷中三下：「（佛在舍衛。聽諸比丘作尼師壇。六群太作。故制）。」（三二九頁中）鈔批卷二〇：「此戒與前大同，唯有過量為異。」（八四二頁下）【案】本戒鈔科稱為「過量坐具戒」。四分卷一九，六九四頁上開始。

〔二〕**律中** 鈔科卷中三：「『律』下，釋第二。」（八五頁下）

〔三〕**緣外，廣長各增一尺** 資持卷中三下：「引律初示尺量。增一尺者，初則一頭一邊增之。今準感通傳，須於四周各增五寸。」（三二九頁中）

〔四〕**若過量，若互減互過，自他作成，皆墮** 簡正卷一二：「上扁（【案】『扁』疑『篇』。）『房戒』九句，則有『如有減有過』，今此戒准律，但（原注：『但』下一有「有」字）過不過，然則不過，便是如也。又，下不犯中，有其減文，取共成句，理亦無失。一、長中過廣，廣中不過；二、廣中過長，中不過；三、俱過皆捉。鈔言：互減過者，且長廣減，長減廣過，即皆犯也。自他作成者，自則為己作。他，謂令他為己作戒，皆提。」（七七二頁上）鈔批卷二〇：「此戒與前大同，唯有過量為異。若互減互過，皆墮者，同造房戒九句也。言九句者，長中過廣，長中過。廣中如長，中過。廣中減，長中如。廣中過，長中如。廣中減。長中減。廣中過。長中減。廣中如。長中減。廣中減也。」（八四二頁下）【案】參見上篇「三十捨墮」之「初長衣過限戒」及「無主僧不處分過量房戒第六」。

〔五〕**若不成** 簡正卷一二：「即自為己作，不成；及令他為己作，不成；及為他作成不戒（【案】『戒』疑『成』。），皆吉也。」（七七二頁上）

〔六〕**不犯** 鈔科卷中三：「初，正明不犯；二、『僧』下，明懺法。」（八四頁下）簡正卷一二：「准律有四開緣：一、應量，二、減量，三、得過割截，四、若作兩重。」（七七二頁上）

〔七〕**若從他得，已成者，截割如量** 資持卷中三下：「得已成者，兩種修改，並謂受時，即作此意。」（三二九頁中）

〔八〕**若作兩重** 簡正卷一二：「律云：若氈作兩重也。意道：若無作，一重過量即

犯。今意無擬，作兩重意，雖過未犯也。」（七七二頁上）鈔批卷二〇：「立謂：先是單作。既過量，由是單故不犯。今則攝之，為兩重竟，若未過不犯。若攝竟，猶過方。」（八四二頁下）資持卷中三下：「以過量故，襧疊令如。」（三二九頁中）

〔九〕通量而作　簡正卷一二：「通長五尺、廣四尺。於長中通作一緣，不取初量，截斷施緣。若不更增廣長，各半搩手等。」（七七二頁上）鈔批卷二〇：「鈔意：令依本量而作開者，別於緣外襷之。若初作，即依開法。籠通作者，則是犯也，謂同跋闍之風也。」（八四二頁下）

〔一〇〕諸部不許　資持卷中三下：「注斥非法。『謂部』（【案】『謂』疑『諸』。）即僧祇、十誦等。」（三二九頁中）簡正卷一二：「僧祇云：更增者，對頭卻刺，互減過提。十誦：作不盖縷邊淨者，謂依初制，不更增大，（七七二頁上）故云淨。又，尺不益縷邊，是過量作，只可說淨，不堪受持，故云淨也。（恐不如前解。）伽論不接頭者，四分七百結集不許者，彼跋闍云：得畜不截坐具。鈔主云：是跋闍檀（【案】『檀』疑『擅』。）行十事已，集閻浮僧斷了，故云不許截卻。外者未審，為是初量，為是增量耶。」（七七二頁下）

〔一一〕七百結集中，亦不許　資持卷中三下：「七百結集，四分下文懺法中，恐人但截外增，故特注之。若增量有過，亦須截之。」（三二九頁中）【案】四分卷五四，九七〇頁上。

〔一二〕懺　【案】底本為「截」，據大正藏本改。僧祇卷二〇，三九三頁上。

〔一三〕初量外，非是增　簡正卷一二：「謂初量過故，須截卻也。謂初制長佛二搩手廣，一搩手半，則濶三尺，長四尺，更增廣長各半搩手，又各一尺，則長五尺，廣四尺。作坐具時，合先准初制，四周安緣，都長四尺，廣三尺，此是初量。後更向長邊、廣邊，各增一尺刺著。初制量，緣外是如法坐具。今過量作者，且取一邊一頭七寸來，緣為其增者，此增由各合有三寸來在。又須准初量，亦合有緣。今不截安緣，據此一頭一邊，亦是不截。今將引初量，一頭一邊之緣，及增者三寸，通在初量，而不截斷。約合截此一頭一邊，及增者各三寸，淨許一段，長五尺，一段長三尺落，故云截初量也，非是增者。古來云：截卻增量外也。若是初量，猶尚未過，何須截卻增者？但有七寸已來，豈是減？不可言截也。此義不正。今師簡之，故云『非是增者』。」（七七二頁下）鈔批卷二〇：「謂須截中間，本過量處，非是截外邊加處也。」（八四二頁下）

〔一四〕**餘者說淨**　簡正卷一二：「所截除者，若是應量，固宜須說，縱非應量，准論亦須。」（七七三頁上）鈔批卷二〇：「既過量作竟，今若截卻所截得者，雖非應量之物，准多論亦須說淨。若是應量，八指已上，固宜須說。」（八四二頁下）資持卷中三下：「謂量外截除者，以不入受持故。」（三二九頁中）

〔一五〕**若已曾過十日**　簡正卷一二：「制令捨之，應量作提。悔不應量，作吉懺也。」（七七三頁上）鈔批卷二〇：「立謂：准多論，若不應量衣，捨作吉懺，故言准多論衣法也。」（八四二頁下）

〔一六〕**準多論衣法**　資持卷中三下：「彼三衣量外須說淨，不說過日犯長。」（三二九頁中）

覆瘡衣過量戒〔一〕八十八

律云：用覆身上種種瘡，上著涅槃僧。得用大價細㲲衣作〔二〕。長姬周尺八尺，廣四尺〔三〕也。不犯，略同前戒〔四〕。

十誦：乃至瘡差後十日，過者結墮〔五〕。

【校釋】

〔一〕**覆瘡衣過量戒**　資持卷中三下：「（佛在舍衛。比丘患瘡，聽作覆瘡衣。六群大作。故制。）此下三戒，並不列緣，例上『尼師壇』作之，但改初緣為異。」（三二九頁中）鈔批卷二〇：「立謂：同上坐具之戒，如量減量，皆不犯也。」（八四二頁下）【案】本戒鈔批稱為「過量覆瘡衣戒」。四分卷一九，六九四頁下開始。

〔二〕**得用大價細㲲衣作**　資持卷中三下：「『得』下，示衣體。細軟者，不損瘡故。」（三二九頁中）

〔三〕**長姬周尺八尺，廣四尺**　資持卷中三下：「『長』下，示尺量。戒本云：長佛四搩手、廣二搩手故。」（三二九頁中）

〔四〕**不犯，略同前戒**　簡正卷一二：「已為他，他為己，得已成者，乃至疊作兩重等，並開如前『坐具戒』，應量減量，俱不犯。」（七七三頁上）資持卷中三下：「下三同前，故並不出。」（三二九頁中）

〔五〕**乃至瘡差後十日，過者結墮**　簡正卷一二：「緣身患瘡，故佛開之。為護涅槃僧故，不用淨施。今既差緣謝故，十日內須說即犯。」（七七三頁上）鈔批卷二〇：「以緣身瘡故，佛開用之。為護涅槃僧，不須說法。今瘡差後，十日內說淨。過後不說，即得提罪也。」（八四二頁下）資持卷中三下：「十誦瘡差須淨，以無緣故。」（三二九頁中）【案】十誦卷一八，一二九頁下。

雨衣過量戒〔一〕八十九

文相如「三十」中〔二〕，不解可知。

【校釋】

〔一〕雨衣過量戒　資持卷中三下：「（佛在舍衛。毘舍佉母送雨浴衣，佛令隨上座
與不足者，六群大作。故制。）」（三二九頁中）鈔批卷二〇：「四分緣起。毘
舍佉母初為請施之緣，由遣人往寺請僧，過見裸形而浴，使返事者，因求佛開
施，總有八願。此當一條，佛覩此女八願，即時開許。便說偈言：『歡喜施飲
食，持戒佛弟子，布施於眾人，降伏慳嫉心。依樂受樂報，永得安隱樂，得天
上處所，得無漏聖道。心樂於福德，快樂無所（【案】『所』四分作『可』。）
喻，得生於天上，長壽常安樂。』（只三行偈也。）」（八四三頁上）【案】本戒
鈔科稱為「雨浴衣過量戒」。四分卷一九，六九五頁上開始。

〔二〕文相如「三十」中　簡正卷一二：「指『雨衣戒』也。」（七七二頁下）資持卷
中三下：「前戒委明，求用時節。律中，長佛六搩手，即一丈二；廣二搩手半，
則五尺。」（三二九頁中）

與佛等量作衣戒〔一〕九十

多論云：佛量丈六，常人半之〔二〕。衣廣、長，皆應半也。十誦云：
長佛九搩手，五、祇二律亦同。有本「十搩手」者，錯也。長，姬周尺
丈八；廣，丈二。常人九尺、六尺也。事希故，無暇廣述〔三〕。須知。

【校釋】

〔一〕與佛等量作衣戒　資持卷中三下：「（佛在釋翅瘦。難陀短佛四指，人遙見謂
佛。佛令難陀著黑衣。六群等佛量作。故制。）注戒名『過量三衣戒』。四分
三衣隨身長短，唯以佛衣為分齊。『若爾，鉢量所以同者？』答：『由體別故。
（佛用石鉢。）衣量別者，以體同故，互彰同異，則無濫也。』」（三二九頁
中）簡正卷一二：「難陀短佛四指，諸比丘遙見，謂是佛等。後制難陀著黑衣，
為簡異故。諸比丘即與佛衣色並同也。六群意云：『我曾既衣色與佛並同，亦
量亦合齊等。』遂即與佛等量，或過量作故制也。」（七七三頁上）【案】本戒
鈔科稱為「佛衣等量戒」。四分卷一九，六九五頁中開始。

〔二〕佛量丈六，常人半之　資持卷中三下：「示量中。初引多論，示佛身量。『十
誦』下，總會諸文。」（三二九頁中）簡正卷一二：「常人半之，即八尺也。戒
疏問云：『餘之三戒，定制量，限三衣一戒，不定量者？』答：『餘三非是沙門

道。明正儀，隨其大小，皆得受用，（七七三頁上）故出定量。此三法衣道服
標戒。若定出量，人有長短，不稱威儀，隨其身分，不出定量，故有與佛等過
作也。』（七七三頁下）【案】多論卷九，五六一頁上。

〔三〕**事希故，無暇廣述**　資持卷中三下：「『事』下，顯略。廣在疏中。」（三二九
頁下）鈔批卷二○：「祇十八云：為難陀比丘是佛親弟，愛道所生，有三十
相，欠佛二相：少白毫相耳，埵相短佛四寸。諸僧遙見，謂言是佛，皆起迎，
各懷慙愧，致諸比丘呵責。云：『何令我上座而迎於汝？』因制難陀著黑色
衣，令色異佛。諸比丘衣色與佛同。六群見之：『衣色既與佛同，謂量亦應同
等。』遂與佛等量作衣，故便制戒。案十誦云：長老難陀，佛弟，母（【案】
『母』前疑脫『姨』字。）所生，與佛身相似，有三十相，短佛四指。時難陀
作衣與佛同量，諸比丘若食時，食中遙見阿難來，謂言是佛，皆起迎逆：『我
等大師來。』世尊來近，乃知非。諸上座皆羞，作是思惟：『此是我等下座，
（八四三頁上）云何起迎？』難陀亦羞，言：『乃令諸上座起迎我？』諸比
丘以是白佛。佛言：『從今應減量作衣。若與佛衣等量作者，若過，皆犯提
也。』問：『過量坐具、過量覆瘡衣，及等佛量衣，此三戒，尼但犯輕。過量
雨衣戒，尼何同量者？』答：『女人身染醜相，外彰喜樂，大作雨衣，故同僧
犯。餘之三者，常資用，尼好小作，過量義希，是故但結吉也。』」（八四三
頁下）

四提舍尼〔一〕

【校釋】

〔一〕**四提舍尼**　簡正卷一二：「具足應云『波羅提提舍尼』，（此六字連呼，不得析
開也。）此翻『向彼悔』，今云『可呵法』者，亦從對治得名也。」（七七三頁
下）鈔批卷二○：「初，言來意者。上雖威儀行成，若不遠避嫌疑，容招譏過，
則心懷染着，不能生善，故制此四也。言釋名者。如昔相承『向彼悔』也，如
上說之。今云『可呵法』者，亦是對治得名也。母、多二論云：此戒體無罪
名，但一人邊，一說悔過。若自心念，皆能滅也。第二，置四所由者。凡譏過
文（原注：『文』疑『之』）來，不出內外眷屬。先就內中，不過私、眾兩所。
初在屏處者，比丘與尼，法服是同，男女位別，理須離染。體在聚落，目手取
食，容生染穢，對離此過，故制初戒。又，在眾中偏指授，迹涉曲私，默受可
訶，於眾不顯，對離此過，（八四三頁下）故制第二戒也。託外超者，不過聚
落、蘭若。聚落起者，學家過受，令他竭盡，致譏過故，制第三戒也。蘭若起

者，比丘懈墮（原注：『墮』疑『惰』。），在於迴險，安坐受食，使賊嬈觸遣
食女人，對於斯過，故制第四戒。此則因於內外，故置茲四也。第三，二部同
異者。尼並犯吉，皆為希故。初二戒，僧尊尼卑，理非所授，希故但吉。若學
家受食尼輕者，尼是下眾，感彼情薄，必無傾竭，故所以輕。第四，持犯方軌
者。礪云：此四戒中，二、四兩戒，具二持犯。言二持者，若見指授，止而不
食，即是止持；若見事時，即順聖教，作法而呵：『大姊！且止身業食。』不
生罪過，名曰作持。此之二緣，名體俱別。言二犯者，若見過不呵，食便得
罪。此罪由止而生，故曰止犯。雖止不呵，若身業不食，無此止犯；復由身
業，食食而生，名為作犯。望前名止為作。此罪體一，而名有異。又可二持，
亦是體一名異。如作法呵，名為作持。以其呵故，雖食無過，反前作犯，豈非
上（【案】『上』疑『止』，後疑脫『犯』字。）。第四蘭若，止而不食，名為止
持。若順聖教，語言：『檀越莫送食來。』而施主知，復送來，雖食無罪，名
為作持。二犯者，不語檀越，名為止犯；而受食食，即是作犯。（八四四頁上）
餘之二戒，止則是持，作則是犯。」（八四四頁下）【案】以下諸戒制緣見四分
卷一九，六九五頁下及以下。

初戒，名「在俗家從非親尼取食〔一〕」也

五緣：一、俗人舍，二、非親尼〔二〕，三、無緣〔三〕，四、自手取食
〔四〕，五、咽，結。

四分：食者，正、不正〔五〕也。無病自取，咽咽結〔六〕。文中，不
論自、他二食，約緣通之〔七〕。五分：在巷中犯，家內不犯〔八〕。緣起
如此。

律不犯者。受親里尼食〔九〕，若有病〔一〇〕，若置地與，若使人授
〔一一〕，若在僧寺與，若在村外，若尼寺內〔一二〕，一切皆得。

【校釋】

〔一〕在俗家從非親尼取食　簡正卷一二：「准理合云：『在俗家從非親尼取食戒第
一』也。」（七七三頁下）鈔批卷二〇：「此戒緣中，為蓮花色尼飢世乞食，得
已施僧。經於二三日，自不得噉，困仆於地，頭面掩泥，居士生譏。佛即制
戒。」（八四四頁下）【案】四分卷一九，六九五頁下開始。

〔二〕非親尼　鈔批卷二〇：「上『同坐』等戒，外相不緣，親疏同結，譏患齊故。
此在俗家人請，相委親不涉譏，故使聽與。」（八四四頁下）

〔三〕無緣　資持卷中三下：「謂無病也。」（三二九頁下）鈔批卷二〇：「有病開緣

也。以病人苦惱譏醜，不生為濟形命，故聽開也。」（八四四頁下）

〔四〕**自手取食** 鈔批卷二〇：「以置地、置遣人，表敬不繩，相無譏過，故亦聽之。」（八四四頁下）

〔五〕**食者，正、不正** 資持卷中三下：「釋第四。初明食體。」（三二九頁下）

〔六〕**無病自取，咽咽結** 資持卷中三下：「『無』下，示犯相。」（三二九頁下）

〔七〕**不論自、他二食，約緣通之** 資持卷中三下：「『文』下，決通律文。據律緣起，乃尼自食而不云他。今約犯緣，自他俱犯，故云通之。」（三二九頁下）簡正卷一二：「不論自、他二食者，若尼自己食，或尼從他檀越乞，得食也。約緣通之者，約緣通皆成犯。故祇云：尼有大福德，日乞食供五百比丘，明他食也。」（七七三頁下）鈔批卷二〇：「立謂：若尼已食，或尼從檀越乞得食，通是犯也。」（八四四頁下）

〔八〕**在巷中犯，家內不犯** 鈔科卷中三：「『五』下，點初緣。」（八五頁下）鈔批卷二〇：「案五分云：時有尼乞食，易得，多盡施比丘。如是乃至第三日，所得盡施，比丘尼既三日不得其食。時有長者，乘馬車行，彼尼欲避，即便倒地。長者下車，扶起問言：『何以如此？』具答其事。譏言：『尼施雖無猒，而受者應知足也。』因此緣故，舉事白佛。佛言：『不得從街巷中受，受者犯。若比丘在聚落內，尼在聚外，若比丘在空受食，皆吉。』」（八四四頁下）簡正卷一二：「彼緣白佛，佛制不得從街巷中受，受者犯也。四分制在村內犯，村外不犯。今五分巷中當四分村外，此盖緣起，部行別不同，故云緣起如此也。」（七七三頁下）資持卷中三下：「五分結犯，不同本宗，彼據緣起。若據四分，緣亦道中。但結戒本，須在俗舍，不可和會。」（三二九頁下）【案】五分卷一〇，七二頁上。

〔九〕**親里尼食** 資持卷中三下：「初開親里。疏云：以在俗家，人情相委，親非譏故。」（三二九頁下）簡正卷一二：「所以簡親者，戒疏云：俗家人情相委，親非譏過，故聽病人苦惱、譏醜不生，濟令亦開置地使人，（七七三頁下）敬相無抱，所以復開也。」（七七四頁上）

〔一〇〕**若有病** 資持卷中三下：「疏云：病人苦惱，譏醜不生。」（三二九頁下）

〔一一〕**若置地與、若使人授** 資持卷中三下：「置地及遣人者，疏云：敬相無絕，所以後開。」（三二九頁下）

〔一二〕**若在僧寺與、若在村外，若尼寺內** 資持卷中三下：「三處開受，譏過少故。」（三二九頁下）

在俗家偏心授食戒〔一〕

四緣成：一、白衣舍，二、偏心越次指授〔二〕，三、大眾默受不訶〔三〕，四、隨咽，結。

五分：第一上座應訶；不用語者，乃至新受戒者亦得〔四〕。僧祇：三訶不止，食者無犯〔五〕。十誦：若二處僧別坐、別食，亦須別問「已約敕未」，未者不得食〔六〕；後坐人亦爾〔七〕。

律不犯者。若語言「大姊且止，須待食竟〔八〕」；若尼自為檀越〔九〕；若檀越設食，令尼處分〔一○〕；若不故作偏為彼此者。

【校釋】

〔一〕在俗家偏心授食戒　資持卷中三下：「（佛在舍衛。眾多比丘與六群白衣家食，六群尼索羹飯，越次與六群。因制。）」（三二九頁下）【案】本戒鈔科稱為「白衣家受食戒」。四分卷一九，六九六頁中開始。

〔二〕偏心越次指授　資持卷中三下：「犯緣第二，屬於尼也。」（三二九頁下）

〔三〕大眾默受不訶　鈔批卷二○：「疏云：眾覩過，默受不呵，即表合眾，同情容惡，故制舉眾，並不聽食。若聞呵即止，非眾容惡，是以聽食，是故許食，成施主福故也。十誦：若二處僧別坐食，亦須別問。」（八四五頁上）

〔四〕不用語者，乃至新受戒者亦得　鈔科卷中三：「『五』下，釋第三。」（八五頁下）資持卷中三下：「五分：眾中隨得一人呵之。不用語者，謂不須上座呵也。」（三二九頁下）【案】五分卷一○，七二頁下。

〔五〕三訶不止，食者無犯　資持卷中三下：「恐時過故。疏云：聞呵不止，非眾容惡，是故聽食。（四分一呵，不止亦開。）」（三二九頁下）【案】僧祇卷二一，三九八頁上。

〔六〕若二處僧別坐、別食，亦須別問「已約敕未」，未者不得食　資持卷中三下：「恐彼此處，不相知故。」（三二九頁下）簡正卷一二：「若二處者，彼有三節，初云二部僧食，隨一部呵，亦名可竟。若別坐、別食、別出者，是中入檀越門比丘，應向（【案】『向』疑『問』。）出門比丘：『有何教檀越與比丘食？』答言：『某尼。』應問：『約勅未？』答：『已約勅了。』是入門比丘亦名約勅。又有出城門者，應向（【案】『向』疑『問』。）出者，如上亦得。」（七七四頁上）鈔批卷二○：「案十誦云：是中犯相者，比丘若受尼所教授食，隨受隨爾，所得『波羅提提舍尼』。若二部僧共坐一部僧中，若有一人語是比丘尼者，第二部亦名為語。若別入、別坐、別出者，是中入檀越門比丘。應問出比丘：『何

比丘尼是中教檀越與比丘食，言其尼應問約勅未？』答：『言已約勅竟。』是入比丘，亦名約勅。有諸比丘出城門時，餘比丘入者應問出者。若出者未約勅，入者應約勅。若出者已約勅，入者亦各約勅也。」（八四五頁上）【案】十誦卷一九，一三一頁下。

〔七〕後坐人亦爾　簡正卷一二：「亦問前坐人『約勅尼未』等。」（七七四頁上）鈔批卷二〇：「明其後坐亦須問前坐人『約勅尼未』等。」（八四五頁上）

〔八〕大姊且止，須待食竟　資持卷中三下：「初是作法，反第三緣。」（三二九頁下）簡正卷一二：「謂待食遍，故言『竟』也。」（七七四頁上）鈔批卷二〇：「琳云：謂待食遍，言『竟』也。」（八四五頁上）

〔九〕若尼自為檀越　簡正卷一二：「自作施主，偏（【案】『偏』疑『遍』。）則無犯。問：『何不開親及與病者？』答：『既是眾中，偏心授食，招過無殊，故不開親病緣。合開文存略也。」（七七四頁上）鈔批卷二〇：「立謂：尼自作施主設食，偏則非犯故也。」（八四五頁上）資持卷中三下：「反初緣也。」（三二九頁下）

〔一〇〕若檀越設食，令尼處分　資持卷中三下：「『若檀越『下，反第二也。」（三二九頁下）

學家過受戒〔一〕

事希不述〔二〕。今諸有信家〔三〕，亦五眾繁踐，無度受供。準此自約，豈非明斷〔四〕。

【校釋】

〔一〕學家過受戒　資持卷中三下：「（佛在羅閱城。居士夫婦俱得見諦，無所愛惜，供養既多，衣食乏盡。招譏。故制。）」（三二九頁下）簡正卷一二：「鈔欠列緣。戒疏具五：一、見諦學家，二、僧作法制，三、無因緣，四、白取置地使人，五、食，犯。」（七七四頁上）鈔批卷二〇：「礪云：夫婦二人，是見諦弟子。謂證下三果，名為見諦弟子也。然與學家羯磨。准祇文，夫婦互有凡聖，不得為作學家羯磨。若夫婦於三果中，（八四五頁上）或俱是、或互是，得與此法。五分亦爾。又，五分云：若其家財物竭盡者，僧有園田應與之，使畢（【案】『畢』疑『異』。）常限，餘以白（【案】『白』疑『自』。）供。若無者，僧有畢供養時，令其家作，使得遣。餘若復無者，得食時，就其家食，與其所餘。若不爾，父子安置比丘寺，婦送尼，給其房舍臥具，及可分衣。悉皆與之。然此四分且立僧制，勿往其家耳。戒疏五緣：一、見諦學家，二、僧作法

制，三、無因緣，四、自取除置地使人，五、食，方犯。」（八四五頁下）【案】本戒鈔批作「學家受食戒」、鈔科作「學家過受食戒」。四分卷一九，六九六頁下開始。五分卷一〇，七三頁中。

〔二〕**事希不述**　簡正卷一二：「鈔意為事希，略與不出也。」（七七四頁上）資持卷中三下：「事希者，於凡無用，非鈔意，故今略明之。五緣成犯：一、見諦學家；（餘凡有信，應可犯吉。）二、僧作法制。（佛令白二制斷，故知無法不犯。）餘三緣，同上、下戒。」（三二九頁下）

〔三〕**今諸有信家**　資持卷中三下：「『今』下，因示誡誥。初出過。」（三二九頁下）簡正卷一二：「上言見諦，是證三果，猶在學地，故曰『學（【案】『學』疑『信』。）家』也。」（七七四頁上）

〔四〕**準此自約，豈非明斷**　簡正卷一二：「准此無度受施，全其俗家因福故。窮困自息貪求，是明斷也。」（七七四頁上）資持卷中三下：「不犯者，若先請，若病，若從他受，若白二法解等。……『準』下，申誡。然今末世，雖非聖家，招譏無異，故令節約。」（三二九頁下）

有難蘭若受食戒〔一〕

五緣：一、是蘭若險處〔二〕；二、先不語檀越〔三〕；三、無病難緣〔四〕；四、自手取食，除置地、使人〔五〕；五、食咽。犯。

【校釋】

〔一〕**有難蘭若受食戒**　資持卷中三下：「（佛在釋翅瘦尼拘律園。城中女人送食供養，為賊觸嬈，即制此戒。）」（三二九頁下）【案】本戒鈔批作「蘭若受食戒」。四分卷一九，六九七頁下開始。

〔二〕**蘭若險處**　資持卷中三下：「初緣，險處謂賊怖也。」（三二九頁下）鈔批卷二〇：「多足惡賊、師子、虎狼。送食女人，便被恐怖陵辱，比丘安座受食，先不語知，又不迎逆，故犯。案五分云：時諸比丘在蘭若處住，諸白衣餉食為賊所劫。佛言：『應語送食者，令其莫來。』時有比丘，不知外人當來，以是白佛。佛言：『應恒遠望，若見人來，馳往語之，有食為取，遠遣令返。』時有送食人忽至，已入僧坊，諸比丘不知云何，以是白佛。佛言：『聽一人即為受，自出一分，餘行與眾。以己一分，從眾中一人貿食，令速去。若不得去，應藏送食人，勿令賊見。若復不得，應獲剃頭，著法服令去等也。』」（八四五頁下）

〔三〕**先不語檀越**　資持卷中三下：「語即非犯。佛言：『應語諸婦女，莫出道路，有

賊怖。』若已出城，應語言：『莫至（三二九頁下）僧伽蘫（【案】『蘫』疑『藍』。）中。』（以寺去城遠故。）」（三三〇頁上）鈔批卷二〇：「礪云：若語莫來，來而得受，故曰先不語也。雖先語藍外得受，故曰（原注：插入『故曰』二字。）藍外不受食，而在藍內受食。」（八四六頁上）

〔四〕**無病難緣**　鈔批卷二〇：「雖在藍內，病緣不犯，故言無病也。」（八四六頁上）資持卷中三下：「律云：若故持食來，聽病人受。」（三三〇頁上）

〔五〕**自手取食，除置地、使人**　鈔批卷二〇：「宜地亦開，故曰自手受受。據此解者，雖在蘭若藍內受食，犯。餘道路、藍外，並不犯。礪又一解云：若先語莫送，藍及道路受，俱無罪。以不約束二處，受犯。今不言道路犯者，此綺互耳。」（八四六頁上）資持卷中三下：「第四。律云：若有施主以食置地，若教人與，二皆不犯，故云『除』也。不犯者。若來受，教敕聽法，自食令授。」（三三〇頁上）

眾學戒〔一〕中

威儀之要，具在諸門，略收將盡〔二〕。今撮摘數十〔三〕，人之喜犯，故復緝敘〔四〕。

【校釋】

〔一〕**眾學戒**　資持卷中三下：「罪無眼（【案】『眼』疑『限』。）量，故云『眾』。易犯難持，故令學。唯此篇題，與前迥異。」（三三〇頁上）簡正卷一二：「眾學戒，文分三段：初，總牒名；二、衣戒列釋；三、『自』下，通結。初，云『眾學戒』，疏五門，非要不敘。今略釋名者。『唯以此篇，不列定數，但云眾學者何？』答：『威儀微細，量等河沙，有何數目？故總標之，目為眾學。今此一百，且就喜犯以標之。若據梵語，或『又迦羅尼』，此云『應當學』。西天語倒，即云『學應當』，今取文順故也。向六聚總制學之，名為學處。』『何局此篇，云應當學？』答：『餘則易持難犯，此戒易毀難護。故前文云：專翫在心，乃名守戒等。若就所防影名，即云『眾突吉羅』。今隱所防，就能治行，故云眾學』。」（七七四頁下）鈔批卷二〇：「此一百戒，及七滅諍，當第五篇。就中，略引三門分別：一、列數釋名；二、諸部有異；三、僧尼不同。初中。所以此篇不列數者，但威儀細，量等塵沙，何有約數？定其名目，故總號之為『眾學篇』也。諸部之中，名數亦各不定，且約人之喜犯，舉百列之，集在篇中，為罪綱紀。自餘雜位隨相，尼律儀法聚四萬二千，或八萬種。或周法界，方便根本，動念有境，境必戒護。護有三時，前後方便，無非惡作，翻惡成

善，即是『二持』。持須託境，故云『眾學』，梵言『式叉迦羅尼』。見論云：『式沙』，翻為『學』也。『迦羅尼』者，云『應當作』，以語倒故，故言『應當學』也。多論問：（八四六頁上）『何故此篇，獨名應當學？』答：『餘戒易持而罪重，犯懺是難。此戒難持而易犯，常須念學，故不列罪名，但言應當學。又云：若就所防彰名，應言『眾突吉羅』。今隱其所防，就能治行，以立名曰『故言學』也。論其所學，實通上四，非局此篇，但人情落淡，重罪多持，輕便不敬。若論成行，非懃攝護，終不可成。所以大聖觀物機緣，加勸勉故，與『學』名。又，能持此戒，滿足無缺，即名學行成就。就終彰名，學功義顯，故偏於此戒，受學稱也。』二、諸部有異者。祇有六十六戒，有十八戒四分所無；十誦一百七戒，四十七戒四分所無；五分一百戒，四十四戒四分所無；解脫九十六戒，五十三戒四分所無。三、僧尼不同者。趨行生草，尼重僧輕，餘並同犯。就此篇中，威儀雜亂，一往難觀，束以分之，略為四節。初，從篇始至『不得立便利』來，有五十一戒，明敬僧威儀行。二、從『不得與反抄衣者說法』至『騎乘人』來，有八戒，明敬法威儀行。三、從『不得佛塔下止宿』至『佛在下房』來，有二十六戒，明敬佛威儀行。四、從『人坐己立不得為說法』下為十五戒，出能敬之人，於四儀中雜明，敬尚三寶行。（八四六頁下）初中，所以明敬僧威儀行者。然威儀服式、行坐進止、飲食便利，皆是僧之威容。若齊整端嚴，舉動有法則，彰內有道行，外生信敬，光顯佛法，利益含靈。若僧眾違越，則自壞心行，外長他惡，於此僧寶，情生簿淡，汙辱不輕，或延三寶，通不敬重，故前明僧成住持故。次，所以明敬法威儀者。然法是濟生死之良藥，開識性之眼目，必能敬而奉行，則超越眾累，清昇彼岸。若慢而輕毀，則永沉生死，長淪苦海，殃累之深，特宜須護，由僧行法，故次而制。三，明敬佛威儀行者。然法不自弘，宣由化主，故次列敬佛。然佛為法王，獨拔世表，大悲愍物，開化無涯。利益群識，其恩深厚，事須尊敬，以求出世。故制尊敬，以求出世。（原注：『故』等八字疑衍。）故制尊塔靈廟，弘利人天。有心之徒，宜應歸向，夙夜展虔，潔淨恭仰。理宜肅敬，表如在之慕也。四，明能敬之人。於四儀中，雜明敬尚三寶行者，上雖三寶通列，而雜法猶多。明末代凡僧，內闕道法，輕侮聖教，隨緣輒說，既不利人，亦自虧戒。所以多置網目，庶使准繩，無得漏越，致失大利也。所以僧前佛後者，有多三寶，位列不同，一體三寶者：（八四七頁上）法須為先，佛師法也，別相為言。佛初成道，次轉法輪，當機悟入，僧為第三。今就住持，僧為初也。由僧行

化，說法利人，法匪凡課，功由聖闡，故佛居後。依法奉敬，方有住持。」（八四七頁下）扶桑記：「行宗：敬僧者，謂此諸戒，並僧威儀。遵承奉行，即是敬僧。」（二五五頁下）

〔二〕**威儀之要，具在諸門，略收將盡**　鈔科卷中三：「『威』下，列戒相。」（八六頁上）資持卷中三下：「『諸門』者，即指上、下諸篇。」（三三〇頁上）簡正卷一二：「威儀則是。非威儀身口所犯不應之罪，具在上、下諸篇之中，約略收攝將盡也。」（七七四頁下）鈔批卷二〇：「上、下諸篇，皆明威儀之行，收攝吉羅略盡也。」（八四七頁下）【案】「百眾學」文分為四：初，「威儀」下敘意；二、「初齊整」下牒釋；三、「餘戒或」下開緣；四、「自餘通」結略。本眾學戒相，分二類。初，委釋前四戒：初齊整著涅槃僧戒，二、齊整著三衣戒，三、反抄衣戒，四、反抄衣坐戒；二者，略釋後諸戒，共四十六種：衣纏頸戒、覆頭戒、跳行戒、蹲坐戒、叉腰戒、搖身戒、掉臂戒、覆身戒、左右顧視戒、靜默戒、戲笑戒、用意受食戒、平鉢受飯戒、平鉢受羹戒、羹飯等食戒、以次食戒、不挑鉢中央食戒、索羹飯戒、飯覆羹戒、視比座鉢戒、繫鉢想食戒、大揣食戒、張口待食戒、含食語戒、遙擲口中戒、遺落食戒、頰食戒、嚼食作聲戒、噏飯食戒、舌舐食戒、振手食戒、把散飯戒、汙手捉食器戒、棄洗鉢水戒、生草上大小便戒、水中大小便戒、立大小便戒、不恭敬說法等戒、佛塔中宿戒、藏物塔中戒、著革屣入塔等戒、塔下坐留食戒、塔下擔死屍等戒、持佛像至大小便處戒、向塔舒腳坐戒、携手在道行戒。

〔三〕**今撮摘數十**　簡正卷一二：「生起此篇吉羅釋相之意。」（七七四頁下）鈔批卷二〇：「今撮摘數十者，生起下釋相之意也。」（八四七頁下）資持卷中三下：「『數十者』下，釋五十餘條耳。對望諸篇，故云復敘。此篇既略，學者多迷，或是時須，何宜不識。故今記中，隨相點之，委釋教旨，如戒本疏。又前諸戒，並列犯緣。此獨無者，由故誤皆制，動即成犯。必欲強立，準具五緣。如云：一、是涅槃僧，二、知，三、無緣，（病等諸開。）四、不齊整，五、隨著，犯。自餘例此可知。」（三三〇頁上）

〔四〕**復緝敘**　簡正卷一二：「緝，（『七入』反。），續也。敘者，次也。緝續其文，次第解釋。（更有異說，非正不敘。）」（七七四頁下）【案】「緝」，底本為「輯」，據大正藏本、貞享本及弘一校注改。

初，齊整著涅槃僧〔一〕者

律云，不齊〔二〕者：或時下著，繫帶在臍下；高者，褰〔三〕齊膝；

象鼻〔四〕者，垂前一角〔五〕；多羅樹葉者，垂前二角；細襴者，繞腰細襴皺。此之犯相，故作，犯應懺突吉羅〔六〕；以故作故，犯非威儀突吉羅〔七〕。若不故作〔八〕，突吉羅。尼等四眾，亦吉羅。乃至篇末，並同此。

不犯者。或臍中生創，下著；若膝踔創，高著；若僧伽藍內，若村外，作時，行道者〔九〕。

【校釋】

〔一〕齊整著涅槃僧　資持卷中三下：「（佛在舍衛。六群不齊整著內衣，居士譏言『如俳說人，如王、大臣無異』，故制。此篇百戒，多在舍衛，多因六群。下更不出，時有別者，隨為點之。）名云『涅槃僧』者，此云內衣，即是裙也。以西土裙法，橫疊圍身，長繩四繞，抽拔使正，多致不齊。此間作裙，並連腰帶，但著有高下，亦違律制。當依母論，踝上三指，即為齊整。」（三三〇頁上）簡正卷一二：「梵云『涅槃僧』，或云『泥洹僧』，引（【案】『引』疑『此』。次同。）翻為『方衣』，即今僧尼所著裙也。西國諸人，所有內衣，直將橫疊，背後前遮，手張兩角，左右掩披，（七七四頁下）仍以長繩四迊纏腰，抽拔使正安，四攝而已。若繩斷解裙，便墮地。今引方僧著裙，例加腰帶紉結，實有整齊緣。若垂地，亦乖法律。今言齊整者，多論：去踝一搩手。五分云：一時（【案】『時』疑『肘』。）已上。母論：齊踝上三指。鈔意取此成齊整相也。」（七七五頁上）鈔批卷二〇：「此乃梵音，又曰『泥洹僧』，此方翻為內衣。」（八四七頁下）【案】本戒鈔科稱為「齊整著涅槃僧戒」。四分卷一九，六九八頁上開始。

〔二〕不齊　鈔科卷中三：「初，釋不齊整；二、『此』下，通犯相。」（八六頁下）資持卷中三下：「釋不齊中，非法有四：初，是高下；二、象鼻；三、多羅葉者，西域記云：形如梭櫚，用比兩角；四、細襴者，止得前後，兩跨為四襴，多則非法。今時尊簡，同彼女流，非道服矣。」（三三〇頁上）

〔三〕褰　簡正卷一二：「褰者，縮也。」（七七五頁上）

〔四〕象鼻　鈔批卷二〇：「景云：垂左臂上一角，名為象鼻。又云：腰上垂一角也。此著內衣，西國與此不同。」（八四七頁下）

〔五〕垂前一角　鈔批卷二〇：「謂垂一角，或兩角裔地也。衣狀似食憚，將以掩身，以繩束之。有人云：垂謂垂上角也。（濟亦云爾）。有師云：垂下角也。翻譯不了，致別解也。」（八四七頁下）

〔六〕犯應懺突吉羅　簡正卷一二：「應懺吉者，根本罪也。」（七七五頁上）資持卷

中三下：「此中結犯，獨異諸篇，良由輕細，喜犯難護，故則雙結，誤復不開。聖意弘深，麤情莫曉，自非謹攝，信難窮矣。疏云：應懺吉者，對首一說，失儀之罪，責心悔也。已後諸戒，犯相無異，故指並同。」（三三〇頁上）

〔七〕以故作故，犯非威儀突吉羅　鈔批卷二〇：「須對人悔也。深云：此文中明三節。若故作，則隨犯根本一吉；又有不應乃非威儀，一吉也；并根本，是二。若悞作，則無非威儀，但有根本一罪也。九十个戒例然。」（八四七頁下）簡正卷一二：「以故為故，又犯非威儀，吉，責心滅也。」（七七五頁上）

〔八〕若不故作　簡正卷一二：「即是悞為，則無非威儀，但有根本一吉。責心悔諸戒，並列同此。」（七七五頁上）鈔批卷二〇：「責心悔也。尼等四眾，吉。此舉眾學戒中，此戒與尼，同犯吉也。」（八四七頁下）

〔九〕若村外，作時，行道者　資持卷中三下：「村外，不為他譏。作無（【案】『無』疑『時』。）、道中，有所不暇故也。」（三三〇頁上）

二、齊整著三衣〔一〕者

律云〔二〕，不齊者：下垂過肘露脇；高，過腳蹲上。象鼻者，垂前一角〔三〕；樹葉者，垂前兩角〔四〕，後褰高；細㲲者，㲲已安緣〔五〕。

不犯者，略同前戒。

【校釋】

〔一〕齊整著三衣　資持卷中三下：「（居士譏言，如俗無異。）」（三三〇頁上）【案】本戒鈔科作「齊整著三衣戒」。四分卷一九，六九八頁中開始。

〔二〕律云　資持卷中三下：「『律』下，釋不齊相。四過同上。」（三三〇頁上）

〔三〕垂前一角　簡正卷一二：「下垂一角，謂偏披時，角垂左肘之中也。」（七七五頁上）

〔四〕樹葉者，垂前兩角　簡正卷一二：「多羅葉者，垂前兩角，此謂通披時兩角前垂也。故祇云：披衣時，不得如纏軸，應當通肩披，著紐齊兩角。右手捉時，不得手中出角，如羊耳攝。」（七七五頁上）

〔五〕㲲已安緣　簡正卷一二：「謂身寬緣急也。」（七七五頁上）資持卷中三下：「似今裙類。或云：安左臂緣上。僧祇：齊整披衣，不得如纏軸。當通肩披著，紐齊兩角，左手捉時，不得出角如羊耳。」（三三〇頁中）

三、反抄衣〔一〕者

謂左右反抄〔二〕，著肩上也。

若脅有病，在寺中、道行、作時者，得。

【校釋】

〔一〕反抄衣　資持卷中三下：「（譏云：『無有斬愧，如王、大臣。』）初，標名。」（三三〇頁中）【案】本戒鈔科作「反抄衣戒」。四分卷一九，六九八頁下開始。

〔二〕左右反抄　鈔批卷二〇：「兩邊抄上肩也。」（八四七頁下）資持卷中三下：「謂下示相。僧祇云：若值風雨，得抄一邊。偏袒右肩，得抄左邊，通肩披者，得抄右邊，不見肘也。見長老比丘，還即下之。」（三三〇頁中）

四、反抄坐戒〔一〕

文相可知。

【校釋】

〔一〕反抄坐戒　資持卷中三下：「第四，同上，但坐為別。」（三三〇頁中）【案】本戒鈔科作「反抄衣坐戒」。四分卷一九，六九九頁上開始。

已後約略而解〔一〕，不復記數，大途可知〔二〕。

【校釋】

〔一〕已後約略而解　簡正卷一二：「從此上來四戒已後，盡此篇來，少約存略而解。其戒文中，一條之事，皆有兩戒，（七七五頁上）如云『衣纏頭入白衣舍』及『白衣舍坐』，自下但解衣。纏頭入白衣舍，更不釋其坐也。又，下敬佛諸戒甚多，但舉二、三，故云『約略』也。」（七七五頁下）鈔批卷二〇：「約，少也。且如戒本中，一事兩戒，如『反抄衣』，則有『入白衣舍』，復有『入白衣舍坐』等是兩也。今言略者，但釋前入者，不釋後坐者，故言略也。此釋極多。」（八四八頁上）

〔二〕不復記數，大途可知　簡正卷一二：「更不記五、六、七、八，乃至一百等數，不能一一記之。但大途云：涅槃（原注：『涅槃』疑『四十』。）、五十、六十，標舉故曰可知。」（七七五頁下）鈔批卷二〇：「謂不復言，第二、三、四、五等也。」（八四八頁上）

律云：衣纏頸〔一〕者，總捉衣角，著肩上也。

開緣同上〔二〕。

【校釋】

〔一〕衣纏頸　資持卷中三下：「衣纏頸戒。（譏詞同上。）捉角肩上，以緣繞頸也。」（三三〇頁中）簡正卷一二：「下自釋云：總以三衣用纏頭，非是餘衣。」（七七五頁下）鈔批卷二〇：「景云：頸非謂餘衣也。若懺悔，若受教誡者，西國

用坐具者，直是護僧臥具，全不將敷地也。若懺悔時，但存地而已也。」（八四八頁上）【案】以下諸戒，鈔文略釋。唯戒文中的戒名表述有兩種方式：一種是以直接言違戒之事為名，如「索羹飯戒」，另一種是以言止作違戒之事以為名，如「不挑鉢中央食戒」。四分卷一九，六九九頁上開始。

〔二〕開緣同上　簡正卷一二：「謂同上內衣戒，患瘡開主（【案】『主』疑『之』。）。」（七七五頁下）

覆頭〔一〕者，若以樹葉、碎段物，若衣覆也。

不犯〔二〕者。有病，患寒，頭上生創，命、梵難覆頭走者。

【校釋】

〔一〕覆頭　資持卷中三下：「（譏云：『覆頭如盜賊。』）」（三三〇頁中）簡正卷一二：「光律師解云：不得以妄想，覆真如頭，入三界白衣舍。」（七七五頁下）【案】四分卷一九，六九九頁中開始。

〔二〕不犯　資持卷中三下：「今時帽覆，入俗須除，禮佛侍上，皆為媟慢。但患寒有病，例準開之。」（三三〇頁中）

跳行〔一〕者，雙腳跳也。

不犯者。有病，為人打，有賊、惡獸，若棘刺，度渠坑而跳過者。

【校釋】

〔一〕跳行　資持卷中三下：「（譏云：『不慚入室，如似鳥雀。』）」（三三〇頁中）簡正卷一二：「大德云：『跳行』與『跳行坐』兩戒，若為分之，今應作此解。雙腳從床上跳來這邊坐，又跳去那邊坐，故云跳行，白衣舍坐也。諸記中不評量故，迷此相絕多故也。開緣如鈔『蹲坐』，并相及開緣。」（七七五頁下）【案】四分卷二〇，六九九頁下開始。

蹲坐〔一〕者，若在牀，在地上，尻不至地也。

不犯者。有病、尻邊創、若有取與、若禮、若懺悔、若受教誡者。

【校釋】

〔一〕蹲坐　資持卷中三下：「（蹲坐倒地，形露招譏。）」（三三〇頁中）【案】四分卷二〇，七〇〇頁上開始。

叉腰〔一〕者，匡肘也。開緣如「纏頸戒」〔二〕。

【校釋】

〔一〕叉腰　資持卷中三下：「（譏云：『以手叉腰，如人新婚，得志憍放。』又，坐

戒妨比座故。）匡肘，謂兩肘有如匡器焉。」（三三〇頁中）簡正卷一二：「應師云：橫舉，肘叉腰也。」（七七五頁下）鈔批卷二〇：「應師云：律中，字從『胚』，『區放』反，橫舉肘也，未詳字出。此應俗字耳。禮記云：並坐不橫肱是也。律文或作軀，二形並未詳。」（八四八頁上）【案】四分卷二〇，七〇〇頁中開始。

〔二〕開緣如「纏頸戒」　資持卷中三下：「開緣指上，即有病、肩臂有瘡、僧寺內等。」（三三〇頁中）

搖身〔一〕者，左右戾身趨行〔二〕也。

不犯者。病；若為人打，避杖；度坑，搖身過；著衣，看齊整者。

【校釋】

〔一〕搖身　資持卷中三下：「（譏云：『如王、大臣。』）」（三三〇頁中）【案】四分卷二〇，七〇〇頁下開始。

〔二〕左右戾身趨行　鈔批卷二〇：「應師云：戾身，（『力計』反。）琳云：由戾曲也。字從『犬』，出戶而曲，戾也。趨行，又作『麹同』，（『且臾』反。）釋名云：疾行曰趨，疾趨曰走。禮記云：惟簿之外不趨。鄭玄曰：行不張足曰趨。堂上不趨，為其近也。」（八四八頁上）資持卷中三下：「戾，曲也。」（三三〇頁中）

掉臂〔一〕者，垂臂前卻也。

不犯者。病；為人打及餘緣〔二〕，舉手遮；浮渡水〔三〕；若以手招喚伴者。

【校釋】

〔一〕掉臂　資持卷中三下：「（譏嫌同上。）前卻。卻即後也。」（三三〇頁中）簡正卷一二：「此云乘（原注：『乘』字原本不明。次同。）臂前卻也。乘臂向前，又向後，即是掉也。十誦云：白衣呵言『如種穀人不異』也。」（七七五頁下）【案】四分卷二〇，七〇一頁上開始。

〔二〕餘緣　資持卷中三下：「或惡獸或擔刺。舉手遮者，貫上三事。」（三三〇頁中）【案】本句義為：如果被人打，及遇到惡獸等，用手前後遮擋，不犯。

〔三〕浮渡水　資持卷中三下：「必掉兩臂故。」（三三〇頁中）

覆身〔一〕者，處處身露也。

不犯者。病，被繫，風吹衣離身者。

【校釋】

〔一〕覆身　資持卷中三下：「（譏云：『不好覆身，如婆羅門。』）此以正行，列為戒本，如：『齊整』、『靜點』、『用意』、『平缽』等，或標過床，逐戒尋之。」（三三〇頁中）【案】此句簡略，其義為：應當注意以衣覆身，以免處處露身。不是「覆身」而成「處處身露」之戒，而是因不好「覆身」而成「形露」之戒。四分卷二〇，七〇一頁中開始。

左右顧視〔一〕者，在村落處處看也。

不犯者。有病；若仰瞻日時節；若難緣，伺求便道走者。

【校釋】

〔一〕左右顧視　資持卷中三下：「左右視戒。（譏云：如盜竊人。）」（三三〇頁中）簡正卷一二：「村落中。迴顧瞻視，處處看也。」（七七五頁下）【案】本戒鈔科作「左右顧視戒」。四分卷二〇，七〇一頁下開始。

靜默〔一〕者，謂無高聲也。

不犯者。病；若聾，須高喚；囑授；若高聲施食〔二〕；若二難，高聲走者。

【校釋】

〔一〕靜默　資持卷中三下：「（譏言：『如婆羅門，無有正法。』）」（三三〇頁中）【案】四分卷二〇，七〇二頁上開始。

〔二〕施食　資持卷中三下：「如供聖、咒願等。」（三三〇頁中）

戲笑〔一〕者，露齒而笑也。

不犯者。病；脣痛不覆齒；或念法歡喜而笑者。

【校釋】

〔一〕戲笑　資持卷中三下：「（譏云：『不慚戲笑，如獼猴。』）已前諸戒，並謂入聚落中，乖越威儀，不生世善。若在伽藍，豈得不爾？但緣起在俗，故結為戒。時開寺內，非是常途，安有處寺而容縱放？教誡律儀，並明寺內，威儀之行，義準諸戒，內外通犯。學者思之，勿謂無過。」（三三〇頁中）簡正卷一二：「祇律：在師前不得露齒，而笑事忍之。起『無常、苦、空、無』不想也。」（七七六頁上）【案】四分卷二〇，七〇二頁中開始。

用意受食〔一〕者，非棄羹飯〔二〕也。

不犯者。有如是病；或缽小故棄；或還墮案上者。

【校釋】

〔一〕用意受食　資持卷中三下：「（由不用意，捐棄羹飯。譏云：『沙門無厭，貪心多食，如穀貴時。』）」（三三〇頁中）簡正卷一二：「五分云：左手一心擎鉢，右手扶鉢緣也。」（七七六頁上）【案】四分卷二〇，七〇二頁中開始。

〔二〕非棄羹飯　簡正卷一二：「違失之非。今既一心，即不辨也。」（七七六頁上）

平鉢受食〔一〕者，非溢鉢也。

不犯，如上戒。

平鉢受羹者，非溢出流汙也。

不犯，如上。

【校釋】

〔一〕平鉢受食　資持卷中三下：「『平鉢』，二戒。（譏亦如上。）古師云：離偏斜過，謂擎鉢不正。今師約食，故云非溢。」（三三〇頁中）簡正卷一二：「注戒疏云：言不平鉢者，謂離偏邪鉢過也。」（七七六頁上）【案】此兩戒即資持釋文中所言的「平鉢二戒」。四分卷二〇，七〇二頁下開始。

羹飯等食〔一〕者，非飯至羹盡、羹至飯盡也。

不犯者。有病；若正須飯〔二〕，正須羹；日時欲過；二難，疾食者。

【校釋】

〔一〕羹飯等食　資持卷中三下：「等食戒。（居士下飯已，入內取羹還，食飯已盡。與彼羹已，復還取飯還，食羹盡。譏云：『似餓人。』）」（三三〇頁中）簡正卷一二：「緣起中，飯至羹盡，羹來飯盡，惱施主故。若須羹等者，或只要羹，或須飯隨偏，食盡不犯。」（七七六頁上）【案】四分卷二〇，七〇三頁中開始。

〔二〕若正須飯　資持卷中三下：「謂隨食盡已，更須受益，非貪速故。」（三三〇頁中）

以次食〔一〕者，非謂〔二〕「鉢中處處取食食」也。

不犯者。病；或患熱，挑取冷處；若日欲過；難緣者。

【校釋】

〔一〕次食　資持卷中三下：「次食戒。（譏言：如豬、狗、牛、驢、駱駝、烏鳥。）。」（三三〇頁下）簡正卷一二：「謂鉢中處處食不著，次第取。」（七七六頁上）【案】四分卷二〇，七〇三頁下開始。

〔二〕非謂　扶桑記：「合作『謂非』，疑是寫倒。」（二五五頁上）

不挑鉢中〔一〕者，置四邊，挑鉢中央至鉢底。

不犯者。有病；患熱，開中央令冷；日過；難緣者。開。

【校釋】

〔一〕不挑鉢中　鈔批卷二〇：「謂鉢中處處食，不作次第也。或取某邊一匙，（八四八頁上）或探取下者是也。」（八四八頁下）【案】本戒鈔科作「不挑鉢中央食戒」。四分卷二〇，七〇四頁上開始。

自索食〔一〕。不犯者。病，為他，他為己，不求而得者。

【校釋】

〔一〕自索食　資持卷中三下：「自索食戒。（譏云：『何有正法，受取無厭？』）」（三三〇頁下）【案】本戒鈔科作「索羹飯戒」。四分卷二〇，七〇四頁中開始。

飯覆羹〔一〕。不犯者，有病，若請食〔二〕，或正須羹、正須飯〔三〕者。

【校釋】

〔一〕飯覆羹　資持卷中三下：「飯覆羹戒。（譏言：『如飢餓人。』）」（三三〇頁下）【案】四分卷二〇，七〇四頁下開始。

〔二〕若請食　簡正卷一二：「文云請食羹時，有比丘食羹，汙手鉢、污衣手巾。有疑，不敢以飯覆羹。佛言：『聽請食無犯。』」（七七六頁上）

〔三〕正須羹正須飯　鈔批卷二〇：「謂或唯須羹，或唯須飯，故偏食盡，不犯也。」（八四八頁下）

視比座〔一〕者，誰多誰少也。

不犯〔二〕者。比座病，若眼闇，為看得食不得食、淨未淨、受未受，若自病者。

【校釋】

〔一〕視比座　資持卷中三下：「（見比座分多，便云：『居士有愛。』故制。）」（三三〇頁下）簡正卷一二：「五分初緣，直制不得視比坐鉢中多少。後因五百比丘在一家食，食已，共相語言：『希有此食。』於中有不得者，下座比丘言：『若佛聽我等視他鉢者，便知誰得、誰不得。不得者，教與也。』」（七七六頁上）鈔批卷二〇：「五分第十，初緣直制不應視比座鉢中多少。後因五百比丘在一家食，食已，共相語言：『希有此食。』下座比丘言：『上座得好，我等不得。』諸比丘念言：『若佛聽我等視他鉢者，得知誰不得。不得者，敬與。』

佛告比丘：『聽視比座鉢，不得生於嫌心。』」（八四八頁下）【案】本戒鈔科作「視比座鉢戒」。四分卷二○，七○五頁上開始。「座」，四分為「坐」。

〔二〕不犯　簡正卷一二：「佛告比丘：聽視比坐，但莫生慊心即得。」（七七六頁上）

繫鉢想食〔一〕者，謂非左右顧視。

不犯者。有病；比座眼闇，如前戒；日過；難緣者。

【校釋】

〔一〕繫想鉢食　資持卷中三下：「繫鉢戒。（因左右顧視不覺，比座取鉢藏之。）」（三三○頁下）簡正卷一二：「祇云：端心觀鉢，得放鉢在前。共比坐語者，若有緣須語，須看左右者，須手扶緣等也。」（七七六頁上）僧祇卷二二：「端心觀鉢者，不得放鉢在前，共比坐語。若有因緣，須共左右語者，左手撫鉢上。若行食人到第三人時，當先滌鉢，豫擎待至。若放恣諸根，不學端心觀鉢食者，越學法。狂、癡、心亂無罪。是故說端心觀鉢食應當學。」（四○七頁上）【案】簡正和鈔批釋文引用簡略，其義不顯。「繫鉢想食」，鈔批作「當繫想鉢」，並校注：「『繫鉢想食』鈔作『繫鉢想食』」，疑應作「『當繫想鉢』。四分卷二○，七○五頁中開始。

不大摶〔一〕者，非口不容受也。

不犯者。病；時欲過；二難，疾食者。

【校釋】

〔一〕不大摶　資持卷中三下：「『大摶』、『張口』、『含飯語』三戒。（譏同『次食』。）」（三三○頁下）【案】資持釋中「三戒」指本戒和下文二戒。本戒鈔科作「大摶食戒」。四分卷二○，七○五頁下開始。

張口待飯〔一〕者，謂飯摶未至，先張口也。

不犯者，如前戒。

【校釋】

〔一〕張口待飯　鈔批卷二○：「五分：諸比丘飯至口，猶不敢開。佛言：『不遠不近，便應開口也。』」（八四八頁下）【案】本戒鈔科作「張口待食戒」。四分卷二○，七○六頁上開始。

含飯語〔一〕者，飯在口中，語不可了，令不解也。

不犯者。有病，或噎索水，難緣者。

【校釋】

〔一〕含飯語　鈔批卷二〇：「祇二十二云：若食上，和上、闍梨、長老、比丘喚，時咽未盡，能使聲不異者，得應。若不能得者，咽已，然後方應。若前人嫌者，應答言：『我口中有食，是故不即應。』五分：諸比丘後時，白衣益食問須，不敢答，便譏比丘憍慢，不共人語。佛言：『以答食時，聽語須者，得也。』」（八四八頁下）【案】五分卷一〇，七五頁。本戒鈔科作「含食語戒」。四分卷二〇，七〇六頁中開始。

遙擲口中食〔一〕。

不犯者。病；被縛，而擲口中者。

【校釋】

〔一〕遙擲口中食　資持卷中三下：「擲口戒。（譏言：如似幻師）。」（三三〇頁下）【案】本戒鈔科作「遙擲口中戒」。四分卷二〇，七〇六頁下開始。

遺落食〔一〕者，半在手中，半入口中〔二〕。

不犯者。啖薄餅、焦飯、瓜果、菜者。

【校釋】

〔一〕遺落食　資持卷中三下：「（譏云：『如狗、牛、驢、駱駝、鳥鳥。』）」（三三〇頁下）簡正卷一二：「此律，六群揣飯嚙半，半在手中，披呵而制。祇云：麨團飯，令段段可口，食菓等不犯。今時有人，滿匙挑飯，於口不容，半落鉢中，與上緣同也。」（七七六頁下）鈔批卷二〇：「祇二十二云：六群比丘嚙半食，半還著鉢中，為世所譏。又云：當段段可口食，若麨團大，當手中（八四八頁下）分，令可口。若瓜、昔（原注：『昔』疑『甘』。）蔗、菁根，得嚙無罪。若餅，當手作分齊，令可口。祇又云：居士言：我奪妻子之分，布施作福，計此一粒，百功乃成，應當盡食，何故棄地？」（八四九頁上）【案】本戒鈔科作「遺落飯食」。四分卷二〇，七〇七頁上開始。

〔二〕半在手中，半入口中　資持卷中三下：「西土手搏食故。此方餅果，亦多用手，縱用匙筯，亦準手犯。」（三三〇頁下）

頰食〔一〕者，令兩頰鼓起，如獼猴狀也。

不犯者。病，時欲過，難緣疾食者。

【校釋】

〔一〕頰食　資持卷中三下：「（譏云：『如獼猴食。』）」（三三〇頁下）簡正卷一二：

「不得口中迴食，從一頰迴至一頰，當從一邊嚼。即明也。」（七七六頁下）

鈔批卷二〇：「祇二十二云：不得口中迴食。口含飯團，從一頰迴至一頰，

當一邊嚼，即於嚼邊咽也。」（八四九頁上）【案】四分卷二一，七〇七頁中

開始。

不嚼飯作聲中〔一〕。除有病、乾餅、焦飯、瓜果者。無開菜文〔二〕。

【校釋】

〔一〕不嚼飯作聲中　資持卷中三下：「『嚼飯』、『噏飯』、『舐食』三戒。（招譏，同

上『遺落』。）」（三三〇頁下）簡正卷一二：「祇云：不得嚋嗅。此律呵云：嗏

嗏如豬食不（上音『子入』）異。」（七七六頁下）鈔批卷二〇：「祇二十二云：

不得嚋嗅作聲食。又復不得全吞食唼唼作聲。若咽喉病作聲，無罪。」（八四

九頁上）【案】本戒鈔科作「嚼食作聲戒」。四分卷二一，七〇七頁中開始。

〔二〕無開菜文　資持卷中三下：「文雖不出，意準開之。垢汗開舐，以非食故。」

（三三〇頁下）

噏飯〔一〕者，張口遙呼吸食也。

不犯者。有病，口痛，食、羹、乳酪、苦酒者。

【校釋】

〔一〕噏飯　鈔批卷二〇：「（『許及』反。）祇二十三云：若薄粥、乳酪、羹飲，不

得吸使聲，當徐徐咽。十誦十九云：摩訶男自手下飯與乳，諸比丘吸食作聲。

時有比丘，先是伎兒，聞是，聞即起舞。諸比丘大笑，笑時口中飯粒出，有

鼻孔中出者。諸居士呵。食後佛問：『汝以何心儛？』答言：『欲出諸比丘吸

食過罪及戲笑故。』佛言：『不吸食，應當學。』又，五分、十誦：不得縮鼻

食。」（八四九頁上）【案】十誦卷一九，一三八頁。四分卷二一，七〇七頁下

開始。

不舐食〔一〕者，吐舌舐飯也。

除病、被縛、手有泥垢膩汗，舌舐而取者。

【校釋】

〔一〕不舐食　簡正卷一二：「祇云：月有監食人，欲知生熟醎酢，聽著手掌內舌舐

也。除此外，不評（【案】『評』疑『開』。）。」（七七六頁下）【案】僧祇卷二

二，四〇四頁。「月有監食人」僧祇作「若直月及監食人」。本戒鈔科作「舌舐

食戒」。四分卷二一，七〇七頁下開始。

　　振手食中〔一〕。除病；食中草蟲；或手有不淨，振去之；有未受食，手觸污手，振去之者。

【校釋】

〔一〕振手食中　資持卷中三下：「振手戒。（譏云：『無有正法，如王、大臣。』）未受食污手，或容粘綴故。」（三三〇頁下）簡正卷一二：「振手者，食粘手䄂振之，污傍人也。」（七七六頁下）【案】四分卷二一，七〇八頁中開始。

　　把散飯食〔一〕者，散棄飯也。開如前戒〔二〕。

【校釋】

〔一〕把散飯食　資持卷中三下：「（譏言：『如雞鳥。』）或誦為爬非，此謂手握而落，對前遺振，須分別相，餘剩在手，即是遺落。揮散左右名『振手』，摶握令落為『手把』。」（三三〇頁下）簡正卷一二：「（『蒲巴』反。）此律，六群手把散飯食，居士譏之『如似雞鳥』故。合是平聲呼也。」（七七六頁下）【案】本戒鈔科作「把散飯戒」。四分卷二一，七〇八頁中開始。

〔二〕開如前戒　簡正卷一二：「同『振手食戒』也。」（七七七頁上）

　　不汙手捉食器〔一〕者，有膩飯著手也。
　　除病；或草上受〔二〕、葉上受，若洗手受者。

【校釋】

〔一〕不汙手捉食器　資持卷中三下：「（譏云：『無法，如王、大臣。』）謂捉己器，必捉僧器，則觸僧食。不論手污不污，並名惡觸。」（三三〇頁下）簡正卷一二：「西天以手喫飯食之手，名曰『污手』。祇開以菜拭膩。」（七七七頁上）【案】本戒鈔科作「汙手捉食器戒」。四分卷二一，七〇八頁下開始。「食」，四分作「飲」。

〔二〕草上受　資持卷中三下：「此謂口受，非手捉故。」（三三〇頁下）

　　洗鉢水〔一〕者，雜飯水也。
　　除病；若澡盤承取棄之者。

【校釋】

〔一〕洗鉢水　資持卷中三下：「（因飯狼藉。譏云：『多受如餓人。』）」（三三〇頁下）鈔批卷二〇：「和飯水棄白衣舍內也。五分：諸白衣新作屋，得比丘鉢中水灑地，以為吉祥。佛聽諸比丘以鉢中無食水用洒地。從今是戒，應如是說：

『不以鉢中有飯水，洒白衣屋內，應當學。』見論云：若飯粒，撩取與眾生。（八四九頁上）餘水棄白衣家，（原注：插入『白衣家』三字。）不犯也。」（八四九頁下）【案】五分卷一〇，七六頁。本戒鈔科作「棄洗鉢水戒」。四分卷二一，七〇九頁上開始。

生草不得大小便中〔一〕。

除病故，不堪避；若流墮上；鳥銜墮者。

【校釋】

〔一〕生草不得大小便中　資持卷中三下：「『生草』、『淨水』、『立大小便』三戒。（並譏云：『如豬、狗、駱駝、牛、驢等。』）」（三三〇頁下）鈔批卷二〇：「檢祇文，開通中當在無草處。若夏月，生草普茂，無空處者，當在牛馬行處。若復無，當在塼、瓦、石上。若復無者，當在乾上（原注：『上』疑『土』。）。若復無者，當以木枝承之，令其先墮木上，後墮地者，不犯。」（八四九頁下）【案】資持釋文中「三戒」即本戒和次下二戒。僧祇卷二二，四一一頁。本戒鈔科稱作「生草上大小便戒」。四分卷二一，七〇九頁上開始。

水中不大小便、唾中〔一〕。

除病，或岸上大小便流墮。餘如前戒。

【校釋】

〔一〕水中不大小便、唾中　鈔批卷二〇：「謂不得水中大小便、涕、唾也。案祇中開通文者，若雨時，水卒浮滿，當須在土塊上。若無者，當先墮著木上、石上等，然後墮水中。若掘地作廁，廁底水出者，比丘不得先於上起止，當先使淨人用，然後比丘用之。若廁底有常流水，當須木承，後任墮水。若比丘入水浴時，不得唾中。若去岸遠者，當唾手中，然後棄水，不犯也。見論云：若水人所不用，或海水，不犯。水雖中用，曠遠無人用，不犯。」（八四九頁下）【案】本戒鈔科稱作「水中大小便戒」。四分卷二一，七〇九頁中開始。

不立大小便中〔一〕。

除病，被縛，腳蹄〔二〕，垢膩泥污，並開。

【校釋】

〔一〕不立大小便中　簡正卷一二：「（已上總是『敬僧威儀』竟。）」（七七七頁上）【案】資持卷中三下：「從初至此五十一戒，明『敬僧威儀』。（文列四十一。并『衣纏頸』下十條，各有白衣舍坐。）。」（三三〇頁下）【案】本戒鈔科稱

作「立大小便戒」。四分卷二一，七〇九頁下開始。

〔二〕蹲　【案】底本為「縛」，據大正藏本及弘一校注改。

不恭敬說法〔一〕。

「不得」中，除病；若為王、王大臣者。

【校釋】

〔一〕不恭敬說法　資持卷中三下：「總明八戒，明『敬法威儀』。五十二、反抄衣，五十三、衣纏頸，五十四、覆頭，五十五、裹頭，五十六、又（【案】『又』疑『叉』。）腰，五十七、著革屣，五十八、著木屐，五十九、騎乘。」（三三〇頁下）簡正卷一二：「都有八條戒。鈔文約略解之，故通言『不恭敬說法』中也。覆頭者，以衣等覆也。裹頭者，大德云：隨方而說也。西天俗人，不裹頭，若以物包裹，即是不敬也。此間裹幞頭即表敬，露頭卻不敬。然於本分，幞頭之上，更別將餘物重裹，又是不敬。何妨有此道理？有人云『約正裹頭時與說法』者，非也。餘文易知。（已上敬法竟。）」（七七七頁上）鈔批卷二〇：「『『恭敬為說法』等者，即戒本云：不得為騎乘人說法也。撿祇云，乘者有八種：象乘、馬乘、牛乘、驢乘、船乘、車乘、輦乘（【案】此處缺『駝乘』。），八也。准此，今時見船行人，或求就附載，身猶在岸，說法教化，即是犯也。五分第十：諸比丘為著履草履人說法，諸居士譏訶言：『是法尊貴，第一微妙。（八四九頁下）而諸比丘，亦為著履草履人說法，輕慢此法。』乃至『反抄衣』等，皆如上說。祇二十二云：若比丘為塔事僧（【案】『僧』後疑脫『事』字。）、諸王、若地主。彼言：比丘為我說法，不得命起畏彼疑故。若邊有立人者，即作意：『為立人說法。』王雖聽，比丘無罪。」（八五〇頁上）【案】五分卷一〇，七六頁。僧祇卷二二，四〇八頁。鈔科作「不恭敬說法等戒」。四分卷二一，七一〇頁上開始。

不佛塔中宿戒〔一〕。除病；為守護故止宿；強力所執，二難緣宿者。

不藏物塔中戒。除病；為堅牢故藏〔二〕。餘難緣如上。

【校釋】

〔一〕不佛塔中宿戒　資持卷中三下：「『不得佛塔』下至『舒腳坐』二十六條，明『敬佛威儀』。六十、塔中宿，六十一、塔中藏物。今時愚教，多於殿塔著物，一一隨犯。」（三三〇頁下）簡正卷一二：「第三，『敬佛威儀』中。云『不』至『通開』者，都有二十六戒，鈔文約略而解。」（七七七頁上）【案】資持和

簡正對二十六條的文字劃分不同。資持、鈔科劃分到「舒腳坐」，簡正劃分到下文「病緣通開」。今從資持。四分卷二一，七一〇頁中開始。

〔二〕為堅牢故藏　簡正卷一二：「此約三寶物為堅牢，不現狼藉相者。」（七七七頁上）鈔批卷二〇：「相傳云准開佛物。今詳，設法僧等物，若忽遇難，獲為堅牢，亦應無爽也。」（八五〇頁上）【案】四分卷二一，七一〇頁中開始。

著革屣下諸塔邊戒〔一〕。除有如是病，或強力喚入塔中者。

【校釋】

〔三〕著革屣下諸塔邊戒　資持卷中三下：「況加無知，著革屣中，收五戒，故云『諸』也。六十二、著入塔，六十三、捉入，六十四、著繞，六十五、著富羅入，六十六、捉入。」（三三〇頁下）簡正卷一二：「亦約西天表不敬也。」（七七七頁上）鈔批卷二〇：「著革屣者。多生慢心故也。」（八五〇頁上）【案】本戒鈔科作「著革屣入塔等戒」。四分卷二一，七一〇頁下開始。「下」，四分為「入」。

塔下坐留食戒〔一〕。除一坐食〔二〕，及不作餘食法比丘、病比丘；聽聚著腳邊一處，出時持棄者。

【校釋】

〔一〕塔下坐留食戒　資持卷中三下：「六十七、塔下食戒。（初制不得塔下貪，後開有緣聽塔下食，但不污地。）比（【案】『比』疑『此』。）見多在佛殿設齊，背像安坐，果菜棄遺，縱橫污地，違制雖輕，惡業彌重。有識高士，願速改過，自餘愚叟何足語之？開二頭陀者，或有所棄，不容身起，故聽聚邊。」（三三〇頁下）【案】四分卷二一，七一一頁上開始。

〔二〕除一坐食　簡正卷一二：「若非一坐食，及不作殘食法比丘。若餘人隨食中，草得即旋逆，以淨處故，少時亦不許。」（七七七頁下）

「塔下擔屍」等戒〔一〕，除有病；須此道行；彊力呼去者。

【校釋】

〔一〕「塔下擔屍」等戒　簡正卷一二：「臭氣，護塔神嗔也。」（七七七頁下）鈔批卷二〇：「立云：屍有臭氣，護塔神嗔。」（八五〇頁上）資持卷中三下：「總包九戒：六十八、擔屍，六十九、埋屍，七十、塔下燒，七十一、向塔燒，七十二、四邊燒，七十三、持衣床塔下過，七十四、塔下大小便，七十五、向塔，七十六、繞四邊。」（三三〇頁下）【案】四分卷二一，七一一頁中開始。

持佛像大小便處〔一〕。三開亦爾。

【校釋】

〔一〕持佛像大小便處　鈔批卷二〇：「謂大小便有四戒，此文明其一戒。餘三戒緣，一同此也。」（八五〇頁上）資持卷中三下：「七十七、持佛像中。三開者，即上病、須此道、強力呼也。下略六戒：七十八、塔下嚼楊枝，七十九、向塔，八十、繞四邊，八十一、塔下涕唾，八十二、向塔，八十三、繞四邊。」（三三〇頁下）【案】四分卷二一，七一二頁上開始。

向塔舒腳坐。除病；若中間有隔〔一〕；強力所持。

【校釋】

〔一〕若中間有隔　資持卷中三下：「八十四、向塔坐戒中。間隔者，有物障也。文略八十五安佛下房，（在拘薩羅國制），或有病，或命、梵難，皆開。從『人坐已立』下，十五戒，出能敬之人。於四儀中，雜明敬上三寶行。八十六、人坐已立說法戒，八十七、人臥，八十八、人在座，八十九、人在高座，九十、人在前行，九十一、人在高經行處，九十二、人在道，九十三、攜手在道。（由攜手在道，遮他男女遭譏。故制。）九十四、上樹戒，（比丘在大樹上安居，於上大小便，樹神瞋，欲斷其命。故制。）九十五、杖絡囊戒，（跋難陀絡囊中盛鉢，貫杖頭擔，居士謂是官人，皆下道避。因制。）九十六、持杖人說法，九十七、持劍人，九十八、持矛人，九十九、持刀人，一百、持蓋人。」（三三〇頁下）【案】四分卷二一，七一二頁上開始。

攜手道行戒。除病〔一〕；或眼闇須扶接者。

【校釋】

〔一〕除病　四分卷二〇：「不犯者。或時有如是病，或時有比丘患眼闇，須扶接無犯。無犯者，最初未制戒，癡、狂、心亂，痛惱所纏。」（七一三頁上）【案】四分卷二一，七一二頁下開始。

餘戒，或有病緣通開〔一〕。

不恭敬聽法者，唯開王及大臣〔二〕也。良由佛法廣流天下者，必假王力故也。初雖開聽，為在通法〔三〕，被及黔黎〔四〕。後必虔仰，故無開法〔五〕。

【校釋】

〔一〕餘戒，或有病緣通開　資持卷中三下：「示開緣中。有二，初示病緣，通開可

成。」（三三一頁上）

〔二〕不恭敬聽法者，唯開王及大臣　資持卷中三下：「『不』下，次明王臣。別顯敬
　　　法諸戒，初示開。」（三三一頁上）

〔三〕初雖開聽，為在通法　資持卷中三下：「『初』下，明開制隨時。」（三三一頁
　　　上）簡正卷一二：「為在通法者，開萍沙王前說戒，除王疑心，而令佛法不壅
　　　也。」（七七七頁下）

〔四〕被及黔黎　鈔批卷二〇：「秦始皇時，喚民為黔首也。黔者，黑也。首者，頭也。
　　　黎者，眾也。明其王通識正法，被於人民也。」（八五〇頁上）扶桑記：「今謂民
　　　為黔首，以其頭黑。一說凡人以黑巾覆頭，故謂之黔首。」（二五六頁上）

〔五〕後必虔仰，故無開法　簡正卷一二：「初為除疑故開，後既無疑卻制，故無開
　　　法也。已上第二列料（原注：『料』疑『科』。次同。）竟。」（七七七頁下）
　　　鈔批卷二〇：「當時為王懷疑，故開得聞。今既敬信心成，不復許聞佛之戒律
　　　等也。」（八五〇頁上）

　　自餘通諸外部〔一〕，非不要須。意在即披即行，且依律述〔二〕，此若
遵之無缺者，當更括撿，如威儀決正法中，別卷流用〔三〕。

　　　　　　　　　四分律刪繁補闕行事鈔卷中之三

【校釋】

〔一〕自餘通諸外部　鈔科卷中三：「『自』下，明結略。」（八六頁上）資持卷中三
　　　下：「疏云：僧祇六十六戒，十八戒四分無；十誦一百七戒，四十七四分無；
　　　五分一百戒，四十四戒四分無；解脫九十六戒，五十三四分無。（檢諸戒本尋
　　　之。）」（三三一頁上）

〔二〕意在即披即行，且依律述　資持卷中三下：「『意』下，次顯略。且局本宗，欲
　　　令易見，此雖不引，上下威儀，亦自具之。」（三三一頁上）

〔三〕此若遵之無缺者，當更括撿，如威儀決正法中，別卷流用　鈔批卷二〇：「如
　　　威儀決正法中，別卷流用者，即如章服儀中具明所以也。」（八五〇頁上）資
　　　持卷中三下：「『此』下，囑累威儀。決正法者，古云：道儼律師所出二十卷，
　　　（三三一頁上）或恐指教誡儀為決正法耳。滅諍一篇，所以不釋者，以相雜難
　　　明，末世稀用。既非鈔意，故此削之。如集義鈔、戒疏具委。」（三三一頁中）
　　　簡正卷一二：「威儀決正法中者，此論兩卷，儼禪師撰也。決解尼二部律僧相，
　　　如下卷衣法中引，云決正二部律論等是也。抄恐文繁，故指廣文，如彼流通要
　　　用。」（七七七頁下）【案】鈔文未及「八、七滅諍法」。